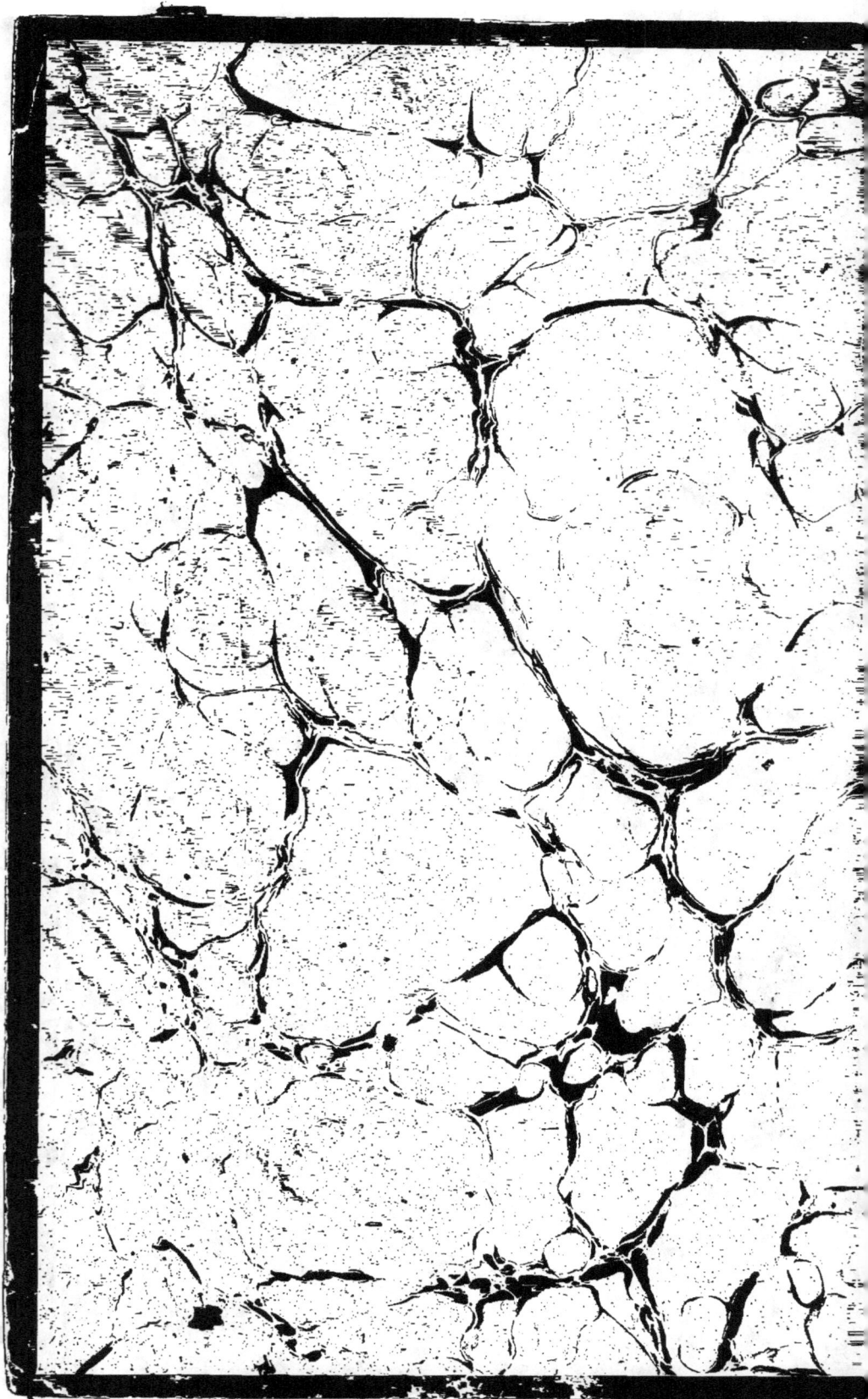

# BATAILLES NAVALES

## DE

# LA FRANCE

Paris. — Imprimé par E. Thunot et Cᵉ, rue Racine, 26.

# BATAILLES NAVALES

DE

# LA FRANCE

PAR

 O. TROUDE

ANCIEN OFFICIER DE MARINE

publié

## Par P. LEVOT

CONSERVATEUR DE LA BIBLIOTHÈQUE DU PORT DE BREST

Correspondant du ministère de l'instruction publique pour les travaux historiques

---

TOME PREMIER

---

PARIS

## CHALLAMEL AINÉ, ÉDITEUR

LIBRAIRE COMMISSIONNAIRE POUR LA MARINE, LES COLONIES ET L'ORIENT

30, rue des Boulangers-Saint-Victor et rue de Bellechasse, 27.

—

1867

# AVANT-PROPOS.

Depuis vingt-cinq ans que je me livre à des travaux concernant notre histoire maritime, j'ai, dans une foule de circonstances, recouru à l'assistance de M. Troude, sans qui je n'aurais que trop souvent encouru le reproche mérité d'inexactitude. Ce que je lui dois, je me suis fait un devoir et un plaisir de le proclamer dans les *Essais de biographie maritime*, dans la *Biographie bretonne*, et dans toutes les occasions où il m'a été donné de lui témoigner ma reconnaissance. Tout récemment encore, lorsque M. Doneaud et moi nous avons publié les *Gloires maritimes*, mon collaborateur s'est associé aux témoignages de gratitude justement inspirés par les communications que nous avions obtenues de M. Troude dans le cours de notre travail.

Mais quelque nombreuses et étendues qu'aient été

ces diverses communications, elles ne forment que les fragments, sans liaison entre eux, d'un vaste travail d'ensemble dont la publication était d'autant plus désirable qu'il manque à la France. Bien des écrivains ont tenté, il est vrai, de se faire les historiens de la Marine; mais ou les uns n'étaient pas marins, ou ceux qui l'étaient n'avaient traité que certaines périodes ou même quelques épisodes de nos guerres maritimes. Un travail complet était à faire, M. Troude l'a fait. Cédant enfin à mes instances réitérées, il a consenti à le publier et m'a adressé dans ce but la lettre suivante accompagnée de son manuscrit :

« Mon cher monsieur Levot, vous m'avez entretenu
« de votre projet de vous occuper d'un ouvrage sur
« les combats de mer, dans le genre de celui que le
« contre-amiral Kerguelen a publié en 1796, mais sur
« une plus large échelle. Plusieurs fois vous avez eu la
« bonté de parler, dans vos écrits, d'un travail auquel,
« pendant plus de vingt ans, j'ai consacré tous les
« loisirs que me laissait le service. Je vous offre ce
« résultat de mes études. Et si vous ne craignez pas
« d'attacher votre nom à un ouvrage que vous con-
« naissez en partie, je vous autorise à faire tel usage
« qu'il vous conviendra de mes *Batailles navales*, que
« des circonstances douloureuses et, par suite, des
« obligations nouvelles, m'ont fait enfouir dans un
« carton.

« Brest, 19 mars 1866. »

J'ai usé avec d'autant plus d'empressement de la li-

berté que m'accordait M. Troude, qu'entre lui et moi
il y a une communauté complète de sentiments et d'o-
pinions quant aux appréciations et aux jugements que
suggèrent les faits, et qu'en ce qui concerne les récits
de l'auteur, ils m'inspirent, comme ils inspireront au
lecteur lui-même, une parfaite sécurité, puisés qu'ils
sont à des documents irrécusables, les rapports des
commandants en chef et des officiers sous leurs ordres
pour les combats généraux, et pour les combats isolés, dans ceux des officiers qui les ont livrés ou soutenus. Ces sources d'informations n'ont pas seules été
consultées; M. Troude les a comparées aux relations
anglaises, les a contrôlées les unes par les autres, les
a réciproquement reproduites ou anaylsées quand le
sujet le commandait, et a ainsi fourni aux hommes
du métier les moyens de se former une opinion rai-
sonnée. Le plan de l'ouvrage est le même que celui
de l'*Histoire navale d'Angleterre* par William James;
il a été adopté en vue de faciliter le contrôle de cet
ouvrage et de signaler les erreurs trop souvent volontaires commises par son auteur au préjudice de la Marine française. La précision du récit n'exclut chez
l'auteur des *Batailles navales* ni la vigueur du style ni
la netteté et l'impartialité des jugements qu'il est appelé à formuler. Il est de tous points celui qui convient
à la nature du sujet, et il eût été téméraire à moi d'y
apporter la moindre modification, ce que je n'avais
d'ailleurs ni le droit ni le désir de faire.

L'ouvrage est donc exclusivement l'œuvre de

M. Troude, et je n'ai eu qu'à m'occuper des soins matériels de sa publication. Mais quelque modeste qu'ait été mon concours, il a été pour moi une cause de satisfaction puisqu'il avait pour résultat de m'offrir une nouvelle occasion de témoigner mes sympathies à l'auteur et de procurer à la Marine française l'histoire de ses fastes militaires écrite par un homme compétent.

P. Levot.

# PRINCIPAUX OUVRAGES CONSULTÉS.

———o•¦o•¦o o———

Auton (Jean d'). — Chroniques.

Avesbury (Robert d'). — Historia Edwardi III.

Beatson. — Naval and military memoirs of Great Britain.

Beaucaire. — Rerum gallicarum commentaria.

Bellay (du). — Mémoires.

Berkley. — The naval history of Britain.

Bignon. — Histoire de la diplomatie.

Boismélé (de). — Histoire générale de la marine.

Bouche. — Chorographie et description de la Provence.

Brandt (Gérard). — La vie de Michel de Ruyter.

Brun. — Histoire de la marine française. Port de Toulon.

Burchett (Josias). — History of the most remarkable transactions at sea.

Campbell (John). — Lives of the British admirals.

Cataneo (Girolamo). — Essamini de bombardieri.

Charnock. — History of marine architecture.

Clarke and M'Arthur. — Life of Nelson.

Clerck. — A methodical essay on the naval tacticks.

Comnène (Anne). — Annæ Comnenæ porphyrogenitæ.

Cunat (Ch.). — Histoire du bailli de Suffren.

Daniel (le P.). — Histoire de la milice française.

Depping. — Histoire des expéditions maritimes des Gaulois normands.

Duhamel du Monceau. — Éléments d'architecture navale.

Dumas (Mathieu). — Précis historique des événements politiques.

Dupin (Charles). — Voyage dans la Grande-Bretagne.

Ekins (Ch.). — The naval battles of Great Britain.

Expilly. — Dictionnaire géographique, historique et politique des Gaules et de la France.

Fournier (le P.). — Hydrographie.

Froissart. — Chroniques.

Guerin (Léon). — Histoire de la marine française.

Guichardin. — Histoire des guerres d'Italie.

X                   PRINCIPAUX OUVRAGES CONSULTÉS.

HEMINGFORD (Walter). — Historia de rebus gestis Edouardi I, II, III.

JAL (A.). — Archéologie navale.

JAMES (William). — The naval history of Great Britain.

JAMES. — Naval architecture. — Military dictionary.

JURIEN DE LAGRAVIÈRE. — Guerres maritimes de la France sous la République et l'Empire.

KENNET. — Compleat history of England.

LAPEYROUSE (de). — Histoire de la marine française.

LEBOUCHER (O.). — Histoire de la guerre de l'indépendance des États-Unis

LEDIARD (Th.). — The naval history of England.

MAISSIN. — Études historiques sur la marine militaire.

MARTIN (H.). — Histoire de France.

MÉMOIRES de Tourville.

—        Forbin.

—        Duguay-Trouin.

—        Joinville.

—        Villette-Mursay.

MONSON (William). — Naval tracts.

PANTERA (Pantero). — Armata navale.

PARIS (Mathew), — History of England.

PIETRO (Dominique de). — Voyage historique en Égypte.

POUGET (le comte).— Précis historique de la vie et des campagnes du vice-amiral Martin.

QUINCY (Sevin de). — Histoire militaire du règne de Louis XIV.

RECUEIL historique et chronologique des faits mémorables, etc.

RIVIÈRE (Henri). — Histoire de la marine française sous Louis XV.

SMOLLET (Tob.). — A complete history of England.

SUE (E.). — Histoire de la marine française.

TILLET. — Recueil des traités.

VIE privée de Louis XV.

VILLANI. — Storie fiorentine.

WALSINGHAM (Th.). — Ypodigma Neustriæ, etc.

# INTRODUCTION.

C'est une chose digne de remarque que, dans le nombre
des histoires de la marine qui ont été publiées depuis une
vingtaine d'années, il n'y en a pas une seule qui ait été
écrite pour la classe la plus intéressée à connaître le détail
des faits, pour la marine proprement dite (1). L'aridité du
sujet a probablement effrayé les uns, tandis que la difficulté des recherches aura rebuté les autres. C'est cette
lacune que j'ai entrepris de combler. Toutefois, je m'em-
presse de le dire, ce n'est pas une histoire de la marine
que j'ai écrite ; ce travail, tel que je l'entends, était au-
dessus de mes forces ; je n'en donne qu'un démembrement.
Sous le titre de *Batailles navales de la France*, je décris

---

(1) Je dois faire une exception en faveur des *Guerres maritimes sous la
République et l'Empire* qui ont été écrites avec autant de précision que d'é-
légance par le capitaine de corvette, aujourd'hui vice-amiral, Jurien de la
Gravière.

1.

les batailles navales et les combats particuliers qui ont été
livrés depuis la création d'une marine de l'État jusqu'à la
dernière guerre avec la Russie.

Ayant écrit surtout pour les marins, je me suis naturellement placé au point de vue tactique. Non cependant,
qu'à l'instar de Clerck (1) ou d'Ekins (2), j'aie fait une
tactique dont les règles sont appuyées sur des exemples
empruntés aux guerres maritimes. Par point de vue tactique, j'entends une description faite de telle sorte que
tout homme compétent puisse suivre chacun des combattants pendant la durée du combat et apprécier sa manœuvre. Cette description n'était possible, on doit le comprendre, qu'en langage maritime.

Pour arriver à ce degré de clarté et de précision que
je me suis efforcé d'atteindre, j'ai pris les bâtiments isolés,
les divisions et les escadres à leur sortie du port, et, après
avoir fait connaître leur mission, j'ai décrit le combat ou la
bataille qui était le but ou qui a été la conséquence de leur
sortie; enfin, j'ai suivi ces escadres, ces divisions et ces
bâtiments isolés jusqu'à leur rentrée au port. Toutefois,
l'exécution de ce plan n'a été possible qu'à partir de l'époque où les archives de la marine m'ont donné les documents qui m'étaient nécessaires, c'est-à-dire non-seulement
les rapports des capitaines, mais encore des rapports
circonstanciés.

Contrairement au mode suivi par mes devanciers qui se
sont plus ou moins préoccupés de faire prévaloir leur opinion, je me suis borné, sauf quelques rares exceptions, à
relater sans faire de commentaires (3). Je crois être entré

---

(1) *Essai méthodique sur la tactique navale.*
(2) *The naval battles of Great-Britain.*
(3) Je partage entièrement, sur ce point, l'opinion de M. E. Sue, dans l'*Histoire de la marine* duquel on lit : « Je dois déclarer que j'ai répudié toute ap-

dans assez de détails et avoir assez précisé les faits pour
que chacun puisse juger avec parfaite connaissance de
cause. J'ai laissé à chacun son libre arbitre. Il m'a semblé
qu'en marine on ne saurait agir avec trop de discrétion
lorsqu'il faut porter un jugement sur une affaire qui, souvent, a été conduite par plusieurs personnes. L'idée du
chef, enlevé par un boulet, peut n'avoir pas été connue,
ou avoir été mal saisie par l'officier que le sort a appelé à
lui succéder. Ce qui devait d'abord donner la victoire oc-
casionne alors une défaite, et, sans connaître les intentions
du commandant au moment où il a été abattu de son banc
de quart, on dit : « Tel n'eût pas été le résultat si on eût
fait telle manœuvre. » D'autre part, il est évident qu'un
amiral n'est que la tête d'une escadre et qu'il ne lui est pas
toujours possible, ainsi que cela a lieu sur terre, d'employer les divers membres de cette escadre à l'accomplissement de son œuvre. Si, dans les guerres continentales,
il est parfois arrivé que quelque corps d'armée n'ait pas
rallié à temps le centre des opérations, ou n'ait pu le faire,
combien cela n'a-t-il pas dû se présenter plus souvent sur
mer, où le commandant en chef doit se servir des hommes
et des éléments !

Les récits qu'on lira ont été empruntés à des documents
puisés aux sources les plus authentiques. Cependant ces
documents m'ont parfois manqué, et il m'a fallu avoir recours, mais très-exceptionnellement, aux ouvrages qui me
permettaient de combler ces lacunes.

Un dernier mot. Je l'ai déjà dit, le lecteur trouvera ici
moins un livre à lire tout d'une haleine qu'un ouvrage à

---

préciation individuelle comme n'ayant aucune valeur probante et positive, en
cela qu'elle peut être niée par qui veut la nier. Aussi je crois que l'histoire doit
être toute d'action, jamais de raisonnement, car on peut toujours nier l'autorité
d'un raisonnement et il est impossible de nier l'autorité d'un fait. »

consulter. Aussi m'a-t-il paru nécessaire d'adopter une
classification qui rendît les recherches faciles. Dans ce
but, j'ai classé les combats en trois grandes divisions, par
année et par ordre chronologique. La première division
contient les batailles, la deuxième les combats isolés et la
dernière tous les épisodes qui se rapportent aux colonies.
Dans chacune de ces divisions, les faits sont eux-mêmes
groupés par mers : mers du Nord, Océan Atlantique, Méditerranée, mers d'Amérique, et mers des Indes et de
Chine (1).

Afin de rendre facile la lecture des combats et surtout
de batailles dans lesquels le nombre des combattants est
souvent très-grand, et de permettre de reconnaître à première vue la nationalité des bâtiments portant parfois le
même nom, j'ai indiqué la qualité de l'ennemi par une
espèce particulière de caractères typographiques. Ainsi,
alors que les noms des bâtiments français et des alliés de la
France sont toujours écrits en *italique*, ceux des bâtiments
ennemis sont toujours aussi écrits en caractères dits PETITES
CAPITALES.

Quelques abréviations pour la désignation des aires de
vent autres que les quatre points cardinaux ont été adoptées :
N.-E. signifie nord-est, N.-O. signifie nord-ouest, S.-E. est
mis pour sud-est et S.-O pour sud-ouest.

Enfin, des personnes peu familiarisées avec la langue
anglaise trouveront peut-être étrange que j'aie supprimé
dans la désignation des bâtiments de la marine britannique
l'article qui précède les noms des bâtiments anglais. En
cela, je me suis conformé à l'usage suivi par les Anglais,

___

(1) En vue d'aider, de plus en plus, à la facilité des recherches, j'ai placé,
en tête de chaque page, un titre courant indiquant la nature des opérations
maritimes que j'y raconte, et l'année où elles ont eu lieu.

usage qui, d'ailleurs, se généralise maintenant en France quand il s'agit des bâtiments des autres nations.

Il n'est guère possible de juger du résultat et du mérite d'un combat, si les forces des bâtiments qui ont combattu n'ont pas été d'abord parfaitement établies et si l'on ne connaît pas la nature de leurs avaries et le nombre des tués et des blessés. Deux choses constituent la force d'un bâtiment : l'effectif de son équipage, le nombre et l'espèce de ses canons. En temps de paix et conséquemment dans les circonstances les plus favorables, il est rare qu'un bâtiment prenne la mer avec son effectif réglementaire; les hôpitaux retiennent toujours quelques hommes. Si à cette cause on ajoute celles qui sont la conséquence naturelle de l'état de guerre, c'est-à-dire la pénurie des marins, l'obligation de donner des équipages aux prises, les pertes à la suite du combat, etc., on arrivera à une diminution d'effectif que les rôles de bord seuls pourraient faire connaître quand encore ils font exactement mention de ces mutations. Dans tous les cas, en admettant que ces divers mouvements pussent être connus pour l'un des combattants, cela n'est pas possible pour l'autre. Indiquer l'effectif réglementaire serait donc donner un document inexact. J'ai préféré ne pas parler de cet élément de la force des bâtiments. Pour moi, la comparaison des forces consistera uniquement dans l'indication de l'artillerie de chaque bâtiment. On trouvera plus loin les documents auxquels j'ai emprunté ces données. L'exposé de la composition de l'artillerie n'est pas sans offrir de nombreuses difficultés. Il est souvent arrivé, en effet, que l'armement réglementaire de telle ou telle classe de bâtiment a été modifié pour quelques-uns sans que pour cela le principe général ait été détruit; puis, l'introduction des caronades est venue jeter une perturbation d'autant plus grande dans la nomenclature que, pen-

dant plusieurs années, elles ont été placées à titre d'essai
sur les bâtiments des deux marines de la France et de
l'Angleterre ; et lorsqu'elles devinrent réglementaires, on
ne voulut pas les considérer comme des canons et elles ne
changèrent en rien la classification. Les chiffres que je
donne sont toujours des nombres réels et non une quantité
fictive de canons.

Je mentionne avec soin les avaries de chacun des combattants lorsqu'elles ont quelque importance, mais je me
suis généralement abstenu de parler des tués et des blessés. Les documents que j'ai consultés sont tellement contradictoires, qu'il m'a été impossible d'arriver à quelque
chose de positif. Les bulletins se ressemblent, qu'ils soient
les comptes rendus d'une bataille entre deux armées de
terre ou d'un combat sur mer, et l'on connaît la valeur d'un
bulletin. Pour ne citer qu'un exemple : après la bataille
d'Ouessant, en 1778, l'amiral anglais Keppel déclara cent
trente-trois tués et trois cent soixante-treize blessés, tandis
que les états dressés par les capitaines de son armée font
monter à quatre cent quatre le chiffre des tués et à sept cent
quatre-vingt-douze celui des blessés.

Avant de donner les divers règlements qui ont régi
l'artillerie des marines de la France et de l'Angleterre, il
ne me semble pas sans intérêt d'exposer succinctement les
progrès qu'a faits cette arme depuis son invention jusqu'à
nos jours.

On trouve la trace des premières armes à feu au commencement du xive siècle. En 1323, la ville de Metz en
possédait plusieurs dont on se servit avec succès l'année
suivante (1).

---

(1) J'emprunte ces détails aux *Études historiques sur la marine* du capitaine de corvette E. Maissin.
C'est à une chronique manuscrite de la bibliothèque d'Epinal que l'on doit

Ces premières armes, destinées à lancer de petites balles, prirent le nom de *cannes* ou *canons*, et aussi de leur propriété de lancer un projectile, celui de *springalles*, d'où l'on a fait *espingoles*. On nommait celles de ces armes qui lançaient des pierres, *pierrières* ou *pierriers*.

Ces canons, springalles ou pierrières, se composaient de deux parties, la boîte ou la culasse, dans laquelle se plaçait la charge; la volée ou canon proprement dit, qui conduisait le projectile. Ces deux parties étaient assemblées, au moment du tir, au moyen de brides. Pour chaque tube, il y avait ordinairement deux boîtes dont l'une se chargeait pendant que l'autre tirait. Ces canons pesaient de 20 à 30 kilogr., bien qu'ils ne fussent pas destinés à lancer des projectiles de plus de quatre à la livre. Ils étaient encastrés dans un tréteau, ou montés sur une fourchette; il fallait deux hommes pour les manœuvrer. Ces armes étaient en usage en Auvergne dès 1338.

Malgré leur volume, ces canons étaient appelés *canons à main*. En se perfectionnant, ils changèrent de dénomination. Il y en eut où la culasse se vissait à la volée et dont le poids était d'environ 80 liv.; on les nomma *serpentines*. Mais ceux dont on fit le plus d'usage étaient montés sur un fût de bois prolongé et furent nommés arquebuses. On fit successivement des canons en cuivre qui pesèrent 40, 60, 80 et jusqu'à 220 kilogr.; mais ceux-ci

---

ce renseignement. Les archives de Florence font mention de canons en 1326.

M. Cuvillier Morel, d'Acy, a donné, dans ses *Notes historiques sur la maison de Coucy*, des renseignements précieux sur un canon portant une date beaucoup plus ancienne. Ce canon est octogone et en cuivre; il est cassé aux tourillons. Son diamètre à la bouche est de 28 millimètres; il devait avoir 1ᵐ.20 de longueur. Il porte cette inscription :

Fait le 6 mars 1258.
Raoul . . . rois . . . de Coucy.

Ce canon a été trouvé dans un puits en 1819.

cessèrent de faire partie des canons à main pour entrer dans la classe des bouches à feu destinées à lancer de grosses masses.

On ne peut préciser l'époque à laquelle on se servit de la poudre pour lancer des projectiles d'un gros volume. On suppose qu'une certaine quantité de poudre ayant été laissée dans un mortier où elle avait été triturée, et ayant été couverte d'une pierre, le feu se mit à la poudre par accident et lança la pierre. Ce qu'il y a de certain, c'est que les premières bouches à feu prirent le nom de *mortiers* et, en même temps, la forme évasée de cet instrument.

Telles étaient les premières pièces d'artillerie qui portaient le nom de *mortiers*, de *bombardes* ou de *vases à feu*. On trouve qu'elles furent mises en usage, par les Génois d'abord en 1311, et en France en 1338 (1).

Les bombardes se perfectionnèrent; on diminua l'évasement; on allongea la pièce; on rendit la chambre cylindrique ou du moins très-peu conique. En 1362, il y avait des bombardes dont le poids allait à 2,000 liv.; en 1370, on en coula, à Augsbourg, qui lançaient des boulets de pierre de 50, 70, et 126 liv.

---

(1) Voltaire (la *Tactique*, satire) ne croit pas que l'usage de l'artillerie remonte à une époque aussi éloignée. Il n'a pas foi dans du Drach, qui était trésorier des guerres en 1338, et dans les comptes duquel, d'après Ducange, on trouve la note suivante : *A Henri Faumechon, pour avoir poudre et autres choses nécessaires aux canons devant Puisguillaume, en Périgord.* Voltaire fonde ses doutes sur ce qu'il n'y a pas eu de guerre en Périgord en 1338 et qu'il n'y avait pas de Puisguillaume dans cette partie de la France. Il existait un petit hameau de ce nom dans le Bourbonnais, mais il n'avait pas de château.

Plusieurs historiens français ayant assuré qu'il existait dans la ville d'Amberg, — haut Palatinat, — un canon fondu en 1301, et que cette date était gravée sur la culasse, l'illustre philosophe fit écrire au gouverneur de cette province pour être fixé à cet égard. Celui-ci répondit qu'il y avait effectivement un canon, portant la date de 1501, sur le tombeau d'un fondeur nommé Arlin, mort en 1501. Voltaire en conclut qu'on a fait 1301 de 1501.

Il ne croit pas davantage que les Anglais se soient servis de canon à la bataille de Crécy, en 1346, et à celle de Poitiers en 1356. Les actes de la cour de Londres n'en font nulle mention et Voltaire observe, avec raison, que la chose avait une importance trop grande pour avoir été passée sous silence.

Mais le mouvement décisif pour l'amélioration dans la construction des pièces d'artillerie eut lieu à l'époque à laquelle on commença à employer des métaux fusibles. Les premières armes que l'on coula d'une seule pièce furent des armes à main. La forme générale et la couleur du métal firent donner le nom de *coulevrine* à cette arme nouvelle; on l'encastra dans un fût d'environ 3 pieds de longueur, et un seul homme put la manœuvrer. Elle pesait de 20 à 25 liv. L'usage s'en répandit très-rapidement au commencement du xv⁰ siècle. Bientôt on en augmenta les dimensions, et il fallut distinguer les coulevrines à main des grandes coulevrines.

Avant que l'on fît usage de la fonte, les premières bouches à feu étaient composées de pièces de fer soudées entre elles; on cerclait ces barres l'une contre l'autre et l'on augmentait parfois leur solidité par un recouvrement de pièces brasées par-dessus les cercles.

Depuis l'emploi de la fonte, les pièces changèrent rapidement de formes. L'arme fut formée d'un seul cylindre et la pièce eut plus de longueur. Les bombardes, qui constituaient en quelque sorte la presque totalité des bouches à feu, furent alors remplacées peu à peu par ces nouvelles armes qui prirent le nom générique de canon. A cette époque parurent, ainsi que je l'ai dit, les coulevrines auxquelles on donna quarante, cinquante et jusqu'à cinquante-huit calibres de longueur.

C'est vers l'année 1387 que l'on trouve, sur l'Océan, le premier exemple de l'usage de l'artillerie, dans le combat livré par l'amiral Jean de Vicq au comte d'Arundel, à l'embouchure de la Tamise (1). Dans la Méditerranée, l'usage en était antérieur; on s'en était servi dans un

_____

(1) Froissart, *Chroniques.*

combat naval qui avait eu lieu en 1333, entre le bey de
Tunis et le roi maure de Séville. Les Vénitiens en avaient
fait usage en 1380 (1). Quoi qu'il en soit, ce n'est que vers
la seconde moitié du XIVᵉ siècle, sous le règne de Charles VI
de France, que l'on peut fixer avec quelque certitude
l'époque à laquelle on a généralement commencé à faire
usage de l'artillerie sur mer. Suivant quelques dessins
qui existent encore, les Anglais en avaient à bord de leurs
navires, sous les règnes de Richard III et de Henri VII (2).
A bord des nefs de haut bord, les pièces d'artillerie étaient
placées sur le pont ou sur les châteaux, comme les an-
ciennes machines qu'elles remplaçaient ; elles jetaient leurs
projectiles en bombes par-dessus le bord.

C'est à la France qu'était réservée la gloire de l'invention des sabords. Tous les historiens s'accordent à dire
que, vers les premières années du règne de Louis XII, le
constructeur français Descharges pratiqua pour la première fois des sabords à un navire, *la Charente*, qu'il fit
construire en Bretagne. Suivant Jean d'Auton (3), *la Charente* portait 200 pièces d'artillerie, dont 14 à roues,
« tirant grosses pierres, boulets de fonte et boulets serpentines. » Mais, ainsi que le fait observer M. Maissin (4),
un pareil navire ne doit pas être le premier auquel on eût
tenté de pratiquer des ouvertures dans la muraille pour y
placer des pièces d'artillerie.

Le premier navire qui, en Angleterre, porta des sabords,
fut le *Henry Grâce de Dieu*, qui fut construit à Edith
en 1515. Il avait 2 batteries et paraît avoir porté 80 pièces
d'artillerie de toutes les espèces connues ; 54 au plus

---

(1) James, *Military dictionary.*
(2) De l'année 1483 à 1509.
(3) *Chronique de Louis XII.*
(4) *Études historiques sur la marine.*

étaient au sabord ; les autres étaient placées sur une plate-
forme à l'avant et à l'arrière.

Les pièces d'artillerie n'étaient pas désignées, à cette
époque, par le poids du boulet; cela n'était pas possible,
les boulets n'étant pas tous faits de la même matière. Les
uns étaient en fer, les autres en pierre, quelques-uns en
plomb, tous corps d'une pesanteur spécifique différente.
Il paraît qu'on se servait aussi quelquefois de boulets en
fer creux remplis de matières combustibles (1). Les canons étaient désignés par des noms de convention qui
n'indiquent rien, quant à leur calibre. Voici une liste
dressée par le trésorier anglais **W.** Monson qui vivait sous
le règne d'Élisabeth.

| DÉSIGNATION. | DIAMÈTRE de la pièce en pouces. | POIDS de la pièce en livres anglaises. | POIDS du boulet. | POIDS de la charge de poudre. |
|---|---|---|---|---|
| Canon royal. . . . . . . . | 8 1/2 | 8.000 | 66 | 30 |
| Canon. . . . . . . . . . . | 8 | 6.000 | 60 | 27 |
| Canon serpentine.. . . . . | 7 | 5.500 | 53 1/2 | 25 |
| Bastard canon ou canon VII | 7 | 4.500 | 41 | 20 |
| Demi-canon. . . . . . . . | 6 3/4 | 4.000 | 33 1/2 | 18 |
| Canon Petro. . . . . . . . | 6 | 4.000 | 24 1/2 | 14 |
| Basilisk. . . . . . . . . . | 5 | 4.000 | 15 | 10 |
| Culverin. . . . . . . . . . | 5 1/2 | 4.500 | 17 1/2 | 12 |
| Demi-culverin. . . . . . . | 4 | 3.400 | 9 1/2 | 8 |
| Bastard culverin. . . . . . | 4 | 3.000 | 5 | 5 3/4 |
| Saker. . . . . . . . . . . | 3 1/2 | 1.400 | 5 1/2 | 5 1/2 |
| Minion. . . . . . . . . . . | 3 1/2 | 1.000 | 4 | 4 |
| Falcon. . . . . . . . . . . | 2 1/2 | 660 | 2 | 3 1/2 |
| Falconet. . . . . . . . . . | 2 | 500 | 1 1/2 | 3 |
| Serpentine. . . . . . . . | 1 1/2 | 400 | 3/4 | 1 3/4 |
| Babinet. . . . . . . . . . | 1 | 300 | 1/2 | 1/2 |

En France, en 1572, Charles IX réduisit aux suivants
les calibres de canon qui existaient antérieurement (2) :

---

(1) Charnock's *Architecture.*
(2) Maissin, *Études historiques sur la marine.*

| DÉSIGNATION. | POIDS du boulet en livres anglaises. | POIDS de la pièce. | LONGUEUR de la pièce en pieds. |
|---|---|---|---|
| Canons de siège. . . . . . . . . . . | 33 1/2 | 5.150ˡ. | 10ᴾ 6ᴾ |
| Grande coulevrine. . . . . . . . . . | 16 1/2 | 3.700 | 11   0 |
| Coulevrine bâtarde. . . . . . . . . | 7 1/2 | 1.850 | 9   6 |
| Coulevrine moyenne . . . . . . . . | 2 1/2 | 800 | 8   6 |
| Faucon.. . . . . . . . . . . . . . | 1 1/2 | 650 | 7   6 |
| Fauconneau. . . . . . . . . . . | 1/2 | 350 | 6   6 |

La charge égalait les deux tiers du poids du boulet pour les canons, la moitié et quelquefois plus pour les coulevrines.

Les nomenclatures antérieures faisaient mention de *basilics*, de *carthaunes*, de trois espèces de *chanteuses* ou *siffleuses*, de *serpentines*, de trois espèces de mortiers, quatre espèces de pierriers, etc.

Le nombre des pièces d'artillerie des navires augmenta rapidement après l'invention des sabords; il n'était plus rare d'en compter 60 et 70, dont un tiers de gros calibre. Les armements en artillerie étaient d'ailleurs fort irréguliers et différaient, non-seulement selon la grandeur des navires, mais encore suivant l'opinion des capitaines. Beaucoup d'officiers pensaient que toutes les pièces devaient être sur le pont, parce que celles qui étaient placées en dessous tourmentaient le vaisseau par suite du défaut d'air, et que d'ailleurs elles l'encombraient (1).

Voici comment Pantero Pantera, dans son *Traité sur les naves de la fin du seizième siècle*, décrit la distribution de l'artillerie (2).

_____

(1) Maissin, *Études historiques sur la marine.*
(2) Jal, *Archéologie navale.*

« Sur le pont des galions et des naves, on place 20 pièces
« d'artillerie, savoir : 2 couleuvrines ou 2 canons de
« 50 livres de fer, chaque boulet, de l'un et de l'autre
« côté du gouvernail ; à l'avant, de chaque côté, 2 pièces
« semblables et, de chaque côté, au milieu, dans la partie
« la plus large du pont, encore 2 pièces semblables, de
« chaque côté. Depuis ces canons jusqu'à la poupe, 2 ca-
« nons pierriers et deux autres, de chaque bord, jusqu'à
« l'avant, sous le pont, on met au moins 12 autres pièces
« dont 2 au milieu du navire, bien que quelques-uns pen-
« sent qu'à cause du bruit et des secousses qu'elles don-
« nent au vaisseau, ces pièces doivent être seulement des
« sacres, des sacres moyens ou autres semblables ; néan-
« moins, il sera meilleur d'y placer des demi-couleuvrines
« et des demi-canons, parce que le lieu où ils sont situés
« leur donne un tir en ligne droite avantageux. On met en
« outre, de chaque côté, 2 canons pierriers en arrière des
« canons du milieu et 2 pareils en avant. En garnissant
« ainsi le navire en dessus et en dessous du pont, un capi-
« taine prudent aura suffisamment approvisionné d'artil-
« lerie une nave ou un galion ordinaire. Mais, si le vaisseau
« le comporte, on pourra augmenter l'artillerie de beau-
« coup de pièces sur les côtés, et sur les châteaux d'avant
« et d'arrière, en plaçant sur chacun 6 ou 8 pierriers ou
« émérillons, se regardant de cap en cap pour défendre le
« pont, tirant de la poupe à la proue, comme font les ca-
« nons des bastions pour défendre les courtines. »

Voici l'énumération des pièces d'artillerie que donne Girolamo Cataneo dans ses *Essamini de'bombardieri* : **1560**,
    « Le mousquet porte une balle d'une livre.
    « Le fauconneau, de 3 livres.
    « Le faucon, de 6 livres.
    « Le sacre, 12 livres.

« L'aspic, 12 livres.

« Le canon, 20, 30, 40, 50, 60, 70, 80, 100 livres.

« La couleuvrine, 14, 20, 30, 40, 50, 60, 70, 80 et 100 livres.

« Le canon pierrier, de 20 à 250 livres.

« La demi-couleuvrine renforcée, 25.

« Le demi-canon, 30.

« Le quart de canon, 12. »

Manilio Orlandi, artilleur romain, a aussi donné la liste des pièces les plus usitées de son temps, 1602 (1).

« L'émérillon est une pièce longue de 3P 9p ; il porte une « balle de 9 à 24 onces.

« Le mousquet, plus long, porte une balle de fer de « 2 livres environ.

« Le fauconneau, qui a en longueur trente fois le dia- « mètre de son calibre, porte une balle de fer de 2 à 3 livres « et demie.

« Le faucon, long comme 28 fois environ le diamètre de « son calibre, porte un boulet de 4 à 6 livres.

« Le sacre, long comme 28 fois la largeur de sa bouche, « porte un boulet de 9 à 12 livres.

« L'aspic, plus court que le sacre, a un boulet du même « poids.

« La demi-couleuvrine ou couleuvrinette, longue de 32 fois « son calibre, a un boulet de 12 1/2 à 30 livres.

« La couleuvrine, longue de 33 fois son calibre, a un « boulet de 20 à 50 livres.

« Le canon, long de 17 à 22 fois son calibre, porte un « boulet de 20 à 100 livres.

« Le canon double, moins long que le simple, porte un « boulet de 120 livres.

---

(1) Jal, *Archéologie navale.*

« Le plus court des canons pierriers est long de 5 fois
« son calibre environ et porte un boulet de pierre de 20 à
« 100 livres.

« Les pierriers qui sont ouverts à la culasse sont longs
« comme 10 fois environ le diamètre de leur calibre, sans
« compter la partie où s'encastre la boîte à charge. Ceux-
« là portent un boulet moindre que ceux des canons
« chambrés. Les pierriers chambrés en portent de moin-
« dres aussi que les canons pierriers. Les pierriers ouverts
« à la culasse s'appellent pierriers à mascolo ou à boîtes.

« Il y a encore le passe-volant, long de 48 à 50 fois
« le diamètre de sa bouche et ayant un boulet en fer de
« 6 livres ;

« Et le saute-Martin, qui porte un boulet de 4 livres et
« mesure, en longueur, 15 fois son calibre. »

Enfin, d'après le P. Fournier (1), « les canons étaient
« des pièces longues et de fort calibre. Les coulevrines,
« des pièces longues, mais de moindre calibre ; c'est dans
« cette classe que se rangeaient les dragons, les basilics,
« les couleuvres, les sacres et les faucons. Les pierriers
« étaient des pièces courtes et de gros calibre, avec les-
« quelles on lançait des pierres, des clous, des chaînes,
« des grenades, des bombes même, car les mortiers étaient
« rangés parmi les pierriers.

« Le canon, double canon ou canon de batterie, était
« du calibre de 33 livres ; il avait 10 pieds de long et le
« diamètre de l'âme était de $0^p 6^p 2^l$. Il en existait aussi
« quelques-uns du calibre de 15, 20, 24 et même 36.

« La coulevrine, qui était un demi-canon, portait un
« boulet de 16 livres ; elle était longue de 9 à 10 pieds.
« La coulevrine bâtarde avait 8 pieds de longueur ; son

(1) *Hydrographie*.

« boulet pesait 8 livres. La moyenne avait 7 1/2 et 8 pieds
« et lançait un boulet de 4 livres. Le faucon avait 7 pieds
« de long; son boulet était de 2 livres. Le fauconneau
« avait 6 pieds 1/2 et lançait des balles de 1 livre.

« Les canons et les coulevrines étaient montés sur des
« affûts à deux roues; les pierres étaient sur des che-
« valets. »

La force des bâtiments augmenta en raison des progrès
de l'art de la construction. En 1661, il y avait en France
trois rangs de vaisseaux :

Ceux du 1er rang portaient de 60 à 70 canons,
2e rang             40 à 50
3e rang             30 à 40

Les projectiles en usage étaient : le boulet rond formé
de deux demi-globes joints ensemble; le boulet à deux
têtes, qui consistait en deux demi-globes fixés aux extrémités d'une barre de fer ; le boulet à chaîne, qui ne diffé-
rait du dernier qu'en ce que, au lieu d'être fixés aux extrémités d'une barre, les deux demi-globes étaient attachés
à une chaîne. Enfin, les paquets de fer consistaient en
morceaux de fer carrés liés ensemble.

Le règlement du 4 juillet 1670, sur la construction des
vaisseaux, donne une idée exacte de ce qu'étaient les bâtiments de guerre à cette époque.

« Les navires de premier rang, qui portent 70 pièces de
« canon et au dessus, jusqu'à six-vingts, dit ce règlement,
« auront trois ponts entiers et non coupés; et dans leur
« château de poupe, deux chambres l'une sur l'autre, sa-
« voir, celle des volontaires et celle du capitaine, outre la
« sainte-barbe et la dunette, laquelle suivra le couronne-
« ment et tonture dudit navire.

« Il sera observé que les navires soient régulièrement
« percés dans les chambres pour y tenir autant de canons

« qu'il convient, afin que la hanche et le derrière soient
« bien armés.

« Les sabords sont grands, ouverts et taillés en embra-
« sures, particulièrement à la hanche et à l'épaule du vais-
« seau, et la distance de l'ur à l'autre sera de 7 pieds.

« Les navires du second rang, de 56 à 70 pièces de
« canon, auront leurs trois ponts entiers ou le troisième
« coupé (1), et dans leur château de poupe, les mêmes
« chambres outre la sainte-barbe et la dunette, de lon-
« gueurs proportionnées à la grandeur du vaisseau, obser-
« vant pour les sabords ce qui a été dit ès-articles précé-
« dents.

« Les navires du troisième rang, de 40 à 50 pièces de
« canon, seront construits, à l'avenir, avec deux ponts
« seulement et auront dans leur châtean de poupe, la
« chambre du capitaine et la dunette au-dessus, laquelle
« suivra la tonture du navire, ainsi qu'il est ci-dessus dit.
« Le corps de garde courra jusqu'au cabestan, avec des
« galeries de côté, pour monter à la dunette et pour mettre
« la soldatesque en occasion de combat.

« Les navires du quatrième rang, de 30 à 40 pièces de
« canon, auront deux ponts courant avant arrière.

« Les navires du dernier rang, de 18 à 28 pièces de
« canon, auront deux ports courant devant arrière; dans
« leur château de poupe, la chambre du capitaine, corps
« de garde et dunette proportionnés à la grandeur du vais-
« seau.

« Les frégates légères de 8 à 16 canons n'auront qu'un
« tillac. Les plus grandes pourront avoir un petit château
« sur l'avant.

---

(1) Le règlement de 1671 déroge à cet article et veut que les vaisseaux au-
dessous de 70 canons n'aient que deux ponts.

« Il sera observé dans tous les vaisseaux que la hauteur
« des lisses et plats bords soit telle que les mousquetaires
« puissent tirer commodément par-dessus pour rendre leur
« service utile »

Je viens de parler de frégates pour la première fois. On
n'était pas bien fixé sur ce qu'était cette espèce de navire
qu'on confondait souvent avec les vaisseaux du dernier
rang; quelques-unes portaient jusqu'à 60 canons (1). Cependant, en général, les frégates étaient des bâtiments
légers qui ne combattaient pas en ligne. La distinction pro-
venait plutôt de l'emploi que de la force du bâtiment. Voici
ce qu'en dit M. Maissin dans ses *Études historiques* :

« On a vu que dans la marine à rames, on se servait de
« petites galères qui portaient le nom de frégates, et que
« ces bâtiments légers étaient employés dans toutes les cir-
« constances où il fallait plus de vitesse que de force : pour
« éclairer la marche d'une flotte, porter des ordres et des
« avis, etc. C'est par analogie d'usage que les navires à
« voiles classés, pour la force, immédiatement après les
« vaisseaux, reçurent le nom de frégates. Un même motif
« a fait, plus tard, donner le nom de brigs à des navires à
« voiles dont l'usage fut analogue à celui des brigantins à
« rames du moyen âge. »

La classification des bâtiments de guerre fut de nouveau
changée en 1683. Le tableau suivant donne la répartition
de l'artillerie.

---

(1) Fournier, *Hydrographie.*

| VAISSEAU. | 1re BATTERIE. | | 2e BATTERIE. | | 3e BATTERIE. | | GAILLARDS. | | ÉQUIPAGES. |
|---|---|---|---|---|---|---|---|---|---|
| | Canons. | | Canons. | | Canons. | | Canons. | | Hommes. |
| 1er rang — 110 | 30 | le 48 | 32 | de 18 | 28 | de 12 | 20 | de 6 | 1050 |
| 104 | 28 | 36 | 30 | 18 | 28 | 12 | 18 | 6 | 900 |
| 100 | 28 | 36 | 28 | 18 | 28 | 8 | 16 | 6 | 800 |
| 96 | 28 | 30 | 28 | 18 | 26 | 8 | 14 | 6 | 760 |
| 94 | 28 | 36 | 28 | 18 | 26 | 8 | 12 | 6 | 750 |
| 88 | 28 | 36 | 28 | 18 | 26 | 8 | 6 | 6 | 700 |
| 86 | 26 | 36 | 28 | 18 | 26 | 8 | 6 | 6 | 650 |
| 84 | 26 | 36 | 26 | 18 | 24 | 8 | 8 | 6 | 640 |
| 76 | 26 | {36 / 24} | 26 | 18 | 20 | 8 | 4 | 4 | 520 |
| 2e rang — 74 | 26 | 24 | 28 | 18 | » | | 20 | 8 | 480 |
| 70 | 26 | 24 | 28 | 18 | » | | 16 | 6 | 450 |
| 68 | 26 | 24 | 28 | 12 | » | | 14 | 6 | 450 |
| 66 | 24 | 24 | 28 | 12 | » | | 14 | 6 | 430 |
| 64 | 24 | 24 | 26 | 12 | » | | 14 | 6 | 380 |
| 3e rang — 60 | 24 | {24 / 18} | 26 | 12 | » | | 10 | 6 | 360 |
| 58 | 24 | {24 / 18} | 24 | {12 / 8} | » | | 10 | 6 | 350 |
| 56 | 24 | {24 / 18} | 24 | {12 / 8} | » | | 8 | 6 | 350 |
| 54 | 24 | {24 / 18} | 24 | {12 / 8} | » | | 6 | 6 | 340 |
| 50 | 24 / 22 | 18 | 22 / 24 | 8 | » | | 4 | 6 | 320 |
| 4e rang — 46 | 26 | 12 | 20 | 8 | » | | 6 | 4 | 260 |
| 44 | 20 | 12 | 20 | 8 | » | | 4 | 4 | 260 |
| 40 | 20 | {12 / 8} | 20 | 6 | » | | » | | 220 |
| 5e rang — 36 | 18 | 8 | 18 | 6 | » | | » | | 180 |
| 30 | 16 | 8 | 14 | 6 | » | | » | | 150 |
| Frégates — 22 | 22 | 6 | » | | » | | » | | 120 |
| 20 | 20 | 4 | » | | » | | » | | 120 |
| 16 | 16 | 8 | » | | » | | » | | 100 |
| 14 | 14 | 6 | » | | » | | » | | 100 |
| 12 | 12 | 4 | » | | » | | » | | 50 |
| 10 | 10 | 4 | » | | » | | » | | 40 |

L'année 1758 vit une nouvelle classification des bâtiments de guerre français, qui restèrent cependant divisés en cinq rangs :

1er rang, { 110 canons, — 1,150 hommes d'équipage.
100 — 1,000 —
90 — 900 —

2e rang, { 74 — 550 —
70 — 500 —

3e rang, { 66 — 460 —
60 — 400 —
56 — 330 —

$$
4^e \text{ rang,} \left\{ \begin{array}{l} 50 \text{ canons,}\text{——}300 \text{ hommes d'équipage.} \\ 46 \qquad\text{——}270 \qquad\text{—} \\ 40 \qquad\text{——}250 \qquad\text{—} \end{array} \right.
$$

$$
5^e \text{ rang,} \left\{ \begin{array}{l} 32 \qquad\text{——}180 \qquad\text{—} \\ 30 \qquad\text{——}170 \qquad\text{—} \end{array} \right.
$$

Les vaisseaux de premier rang avaient trois ponts et trois batteries ; ceux de 50 à 90 canons deux ponts et deux batteries ; ceux de 40 à 50 canons, qu'on appelait aussi *frégates*, avaient deux ponts et deux batteries (1) ; les frégates de 30 à 32 canons avaient deux ponts et une seule batterie ; celles de 28 canons avaient aussi deux ponts ; il n'y avait que 4 canons de chaque bord sur le premier. Cette espèce de frégate fut bientôt abandonnée et remplacée par une autre de même force, avec un seul pont. Les frégates de 22 à 24 canons n'avaient qu'une batterie.

Les bâtiments au-dessous de 20 canons étaient appelés *corvettes;* il y en avait de 16 et de 12 canons de 4.

L'ordonnance de 1765 modifia encore cette classification.

| | 1ʳᵉ BATTERIE. | 2ᵉ BATTERIE. | 3ᵉ BATTERIE. | GAILLARDS. |
|---|---|---|---|---|
| Vaisseau de 116 canons. | 32ᶜ de 36 | 34ᶜ de 24 | 34ᶜ de 12 | 16ᵉ de 8 |
| 100 —— | 32  36 | 34  24 | 34  12 | » |
| 90 —— | 30  36 | 30  24 | 30  12 | » |
| 80 —— | 30  36 | 32 { 24 / 18 | 18 { 12 / 8 | » |
| 74 —— | 28  36 | 30  18 | » | 16  8 |
| 64 —— | 26  24 | 28 { 18 / 12 | » | 10  6 |
| 50 —— | 24 { 24 / 18 | 26  12 | » | » |
| Frégate de 30 —— | 26 { 12 / 8 | 4 { 6 / 4 | » | » |
| 24 —— | 24  8 | » | » | » |
| 20 —— | 20 { 8 / 6 | » | » | » |
| Corvette de 16 —— | 16  6 | » | » | » |
| 12 —— | 12  4 | » | » | » |

Quelques années plus tard, en 1776, un nouveau règlement vint changer cette classification. Enfin, en 1779, on ré-

(1) Duhamel du Monceau, *Éléments de l'architecture navale.*

duisit à quatre les rangs des vaisseaux, et à deux ceux des
frégates et des corvettes. On vit cependant pendant longtemps encore des bâtiments ancien modèle. Voici, du reste,
la nomenclature des bâtiments dont on se servit encore :

| | Canons. | 1re BATTERIE. Canons. | 2e BATTERIE. Canons. | 3e BATTERIE. Canons. | GAILLARDS. Canons. | ÉQUIPAGES. Hommes. |
|---|---|---|---|---|---|---|
| Vaisseau de.. | 110 | 30 de 36 | 32 de 24 | 32 de 12 | 16 de 8 | 1260 |
| | 100 | 30 36 | 32 24 | 28 12 | 10 8 | 1180 |
| | 94 | 30 36 | 32 24 | 32 12 | » | 1160 |
| | 92 | 30 36 | 32 24 | 30 12 | » | 1150 |
| | 90 | 30 36 | 34 24 | » | 26 8 | 1070 |
| | 84 | 30 36 | 32 24 | » | 22 8 | 950 |
| | 80 | 30 36 | 32 {24 / 8 | » | 18 8 | 940 |
| | 74 | 28 36 | 30 18 | » | 16 8 | 734 |
| | 70 | 26 36 | 28 18 | » | 16 8 | 716 |
| | 64 | 26 24 | 28 12 | » | 10 6 | 589 |
| | 60 | 24 24 | 26 12 | » | 10 6 | 570 |
| | 56 | 24 24 | 26 12 | » | 6 6 | 500 |
| | 50 | 24 {24 /18 | 26 12 | » | 12 8 | 430 |
| Flûte de.... | 40 | 28 36 | » | » | 12 8 | 600 |
| Frégate de... | 38 | 26 18 | » | » | 12 8 | 320 |
| | 34 | 30{ {12 26{ / 9 | » | » | 4{ {6 8{ / 4 | 255 ou 230 |
| | 32 | 26 {12 / 8 | » | » | 6 {0 / 4 | 255 220 |
| | 26 | 22 9 | » | » | 4 4 | 210 |
| Corvette de.. | 24 | 24 4 | » | » | » | 210 |
| | 18 | 18 8 | » | » | » | 140 |
| | 16 | 16 {9 / 6 | » | » | » | 95 à 150 |
| | 10 | 10 4 | » | » | » | 80 130 |

Un grand perfectionnement fut apporté dans l'artillerie
de la marine en 1782. Une dépêche du 21 juin prescrivit
l'emploi des platines à silex ; la mèche devint dès lors un
moyen secondaire de mettre le feu aux canons.

Le 4 janvier 1786, on réduisit le nombre des rangs des
vaisseaux aux trois suivants :

| | 1re BATTERIE. | 2e BATTERIE. | 3e BATTERIE. | GAILLARDS. |
|---|---|---|---|---|
| Vaisseaux de 118 canons | 32c de 36 | 34c de 24 | 34c de 12 | 18c de 8 |
| 80 —— | 30 36 | 32 24 | » | 18 12 |
| 74 — | 28 36 | 30 18 | » | 16 8 |

Le 8 octobre 1787, on fit un nouveau classement des bâtiments des rangs inférieurs.

Les frégates de 30 canons de 8 prirent 231 hommes.

— 24 — 8 — 193 —

Les corvettes de 20 canons de 6 prirent 134 hommes.

— 16 — 6 — 115 —

Les brigs de 16 canons reçurent 102 hommes.

— 8 — 75 —

— 4 — 61 —

Les règlements de 1786 et 1787 sur la classification et l'armement des bâtiments de guerre français, continuèrent à être en vigueur jusqu'à 1790. Cependant, en 1788, on mit 2 canons de plus sur les gaillards des vaisseaux, 2 aussi de plus dans la batterie des frégates de premier rang et le même nombre sur les gaillards.

En 1790, il fut arrêté qu'on ne construirait plus que trois espèces de vaisseaux : 118, 80 et 74 canons; il en restait encore 39 de l'ancienne construction. Les frégates furent réduites à deux rangs : 28 canons de 18 et 24 canons de 12 en batterie.

On s'écarta bientôt de la lettre de ces règlements, car, en 1793, nous trouvons la classification suivante :

| DÉSIGNATION. | 1ʳᵉ BATTERIE. | 2ᵉ BATTERIE. | 3ᵉ BATTERIE. | GAILLARDS | DUNETTE. | FORCE RÉELLE. |
|---|---|---|---|---|---|---|
| | Canons. | Canons. | Canons. | Canons. | Caronades | Canons. |
| Vaisseaux de 120 canons. | 32 de 36 | 34 de 24 | 34 de 12 | 20 de 8 | 4 de 36(1) | 124 |
| 110 — | 30 36 | 32 24 | 32 12 | 16 8 | 4 36 | 114 |
| 80 — | 30 36 | 32 24 | » | 18 12 | 6 36 | 86 |
| 74 — | 28 36 | 30 24 | » | 16 8 | 4 36 | 78 |
| Frégates de 40 — | 28 18 | » | » | 12 8 | 4 36 | 44 |
| 38 — | 26 18 | » | » | 12 8 | 4 36 | 42 |
| 36 — | 26 12 | » | » | 10 6 | 4 36 | 40 |
| 32 — | 26 12 | » | » | 6 6 | 4 36 | 36 |
| 28 — | 24 8 | » | » | 2 6 | 6 36 | 32 |

(1) Les caronades étaient en bronze.

Le 12 février 1794, le comité de salut public arrêta que les frégates de 28 canons de 18 ne porteraient que 8 pièces sur les gaillards. Ces frégates qui, en outre de leurs caronades, portaient 40 canons, furent donc réduites à 36, c'est-à-dire qu'on leur retira autant de canons qu'on leur avait ajouté de caronades.

En 1794, pour compenser l'infériorité numérique de nos forces sur mer, la Convention prescrivit l'emploi de projectiles incendiaires; les boulets rouges furent les premiers employés. Les fourneaux à rougir les boulets étaient à l'avant, dans l'entrepont. Il fallait une heure ou une heure et demie pour faire rougir un boulet de 36 à couleur cerise.

L'expérience prouva qu'il n'y avait rien à attendre de cette innovation. En 1796, on démolit tous les fourneaux à bord des bâtiments et l'on n'employa le tir à boulets rouges que pour la défense des côtes.

Dans la vue d'augmenter la force de la marine sans augmenter le nombre de ses bâtiments, le comité de salut public eut tout d'abord l'étonnante idée d'agir en quelque sorte comme on l'avait fait lors de l'invention de l'artillerie, c'est-à-dire d'en surcharger les navires. Cette application eut lieu principalement sur les bâtiments de rangs inférieurs. Ainsi, les corvettes de 12 canons de 12 en prirent 6 ou 8 de 24. La surcharge qui en résulta et les avaries occasionnées par le tir de ces pièces firent revenir au règlement en juillet 1795.

Un décret du 25 septembre 1795 (3 brumaire an IV) fixa comme il suit la force des équipages :

Les vaisseaux de 118 canons prirent 1130 hommes.

| — | 110 | — | 1070 | — |
|---|-----|---|------|---|
| — | 80  | — | 866  | — |
| — | 74  | — | 706  | — |

Les frégates portant du 18 reçurent 340 hommes.

    —        12   —   282  —

Les corvettes de 26 canons de 8 prirent 224 hommes.

    —    24  —      —  189  —

    —    20  —  6  —  142  —

    —    18  —      —  125  —

Les brigs de 16 canons prirent 94 hommes.

    —    8   —    77  —

    —    4   —    65  —

Le 11 août 1799, il fut décidé que les vaisseaux de 80 canons prendraient 28 canons sur les gaillards au lieu de 18. Quoique, par dépêche du 17 juin 1782, l'emploi des platines pour canons eût été ordonné dans la marine, les expériences et la fabrication marchèrent lentement, et ce fut seulement le 22 mars 1802 que le boute-feu fut définitivement remplacé et devint un moyen auxiliaire.

Bien que l'usage des caronades fût devenu général dans la marine anglaise, la France recula longtemps devant l'emploi de cette arme; on se servait cependant de caronades en bronze, espèces d'obusiers placés, du reste, en fort petit nombre sur la dunette des vaisseaux et sur le pont des frégates. Un règlement du 22 décembre 1804 (1er nivôse an XIII) tout en maintenant les caronades en bronze sur la dunette, ordonna l'emploi de caronades de 36 en fer, dans le rapport suivant :

Les vaisseaux de 100 en prirent 14 à la place de 8 canons.

Ceux de 80 et de 74    —   12   —   4

Les frégates         —   10   —   8

On doit dire toutefois que, depuis 1799, quelques bâtiments avaient des caronades à titre d'essai.

Le 16 décembre 1805 (25 primaire an XIV) et le 13 février 1806, parurent deux règlements sur l'armement des gaillards des bâtiments de la flotte. Le premier, qui prescrivait d'armer les corvettes et les brigs avec des caronades de 24, fut modifié, le 26 mars 1807, dans ce sens qu'on rendit aux brigs 2 canons de 8, et 2 de 12 aux corvettes. Le second ordonna de placer sur les gaillards des vaisseaux de

118 canons 12 caronades de 36 et 14 canons de 8
80 — 10 — de 36 et 14 — de 12
74 — 10 — de 36 et 14 — de 8
des frégates de 18 8 — de 36 et 8 — de 8

Le 30 octobre 1807, la composition de l'artillerie des bâtiments de la flotte fut modifiée de nouveau.

| DÉSIGNATION. | 1re BATTERIE. | 2e BATTERIE. | 3e BATTERIE. | GAILLARDS. |
|---|---|---|---|---|
| | Canons. | Canons. | Canons. | |
| Vaisseaux de 120 à 110 c. | 32 de 36 | 34 de 24 | 34 de 12 | 14 c. de 8 et 12 car. de 36. |
| — 100 à 90 | 32 36 | 34 24 | 34 12 | — |
| — 80.... | 30 36 | 32 24 | » | 14 c. de 12 et 10 car. de 36. |
| — 74.... | 28 36 | 30 18 | » | 14 c. de 8 et 10 car. de 36. |
| — 64..... | 26 24 | 28 18 | » | 10 c. de 6. |
| — 50..... | 24 24 | 26 12 | » | — |
| Frégates portant du 18. | 28 18 | » | » | 8 c. de 8 et 8 car. de 36. |
| — 12. | 26 12 | » | » | 6 c. de 6. |
| Corvettes de 24...... | » | » | » | 2 c. de 12 et 22 car. de 24. |
| — 18...... | » | » | » | — 16 — |
| — 16...... | » | » | » | — 14 — |
| Brigs de 16........ | » | » | » | — 14 — |
| Côtres.......... | » | » | » | 12 c. de 4. |
| Longres......... | » | » | » | 4 c. de 4. |
| Flûtes.......... | » | » | » | 20 c. de 8. |
| Gabares......... | » | » | » | 16 c. de 6. |
| — ........ | » | » | » | 12 c. de 4. |

On s'aperçut bientôt que les gaillards des frégates étaient trop chargés avec des caronades de 36, et le 6 août 1810, les capitaines de la *Clorinde* et de la *Renommée* obtinrent d'armer les gaillards avec 14 caronades de 24 et 2 canons de 8. Cette exception devint la règle, le 31 décembre de la même année; cette disposition ne put cependant être appliquée à toutes les frégates armées.

Le 13 juin 1811, on arma quelques flûtes de la manière suivante :

| Celles de 26 canons de 8 prirent | 24 caronades de 24 | et | 2 canons de 18. |
|---|---|---|---|
| — 22 — | 20 | 2 | 12. |
| — 16 — | 14 | 2 — | 8. |

Le 29 décembre 1812, les canons de 18 remplacèrent les canons de 12 dans la troisième batterie des vaisseaux de 118.

Le 14 janvier 1813, on remplaca 2 canons de 8 des vaisseaux de 74 par 2 caronades de 36.

En mai 1817, on donna l'ordre de construire des frégates destinées à porter 30 canons de 24, 2 de 12 et 18 caronades de 36. L'effectif de leur équipage était fixé à 450 hommes. Il n'en était encore sorti aucune des chantiers lorsque, le 13 juillet 1819, il fut décidé que leur artillerie serait augmentée de 8 caronades de 36, ce qui en fit des frégates de 58 bouches à feu. Leurs 2 canons de 12 furent remplacés par 2 de 18 et leur équipage fut élevé à 459 hommes.

A cette même époque du 13 juillet 1819, il fut aussi décidé que les vaisseaux de troisième rang, dits de 74, prendraient 28 canons de 36, 30 de 24, et 36 caronades de 36, soit 94 bouches à feu. Les vaisseaux dits de 80 en avaient 96.

Cette manie de dissimuler la force réelle de l'artillerie des bâtiments avait gagné le ministère de la marine en France. Dès 1793, nous voyons que les caronades en bronze, dont le nombre allait jusqu'à 6 à bord de quelques bâtiments, ne sont pas comprises dans l'énumération des bouches à feu. Plus tard, les vaisseaux de 80 canons qui, de fait, en portaient 86, en prirent 10 de plus. Enfin, jusqu'à la fin de la guerre, et notamment à l'époque à laquelle les caronades en fer furent introduites, la classification resta la même, bien que le nombre réel des bouches à feu eût été modifié. Aussi, pour éviter les recherches, pour bien arrêter les idées sur la force réelle des combattants, ai-je abandonné la classification officielle pour désigner chaque bâtiment d'après le nombre des bouches à feu qu'il portait en réalité. De là la différence qu'on pourra remarquer fréquemment entre les indications que je donne sur la force des bâtiments et celles qu'on trouve dans les divers auteurs qui ont écrit sur la marine : à la fiction, j'ai substitué la vérité.

Je dirai actuellement ce qui avait lieu dans la marine anglaise aux différentes époques que je viens de parcourir.

La classification des bâtiments anglais, par rang, parut pour la première fois dans une liste dressée en 1626 par ordre de Charles Ier (1). Il y avait six rangs, partagés chacun en plusieurs classes. Les vingt trois divisions qu'elle comprenait furent réduites comme il suit en 1646. La classification par canons ne fut adoptée qu'en 1652.

| | 1re BATTERIE. | 2e BATTERIE. | 3e BATTERIE. | GAILLARDS. | DUNETTE. | ÉQUIPAGES. |
|---|---|---|---|---|---|---|
| | Basilics de 46 P. | Coulevrines de 18 P. | Canons de 6 liv. | Fauconneaux de 5 P. | Coulevrines de 18 P. | Hommes. |
| 1er rang. | 26 | 28 | 28 | 14 | 4 | 815 |
| | 26 | 26 | 26 | 10 | 2 | 730 |
| | 26 | 26 | 26 | 12 | » | 660 |
| 2e rang. | 24 | 24 | 24 | 8 | » | à |
| | 22 | 22 | 20 | 6 | » | 460 |
| | Demi-canons de 32 liv. | Canons de 6 liv. | | | Canons de 3 liv. | |
| 3e rang. | 26 | 26 | » | 18 | 4 | 460 |
| | 24 | 24 | » | à 18 | 2 | 340 |
| | | | » | à 10 | | |
| | | | | Minions de 5 P. | | |
| 4e rang. | 24 | 22 | » | 10 | » | 280 |
| | 22 | 20 | » | à | » | 180 |
| | 20 | 18 | » | 4 | » | 180 |
| | | Fauconneaux de 5 P. | | Minions de 4 3/4. | | |
| 5e rang. | 18 | 10 | » | 4 | » | 135 |
| | 16 | | » | 4 | » | 50 |

(1) *Charnock's Architecture.*

On tâtonnait encore; le nombre des canons qu'on plaçait à bord des bâtiments variait incessamment. L'état suivant parut en 1677.

| | Nombre des canons. | 1re BATTERIE. | 2e BATTERIE. | 3e BATTERIE. | GAILLARDS. | Dunette. | Equipages. |
|---|---|---|---|---|---|---|---|
| **1er rang** | 100 | 26 can. VII. | 28 de 24. culv.entières. | 28 1,2 culv. | 14 sakers. | 4de3 | 815 |
| | » | » | » | » sakers. | » | » | 780 |
| | 96 | » | » | » | 16 | 2 | 780 |
| | » | » | » | 26 1/2 culv. | 12 | 4 | 710 |
| | » | demi-canon. » | » | » | » | » | 730 |
| | 90 | » | 26 | » sakers. | 10 | 2 | 600 |
| **2e rang** | » | » | » | » | » | » | 660 |
| | 84 | » | » | 24 | 8 | » | 540 |
| | 82 | 24 | » | » | » | » | 530 |
| | 80 | » | 24 | » | » | » | 520 |
| | 70 | 22 | 22 demi-culv. | 20 | 6 | » | 460 |
| | 64 | » | » culv.entières. | 14 | » | » | 460 |
| **3e rang** | 74 | 28 | 28 | » | 16 | 2de3 | 470 |
| | 72 | 28 | 26 | » | » | 4 | 445 |
| | 70 | » | du 12 | » | » | 2 | 420 |
| | » | 24 | 24 | » | 18 | 4 | » |
| | » | 26 | 26 | » | 14 | » | 460 |
| | 66 | de 24 | 24 | » | 14 | 2 | 400 |
| | 64 | 24 | 26 | » | 12 | » | 365 |
| | » | » | 24 | » | 14 | » | » |
| | 62 | de 24 | » | » | 12 | » | 355 |
| | 60 | » | » sakers. | » | 10 | » | 340 |
| | 54 | » | 22 | » | 8 | » | 280 |
| | » | 22 culv. entières. | » | » | 10 | » | » |
| **4e rang** | 50 | » | » | » | 6 | » | 240 |
| | 48 | » | 20 | » | » | » | 230 |
| | 46 | » | » | » | 4 | » | 220 |
| | 44 | 1/2 culv. | 18 1/2 culv. | » | » | » | 190 |
| | 42 | 20 | » | » | de 3 | » | 180 |
| | 32 | 6 | 22 | » | » | » | 220 |
| | 30 | 4 | » | » | minions. | » | 200 |
| | 32 | 18 | 10 sakers. | » | » | » | 135 |
| **5e rang** | » | » | » | » | » | » | » |
| | 30 | » | 8 | » | » | » | 130 |
| | 28 | 16 | » | » | » | » | 125 |
| | 18 | 16 sakers. | » | » | 2 | » | 85 |
| **6e rang** | 16 | 16 | » | » | » | » | 75 |
| | 10 | 10 | » | » | » | » | 50 |
| | 4 | 4 | » | » | » | » | 30 |
| **Sloops** | » | de 3 | » | » | » | » | 10 |

Le canon VII dont il est fait mention dans ce tableau est probablement une variété du canon dont le cylindre avait

7 pouces de diamètre. Ce doit être le canon serpentine ou le canon bastard de sir William Monson. Le diamètre de la bouche de cette pièce s'accorde non-seulement avec celui du canon serpentine et du canon bastard, mais encore avec celui du 42 dont on se sert aujourd'hui. Le poids de 53 livres et demie donné par Monson au boulet du canon serpentine semble, par suite, erroné. Ce poids doit être à peu près de 42 livres. Le boulet en fer plein qui convient à un cylindre de 7 pouces pèse un peu plus de 48 livres. Mais le diamètre du boulet devant être un peu moindre que celui de la bouche de la pièce, le boulet, ainsi diminué, ne dépassera pas 42 livres. S'il fallait d'autres preuves pour démontrer que le canon serpentine, le canon VII et le 42 étaient la même pièce sous dénominations différentes, on les trouverait dans ce fait, que les premiers rangs des bâtiments de la liste de 1677 qui ont subsisté pendant les cinquante premières années du siècle suivant ne diffèrent, quant à l'artillerie, des rangs qui leur correspondent dans la classification suivante que par la substitution des canons de 42 aux canons VII dans leur batterie basse.

Le demi-canon était, sans aucun doute, le 32 actuel. Le canon Petro avait, dès 1677, changé son nom en celui de canon de 24. Le 12 — probablement les anciens basilics — devint d'un usage assez fréquent. Le 18 et le 9 doivent être la coulevrine entière et la demi-coulevrine. Le saker correspondait au 6 et le minion au 4 (1).

Dès le commencement du xviii<sup>e</sup> siècle, une grande réduction eut lieu dans le nombre des rangs des bâtiments anglais. La classification suivante, ordonnée en 1716, eut

---

(1) William James, *The naval history of Great Britain.*

cours jusqu'en 1743. La force des équipages fut déterminée
par ordonnance de 1719.

| | 1re BATTERIE. | 2e BATTERIE. | 3e BATTERIE. | GAILLARDS. | ÉQUIPAGES. |
|---|---|---|---|---|---|
| Canons. | Canons. | Canons. | Canons. | Canons. | Hommes. |
| 100 | 28 de 42 | 28 de 24 | 28 de 12 | 16 de 6 | 780 |
| 90 | 26    32 | 26    18 | 26     9 | 12    6 | 680 |
| 80 | 26    32 | 26    12 | 24    -6 | 4     6 | 520 |
| 70 | 26    24 | 26    12 | »        | 18    6 | 480 |
| 60 | 24    24 | 26     9 | »        | 10    6 | 365 |
| 50 | 22    18 | 22     9 | »        | 6     6 | 280 |
| 40 | 20    12 | 20     6 | »        | »       | 190 |
| 30 | 8      9 | 22     6 | »        | »       | 135 |
| 20 | 20     6 | »      6 | »        | »       | 115 |

En 1740, les Anglais construisirent deux autres espèces
de bâtiments. Les premiers avaient 20 canons de 18 à la
première batterie, 20 de 9 à la deuxième et 4 de 6 sur les
gaillards, en tout 44 canons. Les autres portaient 22 canons de 9 en batterie et 2 de 3 sur les gaillards, en tout
24 canons. Ils placèrent bientôt 4 canons de 6 en plus sur
les frégates de 40 canons qui n'en conservèrent pas moins
leur dénomination primitive. En 1755, toutes les frégates
avaient reçu cette augmentation d'artillerie.

En 1748, parurent des frégates portant 24 canons de 9
en batterie et 4 de 3 sur les gaillards.

En 1757, on créa deux nouvelles classes de frégates ;
les unes portaient 26 canons de 12 en batterie et 6 canons
de 6 sur les gaillards, en tout 32 canons. Les secondes ne
différaient des autres qu'en ce qu'elles avaient 10 canons
de 6 au lieu de 6 sur les gaillards. Ce fut sur une de ces
frégates de 32 canons que, pour la première fois, on essaya
le doublage en cuivre, en novembre 1761. Cet essai fut
renouvelé en 1764 et, en 1783, il existait à peine un bâtiment qui n'eût pas reçu cette importante amélioration.

Pendant l'année 1757, on construisit des bâtiments de

14 à 18 canons, qui furent d'abord classés parmi les frégates, et qu'on désigna sous le nom de corvettes
après 1762. On donna le nom de *post-ships* aux bâtiments
de 24, 22 et 20 canons, et celui de *ship-sloops* à ceux de 18,
16 et 14.

Les frégates de 26 canons — 22 de 9 et 4 de 3 — parurent en 1775. Les canons de 3 furent remplacés par des
pièces de 6 en 1780.

Jusqu'à l'année 1775, il n'y eut aucune différence
entre le nombre des pièces dont les bâtiments étaient
armés et le chiffre qui indiquait la force ou le rang de
ces bâtiments sur les listes officielles. Plus tard, le rang
n'indiqua plus la force, et ces deux expressions cessèrent d'être synonymes. La confusion qui en résulta fut
due à l'introduction de l'arme à laquelle on donna le nom
de *caronade*. Au commencement de l'année 1779, on
coula à la fonderie de la compagnie Caron, sur la rivière Carron, en Écosse, une pièce nouvelle de l'invention
du général Melville. On lui donna d'abord le nom de
*smasher*, et on ne l'employa que sur quelques frégates et
les bâtiments d'un rang inférieur. C'est cette arme que,
plus tard, on nomma caronade. Son usage se répandit rapidement, et une liste officielle constate que, le 9 janvier 1781, 429 bâtiments anglais en portaient. Cependant,
malgré la bonté reconnue des caronades, malgré leur force
et leur emploi multiplié, on ne voulut pas les considérer
comme des canons. On n'en fit pas mention lorsqu'on cita
le rang nominal; on les considéra comme des menues
armes. Pour excuser cette anomalie, ou plutôt cette petite
tricherie faite pour éblouir les personnes non compétentes
et les étrangers, les Anglais ont prétendu que la classification des bâtiments n'était faite que pour faciliter le travail
de l'administration, et que l'emploi des caronades, quoique

presque général, était encore trop indéterminé pour justifier un changement dans l'ordre établi et pour devenir la base d'un système.

Un règlement du 13 juillet 1779 distribua, ainsi qu'il suit, l'artillerie des bâtiments anglais :

| Canons. | 1re BATTERIE. | 2e BATTERIE. | 3e BATTERIE. | GAILLARDS. | ÉQUIPAGES | CARONADES non comptées. | FORCE réelle. |
|---|---|---|---|---|---|---|---|
| Canons. | Canons. | Canons. | Canons. | Canons. | Hommes. | Caronades. | Canons. |
| 100 | 28 de 32 | 28 de 24 | 28 de 12 | 16 de 12 | 841 | 10 de 12 | 110 |
| 98 | 28 32 | 30 18 | 30 {18/12 | 10 12 | 743 | 10 12 | 108 |
| 90 | 26 32 | 26 18 | 26 12 | 10 12 | 743 | 10 12 | 100 |
| 74 | 28 30 | 30/28 {24/18 | » | 16 9 | 594 | 8 12 | 82 |
| 64 | 26 24 | 26 18 | » | 12 9 | 494 | 8 12 | 72 |
| 50 | 22 24 | 22 12 | » | 6 6 | 345 | 4/6 et {24/12 | 60 |
| 44 | 20 18 | 22 12 | » | 2 6 | 297 | 10 18 | 54 |
| 38 | 28 18 | » | » | 10 9 | 297 | 10 18 | 48 |
| 36 | 26 {18/12 | » | » | 10 9 | {277/247 | 8 18 | 44 |
| 32 | 26 {18/12 | » | » | 6 6 | 257 | 8 18 | 40 |
| 28 | 24 9 | » | » | 4 6 | 198 | 6 18 | 34 |
| 24 | 22 9 | » | » | 2 6 | 158 | 8 12 | 34 |
| 20 | 20 9 | » | » | » | 138 | 8 12 | 28 |
| 18 | 18 6 | » | » | » | 124 | 8 12 | 26 |
| 16 | 16 6 | » | » | » | 124 | 8 12 | 24 |
| 14 | 14 6 | » | » | » | 124 | 8 12 | 22 |

Les caronades portées à l'avant-dernière colonne de ce tableau avaient été mises à bord des bâtiments avant la fin de l'année 1779. Toutefois, nous le répétons, l'usage n'en était pas encore général. Celles dont on se servit d'abord étaient presque toutes du calibre de 18. En 1781, on commença à faire usage du 32. Au mois de décembre, on mit des caronades de 68 sur le gaillard d'avant des grands bâtiments, du 42 et du 32 sur ceux de moindre force.

En 1780, les Anglais construisirent des frégates de 38 canons portant 28 canons de 18 en batterie et 10 de 6 sur le pont. Le 25 avril, les canons de 6 furent remplacés par du 9, et bientôt 2 canons de 12 furent mis à la place des deux canons de 9 de l'avant.

Cette année 1780 vit aussi reparaître les frégates de 36 canons, mais plus fortes qu'elles ne l'étaient en 1757 ; elles portaient du 18 et du 9 au lieu de 12 et 6.

En 1782, on remplaça les caronades des frégates de 38 et 36 canons par le même nombre de caronades de 24.

Avant d'examiner les modifications apportées depuis la paix de 1783 à l'armement des bâtiments de la marine anglaise, je dirai que les calibres anglais de

|  | Livres. |  |  |  |  |  |
|---|---|---|---|---|---|---|
|  | 42 | 32 | 24 | 18 | 12 | 9 | 8 |

Livres.
répondent à 38.92, 29.62, 22.24, 16.68, 11.12, 8.34, 7.41,

poids français. J'ajouterai que les boulets anglais étaient remarquables par leur pesanteur spécifique, supérieure à celle des boulets français.

| | Livres. | | | | | |
|---|---|---|---|---|---|---|
| Boulets anglais. . . . | 32 | 24 | 18 | 12 | 9 | 6 |
| Pesanteur spécifique. . | 7.435, | 7.454, | 7.434, | 7.434, | 7.434, | 7.410, |
| | Livres. | | | | | |
| Boulets français. . . . | 36 | 24 | 18 | 12 | 8 | 4 |
| Pesanteur spécifique. . | 7.022, | 6.993, | 7,988, | 7,040, | 7,006, | 7.038. |

Ce résultat a été obtenu en divisant le poids du boulet de chaque calibre par le volume que donne ce calibre.

Le 1ᵉʳ janvier 1793, 17 vaisseaux anglais, 17 frégates et 6 corvettes reçurent des caronades ; leur nombre varia de 2 à 12 ; il n'y avait pas encore de règle fixe ; la plupart des bâtiments en avaient cependant sur les gaillards. Le règlement du 13 juillet 1779 fut maintenu en vigueur, à cela près de la modification apportée à l'armement des gaillards par l'emploi des caronades et de l'augmentation du nombre des classes dans divers rangs.

1.

3

| | 1<sup>re</sup> BATTERIE. | 2<sup>e</sup> BATTERIE. | 3<sup>e</sup> BATTERIE. | GAILLARDS. | EQUIPAGE. |
|---|---|---|---|---|---|
| Canons.<br>Vaisseaux de. 120 | Canons.<br>30 de 32 | Canons.<br>32 de 24 | Canons.<br>32 de 18 | Can. Car.(1)<br>18 de 12 et 8 | Hommes.<br>841 |
| —— 112 | 30 32 | 32 24 | 30 18 | 12 12 8 | 841 |
| —— 110 | 30 32 | 30 24 | 30 18 | 12 12 8 | 841 |
| —— 80 | 30 32 | 32 24 | » | 18 12 | 724 |
| —— 76 | 30 32 | 30 18 | » | 16 9 | 644 |
| —— 52 | 22 24 | 22 12 | » | 8 6 | » |

(1) De 68 à 42 probablement, d'après l'ordre du mois de décembre 1781.

Vers la fin du mois de novembre 1794, l'amirauté ordonna un nouvel emploi des caronades. Peu de bâtiments purent recevoir les modifications prescrites. D'autre part, quelques capitaines mirent à terre autant de canons qu'ils prirent de caronades. Ce règlement ne peut par conséquent pas être pris pour guide. On peut dire cependant, qu'à l'exception de deux canons de chasse, l'artillerie de tous les petits bâtiments fut exclusivement composée de caronades de 18.

En 1795, quelques vaisseaux prirent des canons de 42 à la première batterie ; le BRITANNIA, qui combattit au cap Nolis, était de ce nombre.

Le 19 novembre 1794, parut le règlement sur l'armement des bâtiments avec des canons et des caronades ; la quantité donnée, à titre d'essai en 1779, devint réglementaire. La classification n'en changea pas et l'on continua à considérer les caronades comme de menues armes ; un vaisseau de 100 canons, qui prit 10 caronades en sus de son artillerie primitive, fut toujours un vaisseau de 100 ; une frégate de 32 canons à laquelle on ajouta 8 caronades, resta encore frégate de 32 canons.

Écoutons parler M. James, l'un des historiens de la

marine anglaise (1) : « Les étrangers parleront souvent, et avec une acrimonie presque pardonnable, de cette habitude que nous avons de faire contraster le rang de nos bâtiments avec le nombre effectif des bouches à feu des leurs. Et comment un anglais pourra-t-il répondre ? Comment pourrons-nous blâmer les Américains d'avoir agi de la même manière à notre égard ? »

Les lords de l'amirauté tinrent plus tard un langage semblable au Prince Régent, dans leur rapport sur la classification des bâtiments de guerre. « Nous pensons, dirent-ils, que votre altesse royale nous excusera de lui faire observer qu'il est tout à fait indigne de la marine de ce royaume, de maintenir l'ancien système qui, bien qu'introduit par des causes accidentelles et sans aucun dessein de tromper, pourrait cependant donner aux nations étrangères le sujet de nous accuser de fausseté. »

En 1795, les Anglais avaient des bâtiments portant 44 canons dont les uns avaient deux batteries couvertes et les autres une seule ; ces derniers, qui étaient des vaisseaux de 64 canons rasés, conservèrent les 26 canons de 24 de leur batterie basse et prirent sur les gaillards 12 canons de 12 et 6 caronades de 42. Leur équipage fut fixé à 330 hommes. On les appela frégates de 38 canons.

On appela *gun-brigs*, des brigs portant 10 caronades de 18 et 2 canons du même calibre, auxquels on ajouta presque aussitôt 2 canons de 3 ou de 4. Les brigs de 18 reçurent 16 caronades de 32 et 2 canons de 6 ; quelques-uns prirent des caronades de 24.

Au commencement de l'année 1797, les frégates dites de 36 et de 38 et les vaisseaux remplacèrent leurs canons de

---

(1) *Histoire de la dernière guerre d'Angleterre avec les États-Unis d'Amérique.*

9 par des caronades de 32; ils ne conservèrent que deux canons de chasse. En 1799, toutes les frégates firent ce changement. Il devint dès lors impossible de rien reconnaître à la classification. Les vaisseaux de 74, en prenant 12 caronades à la place de 12 canons, devinrent des vaisseaux de 62 ; les frégates de 38, 36 et 32 devinrent des frégates de 30 et de 28, bien qu'elles portassent 48, 44 et 40 canons.

Les frégates dites de 40 canons prirent du 24 en batterie en 1797.

Le 21 février 1800, l'amirauté prescrivit de remplacer les canons de 9 par des caronades de 32 sur les bâtiments de 24 et de 20 canons.

En 1809, elle fit construire des gun-brigs portant 4 caronades de 32 et 2 canons de 18.

Les Anglais sentirent promptement les inconvénients de la multiplicité des calibres et, à la fin de l'année 1806, ils armèrent plusieurs vaisseaux de 74, rien qu'avec des canons et des caronades de 24.

En 1807, parurent les corvettes de 22 canons ; elles avaient 22 caronades de 32, 8 de 18 et 2 canons de 6.

En 1808, on arma des corvettes avec 8 caronades de 18 et 2 canons de 6.

Le 26 janvier 1813, l'équipage des frégates de 38 canons fut porté à 320 hommes.

Celui des frégates de 36     à 284.

—     —     32     à 270.

—     —     40 de 24 à 350

Corvette de     18     à 135.

Déjà, au mois d'octobre 1804, l'équipage des frégates de 38 avait été porté de 284 à 300 hommes, mais en juin 1806, elles avaient repris leur ancien effectif.

Pendant cette même année 1813, les Anglais firent subir

à plusieurs de leurs petits vaisseaux de 74 canons, l'opération tentée en 1795 sur ceux de 64 : ils les rasèrent. Ces vaisseaux conservèrent leurs 28 canons de 32; mais on remplaça les 28 de 18 de la 2ᵉ batterie par le même nombre de caronades de 42, auxquelles on ajouta 2 canons de 12; cela leur fit 58 pièces. Leur équipage fut fixé à 495 hommes. Grâce à cette modification et malgré la diminution de 22 canons, le poids du fer lancé par bordée fut augmenté. On donna à ces nouveaux bâtiments le nom de frégates, ainsi qu'on l'avait fait précédemment pour les vaisseaux de 64 rasés. Ceux qui subirent plus tard cette opération reçurent 60 canons.

On ne tarda pas à construire des frégates de 26 canons de 32 en batterie, 26 caronades de 42 et 4 canons sur le pont, soit 56 canons.

Et d'autres de 50 avec 28 canons de 24 ; 20 caronades de 32 et 2 canons de 9. On leur donna 350 hommes d'équipage.

Plusieurs frégates de 36 et de 38 prirent du 24 en place de 18.

Les deux classes principales de corvettes étaient alors celles de 20 caronades de 32 et 2 canons de 9; c'étaient des frégates rasées et celles de 18 caronades de 32; 6 de 12 ou de 8 et 2 canons de 6.

Enfin, en 1814, les Anglais adoptèrent la classification ci-après.

J'avais d'abord eu l'intention de continuer à indiquer les modifications apportées à l'armement des bâtiments de l'État jusqu'à nos jours ou, tout au moins, jusqu'à l'époque à laquelle s'arrêtent les récits que l'on va lire. Deux raisons m'y ont fait renoncer : l'artillerie a subi de si nombreuses transformations depuis quelques années et, par suite, le nombre et l'espèce des canons placés sur les bâtiments ont tellement varié, que j'ai jugé inutile de donner des règlements dont plusieurs étaient tombés en désuétutude, avant même d'avoir été efficacement appliqués. J'ai d'autant plus facilement renoncé à ce projet que, depuis la date de la promulgation du dernier règlement que j'ai rappelé, les affaires que j'aurai à décrire sont, en grande partie, des expéditions pour l'exposition desquelles le détail de la composition de l'artillerie n'a qu'une importance très-secondaire.

| | | 1re BATTERIE. | 2e BATTERIE. | 3e BATTERIE. | GAILLARDS. | | Dunette. | Force réelle. | Équipage. |
|---|---|---|---|---|---|---|---|---|---|
| | | Canons. | Canons. | Canons. | Canons. | Caronades. | Caron. | Can. | Hom. |
| 1er rang | 120 | 32 de 32 | 34 de 24 | 34 de 18 | 8 de 12 et | 12 de 32 | 6 de 18 | 126 | 900 |
| | 110 | 30 32 | 32 24 | 32/30 de {18/12} | 6 12 | {10/12} 32 | 6 18 | 116 | 850 |
| | 104 | 28 32 | 30 {24/18} | 30 12 | 6 12 | 12 32 | 6 18 | 112 | 800 |
| 2e — | 86 | 30 32 | 32 24 | » | 8 12 et {14/2} | 32 | 6 18 | 92 | 700 |
| 3e — | 78 | 28 32 | 30 24 | » | 6 12 et {12/2} | 68 | 6 18 | 84 | 650 |
| | 74 | 28 32 | 28 24 | » | 6 12 12 | 32 | 6 18 | 80 | 600 |
| 4e — | 60 | 30 24 | » | » | 2 24 28 | 42 | » | » | 450 |
| 5e — | 46 | 28 18 | » | » | 2 9 16 | 32 | » | » | 300 |
| 6e — | 24 | 18 car. 32 | » | » | 2 6 6 | 18 | » | » | 135 |
| | 18 | 18 18 | » | » | » | | » | » | » |
| | 10 | 8 18 | » | » | 2 caronades de 6. | | » | » | » |

# BATAILLES NAVALES

DE

# LA FRANCE.

---o◦◦◦◦◦---

L'État n'eut en réalité une marine que sous le règne de Louis XIII. C'est aussi de cette époque que date la lutte de bâtiment à bâtiment. Jusque-là, le navire n'avait guère été qu'une place forte flottante, bastionnée et défendue par des archers, des frondeurs et des soldats armés de toutes les armes dont on se servait alors. Quoique le récit des affaires maritimes de cette époque appartienne plutôt à l'histoire de la marine qu'à celle des batailles navales, je vais donner un résumé aussi succinct que possible de ces premiers essais des luttes sur mer.

Sous les deux premières races et même sous les premiers règnes de la troisième race des rois de France, on donnait le nom de vaisseau à tout navire disposé pour combattre. Ces navires étaient ceux dont les commerçants se servaient pour leurs voyages.

Jusqu'à Philippe de Valois (1328), les flottes se tirèrent ainsi des villes maritimes. Ce souverain adopta une autre méthode; il eut recours aux étrangers pour former les flottes royales; l'Espagne les fournit jusqu'à Charles VII

(1422); Gênes, jusqu'à François Iᵉʳ (1515). Depuis lors, sauf pendant la ligue, époque à laquelle Henri IV demanda quelques navires à la Hollande, la France n'eut plus de bâtiments étrangers à son service ; les villes maritimes les fournirent de nouveau. Lorsqu'il fallait tenter ou repousser quelque agression, le roi prévenait les villes maritimes qu'elles eussent à fournir un certain nombre de navires et les matelots nécessaires pour les manœuvrer ; le monarque complétait les équipages avec des troupes. Cet état de choses dura jusqu'à Louis XIII (1610).

L'invention de la poudre et l'emploi qu'on en fit dans les combats sur mer, obligèrent les peuples à construire des bâtiments de guerre de plus en plus grands, de plus en plus solides. Construire et surtout armer de pareils navires exigèrent des sacrifices qui dépassèrent la portée des fortunes particulières. Dès lors, les gouvernements furent contraints, par les progrès de l'art même, de devenir constructeurs et propriétaires des vaisseaux nécessaires à la défense de leurs États.

La marine fut cultivée avec soin par les premiers Gaulois, et leur habileté dans la navigation les servit utilement pour le commerce et pour la défense de leurs côtes. Trop resserrés dans un pays qui ne pouvait plus les contenir, ils entreprirent des navigations hardies pour aller s'établir au delà des mers. Rien ne fait mieux voir combien la marine a été florissante dans l'ancienne Gaule, que le grand nombre de ports célèbres que ses habitants possédaient sur l'Océan et dans la Méditerranée.

Les plus célèbres navigateurs parmi les Gaulois étaient les Marseillais qui prirent de leurs fondateurs le goût de la navigation. Les habitants de Vannes n'étaient pas moins puissants sur mer que ceux de Marseille ; tous les ports des côtes voisines étaient sous leur domination. César fut obligé d'avoir recours aux habitants de la Saintonge et du Poitou pour les combattre.

**520.** — Sous la première race de nos rois, le royaume était partagé entre plusieurs frères. La guerre n'ayant lieu que sur le territoire même de la France, dans le but d'augmenter le patrimoine de tel ou tel prince régnant, on ne sentit pas la nécessité d'une marine. La puissance des rois se trouvait d'ailleurs limitée par celle des grands vassaux de la couronne qui possédaient la Bretagne, la Normandie, la Guyenne et la Provence; de sorte que, selon l'expression d'un chroniqueur (1), *nos rois furent longue saison sans commander en aucune mer.*

Depuis le commencement de la monarchie jusqu'à Charlemagne, il n'y eut que deux événements maritimes. Le premier eut lieu en 520 sous Théodoric. Ce prince, fils de Clovis, jouissait tranquillement de l'Austrasie (2) qui lui était échue en partage, lorsque son repos fut troublé par un essaim de pirates danois qui vinrent ravager son royaume. Ils avaient pour chef un roi danois que Grégoire de Tours appelle Cochilaicus et que les historiens danois ont prouvé être Guillach ou Godleik, roi tributaire de Fionie. Les pirates entrèrent dans la Meuse avec une flotte considérable, et portèrent la désolation chez les Hattewares ou Attuaires, tribu franke entre le Rhin et la Meuse. Théodoric envoya contre eux son fils Théodebert avec une armée de terre et une flotte. Ses navires, mieux équipés que ceux des Danois, attaquèrent l'ennemi avec tant de résolution, qu'ils lui enlevèrent presque tous ses bâtiments et le butin dont ils s'étaient chargés (3).

**735.** — Le second événement maritime se passa en 735. Charles Martel, qui n'avait encore combattu les Frisons

---

(1) Tillet, *Recueil des traités.*
(2) Oster-rike, Ostrie ou Austrasie, royaume de l'Est. L'Austrasie était la partie orientale de la Gaule septentrionale qui, seule, prit le nom de France.
(3) Depping, *Histoire des expéditions maritimes des Normands.*

que par terre, soit du côté de la Belgique, soit par la France
germanique, résolut de les attaquer du côté de la mer. A cet
effet, il arma une flotte nombreuse, fit une descente dans
les îles de Westrachie et d'Austrachie, noms qu'on donnait
aux cantons oriental et occidental de la Frise proprement
dite, que des marais et des rivières isolent de la terre
ferme. La bataille fut livrée sur les bords de la rivière de
Burde. Le duc Popon fut tué et les siens furent mis en déroute.

771. — La marine prit un grand développement sous
Charlemagne. Ce puissant monarque, qui avait reculé les
limites de son empire au delà du Danube et du Rhin, prévit
sagement que ses côtes allaient être exposées aux incursions
des barbares. Dans le but d'empêcher leurs déprédations,
il établit une marine et plaça des gardes-côtes bien armés
à l'embouchure des rivières. Ses bâtiments battirent plusieurs fois ceux des Normands et des Sarrasins.

814. — Louis le Débonnaire et ses successeurs eurent peu
à cœur l'entretien d'une marine ; aussi virent-ils leurs États
désolés par les incursions des Normands et des Sarrasins.
Ceux-ci entraient dans les rivières et ravageaient les provinces qu'elles traversaient. Il fallait capituler avec eux
pour les faire se retirer, et cela n'avait jamais lieu qu'à
prix d'argent. Finalement, les Normands forcèrent les
Français à les laisser s'établir dans le royaume de Neustrie (1), auquel ils donnèrent leur nom.

987. — Les derniers Carolingiens, réduits par le mouve-

---

(1) Ni-Oster-rike, Neustrie ou royaume de l'Ouest.

ment féodal qui s'organisait, à la seule ville de Laon, furent impuissants à s'opposer aux incursions des Normands et des Sarrasins. Il en fut de même des premiers rois capétiens qui, n'ayant d'autorité que sur l'Ile de France et l'Orléanais, ne pouvaient avoir de vaisseaux. La terre fut donc le seul théâtre des guerres qui agitèrent leur règne. Sous cette race, comme sous la précédente, l'officier de marine le plus élevé en grade se nommait d'abord préfet de la mer et des côtes, et ensuite capitaine de la mer et des vaisseaux.

1064. — Les croisades, qui commencèrent sous Philippe I<sup>er</sup>, obligèrent les Français à équiper des navires et la marine parut se rétablir en France. Toutefois, la majeure partie des navires et des marins qui furent employés à ces expéditions étaient Génois, Espagnols ou Vénitiens. Philippe n'entra pas personnellement dans la première croisade, mais il laissa à ses sujets la faculté de s'y engager. Un grand nombre de seigneurs français se croisèrent; ils passèrent l'hiver en Italie et, au printemps, ils s'embarquèrent avec les troupes qui les avaient suivis dans les ports de Bari, de Brindes et d'Otrante.

1149. — Dans le courant de l'année 1149, Louis VII qui s'était croisé, revenant en France avec quelques bâtiments qu'il avait réunis au port de Saint-Jean-d'Acre, fut attaqué par la flotte des Grecs qui assiégeaient Corfou. Le navire que montait ce monarque fut pris, mais il fut délivré par la flotte de Roger, roi de Sicile, qui, à son tour, battit les Grecs et leur prit plusieurs navires.

1190. — Touché des misères qui accablaient les chrétiens de la terre sainte, Philippe-Auguste résolut d'aller en

personne les secourir. Il se croisa avec Richard, roi d'Angleterre, et le 24 juin 1190, il alla prendre l'oriflamme à
Saint-Denis. La flotte sur laquelle il s'embarqua à Gênes fut
dispersée par un coup de vent qui le força de relâcher en
Sicile, où il passa l'hiver; il en repartit à la fin du mois de
mars 1191. Le mauvais état de sa santé ne tarda pas à né-
cessiter son retour en France. Il mit à la voile le 31 juillet,
après la prise de Saint-Jean-d'Acre, qui fut la première
opération des croisés.


1214. — Plus tard, voulant profiter du différend survenu
entre Jean sans Terre et le pape, ce souverain fit un armement considérable pour faire la conquête de l'Angleterre.
Ce projet n'eut aucune suite, le différend entre le roi Jean
et Innocent III ayant cessé par l'hommage que le premier
fit de son royaume au pape. Le comte de Flandre, qui devait se joindre à Philippe pour cette expédition, conclut alors
un arrangement avec Jean sans Terre. Justement irrité de
cette conduite, le roi de France entra sur les terres du
comte, prit et saccagea plusieurs villes. Ses navires, placés
sous le commandement de Savary de Mauléon, mouillèrent
dans le canal de Dam, au nord de Bruges, et cette ville, qui
était le grand entrepôt de commerce de l'Angleterre, fut
mise à sac. Le roi d'Angleterre envoya cinq cents bâtiments
au secours de son nouvel allié. Le comte de Salisbury, qui
les commandait, fit reconnaître la flotte française par des
soldats déguisés en pêcheurs. Ayant appris que les équipages étaient à butiner à Dam, le comte de Salisbury
fondit sur les navires français dégarnis et fit couper leurs
câbles. Trois cents furent enlevés et envoyés en Angleterre; cent autres furent détruits. Désespérant de sauver
le reste de ses bâtiments, Philippe-Auguste les livra aux
flammes.

**1216.** — La tyrannie du roi d'Angleterre et sa réconciliation avec le pape lui aliénèrent entièrement la principale noblesse de son royaume. Celle-ci prit une résolution désespérée : elle fit offrir la couronne d'Angleterre à Louis, fils de Philippe-Auguste, qui accepta et se dirigea de suite sur Sandwich avec sept cents navires. Jean sans Terre se porta à la hauteur de Douvres pour s'opposer à son passage ; mais à la vue d'une flotte si considérable, il se retira et les Français purent effectuer leur débarquement.

Par une de ces révolutions si communes dans l'histoire, à la mort de Jean, Henri son fils fut proclamé roi d'Angleterre et les Anglais se tournèrent contre Louis. Une trêve conclue entre les deux princes permit à ce dernier d'aller demander des secours à son père, et il reprit bientôt la mer avec 80 gros vaisseaux qui avaient été placés sous les ordres du religieux défroqué Eustache le Moine. Les commandants des cinq ports (1) reçurent l'ordre d'aller à leur rencontre et de les empêcher d'approcher des côtes d'Angleterre. En conséquence, 40 bâtiments montés par l'élite des chevaliers anglais, sortirent de ces ports sous le commandement de Philippe d'Albenly. Le 27 août 1217, ils rencontrèrent la flotte française. Au lieu de l'attaquer de front, ainsi que cela se pratiquait d'habitude, ils manœuvrèrent pour gagner le dessus du vent. Le combat s'engagea alors. La victoire ne fut pas longtemps douteuse : la supériorité du nombre ne fut d'aucun secours aux Français. Peu exercés à la manœuvre et attaqués par des marins éprouvés, ils ne purent qu'opposer

(1) Guillaume le Conquérant, qui avait appris par la victoire même combien la force navale importait à la conservation de sa conquête, et la défense des côtes au salut du territoire, avait reconnu dans les rivages du Kent le boulevard de l'Angleterre du côté qui regarde la France. Il fonda alors, pour protéger ces parages, une féodalité maritime des cinq ports de Douvres, Hastings, Hythe, Romney et Sandwich, et forma un corps politique auquel il accorda de grands priviléges, à la seule condition de lui fournir pour quinze jours et dès qu'il le voudrait, cinquante-deux navires armés et portant chacun vingt-quatre marins. Winchelsea, Rye et Seafort furent, plus tard, ajoutés aux cinq ports.

une grande valeur. Les Anglais abordèrent les bâtiments
français et en coulèrent un grand nombre. Les balistes
placées sur les bâtiments ennemis criblaient en outre les
Français de traits; ces derniers n'en avaient pas. Toutefois
cette arme donna moins d'avantage aux Anglais que l'emploi d'une grande quantité de chaux en poudre qu'ils jetèrent en l'air et qui, poussée par le vent dans les yeux des
Français, les aveugla. Presque tous les navires français
furent pris ou coulés. Le commandant en chef fut pris; et,
par une cruauté dont on retrouve plus tard un exemple,
les Anglais lui coupèrent la tête sur son propre vaisseau (1).

A cette époque, les grands navires de guerre étaient
parfois armés à l'extérieur d'une ceinture de fer qui leur
composait une espèce de cuirasse. Ils portaient aussi un
éperon, — le rostrum des Latins. — Cette arme consistait en trois pointes ou en trois pièces de bois pointues
armées de fer par le bout et appliquées à fleur d'eau sur la
proue. Attaquer le vaisseau, le désemparer, le briser, lui
faire dans le flanc une large ouverture qui le mettait en
danger de couler bas, telle paraît avoir été la tactique des
premiers marins lorsque, la marine grandissant transforma le radeau ou le tronc d'arbre creusé en un navire allant porter ou attendant le combat. La manœuvre de l'attaque se faisait au moyen de rames, car, bien qu'on se servît
de voiles dans la navigation, leur manœuvre était encore
trop peu connue pour que, dans les combats, on ne préfé-
rât pas employer les rames à l'aide desquelles on donnait

---

(1) Les historiens ne sont pas d'accord sur la date de la bataille perdue par
l'ex-moine Eustache. Mathew Paris, *History of England*, dit qu'elle eut lieu
le jour de la Saint-Barthélemy 1217. Triveth *Annales*, la place la même année.
Cet auteur dit qu'Eustache fut mis à mort en punition des brigandages qu'il avait
commis antérieurement comme pirate. La *Chronique d'Holingshead* avance
que la bataille fut livrée en 1218. Mézeray, *Abrégé de l'histoire de France*,
donne l'année 1216. Rymer, *Fœdera*, fait observer qu'il y a tout lieu de considérer l'année 1217 comme la véritable, puisque le traité de paix qui suivit immédiatement la bataille porte la date du 11 septembre 1217.

au navire la direction que l'on voulait. Aussi la principale
manœuvre de l'époque consistait-elle à empêcher les navires de gouverner en brisant leurs rames. Voici comment
cela s'exécutait. L'assaillant courait sur une ligne à peu
près parallèle à celle que suivait le navire qu'il voulait attaquer ; et, lorsqu'il était sur le point de le joindre, il donnait au sien la plus grande vitesse possible. Il laissait aller
ou retirait alors ses rames et, passant très-près du navire
ennemi, il rencontrait les siennes qui étaient infailliblement
ment brisées. L'attaque avec l'éperon devenait alors facile,
puisque la fuite était impossible.

1248. — Louis IX ne parut songer à la marine que pour
ses expéditions d'outre-mer. Après avoir reçu l'oriflamme
à Saint-Denis, ce souverain partit d'Aigues-Mortes, le
25 août 1248, avec 38 gros vaisseaux génois, outre les
transports, et relâcha à Chypre, où la flotte fut renforcée
d'un grand nombre de barques et de bateaux plats qui furent construits pendant l'hiver qu'on passa dans cette île.
Ce long séjour fut forcé, la plupart des navires n'ayant été
affrétés que jusqu'à Chypre. Cette flotte était placée sous
le commandement de Hugues Lastaire et de Jacques de
Levant. Ce dernier était Génois. Lorsqu'on remit à la voile,
à la mi-mars 1249, la flotte comptait 1800 navires, tout
compris, portant au moins 2.800 chevaliers, sans parler
des sergents d'armes, des archers, des arbalétriers et des
piétons (1). Surprise par un coup de vent, cette flotte fut
dispersée et, en arrivant devant Damiette, Louis IX n'avait
guère plus qu'un tiers de ses navires. Le débarquement
n'en eut pas moins lieu immédiatement, quoique bon nombre
de navires ennemis fussent mouillés à l'embouchure du
Nil et que les rives du fleuve fussent couvertes de troupes.

(1) *Mémoires de Joinville.*

Les canots furent assaillis par une nuée de flèches qui n'arrêtèrent pas les croisés. Les Égyptiens furent battus; mais leur flotte se sauva en remontant le fleuve; ils ne perdirent que quelques navires. Ce succès fut, on le sait, sans résultats; cinq mois et demi plus tard, décimée par les maladies, l'armée des croisés fut obligée de se rembarquer Le roi, qui était tombé entre les mains des infidèles, resta leur prisonnier pendant 32 jours. Rendu à la liberté, il partit pour la Palestine et retourna en France au mois d'avril 1250.

Ce fut sous ce règne que la France, par l'accession du Languedoc, commença à affirmer sa puissance sur la Méditerranée et que la nécessité de concentrer l'autorité maritime dans une même main fit créer la charge d'amiral de France qui, toutefois, ne comprit d'abord que les côtes de Normandie et de Picardie.

1270. — Le peu de succès de l'expédition de 1248 n'avait pas déconcerté Louis IX. Au mois de juillet 1270, il arma une nouvelle flotte, composée en partie de bâtiments génois, s'embarqua encore à Aigues-Mortes, et fit route pour Tunis, où il mourut. L'armée comptait alors un très-grand nombre de malades. Philippe III, qui remplaça Louis IX dans le commandement de l'expédition se disposait à se retirer d'un pays qui était si fatal aux croisés, lorsque Charles I<sup>er</sup>, roi de Sicile et frère du feu roi, arriva avec sa flotte. Les deux souverains firent ensemble quelques attaques heureuses et, au mois de novembre, le bey de Tunis leur ayant demandé la paix, ils firent voile pour la Sicile. Au moment d'atteindre le port, leurs navires furent dispersés par un coup de vent qui en jeta beaucoup à la côte ; 4,000 hommes périrent dans les flots. Philippe, qui était parvenu à atteindre Trapani avec son navire, prit la route de France au premier vent favorable. Ce début lui donna peu de goût pour la marine, et il n'arma, plus tard, que pour faire la guerre à Pierre d'Aragon.

**1285.** — Voulant venger le sang de ses sujets répandu en Sicile dans cette journée à laquelle on donna le nom de *Vêpres Siciliennes*, Philippe marcha sur le royaume d'Aragon avec une puissante armée de terre, pendant que sa flotte, dont Enguerrand de Bailleul avait le commandement, attaquait et prenait le fort de Roses.

En retournant en France après cette expédition, les Français furent attaqués par Masquet, amiral de Barcelone, qui prit ou coula une trentaine de leurs bâtiments. Quelques-uns qui étaient restés sur la rade de Roses furent défaits par Roger de Loria, amiral aragonais, et Enguerrand de Bailleul fut fait prisonnier.

**1293.** — Édouard, roi d'Angleterre, devenu vassal de la France pour les terres qu'il y possédait, trouva ce titre trop humiliant pour ne pas chercher à s'en affranchir. Ce fut, selon quelques historiens, l'origine de ces longues guerres qui, dans la suite, agitèrent les deux royaumes. D'autres les attribuent à une autre cause que nous répéterons après eux. Un matelot normand et un marin anglais s'étant pris de querelle à Bayonne, se battirent et intéressèrent les marins des deux nations ; il s'ensuivit un combat général. Les Normands qui avaient été maltraités portèrent plainte à Philippe le Bel qui leur permit de se faire justice. Ils firent alors un armement, et ayant rencontré un navire anglais, ils le prirent et pendirent un de ses matelots. Ce fut un signal pour les deux nations ; leurs navires se cherchèrent et se battirent toutes les fois qu'ils se rencontrèrent. Cette petite guerre prit chaque jour de l'importance (1).

---

(1) D'après la version de l'historien anglais Walter Hemingford, *Historia de*

Deux cents petits navires normands qui allaient en
Guyenne prirent tous les Anglais qu'ils rencontrèrent sur
leur route. A leur retour, ils furent eux-mêmes attaqués
par une flotte anglaise de soixante voiles. Embarrassés
de leur chargement, les navires normands n'opposèrent
qu'une faible résistance : ils furent tous pris ou coulés.
Fiers de ce succès, les Anglais allèrent insulter la Rochelle.
Les hostilités devinrent alors plus sérieuses, et après quelques négociations infructueuses, les deux rois se disposèrent
à une guerre ouverte.

1295. — Édouard mit en mer une flotte puissante qui
incendia les villes et les villages de l'île de Ré. Les navires
anglais remontèrent ensuite la Gironde et commirent de
nouvelles exactions dans cette rivière.

1296. — Pendant que les Anglais combattaient pour
conserver les places qu'ils possédaient ou pour rentrer en
possession de celles qui leur avaient été enlevées, en
Guyenne, Philippe envoyait sur les côtes d'Angleterre une
flotte nombreuse sous la conduite de Mathieu de Montmorency. Cet amiral fit une descente auprès de Douvres et
brûla une partie de cette ville. Il y eut alors un accommodement entre les deux rois, mais il fut de courte durée.
Jean d'Harcourt, en faveur duquel le grade de lieutenant

---

*rebus gestis Edouardi I, II, III,* le marin anglais aurait été tué à terre pendant qu'il allait chercher de l'eau. Les équipages de deux navires anglais pris
dans une rencontre auraient également été mis à mort et les corps des marins
pendus à la grande vergue. Les Anglais, usant de représailles, auraient agi de
la même manière dans un débarquement qu'ils firent à Swyn. L'auteur que je
cite ajoute que, voulant mettre fin à cette guerre de forbans, on convint de part
et d'autre d'une rencontre au milieu de la Manche, pour décider, par les armes,
qui avait tort ou raison. Le 14 avril 1293, un combat eut lieu entre les Anglais
et les Normands. La victoire resta aux premiers qui, sans compter les navires
coulés ou incendiés, en emmenèrent deux cent quarante en Angleterre.

général des armées navales venait d'être créé, fit cette
campagne sous les ordres de l'amiral (1).


1304. — Au mois d'août 1304, Guy de Namur se porta sur
Ziziczée en Zélande, et laissant sa flotte à l'embouchure de
l'Escaut, il mit le siége devant cette ville. Jean, comte de Hollande et de Hainaut, à qui cette ville appartenait, demanda
des secours à Philippe le Bel qui lui envoya 20 bâtiments
et 16 galères génoises sous les ordres de Régnier de Grimaldi. Fiers de quelques succès qu'ils avaient obtenus, les
Flamands se crurent capables de tenir tête au plus puissant
monarque de l'Europe. Guy de Namur alla à la rencontre
des Français avec 80 bâtiments, et profitant de sa position
au vent, il lança d'abord sur eux une hourque remplie d'artifices et de matières inflammables. Mais le vent ayant,
sur ces entrefaites, changé de direction, ce brûlot revint
sur ses propres navires et jeta la confusion parmi eux. Les
Français et les Hollandais en profitèrent pour commencer
l'attaque ; toutefois, le renversement de la marée les força
de se retirer pour ne pas échouer. Malgré cette prudente
précaution, quelques-uns de leurs navires touchèrent et
furent capturés. Le combat recommença à la marée suivante. Grimaldi ordonna l'abordage, genre d'attaque encore peu connu des Flamands. Les lourds bâtiments de
Guy essayèrent vainement de l'éviter en cherchant un refuge dans l'Escaut : le vent les en empêcha. Le navire
monté par Guy de Namur fut enlevé par 4 galères. Cette
capture importante eut pour résultat la dispersion complète
de la flotte flamande.


1328. — La marine parut prendre un nouvel éclat sous

---

(1) Ce grade fut supprimé en 1502 à la mort du titulaire.

Philippe de Valois. A la sollicitation du pape Jean XXII, ce prince entra dans un projet de croisade et se ligua avec les rois de Bohême, de Navarre, avec les Génois et les Vénitiens. Ces derniers devaient fournir les galères nécessaires au transport de 4,000 hommes de troupes et de l'artillerie. Philippe, nommé généralissisme de la croisade, arma à Marseille une des plus puissantes flottes qu'on eût jamais vues. Quoique le nombre des navires n'en soit pas connu, on doit admettre qu'il était considérable puisqu'il s'agissait de transporter 50,000 hommes et 1,000 chevaux. La mort du pape Jean empêcha cette expédition d'avoir lieu. Toutefois, cet armement ne fut pas inutile ; les démêlés survenus entre la France et l'Angleterre permirent de l'utiliser.

Philippe de Valois et Édouard III s'étaient disputé la couronne de France ; le droit et la force avaient décidé en faveur du premier, mais Édouard n'avait pu voir sans jalousie le triomphe de son concurrent. Comme il possédait alors la Guyenne et le Poitou qui étaient des fiefs mouvants de la France, il fut obligé d'en faire hommage à Philippe. Cette démarche parut humiliante à la fierté d'un tel rival. Ces dispositions, jointes à l'humeur guerrière des deux rois, maintinrent les deux pays dans un état continuel d'hostilités.

1330. — En 1330, la flotte de France, commandée par Tête-Noire, et celle d'Angleterre se rencontrèrent dans la Manche et se livrèrent un combat dans lequel les Anglais furent battus et perdirent plusieurs navires. Pendant que, profitant de leur victoire, les Français saccageaient la ville de Portsmouth et l'île de Guernesey, les Anglais se portèrent sur Boulogne, brûlèrent les faubourgs et plusieurs navires qui se trouvaient dans le port.

1340. — Vers le milieu de l'année 1340, ayant appris qu'Édouard III se disposait à soutenir le comte de Hainaut avec lequel la France était encore en guerre, Philippe-Auguste arma 400 navires et les réunit dans une anse étroite entre l'Écluse et Blankenberg ; la plupart de ces navires étaient génois ou espagnols, 120 avaient une grande dimension. Barbavera, corsaire ligurien, le trésorier Nicolas Béhuchet et l'amiral Hugues Quiéret commandaient. Dès que le roi d'Angleterre eut connaissance de ces dispositions, il se porta au-devant des Français. Il remplit ses plus forts bâtiments d'archers et les plaça aux deux extrémités de la ligne. De deux en deux bâtiments d'archers, il en mit un monté par des gens d'armes. Il forma une autre ligne sur le côté comme corps de réserve, et remplit également d'archers les bâtiments qui la composaient et qui devaient soutenir et secourir ceux qui en auraient besoin. La flotte anglaise, commandée par les amiraux Morley et Crabbe, s'avança dans cet ordre sur celle des Français qui l'attendit au mouillage. En voyant les Anglais tourner pour gagner le vent, on crut tout d'abord qu'ils prenaient la fuite, mais on revint bientôt de cette erreur. Barbavera seul ne s'y méprit pas, et n'ayant pu obtenir de ses collègues qu'on prît une position moins désavantageuse que celle qu'ils avaient choisie, il sortit de la baie avec toutes les galères d'Italie. Une nuée de flèches obscurcit bientôt l'air et, en un instant, le tillac des navires français fut couvert de morts et de blessés. Profitant de la confusion qui en résulta, les Anglais allèrent à l'abordage au moyen de leurs grappins en fer. Un renfort de navires flamands qui arriva dans ce moment décida la victoire en leur faveur. Commencé à six heures du matin, le combat cessa à trois heures du soir. Les pertes étaient considérables des deux côtés, mais particulièrement parmi les Français. Leurs deux amiraux avaient été pris et furent mis à mort ; Hugues Quiéret fut assassiné de sang-froid, Béhuchet fut pendu au mât de son bâtiment.

Les historiens sont unanimes à attribuer la défaite des

Français à la mésintelligence qui régna entre leurs chefs et au peu de talent du trésorier de la couronne Béhuchet *lequel*, disent les grandes chroniques, *étoit plus capable de se mêler de comptes que de guerroyer sur mer*. Il avait composé les équipages des bâtiments français de pêcheurs et de marins sans expérience, *et ne voulut oncques souffrir gentilhomme ou bon sergent, parce qu'il lui sembloit qu'ils vouloient avoir de trop grands gages et, pour avoir bon marché, prit pauvres poissonniers et pauvres mariniers; et de tels gens fut son armée* (1). Barbavera avait exprimé l'avis que la flotte ne restât pas à l'ancre auprès de la côte et qu'elle se portât à la rencontre des Anglais; mais les amiraux français s'étaient obstinés à rester au mouillage près de terre, entassés dans une anse. Cette mauvaise disposition les empêcha de faire agir toutes leurs forces; leurs bâtiments se gênèrent mutuellement et ne purent se porter secours. Les chefs et les équipages français montrèrent dans cette désastreuse journée à laquelle on donna le nom de combat de l'Écluse, autant d'ignorance que de courage. La supériorité dont les marins anglais firent preuve est facile à expliquer. Un commerce maritime déjà étendu et protégé par des institutions libérales, formait les habiles et audacieux navigateurs des ports d'Angleterre. En France, au contraire, l'industrie languissait étouffée par la fiscalité insatiable d'un pouvoir sans frein légal, et les vieilles provinces armoricaines n'abritaient guère dans leurs ports que des bateaux pêcheurs. De grosses nefs construites à la hâte et montées par des matelots qui n'avaient jamais navigué que dans des embarcations de pêche, telle était la flotte de Philippe le Bel.

Les Anglais perdirent 4,000 hommes dans cette journée

---

(1) *Chroniques de France.* — On voit que les chroniqueurs de l'époque n'avaient pas sur le recrutement maritime les idées qui ont contribué à immortaliser l'administration de Colbert.

qu coûta à la France 30,000 hommes et 200 navires (1).
Dans le compte qu'il rendit lui-même de ce combat,
Édouard regardait ses pertes comme très-minimes et assurait que presque aucun navire français n'avait échappé. La
manière vague avec laquelle Froissard s'exprime à ce sujet,
ne jette pas un grand jour sur la question. *Et furent les
Normands et les autres François déconfits*, dit-il, *morts et
noyés et onc pié n'en échappa que tous ne fussent mis à mort.*
Le témoignage de Villani (2) mérite peut-être un plus
grand crédit. Il dit que les vaincus ne sauvèrent que
22 vaisseaux, et que leurs pertes furent de 10,000 hommes.
Ce chiffre est probablement encore exagéré.

Remarquons avec le P. Daniel (3) que, dans ce combat,
il n'est nullement question de *rostrum* ou d'éperon ; et
comme cette pièce redoutable était en quelque sorte particulière aux navires à rames, que les vaisseaux n'en avaient
pas, on est en droit de conclure qu'Édouard apporta un
changement aux usages de l'époque. L'attaque se faisait,
en effet, d'habitude par les navires à rames que l'on trouvait plus faciles à manœuvrer.

Je n'hésite pas à considérer le combat de l'Écluse comme
le premier dans lequel on a déployé quelque tactique. Les

---

(1) Walsingham, *Ypodigma Neustriæ*, et Robert d'Avesbury, *Hist.
Edouardi III*. La version de Robert d'Avesbury diffère essentiellement de celle
que je viens de donner. D'après mi, la flotte anglaise. commandée par le roi
Édouard en personne, et dirigée par l'amiral sir Robert de Morley et un
marin de grande réputation nommé Crabbe, arriva devant l'Écluse le jour de la
Saint-Jean-Baptiste. Cette fête tombe le 24 juin de notre calendrier. — S'a-
percevant que les navires français étaient attachés les uns aux autres avec des
chaînes et les jugeant inexpugnables dans cette position, le roi d'Angleterre fit
mettre le cap au large à sa flotte. Trompés par cette manœuvre, qui était une
feinte, les Français rompirent leur ordre primitif et se mirent à la poursuite des
Anglais. Mais, dès qu'ils eurent gagné le vent et le soleil, ceux-ci reprirent
l'offensive et la déroute des Français fut complète.
  Campbell, *Lives of the British admirals*, dit que la bataille dura de huit
heures du matin à sept heures du soir; et que, plus tard, il y eut encore un engagement avec trente navires français qui cherchaient à se soustraire aux poursuites des Anglais.
(2) *Istor. fiorentine.*
(3) *Histoi. de la milice française.*

dimensions et la force des bâtiments étaient déjà telles, que les amiraux sentirent la nécessité de prendre un ordre de marche propre au combat et de faire, préalablement, un bon dispositif de défense. Malheureusement, ces idées avancées qui étaient celles de Barbavera, ne purent prévaloir sur l'obstination de ses collègues. La première application de cette idée appartient donc à Édouard III et à ses amiraux. Jusqu'à cette époque, l'ordre de front était seul en usage pour les vaisseaux ronds, et voici comment Pantero Pantera (1) rend compte de la raison qui faisait préférer cet ordre à tout autre : « Quant à l'ordonnance des « vaisseaux ronds, dit-il, celle qui les range sur un seul « front étendu fut toujours regardée comme la meilleure « par tous les habiles praticiens de la marine et par les « hommes qui se sont battus sur mer, non-seulement parce « qu'elle occupe un grand espace, et qu'ainsi les nefs ne « s'embarrassent pas l'une l'autre, et que la flotte ne peut « être attaquée par le flanc, un seul navire pouvant re- « cevoir le choc, mais encore, parce que sous l'in- « fluence d'un même vent, toute l'armée peut se porter à « la fois sur l'ennemi. Et cela, elle ne pourrait le faire si « elle était rangée en demi-lune, parce que les nefs des « deux cornes n'ayant pas le corps dans la même direction « que la bataille, et les proues se trouvant opposées l'une « à l'autre, le même vent ne pourrait servir les cornes et « la bataille dans une attaque contre une flotte ennemie « qu'on voudrait envelopper. Pour cette raison, dans l'or- « donnance des vaisseaux ronds, les deux cornes ne seront « d'aucun secours, ne pouvant envelopper l'ennemi à cause « du vent qui, bon pour l'un, serait contraire à l'autre ; « elles seraient une cause de désordre et de confusion pou' « » une flotte qui voudrait adopter cet ordre. Quant aux « bâtiments à rames, au contraire, l'ordre en demi-lune

_____

(1) *Armata uavale.*

« est estimé le meilleur parce que, portant pour ainsi dire
« le vent en main, c'est-à-dire, pouvant naviguer à la rame,
« ils peuvent, par diverses routes et dans le même temps,
« aller attaquer de front et sans obstacle le corps d'armée
« de la flotte ennemie et, avec les cornes droite et gauche,
« le prendre en flanc. Ils peuvent aussi l'envelopper et se
« retirer de la mêlée si le danger devient trop grand. »

Voici maintenant, selon le même auteur, l'ordre que les
vaisseaux ronds devaient tenir dans une armée navale. « Si
« les vaisseaux ronds sont nombreux, il faut que ceux de
« chaque escadre suivent leur chef et soient répartis selon
« leurs qualités particulières. Au besoin, on pourra per-
« mettre que les vaisseaux s'entremêlent, grands et petits,
« quand ils seront de la même corne ou du corps de ba-
« taille. Et comme le front sera très-étendu quand l'armée
« sera nombreuse, l'amiral qui doit être au centre ne
« pourra donner ces ordres à toute sa flotte. Il mettra
« alors les navires les plus forts et les plus grands sous les
« ordres de personnes graves et prudentes qui les guide-
« ront, conformément aux ordres émanés du bâtiment ami-
« ral, pour le plus grand bien du service. Les navires les
« plus grands et les mieux armés seront placés aux deux
« flancs et particulièrement à celui qui est au vent ; ils se-
« ront comme des remparts défendant les navires moins
« forts de toute agression. On fera en sorte que, dans l'or-
« dre de bataille, les vaisseaux ronds se tiennent éloignés
« les uns des autres d'une distance égale seulement à trois
« ou quatre fois la largeur d'une nef. Cet espace est à la
« fois nécessaire pour rendre les mouvements faciles et
« pour que, dans la mêlée, un seul vaisseau n'ait pas affaire
« à deux ennemis, et l'on gardera en réserve quelques na-
« vires, en dehors de la ligne de bataille, pour aller pen-
« dant l'action porter secours à ceux qui pourraient en
« avoir besoin. Les petits navires, comme les pataches, les
« caravelles, etc., ne devront jamais prendre place sur le
« front de bataille, mais rester derrière la ligne principale,

« soit au centre, soit aux cornes. Comme ce sont des bâti-
« ments légers, ils pourront se porter partout où le besoin
« les appellera, inquiéter l'ennemi, le harceler, quelque
« vent qu'il fasse, et pendant le combat lui faire beau-
« coup de mal sans porter le trouble dans la ligne. »

« S'il arrive qu'une flotte de vaisseaux ronds prévoie
« qu'elle sera attaquée en calme par des galères, et si ses
« navires sont épars et fort éloignés les uns des autres,
« elle devra mettre promptement ses chaloupes à la mer,
« ainsi que ses autres embarcations, et se faire remorquer
« par elles pour se rapprocher d'un centre commun. En-
« suite, chacun des navires ralliés se mettra en ligne de
« flanc, présentant le travers à l'ennemi, afin de le tenir à
« distance avec l'artillerie. Chaque vaisseau portera aide
« et secours aux autres, et par ce moyen la flotte des bâ-
« timents ronds pourra lutter avec avantage contre les
« galères dont le tir, voisin de l'eau et s'attaquant à la
« flottaison des nefs, est dangereux pour elles (1). »

La place des gros navires variait cependant selon les
circonstances et, lorsqu'on combattait près de terre, on
avait grand soin que la corne la plus rapprochée du rivage serrât la côte d'assez près pour que l'ennemi ne pût
passer entre la terre et la flotte.

L'ordre de bataille pour les nefs variait, du reste, suivant l'occurrence. Tite-Live raconte que Scipion ayant à
repousser une attaque de bâtiments de guerre contre
lesquels il ne voulait pas commettre imprudemment les
navires à rames qu'il réservait pour la fin du combat, fit
placer ses navires de charge sur quatre files de profondeur,
en avant de ses galères, afin que leur quadruple épaisseur
fût comme un mur protecteur entre lui et l'ennemi. Mais
il ne les abandonna pas un à un aux caprices du vent et de
la mer; il eut soin que ces quatre rangs ne fissent qu'une

---

(1) J'ai emprunté ces détails et plusieurs autres relatifs aux navires des premières époques à l'*Architecture navale* de M. Jal.

seule masse; et pour que tous les navires de charge restassent bien à leurs postes respectifs, il fit jeter de l'un à l'autre les mâts et les vergues de chacun. Sur ces mâts et vergues fortement attachés aux platsbords, il fit poser des planches, de telle sorte que ce corps de navire fût comme une vaste place d'armes où les machines à jet fussent commodément placées et où les soldats pussent agir comme sur les larges plates-formes des fortifications.

La tradition de cet ordre de bataille n'était pas perdue au quinzième siècle, et nous voyons les Vénitiens en appliquer les principes à la bataille de Durazzo. Anne Comnène (1) décrivant les apprêts des grandes nefs de Venise dit que, le vent leur ayant manqué, elles se mirent sur un rang et se lièrent l'une à l'autre. Cette manière de combattre se trouve également consignée dans Torfeus(2).

L'ordre de bataille choisi par Édouard III au combat de l'Écluse devint pour ainsi dire la règle. C'était encore celui en usage au commencement du xviie siècle. Nous verrons cependant qu'on dérogeait parfois à cette habitude et que l'amiral d'Annebault, en 1545, marcha à l'ennemi sur trois colonnes.

1342. — La guerre était à peine terminée en Flandres, qu'elle fut transportée en Bretagne. Jean de Montfort et Charles de Blois se disputaient cette province, et chacun des deux compétiteurs mit la France ou l'Angleterre de son parti. Édouard se déclara pour le comte de Montfort et Philippe pour Charles de Blois. On sait que lorsque le comte de Montfort eut été fait prisonnier, la comtesse sa femme, bloquée dans Hennebon par les Français, défendit cette ville jusqu'à ce qu'une flotte anglaise fût venue la

---

(1) *Annæ Comnenæ Porphyrogenitæ*, etc.
(2) *Historia rerum norvegicarum.*

dégager. Voyant le parti de Charles de Blois supérieur au sien dans toute la Bretagne, elle alla en Angleterre solliciter un nouveau secours qu'elle obtint facilement et revint, à la fin de juillet, avec 45 bâtiments dont le commandement avait été donné à Robert d'Artois. A la hauteur de l'île Guernesey, elle rencontra la flotte française composée de 32 voiles dont 9 gros vaisseaux ; Louis d'Espagne la commandait et sous lui, Aithon Doria pour les Génois et Charles Grimaut pour les Français. Le combat fut opiniâtre ; la nuit le fit cesser ; les Anglais avaient perdu 4 navires. De part et d'autre on avait l'intention de recommencer le lendemain ; mais un coup de vent sépara les deux flottes ; les Français prirent le large et les Anglais purent atteindre Vannes.

1346. — Les Français ne furent pas heureux dans une rencontre qu'ils eurent cette année avec les Anglais. Le 12 juillet, Édouard entra à la Hougue avec une flotte de plus de 1000 navires, s'empara des principales villes de Normandie, gagna la bataille de Crécy et mit le siège devant Calais. Cette ville arrêta un moment le cours de ses succès. Forcé d'avoir recours à l'Espagne, Philippe de Valois conclut avec l'amiral de Castille un traité d'après lequel celui-ci s'engageait à lui fournir 200 bâtiments montés chacun par 100 hommes de guerre dont 25 devaient être arbalétriers. Il ne put cependant envoyer au secours de Calais que 70 bâtiments et 12 galères qui furent défaits par la flotte anglaise. Philippe ne réussit pas mieux sur terre ; il fit retirer ses troupes, et Calais capitula.

1372. — Édouard III qui appréciait l'importance de la Rochelle alors occupée par ses troupes, ayant été informé que Charles V allait faire le siège de cette ville, chargea le comte de Pembroke de la ravitailler. L'épuisement du royaume ne permettait pas au roi de France d'avoir un ar-

mement permanent. Instruit à temps des intentions de
l'Angleterre, il fit avec Henri, roi de Castille, un traité par
lequel celui-ci s'engagea à lui fournir 53 bâtiments dont
40 de grande dimension ; ces bâtiments reçurent des équipages français, mais ils furent placés sous le commandement de l'amiral castillan Ambrosio Boccanegra. Dès que
les Anglais parurent, les Français appareillèrent, gagnè-
rent le vent et fondirent sur eux. Le choc fut très-rude.
Les bâtiments français lançaient des pierres d'une énorme
grosseur avec leurs machines et fracassaient les navires
anglais. La nuit mit fin à la lutte. Les Anglais avaient perdu
2 navires.

Les Anglais, qui avaient été ralliés par quatre navires
rochellois, recommencèrent le combat le lendemain. Anglais
ou Rochellois furent tous pris ou coulés et le comte de
Pembroke fut fait prisonnier.


1377. — Au commencement de l'année 1377, une flotte
de 14 gros vaisseaux et de 8 galères, commandée par Ro-
drigues Le Roux, amiral de Castille, établit le blocus de la
Rochelle et l'obligea, ainsi que la plupart des villes du
Poitou et de la Guyenne, à ne plus reconnaître les Anglais
pour maîtres. Édouard d'Angleterre mit de suite en mer
une flotte de 400, ou selon d'autres de 800 navires, et embarqua sur ces bâtiments une armée nombreuse dont il
prit lui-même le commandement. Contrarié par les vents,
il erra pendant deux mois le long des côtes sans pouvoir
aborder nulle part et retourna en Angleterre. Charles profita de ces circonstances pour armer un grand nombre de
bâtiments qui, réunis à ceux de Castille, formèrent une
flotte de 120 navires. Jean de Vienne, amiral de France et
Ferrand Sausse, amiral castillan, en prirent le commandement. Au mois de juin, les alliés firent plusieurs débarquements sur les côtes d'Angleterre et brûlèrent l'île de Wight,
les villes de Dartmouth, de Plymouth et plusieurs autres.

Ces deux batailles eurent de grandes conséquences, car elles entraînèrent la soumission du Poitou, de l'Angoumois et d'une partie de la Guyenne. Ces faits et l'accession de la province maritime du Dauphiné atténuèrent un peu les résultats du désastre de Crécy.

1386. — Charles VI forma cette année un projet d'expédition gigantesque contre l'Angleterre. Dans ce but, il réunit à l'Écluse 1287 bâtiments de guerre; 72 autres, armés en Bretagne, devaient rallier plus tard. Des matériaux travaillés pour établir une grande quantité de maisons en bois avaient été embarqués sur ces bâtiments ; ces maisons pouvaient être montées facilement lorsqu'on le jugerait convenable. Mais cette entreprise avait été combinée contre l'avis du duc de Berry qui avait un grand ascendant sur l'esprit du roi, et ce prince la fit avorter par des retards et des délais affectés. Le temps favorable à la navigation se passa, et lorsque le connétable Olivier de Clisson, qui avait le commandement des navires bretons, mit à la voile pour se rendre à l'Écluse, la saison était trop avancée pour que la traversée ne fût pas plus ou moins contrariée. Quelques-uns de ses bâtiments firent côte, d'autres sombrèrent et ceux qui arrivèrent avaient des avaries qui les rendaient momentanément incapables de rendre de bons services. Le reste de l'année se passa dans l'inaction.

1387. — Rassurés sur les projets du roi de France, les Anglais établirent des croisières sur les côtes de Bretagne et de Normandie. La dernière rencontra une division de navires flamands conduits par Jean de Buch, amiral de Bourgogne, et l'attaqua. Les Anglais furent reçus avec une vigueur qu'ils ne devaient pas s'attendre à rencontrer dans des navires du commerce et perdirent beaucoup de monde. Les Flamands combattirent en continuant leur route, et leurs petits navires se réfugièrent à la côte au milieu des bas-fonds. La lutte dura quatre heures et cessa à la nuit ; on avait perdu plusieurs navires de part et d'autre. Le combat recommença le lendemain, à la hauteur de l'Écluse, avec la même ardeur que la veille ; mais le navire que montait Jean de Buch ayant été pris, sa perte décida le sort des autres. Le comte d'Arundel qui commandait la flotte anglaise voulut profiter de sa victoire pour brûler tous les navires qui etaient à l'Écluse. A cet effet, il transforma quelques-uns de ceux qu'il avait capturés en brûlots et les lança dans le port. Cette tentative échoua. Après quelques exactions sur la côte, les Anglais rentrèrent dans leurs ports.

Le mouvement qui s'opérait en Angleterre, à cette époque, contre le roi Richard, détermina le roi de France à tenter une expédition contre ce royaume. Mais afin d'éviter les embarras d'un grand armement, il forma deux flottes, l'une à Tréguier, sous le commandement du connétable Olivier de Clisson, l'autre à Harfleur, sous les ordres de l'amiral Jean de Vienne. L'arrestation du connétable par le duc de Bretagne (juin 1387) fit avorter cette entreprise. La flotte de Normandie sortit seule, battit celle des Anglais commandée par Hugues Spencer et lui prit 6 bâtiments.

1403. — Au mois de juillet, 30 vaisseaux, commandés par les sires Guillaume du Chatel et de Penhoët, père et fils, livrèrent aux Anglais, près de Saint-Mathieu, un combat où ils leur prirent 40 vaisseaux, tuèrent 500 hommes et firent 1,000 prisonniers.

1405. — Jean de Penhoët, amiral de Bretagne, attaqua de nouveau les Anglais. Il leur prit ou coula un grand nombre de vaisseaux et fit 2,000 prisonniers.

1457. — La marine fut languissante sous Charles VII et sous Louis XI; si l'on excepte un armement fait en 1457 dans un but d'excursions sur les côtes d'Angleterre, elle ne prit aucune part aux guerres de ces deux règnes.

1494. — Le duc d'Orléans se rendant à Naples avec 77 bâtiments ou, selon quelques historiens, avec 18 galères, 8 galéasses et 9 autres navires, pour attaquer cette place et s'en emparer au nom du roi Charles VIII, apprit que D. Frédéric d'Aragon, frère du roi de Naples, tenait la mer avec 18 bâtiments et 35 galères et qu'il s'était emparé de Rapallo, petit port du golfe de Gênes. Les Français se portèrent à sa rencontre; mais le prince Frédéric ne voulut pas courir les chances d'un combat et se retira à Livourne. Le duc d'Orléans attaqua Rapallo par terre et par mer et s'en rendit maître.

Ce fut au siége de Rapallo que, suivant Guichardin (1), on se servit pour la première fois de canons à bord des bâtiments dans la Méditerranée. Il dit que les Français en rendirent l'effet plus terrible en employant des boulets en fer à la place des boulets en pierre dont on s'était servi jusque-là. Froissart (2) parle pour la première fois de canons dans la description du combat qui eut lieu dans la Manche, en 1387, entre le comte d'Arundel et l'amiral de Flandres Jean de Buch. Cet historien dit que le vaisseau amiral flamand avait 3 canons.

1501. — Louis XII, dans le double but de seconder l'armée de terre envoyée à la conquête de Naples et de tenter une croisade contre les Turcs, arma un grand nombre de vaisseaux dans les divers ports de France. Au nombre de ceux

---

(1) *Histoire des guerres d'Italie.*
(2) *Chroniques.*

qui furent armés à Brest étaient la *Cordelière* et la *Charente* que la reine Anne avait fait construire par l'inventeur des sabords, l'ingénieur Descharges, qui leur avait donné des proportions jusqu'alors inusitées. Chacun de ces vaisseaux portait 200 canons dont 14 à roues, et 1200 hommes d'équipage. Le commandant en chef de la flotte était Philippe de Clèves de Ravestein. Parvenu le 16 août devant Metelin (l'antique Lesbos) il y débarqua ses troupes qui, jusqu'au 29 du même mois, livrèrent à cette ville trois assauts infructueux. L'expédition avorta par suite de la trahison des Vénitiens, alliés de la France; non contents de livrer passage à la flotte turque, ils refusèrent des vivres aux vaisseaux français.

1512. — Le 10 août de cette année, une grande bataille navale eut lieu à la hauteur de Saint-Mathieu, non loin de Brest. Louis XII, voulant arrêter les déprédations des Anglais, avait fait armer des vaisseaux français et bretons, et il en avait confié le commandement en chef au breton Jean de Thénouénel. Ce commandant, informé qu'une flotte anglaise, aux ordres de Thomas Kernevet, approchait avec l'intention d'entrer dans le port, alla à sa rencontre. Le silence d'une partie des historiens contemporains, l'obscurité ou les contradictions des autres ne permettent pas de préciser rigoureusement l'effectif des deux flottes. Toutefois, si les historiens anglais varient quant au nombre des vaisseaux de leur nation, que les uns portent à 80, les autres à 39 seulement, il paraît y avoir accord entre eux et les écrivains français pour reconnaître que l'armée commandée par Jean de Thénouénel, indiquée le plus généralement comme composée de 20 navires, était, quelle que fût sa force réelle, bien inférieure à celle des Anglais. Obligés de suppléer au nombre par l'adresse et la valeur, les franco-bretons employèrent une tactique qui leur donna l'avantage. Ils combattirent d'abord au vent, et laissant porter

sur l'ennemi, ils l'abordèrent. Plus de la moitié des bâtiments anglais furent coulés. La *Cordelière*, capitaine Hervé
de Portsmoguer (1), prit une part glorieuse à l'action. Il
semblerait, d'après les diverses relations du combat, rap-
prochées les unes des autres, que le vaisseau français, après
avoir coulé ou forcé à fuir quelques navires de moindre
importance, se trouva aux prises avec les deux forts vaisseaux REGENT, capitaine Kernevet, et SOVEREIGN, capitaine

---

(1) Son nom, transformé en celui de *Primauguet* par le chroniqueur Alain
Bouchard et par ses copistes Martin du Bellay, d'Argentré, D. Lobineau et
D. Morice, a encore été plus ou moins altéré par Belcarius, Paul Jove, le con-
tinuateur de Monstrelet, Mézeray, le P. Daniel, le P. Lelong, Daru, etc., qui
l'appellent *Primoguer*, *Primauguy*, *Primaudet*, *Primauget*, *Portemo-
guer*, etc. L'inexactitude de ces variantes du véritable nom du capitaine breton est démontrée : 1° par l'épitaphe que lui a consacrée un de ses contemporains, Germain Brice, secrétaire de la reine Anne, dans le poëme latin
manuscrit intitulé : *Cordigera navis conflagratio* (Bibliothèque impériale,
n° 7,568); 2° par les papiers de famille dont le vice-amiral Thiévenard avait
eu communication et où il avait acquis la preuve que le commandant du vaisseau la *Cordelière* était Hervé de Portsmoguer, gentilhomme du Bas Léon
(*Mémoires relatifs à la marine*, t. II, p. 51); 3° par ce passage du récit du
combat de la *Cordelière*, inséré par M. Miorcec de Kerdanet, p. 69 de sa nouvelle *Notice sur Notre-Dame du Folgoët e sur ses environs* : « Le jour de
sainct Laurent l'an mil cinq centz douze, s'entrerencontrerent la carrague de
Bretaigne nommée la *Cordelyère* et la carrague d'Angleterre nommée la RÉ-
GENTE bien prez du Raz de Saint-Mahé et combattirent jusques à la nuict, de
sorte qu'ilz s'entrebruslerent tous deux, et bruslerent comme chenevottes ; et
tous ceux qui dedans estoient moururent, sinon bien peu qui s'échappèrent à
force de nager. » Or ce Hervé de Portsmoguer auquel M. de Kerdanet donne
pour demeure le manoir de Coatjunval, près la chapelle du Folgoët, était
l'oncle de Pierre du Louët, auteur du récit qu'on vient de lire. Il n'y a donc
pas de doute possible sur le véritable nom du capitaine de la *Cordelière*. On
doit croire que ce marin appartenait à la famille de Portsmoguer de Plouar-
zel, dans le Bas-Léon, qui comptait sept générations à la réformation de 1670
et avait pour devise : *Var vor, ha var zouar (sur terre et sur mer)*. En 1778,
il y avait dans la marine militaire un enseigne de vaisseau du nom de Portzmoguer. En 1822, deux matelots de ce nom étaient embarqués sur la frégate
*la Néréide*. En 1832, il existait à Saint-Pol-de-Léon un habitant du nom de
Portmoguer. Enfin, les registres de l'hospice civil de Brest font mention d'un
don de Christophe de Portsmogueur et de René de Portsmoguer, son fils, en
1719.

   Le combat du 10 août 1542 a fourni à M. Jal le sujet d'une intéressante
étude qu'il a insérée dans les *Annales maritimes* du mois de décembre 1844
et tirée à part sous ce titre : *Marie la Cordelière* (xvi° siècle). — *Etude pour
une histoire de la marine française.* Paris, Imprimerie royale, 1845, 5 opp.
in-8. Il a complété ce travail par un errata de 13 pages inséré dans les *Annales maritimes* de 1845.

Charles Brandon, qui le placèrent entre deux feux, la *Cordelière* ayant l'avantage du vent sur le REGENT, mais étant sous le vent du SOVEREIGN. La canonnade dura ainsi quelque temps vive et bien soutenue ; mais un des mâts du SOVEREIGN ayant été coupé par l'artillerie de la *Cordelière*, Charles Brandon fut obligé de laisser arriver ce qui le sauva. Privé de l'appui du SOVEREIGN, Thomas Kernevet, qu'avait rejoint un petit navire continua le combat. Bientôt il fut renforcé d'un second auxiliaire qui, évoluant autour du navire français, parvint à lui faire plusieurs voies d'eau. Cependant Portsmoguer serrait de près et canonnait sans relâche REGENT qui fuyait sous le vent. Il réussit enfin à l'aborder. Thomas Kernevet fit alors jeter sur la *Cordelière* des artifices et toutes sortes de matières inflammables. L'incendie se propagea rapidement et se communiqua au REGENT dont Portsmoguer ne voulut pas se détacher afin qu'il partageât son sort. Les deux vaisseaux ne tardèrent pas à s'engloutir.

**1513.** — Ce que les Anglais n'avaient pu faire en 1512, ils le tentèrent, mais sans plus de succès, au printemps de l'année suivante. Henri VIII ayant ordonné à Edward Howard de prendre la mer avec 42 vaisseaux de guerre et un certain nombre de frégates et de bâtiments de transport, cet amiral se dirigea sur Brest d'où une flotte n'attendait pour sortir que l'arrivée de Prégent de Bidoux qui venait de battre une flotte génoise dans le port de la Spezzia, et auquel il avait été enjoint de conduire dans l'Océan six galères, les premières qui soient venues de la Méditerranée dans cette mer. Après avoir fait une descente dans le port et ravagé les environs (1), Howard était allé mouiller à l'entrée de la rade. Prégent de Bidoux appre-

(1) Lediard, *Histoire navale d'Angleterre*, t. I, p. 200.

nant, à son arrivée avec ses six galères et quatre fustes, la position et les forces des Anglais, jugea prudent de se mettre à l'abri de leur attaque dans la baie des Blancs-Sablons, près du Conquet, sous la protection des batteries établies sur deux rochers. Dans l'espoir qu'il en aurait bon marché, l'amiral anglais se détacha de son armée avec deux grandes *ramberges*, deux chaloupes et deux galères dont l'une était montée par lui, et l'autre par lord Ferrers. S'avançant, le 25 avril, vers la galère que commandait Prégent de Bidoux, il l'aborda et sauta sur le pont, suivi de dix-sept anglais et d'un chevalier espagnol nommé Carroz. La galère anglaise s'étant écartée de celle de Prégent de Bidoux, soit par suite d'une manœuvre de ce dernier, soit par toute autre cause, Howard et les siens se trouvèrent à la merci des Français qui les précipitèrent à la mer. La mort de l'amiral détermina les Anglais à s'éloigner (1).

1524. — 33 bâtiments de diverses grandeurs sortirent, cette année, de Marseille pour concourir à la défense de la Provence attaquée par le connétable de Bourbon auquel Charles-Quint en avait promis la souveraineté. Le commandant en chef était Lafayette, amiral des mers du Levant; le génois André Doria servait en sous-ordre. Un combat eut lieu devant Nice; les ennemis y perdirent 3 galères, et Doria fit prisonnier le prince d'Orange. La grosse tour que Louis XII avait fait bâtir à l'embouchure de la petite rade, se défendit vigoureusement; mais, abandonnée par l'armée navale qui s'opiniâtrait à garder les îles de Marseille, elle subit le sort du reste de la Provence. Le conné-

---

(1) Paul Jove (p. 188) dit que le corps d'Howard, rejeté par les flots sur le rivage, fut reconnu parce que cet amiral portait suspendu au col un cornet d'or « qui est pour honnorable marque du capitaine de mer ainsi que les patrons et pilotes des naus, soufflant dedans tels cornets comme en une fluste, ont accoustumé d'avancer ou arrêter les nautonniers en leurs charges par divers sons et siblements, faicts quand il est besoing. »

table, selon Bouche (1), en tira « de très-gros et épouvantables canons » dont il se servit au siége de Marseille que Prégent de Bidoux contribua à faire avorter.


1528. — La victoire que Charles-Quint venait de remporter à Pavie détermina les souverains de l'Europe les plus menacés à former une coalition pour s'opposer aux progrès d'un vainqueur qui pouvait les accabler. En exécution des engagements que prirent les confédérés, 4 vaisseaux français, 4 galions et 16 galères ; 11 galères du pape et 13 galères vénitiennes furent réunis à Livourne sous le commandement supérieur de Pedro Navarro. La flotte alliée rencontra 25 bâtiments espagnols à la hauteur de Sestri et les attaqua; le vice-roi de Naples les commandait. A la nuit, les Espagnols se retirèrent très-maltraités à San Stefano; un de leurs bâtiments avait été coulé.

Cependant le roi de France poursuivait ses projets sur le royaume de Naples. Pendant que Lautrec faisait le siége de la capitale, Philippin Doria la bloquait par mer avec 8 galères génoises et 2 vaisseaux de guerre français. Le mauvais temps ayant obligé ces bâtiments à chercher un abri à Salerne, le vice-roi de Naples forma le projet de les y surprendre. Il fit embarquer 1000 arquebusiers espagnols sur 6 galères, 4 fustes et 2 brigantins et, quoiqu'il se fût embarqué lui-même sur la Capitane, il donna le commandement de l'expédition à un capitaine expérimenté nommé Gobbo. Cette division, qu'on avait renforcée d'un grand nombre de barques de pêcheurs, se dirigea sur Salerne. Mais les Français et les Génois étaient sur leurs gardes, et une surprise n'était pas chose facile. Doria crut devoir cependant user de ruse. Il fit sortir deux de ses galères en leur prescrivant de simuler une retraite du côté

---

(1) *Chorographie et description de la Provence, etc.*

du large. Gobbo les fit poursuivre. Sortant alors lui-même avec les deux vaisseaux et ses autres galères, Doria donna la chasse à la division napolitaine, et ayant réussi à atteindre la galère montée par le vice-roi, il l'attaqua. Les deux galères qui gouvernaient au large pour diviser les forces ennemies changèrent alors de tactique et, prenant l'offensive, elles engagèrent le combat avec les bâtiments ennemis les plus avancés : la lutte devint générale. La galère du vice-roi fut désemparée et celle de Gobbo fut coulée; deux autres furent prises. Les fustes et les autres navires restèrent au pouvoir des Français; 2 galères seules rentrèrent à Naples. Le nombre des tués et des blessés était considérable. Le vice-roi, qui comptait parmi les derniers, mourut de ses blessures.

1545. — François I<sup>er</sup>, au début de son règne, avait porté ses regards sur la marine. En 1516, il avait fait faire une visite des côtes de France, afin de reconnaître l'endroit le plus propre à l'établissement d'un port. Le Havre, alors simple bourgade, fut choisi, et l'année ne s'était pas écoulée qu'on y commençait les travaux. Sa longue lutte avec Charles-Quint obligea, il est vrai, le roi de France à s'occuper plus spécialement de ses armées de terre. Toutefois, il ne perdit pas entièrement de vue la marine. Nous en avons la preuve dans la construction de magasins pour le service du port de Brest et dans la canalisation de la Vilaine, afin d'en faciliter l'approvisionnement; dans le soin qu'il prit, en 1535, de fortifier le Havre où des navires entraient depuis 1520; dans le traité qu'il conclut avec la Porte Ottomane et qui assura à la France le monopole des échelles du Levant, en même temps qu'il lui confirma le protectorat des chrétiens de Syrie qui lui était dévolu, de fait, depuis les croisades; enfin dans l'appui qu'il prêta au célèbre armateur Ango et aux expéditions qu'entreprirent Jacques Cartier et Roberval, expéditions qui devaient, dans sa pensée, réaliser son désir d'obtenir sa part dans l'héritage d'Adam, déjà démembré au profit des Espagnols et des Portugais par les découvertes de Vasco de Gama, de Christophe Colomb, d'Améric Vespuce, de Cabral, de Fernand Cortez, etc. En 1541, il reporta ses pensées sur la marine et semble avoir alors plus particulièrement songé à lui donner un caractère de fixité et de permanence dont il n'avait que trop senti la nécessité, obligé qu'il avait été jusqu'alors de confier la direction des opérations navales à des personnages sans expérience de la mer ou à des marins étrangers dont les services n'étaient rien moins qu'assurés. Son premier pas dans cette voie fut l'édit du 19 mars 1541, confirmant celui de 1517 en faveur de Philippe de Chabot, qualifié d'amiral de France, de Bretagne et de Guienne dans les lettres d'abolition qui lui avaient été expédiées au mois de février précédent. Il fit plus. Après avoir pourvu Claude d'Annebaut de l'office d'amiral, le 5 février 1543, il lui donna pour lieutenant le capitaine Polain, baron de la Garde, déjà éprouvé dans maintes entreprises maritimes. Au mois de juillet 1545, il rassembla dans le port du Havre 150 gros vaisseaux de guerre, 60 petits bâtiments et 23 galères ; celles-ci avaient été amenées de la Méditerranée par le baron de Lagarde (1). Le commandement en chef fut donné à l'amiral d'Annebaut qui reçut l'ordre d'aller attaquer la flotte anglaise et *de prendre pied en Angleterre où l'occasion se présenterait.* Le roi se rendit au Havre pour inspecter son armée navale. Pendant qu'il était sur le vaisseau de 100 canons de fonte (2) le *Caraquon,* le feu prit à bord et il fut impossible de l'éteindre. Ce vaisseau fut entièrement consumé. L'armée navale arriva devant l'île de

---

(1) C'était la seconde fois que les galères franchissaient le détroit de Gibraltar. Prégent de Bidoux (V. p. 67) l'avait passé avec quatre galères sous le règne précédent.

(2) Du Bellay, *Mémoires.* Beaucaire, *Rerum gallicarum commentaria,* dit que ces canons n'étaient, en grande partie, que menue artillerie.

Wight, le 18 juillet; la flotte anglaise y était au mouillage. Le baron de Lagarde reçut l'ordre d'aller la reconnaître avec ses galères : il compta 60 bâtiments. Les Anglais, commandés par John Dudley, comte de Lisle, s'avancèrent de suite à sa rencontre; mais, après une longue canonnade à grande distance, ils se retirèrent en dedans des bancs qui se trouvent à l'entrée de la rade de Portsmouth. Cette escarmouche fut sans résultats.

L'amiral d'Annebaut disposa l'ordre de bataille pour le lendemain. Il se plaça au front avec 30 bâtiments, mit le sieur de Boutières à la droite avec 36 autres et le baron de Curton à la gauche avec le même nombre de bâtiments. Au jour, profitant d'un calme plat, les galères attaquèrent les vaisseaux anglais à leur mouillage. Le vent s'étant élevé de terre dans la matinée, les vaisseaux anglais appareillèrent et poursuivirent les galères, mais sans dépasser les bancs; et lorsqu'ils virent les dispositions prises par le commandant en chef de l'armée française, ils retournèrent à leur mouillage. Perdant l'espoir de les décider à accepter la bataille au large, l'amiral réunit les capitaines et les pilotes en conseil et proposa d'aller les attaquer. Le conseil émit l'opinion qu'il y aurait témérité à s'exposer au feu des Anglais dans des parages où la manœuvre était si difficile. On se borna à ravager l'île de Wight. Après ce coup de main, l'armée fit route pour Boulogne, mais un gros vent la força à aller jeter l'ancre sur la côte d'Angleterre. 100 bâtiments anglais vinrent l'y reconnaître. Le commandant en chef les fit chasser et canonner par ses galères jusqu'à l'entrée du port. 300 coups de canon au moins avaient été tirés dans cette escarmouche de deux heures. Le lendemain, l'armée entière se dirigea sur la flotte ennemie, mais trouvant sa position inattaquable, l'amiral reprit la route du Havre.

On a pu remarquer que dans cette affaire l'amiral d'Annebaut avait apporté une modification à la tactique suivie dans les combats sur mer. La disposition de son armée présentait trois colonnes d'attaque très-régulières. On commençait à comprendre que le résultat d'un combat naval dépendait autant, sinon davantage, de la disposition des bâtiments et de leur manière de combattre, que de leur nombre.

L'artillerie devenait aussi l'arme principale des combats. Le nombre des canons n'était pourtant pas encore bien grand, puisque Martin Du Bellay (1), auquel nous avons emprunté les détails de ce combat, remarque, comme chose extraordinaire, qu'il ne fut pas tiré moins de 300 coups de canon, dans l'espace de deux heures, dans l'engagement · qui eut lieu entre 25 galères françaises et 100 bâtiments anglais.

1549. — Pendant que, au mois de juillet, Henri II de France faisait le siége de Boulogne qui était alors au pouvoir des Anglais, une flotte anglaise se présenta pour secourir cette place. Prise de calme devant le port, cette flotte fut attaquée par 12 galères françaises. Léon Strozzi qui les commandait sut neutraliser l'effet de l'artillerie des bâtiments ennemis en se tenant très-près d'eux, et comme ils ne pouvaient manœuvrer, la lutte fut toute au désavantage des Anglais. Plusieurs de leurs bâtiments furent coulés; les autres prirent le large dès que la brise s'éleva. La restitution de Boulogne à la France fut la conséquence de ce combat.

1555. —Un combat sanglant fut livré dans la Manche, à la hauteur de Douvres, dans le courant du mois d'août. Les armateurs de Dieppe ayant appris qu'un riche convoi flamand devait passer dans ces parages, firent sortir 16 na-

---

(1) *Mémoires.*

vires auxquels 2 vaisseanx du roi s'adjoignirent. C'étaient
l'*Émérillon*, capitaine Denis Guillas, et le *Faucon*, capitaine Desbigas. Louis de Bures, sieur d'Espineville, commandait en chef avec commission expresse d'amiral. Le 11,
les Français eurent connaissance des navires qu'ils cherchaient : les Flamands avaient 24 hourques dont l'artillerie
était plus forte que celle des bâtiments normands. Les
capitaines de ces derniers délibérèrent sur le mode d'attaque ; les uns redoutant une affaire générale contre des
forces aussi disproportionnées, voulaient se borner à harceler l'ennemi ; les autres désiraient un combat dans les
formes. Le commandant en chef trancha la question en
attaquant de suite le plus gros des navires flamands. Il fut
suivi d'abord par trois des siens et peu après par deux
nouveaux ; les autres capitaines continuèrent à tenir conseil ; ces derniers, sauf trois, finirent cependant par se
décider à combattre ; ceux-ci regardèrent de loin en manière de passe-temps. « Terrible passe-temps toutefois,
« dit l'un des acteurs de ce drame auquel on doit les détails
« de ce combat, car rien que sur les quatre bâtiments qui
« étaient allés les premiers à l'abordage, on comptait déjà
« une foule de morts et de blessés. C'était une rude peine
« aux navires dieppois, si inférieurs en grandeur et en
« armement à leurs adversaires, de forcer les hourques des
« Pays-Bas qui semblaient des colosses auprès d'eux et
« qui, bien closes, bien munies, rendaient un combat des
« plus meurtriers du haut de leurs hunes. Cependant, ils
« vinrent à bout de 14, les seules qui eussent pris part à
« la bataille, et s'en emparèrent. La cupidité des vain-
« queurs faillit leur être funeste : les hourques enlevées
« renfermaient de grandes richesses, et pendant que les
« Dieppois se livraient au pillage, arrivèrent les hourques
« qui n'avaient pas combattu. L'*Émérillon* et les trois
« navires dieppois les plus désemparés furent d'abord le
« but de leur attaque. De ce nombre était celui d'Espine-
« ville qui tomba frappé d'un coup d'arquebuse. Denis

« Guillas, à qui revenait alors de droit l'office d'amiral,
« n'avait plus à son bord que 8 à 10 hommes capables de
« combattre. Cependant, les 4 navires attaqués sortirent
« de nouveau vainqueurs de cette lutte et prirent les hour-
« ques ennemies à l'exception de 3 ou 4 qui auraient eu
« le sort commun sans l'affreux événement dont nous
« allons parler. Le feu fut mis à l'une des hourques par
« des artifices lancés d'un des navires dieppois qui l'avait
« abordé; malheureusement celui-ci ne put se dégager as-
« sez tôt pour n'être pas embrasé lui-même. Les autres
« navires, qui étaient tous pêle-mêle et encore accrochés
« les uns aux autres, furent bientôt couverts de flammè-
« ches. Ce fut en vain qu'on voulut les séparer. Le feu se
« communiqua à 12 d'entre eux. Le désordre était à son
« comble; et sans le secours du courant qui fit ce qu'on
« n'osait pas entreprendre, tous eussent été consumés.
« Ce fut alors à qui se jetterait sur les navires que le cou-
« rant entraînait loin de ce vaste foyer d'incendie. Un grand
« nombre d'hommes parvinrent à atteindre un des plus
« petits navires de la flotte dieppoise, mais celui-ci ne
« pouvant supporter une pareille surcharge, s'abîma dans
« les flots. 2 autres navires dieppois et l'*Émérillon* furent
« la proie des flammes. »

Le capitaine Guillas s'occupa des prises dès que cela devint possible : on s'aperçut alors que 5 s'étaient sauvées;
les 3 hourques qui n'avaient pas été prises s'étaient également retirées : ces 8 bâtiments parvinrent à atteindre un
port d'Angleterre. Le combat qui avait commencé à huit
heures du matin était terminé à quatre heures du soir. Les
Français rentrèrent à Dieppe avec 5 grandes hourques.

Au mois de septembre de la même année, le baron de
Lagarde, revenant de Civita-Vecchia avec 18 galères, se
dirigea sur le nord de la Corse où il savait que 11 bâtiments espagnols étaient au mouillage. A la vue des Français, les Espagnols appareillèrent et prirent chasse. Le

baron de Lagarde les poursuivit et ayant réussi à les atteindre, il leur coula 2 bâtiments.

**1573.** — La marine fut totalement négligée en France depuis le règne de Henri II jusqu'à celui de Henri IV (1610). Les successeurs du premier de ces deux rois, occupés par les troubles intérieurs du royaume, songèrent peu à disputer l'empire des mers aux autres puissances maritimes. Aussi, de 1557 à Louis XIII, l'histoire ne mentionne-t-elle que deux expéditions maritimes de quelque importance.

La première de ces expéditions fut le siége de la Rochelle, sous Charles IX, en 1573, siége pendant lequel il n'y eut pas, à proprement parler, de bataille navale et qui fut terminé par l'élection du duc d'Anjou au trône de Pologne.

**1581.** — L'autre affaire maritime eut lieu en 1581, sous le règne de Henri III. Après la mort du cardinal Henri, Catherine de Médicis renonça à ses prétentions à la couronne de Portugal, mais elle appuya celles de D. Antoine, duc de Portugal. Ce prince ayant exprimé le désir de se retirer à Terceire, l'une des îles Açores, la France arma une flotte de 60 bâtiments qui l'y transporta avec un corps de 6,000 hommes. La ville de Villefranche de l'île Saint-Michel fut facilement prise par le corps expéditionnaire. Une flotte espagnole de 50 gros navires, 5 petits et 12 galères, sous les ordres du marquis de Santa-Cruz, ne tarda pas à être signalée. Le 26 juillet, après plusieurs jours d'hésitation, les deux flottes s'avancèrent l'une contre l'autre. Léon Strozzi commandait les Français ; Brissac était son vice-amiral. On se canonna d'abord vigoureusement ; mais le vent qui était très-variable, contrariant constamment les combattants, ils en vinrent à l'abordage. Le suc-

cès du combat fut longtemps douteux. En abordant un galion qui ne put être enlevé, Strozzi reçut une blessure dont
il mourut. Le bâtiment que montait Brissac eut promptement des avaries telles, que le vice-amiral se vit dans la
nécessité de porter son pavillon sur un autre ; le premier
coula peu de temps après. La grosse artillerie des Espagnols finit par avoir raison des bâtiments français : 8 furent
pris ou détruits. Les pertes de ces derniers s'élevèrent à
2,000 hommes y compris 600 prisonniers que Santa-Cruz
fit mettre à mort, sur l'ordre qu'il prétendit avoir reçu du
roi d'Espagne, de traiter les Français comme des pirates.

On fut unanime à attribuer cette défaite à la mésintelligence et à l'indiscipline qui régnèrent à bord des bâtiments français, dont un fort petit nombre prirent part au
combat.


1589. — Lorsque Henri IV monta sur le trône, la marine était dans l'état le plus déplorable, et le prince se
trouva de suite exposé aux insultes de ses voisins. On sait
comment le baron de Rosny fut traité par le vice-amiral
anglais qui vint le prendre à Calais pour le conduire à sa
cour en qualité d'ambassadeur de France, et comme le sire
de Vic, vice-amiral et gouverneur de Calais, qui l'accom-
pagna à quelques lieues en mer, fut obligé de baisser le
pavillon français devant l'amiral anglais qui menaça de le
couler à fond s'il ne le faisait pas.

Il n'y eut pas jusqu'au duc de Toscane qui, s'étant emparé des îles et du château d'If, sous prétexte d'empêcher
qu'ils ne tombassent au pouvoir des Huguenots, refusa de
les rendre lorsqu'on les réclama.

Henri IV tenta, comme François Ier, de créer un corps
de marine nationale en France. Cet essai n'eut pas de suite
et, à la mort de ce monarque, la marine tomba dans un
anéantissement tel, que les États-Généraux crurent devoir demander un armement permanent.

**1620.** — Toujours rebelle et comme indépendante depuis que Charles IX était entré en composition avec elle, la ville de la Rochelle était non-seulement l'asile des protestants, mais encore le refuge de tous les mécontents du royaume. Le 28 novembre 1620, elle s'érigea en République, imposa des taxes aux pays voisins, leva des troupes et déclara la guerre aux catholiques. Louis XIII fit alors investir la ville; mais les Rochelais n'en désolant pas moins les îles voisines et les côtes de l'Aunis et de la Bretagne, il les bloqua par mer avec cinq bâtiments construits en Hollande et armés à Dieppe. Ces bâtiments furent dispersés par un coup de vent et deux d'entre eux furent jetés à la côte.

**1621.** — Un an plus tard, pendant le mois de novembre 1621, les trois bâtiments qui avaient continué le blocus de la Rochelle furent attaqués par 10 bâtiments rochelais ; un d'eux fut capturé et un autre coulé.

**1622.** — L'insuccès de la première tentative du blocus de la Rochelle nécessita un armement plus considérable que celui qui avait été jugé d'abord suffisant. Le 22 octobre 1622, le duc de Guise arriva devant ce port avec 35 bâtiments et 10 galères. Cette flotte était divisée en 3 escadres. Timoléon d'Épinay, seigneur de Saint-Luc, était placé comme vice-amiral à l'avant-garde ; le sieur de Manty avait été désigné comme contre-amiral à l'arrière-garde et le duc de Guise s'était réservé le commandement du corps de bataille. Le 26, Emmanuel de Gondy, comte de Joigny, général des galères, reçut l'ordre d'aller attaquer la flotte ennemie qui comptait 39 navires sous les ordres du rochelais Guitton. Le mouvement des galères détermina l'appareillage immédiat des Rochelais. On se canonna quelque temps à distance ; mais le duc de Guise, voulant engager une affaire générale, plaça ses galères de front et les fit soutenir par l'escadre du vice-amiral de Saint-Luc. Les Rochelais qui s'étaient tenus devant Saint-Martin de Ré, s'étendirent jusqu'au *Plomb* et, après avoir gagné le vent par une manœuvre habile, ils partagèrent leurs navires en 3 divisions et acceptèrent franchement le combat. A 3 heures de l'après-midi, ils assaillirent l'escadre du vice-amiral de Saint-Luc. Quelques-unes des galères du roi parvinrent à regagner le dessus du vent et attaquèrent l'ennemi en flanc. Le duc de Guise ayant voulu imiter cette manœuvre avec son vaisseau, fut enveloppé par plusieurs navires rochelais. Après une lutte acharnée, désespérant de vaincre sa résistance, ceux-ci lui lancèrent deux brûlots qui l'accrochèrent et mirent le feu aux voiles et aux cordages. Satisfaits de ce résultat, les Rochelais se retirèrent, laissant l'équipage du vaisseau français travailler librement à éteindre l'incendie. Le combat cessa à la nuit. Les Rochelais avaient perdu 10 navires et plus de 1000 hommes. 20 autres navires s'étaient jetés au plain pour ne pas couler à fond (1).

Quoique la paix eût été signée à Montpellier le 22 octobre, et que les deux partis en eussent probablement connaissance, le duc de Guise et les Rochelais voulurent essayer de nouveau leurs forces. Le 27, ces derniers étaient mouillés à Aiguillon, vis-à-vis *la Fosse de l'Oie*, au milieu des bancs et des roches; ils n'avaient plus que 30 bâtiments; la flotte royale, au contraire, avait été augmentée de 10 navires de Brouage amenés par le marquis de Rouillac. Le sieur de Saint-Luc conserva le commandement de l'avant garde; le chevalier de Razilly fut placé à l'arrière-garde et le duc de Guise prit la direction du corps de bataille. Le marquis de Rouillac reçut le commandement d'une escadre légère composée des sept plus grands bâti-

---

(1) Boismélé, *Histoire générale de la marine*.

ments de l'armée. Placé au vent du corps de bataille, il devait assister les corps qui seraient trop pressés par l'ennemi et ramener les fuyards. Tous les bâtiments avaient ordre de laisser tomber l'ancre lorsqu'ils ne trouveraient plus assez d'eau pour naviguer avec sécurité. Le sieur de Saint-Luc devait alors prendre la gauche du duc de Guise avec son escadre ; le sieur de Razilly, doubler sur la gauche de celle-ci avec la sienne, et le marquis de Rouillac, se placer à la droite du duc de Guise. L'armée française mouilla à portée de canon de l'ennemi, l'entoura comme dans une enceinte et le foudroya avec une artillerie bien servie. 12 navires seuls échappèrent ; les autres furent presque tous coulés.

## ANNÉE 1625.

L'établissement de la marine en France était réservé au cardinal Richelieu. Ce ministre put se convaincre, en assiégeant la Rochelle, que, sans marine, il lui serait impossible d'atteindre au degré de supériorité qu'il rêvait pour la France.

Les protestants français avaient souvent sujet de se plaindre ; le gouvernement n'exécutait pas de bonne foi le traité de Montpellier ; les engagements pris étaient éludés. En exigeant la démolition des fortifications élevées pendant la guerre dans les places réformées, il avait promis, de son côté, de raser le fort Louis, bâti à quelques centaines de mètres des murs de la Rochelle et du canal qui y conduisait. Les Rochelais ne purent obtenir la réalisation de cette promesse, fort importante pour eux, et ils regardèrent l'obstination du gouvernement à ce sujet com-

me une preuve de ses intentions malveillantes. La réunion
de 6 bâtiments dans le port du Blavet, réunion faite dans
un but de croisière contre les Turcs, augmenta leurs dé-
fiances ; ils se crurent sur le point d'être attaqués, et ils résolurent de prévenir cette attaque par un coup d'éclat.
Cédant à leur impatience, au mois de janvier 1625, Soubise s'empara de l'île de Ré et se dirigea ensuite sur le Blavet avec 12 navires armés en guerre et 10 barques. La
promptitude avec laquelle cette expédition fut conduite lui
permit de surprendre les bâtiments qui étaient dans ce port
et de s'emparer du fort ; mais le château résista assez longtemps pour donner au duc de Vendôme la possibilité d'ac-
courir avec quelques soldats et les milices du pays. Les
Rochelais furent obligés de se rembarquer et de se retirer
avec perte de 5 de leurs navires qui échouèrent ou furent
coulés. Ils emmenèrent néanmoins 4 des bâtiments du
roi. Soubise se dirigea alors sur l'île d'Oléron dont il
s'empara, et il continua à tenir la mer, grossissant son escadre par la capture des navires qu'il rencontrait. Les Rochelais désavouèrent d'abord ce chef rebelle contre les
actes duquel les députés généraux des réformés et les
grands seigneurs de la religion protestèrent vivement.
Mais lorsque Soubise se fut rendu maître des côtes de la
Guyenne et du Poitou, les Rochelais levèrent le masque.

Cependant les expéditions de Soubise avaient causé tant
de mécontentement en Angleterre et en Hollande, que les
Anglais promirent 3 vaisseaux à Louis XIII, et le prince
Maurice l'autorisa à employer contre les Rochelais 20 bâtiments prêtés à la France par les Provinces-Unies pour
la guerre de Gênes. Le roi profita de ces offres pour chercher à éteindre entièrement ces nouvelles étincelles de
désordres. Il mit en mer une armée de 30 gros vaisseaux,
dont 10 français et 20 hollandais, et en donna le commandement à l'amiral de France, duc Henri de Montmorency,
et sous lui, à l'amiral de Zélande Haustein. Incapable de
résister à une pareille force avec la faible escadre qu'il

I                                              6

commandait, Soubise eut recours à la ruse. Il fit dire à
l'amiral hollandais que son intention était de ne pas combattre les Hollandais qui professaient la même religion que
lui, et il lui demanda d'en user de même à son égard. Celui ci y consentit et promit de sauver seulement les apparences. Tenant peu de compte de ses engagements, Soubise
débuta par attaquer l'amiral zélandais et lui lança deux
brûlots qui le réduisirent en cendres. Il voulut ensuite incendier le vice-amiral français; mais n'y ayant pas réussi,
il se retira vers Saint-Martin, accompagné par les boulets
de l'armée du roi qui alla mouiller aux Sables d'Olonne.
22 navires du pays et 7 anglais armés par des matelots
et des soldats anglais se joignirent à elle sur cette rade.
Le 1ᵉʳ septembre, l'amiral de Montmorency fit voile pour
l'île de Ré. Le lendemain, Soubise quitta son mouillage et
plaça ses navires derrière les bancs dans *la Fosse de l'Oie.*
On se canonna vivement de 4 à 5 heures du soir; l'état de
la marée et la difficulté de la manœuvre dans ces parages
décidèrent alors les Rochelais à s'échouer au fond de l'anse.
Reconnaissant l'impossibilité de les attaquer dans cette position, l'amiral de Montmorency les y bloqua étroitement et
attaqua l'île qui capitula le 15. Contraint dès lors de quitter
la position qu'il avait prise, Soubise songea à gagner le
port de la Rochelle, en forçant le passage que l'armée
royale lui barrait. On se battit avec acharnement jusqu'à
la nuit; mais les Rochelais ne purent réussir à passer;
9 de leurs navires furent pris; 2 s'échouèrent : les autres
parvinrent à atteindre Oléron. Un des deux navires échoués
se rendit après une courte résistance; mais l'autre, nommé
la *Vierge*, vaisseau amiral des Rochelais, et l'un de ceux
qui avaient été pris dans le port du Blavet, soutint bra-
vement l'attaque de 4 bâtiments qui l'abordèrent; et
lorsque la résistance fut devenue impossible, son capitaine
le fit sauter. La commotion fut telle que les bâtiments français qui l'avaient abordé coulèrent sur place. Les îles de Ré
et d'Oléron rentrèrent sous la domination du roi, et Soubise

se vit réduit à se retirer en Angleterre avec une vingtaine
de navires.

----oo⋗⋉oo----

## ANNÉE 1627.

Après avoir désapprouvé la conduite de Soubise, le
roi Charles d'Angleterre finit par se laisser émouvoir à
la vue des échecs qu'il venait d'éprouver ; et voulant
sauver ses coreligionnaires d'une ruine assurée, il leur
envoya un secours de 10,000 hommes. Le duc de Buckingham qui le leur apportait mouilla, le 20 juillet, sur
la rade de l'île de Ré avec 90 navires parmi lesquels figu-
raient ceux que Soubise avait conduits en Angleterre, à la
fin de l'année 1625. Après avoir, pendant quatre mois,
fait inutilement le siége de la citadelle de Saint-Martin, le
duc se vit obligé de retourner en Angleterre où il arriva,
ainsi qu'on le dit alors, *sans avoir fait de bien à la Rochelle,
ni de mal à l'île de Ré, couvert des lauriers de la France et
des cyprès de l'Angleterre.*

----oo⋗⋉oo---- -

## ANNÉE 1628.

L'expédition du duc de Buckingham n'avait cependant
été contrariée en rien du côté de la mer. L'attente de
37 navires espagnols placés sous les ordres de l'amiral
castillan don Frédéric de Tolède, secours promis par un
traité signé l'année précédente, avait retenu le duc de Guise

dans le Morbihan, et l'armée navale y était restée toute
l'année 1627 ; elle ne parut devant la Rochelle qu'au mois
de janvier 1628 ; la flotte anglo-rochelaise n'y était plus
alors. La cour d'Espagne, loin de se montrer disposée à
seconder franchement Louis XIII contre les Anglais et les
huguenots, nouait de secrètes intrigues avec les uns et les
autres. Les navires qu'elle avait envoyés à son allié étaient
en fort mauvais état ; et après quelques jours de station
devant la Rochelle, l'amiral espagnol trouva un prétexte
pour se retirer, annonçant toutefois son retour avec des
forces plus considérables. Il ne reparut plus. La paix qui
fut signée entre le gouvernement et les Rochelais rendit
du reste la coopération des Espagnols inutile (1).

Richelieu s'était sérieusement occupé de réduire la Rochelle. Il avait d'abord complété l'investissement de cette
place en faisant bloquer le port et, pour rendre le blocus
par mer plus efficace, il avait arrêté un projet gigantesque :
il avait résolu de barrer l'avant-port au moyen d'une digue à
laquelle il avait donné 1442 mètres de longueur ; un passage
de 58 mètres, laissé à chacune de ses extrémités, devait
être défendu par 2 batteries. Cette digue fut terminée au
mois de décembre 1627. On l'entoura d'une estacade, et 37
navires armés de forts éperons, formant un angle saillant
qui regardait la ville, furent placés en dedans, tandis qu'un
grand nombre d'autres la défendaient du côté du large.
Ainsi renfermés, les Rochelais n'eurent plus d'espoir que
dans l'Angleterre. Humilié du mauvais succès de ses armes,
l'année précédente, et ne pouvant résister aux instances de
Soubise et des autres réfugiés huguenots qui avaient suivi
le duc de Buckingham dans sa retraite, Charles Ier venait
de prendre l'engagement de ravitailler la Rochelle et de ne
point faire la paix avec la France sans la participation des

(1) Voltaire, *Essai sur les mœurs et l'esprit des nations,* dit que l'amiral
espagnol se retira parce que Louis XIII n'avait pas voulu lui permettre de se
couvrir en sa présence.

Rochelais. Ceux-ci firent la même promesse et s'obligèrent, en outre, à donner assistance aux Anglais contre les Français. En conséquence de ce traité, lord Denbick parut devant la Rochelle, le 1er mai 1628, avec 50 gros vaisseaux et 40 navires chargés de vivres; il mouilla à Ché-de-Bois. L'armée navale que le roi de France tenait alors dans ces parages était composée comme il suit :

*Renommée*, commandeur de Valancey, amiral.
*Dragon*, commandeur de Poissy, vice-amiral.
*Petite-Notre-Dame*, chevalier de Maillé, contre-amiral.
*Suzanne*, de Lafosse, sergent-major de l'armée.
*Espérance*. . . . . . capitaine chevalier de Pontac.
*Petite-Ramberge*. . .      —      chevalier de Miraulmont.
Un navire flamand. .      —      chevalier de Montigny.
*Dragon*, n° 1 . . . .      —      de Cumar.
*Dragon*, n° 2. . . . .      —      de Coupeauville.
*Dragon*, n° 3 . . . .      —      chevalier de Pigarreau.
*Dragon*, n° 4 . . . .      —      Holtier.
*Sainte-Anne*. . . . .      —      chevalier de Desroches.
*Ours-Marin* . . . . .      —      de Lavoisse.
*Saint-François* . . .      —      Régnier.
*Griffon* . . . . . . .      —      de Treillebois.
*Petit-Saint-Jean*. . .      —      chevalier de Montaut.
*Demoiselle*. . . . . .      —      de Latouche.
*Catherine* . . . . . .      —      chevalier de Jalesme.
*Chasseur* . . . . . .      —      Chaperon.
*Ange*. . . . . . . . .      —      chevalier Guitaut.
Un navire anglais . .      —      Cambelon.
*Dragon*, n° 5 . . . .      —      de Rairemare.
*Dragon*, n° 6 . . . .      —      de Raitré.
*Dragon*, n° 7 . . . .      —      chevalier de Coupeauville.
*Dragon*, n° 8 . . . .      —      de Pinnède.
Une patache. . . . .      —      Lavane.
Trois barques olonnaises.
Vingt-six galiotes, traversins et autres petites embarcations.

Les dispositions que les Français avaient prises étonnèrent les Anglais; ils virent bientôt que leurs vaisseaux calaient trop d'eau pour s'approcher de la digue. Les abords de la ville étaient d'ailleurs trop bien gardés pour qu'on pût songer à une attaque par terre. Le 18 mai, lord Denbick tira quelques bordées sur l'estacade et retourna en Angleterre.

La famine devint bientôt à son comble dans la ville de la Rochelle; les Rochelais mouraient, mais ils repoussaient les propositions d'arrangement qui leur étaient faites. Vivement sollicité par Soubise, le gouvernement anglais consentit à faire une dernière tentative en leur faveur. Une flotte de 140 navires portant 6,000 hommes de troupes, partit de Plymouth sous le commandement du comte de Linsay et arriva à Ché-de-Bois le 29 septembre. Trois navires maçonnés à l'intérieur et remplis de poudre étaient destinés à rompre la digue; trois autres contenaient du fumier : on pensait qu'en mettant le feu à ces derniers, la fumée qui s'en dégagerait aveuglerait ceux qui voudraient s'en emparer. Dans la nuit du 3 octobre, les Anglais lancèrent quelques pétards et tentèrent de rompre l'estacade au moyen d'un brûlot. Cet essai fut infructueux. La flotte anglaise mit alors sous voiles le lendemain. Après trois heures d'efforts impuissants contre les batteries de la digue, elle se dirigea sur l'armée navale. Cette attaque ne réussit pas mieux que la précédente. Les Anglais laissèrent tomber l'ancre à la nuit : ils avaient perdu 1 vaisseau et 2 barques. Le 5, ils appareillèrent et recommencèrent le combat, mais avec moins d'ardeur que la veille et de plus loin. 9 brûlots qu'ils lancèrent purent être détournés. Reconnaissant alors l'impossibilité d'entrer dans la Rochelle, le comte de Linsay alla mouiller à l'île d'Aix. Soubise et le comte de Laval le conjurèrent en vain d'essayer de forcer les passes; vainement ils offrirent de conduire l'avant-garde et d'aller attacher des navires explosibles à l'estacade et à la digue. L'amiral anglais fut aussi prudent que son prédécesseur; seulement, il ne quitta pas le voisinage de la Rochelle, et il entama des négociations avec Richelieu. Les marins huguenots se décidèrent, de leur côté, à envoyer une députation au cardinal. La capitulation de la Rochelle fut signée le 29 octobre et, suivant l'énergique expression des assaillants, cette ville fut rendue « sans terre, sans mer, sans île, sans soldats et sans vaisseaux. »

Cette expédition fut la dernière opération maritime de cette guerre entre la France et l'Angleterre, et cependant la paix entre ces deux puissances ne fut signée que l'année suivante.

## ANNÉE 1635.

—

Après la prise de la Rochelle, la Méditerranée devint le théâtre des principaux événements maritimes. Le cardinal de Richelieu expose ainsi, dans un manifeste, les causes de la guerre qui fut déclarée à l'Espagne par suite de l'alliance que le roi Louis XIII conclut, en 1635, avec la république des Provinces-Unies.

« Sa Majesté fit, le 8 février, un traité de ligue offensive
« et défensive avec les Hollandais pour prévenir les mal-
« heurs qui pouvaient arriver de l'injuste procédé des Es-
« pagnols qui se servaient de tous les moyens pour s'agran-
« dir aux dépens de leurs voisins, les tenir divisés entre
« eux, et rendre la guerre immortelle dans la chrétienté. Il
« y avait longtemps que lesdits Hollandais sollicitaient cette
« alliance de S. M. et avaient depuis quelque temps
« laissé entendre assez clairement qu'étant las de conti-
« nuer la guerre, ils feraient trêve, à quelque prix que ce
« fût, si le roi ne se déclarait ouvertement. Sa Majesté avait
« toujours différé d'en venir à cette extrémité ; mais enfin
« elle s'y sentit obligée et convint avec les Hollandais que,
« si les Espagnols ne se disposaient à des termes conve-
« nables d'accommodement, mais continuaient dans les
« mauvais desseins qu'ils avaient contre la France et les-
« dits sieurs États-Généraux, elle romprait à ciel ouvert
« avec lesdits Espagnols comme lesdits sieurs États. Le
« traité passé, le 12 mai dernier, avec M. le duc d'Orléans
« pour mettre la guerre dans la France ; la prise de don
« Juan de Menesses trouvé, le 11 septembre dernier, visi-
« tant à minuit les entrées et passages du royaume du côté
« du Languedoc ; l'armement naval qui avait été fait à Na-
« ples l'année dernière pour descendre en Provence, et

« plusieurs autres desseins connus par voies indubitables,
« la justifiaient au respect du royaume, et les pernicieux
« desseins qu'ils avaient continuellement entrepris et fo-
« mentés de tous côtés à la ruine des Provinces-Unies, avec
« ce refus qu'ils avaient fait de conditions qui, même de
« leur part, avaient été proposées auxdits sieurs États-Gé-
« néraux, les justifiaient à leur égard. De leur part, les
« États-Généraux continueraient à leur faire la guerre de
« toutes leurs forces, sans qu'ils pussent faire ni paix ni
« trêve que d'un commun consentement. Qu'ils mettraient
« en campagne, chacun d'eux, une armée de 25,000 hom-
« mes. de pied et 5,000 chevaux avec canon et l'attirail
« nécessaire à un tel corps et que les deux armées se join-
« draient dans les Pays-Bas, en un lieu dont il serait con-
« venu, et que, pour garder cependant les côtes de France
« et de Hollande, le roi et les États mettraient en mer
« chacun 15 vaisseaux pour nettoyer la mer Océane
« et tenir les côtes libres, afin que le commerce n'y fût
« troublé. »

La guerre fut donc déclarée. Le 14 septembre 1635, les
Espagnols prirent l'initiative en s'emparant des îles Lérins,
sur la côte de Provence ; ils les fortifièrent immédiatement.
Louis XIII ordonna de mettre de suite en mer toutes les
forces navales de la France. Il nomma Henri de Lorraine,
comte d'Harcourt et d'Armagnac, généralissime des armées de terre et de mer du Levant et lui donna pour sous-
ordre le marquis du Pont de Courlay, généralissime des
galères. Henri d'Escoubleau de Sourdis, archevêque de
Bordeaux, fut nommé chef des conseils du roi en l'armée
navale près le comte d'Harcourt, *pour l'assister dans tous les
conseils qui se tiendront, et en toutes les affaires concernant le
fait de ladite charge, et aussi avoir la direction de la subsistance de l'armée, vivres, munitions de guerre, équipages, fortifications de places, règlement des dépenses, jugement des
prises, avec pouvoir de faire poudre et fondre artillerie et
tout ce qui sera nécessaire.* Le sieur Desgouttes, capitaine de

pavillon de l'amiral, devait commander en son absence. Voici les instructions que le roi donna à l'archevêque de Bordeaux :

Chantilly, le 20 avril 1636.

« Les trois escadres de Guyenne, de Bretagne et de
« Normandie étant jointes ensemble à la rade de Saint-
« Martin de Ré, les 2000 hommes du régiment des îles
« avec les victuailles nécessaires à leur subsistance pen-
« dant huit mois, l'artillerie de terre avec son train et
« officiers étant chargés à bord des 12 flûtes et autres
« vaisseaux que le roi a ordonné être affrétés pour les
« porter, et les 6 brûlots avec les feux d'artifice étant pré-
« parés, l'armée fera trois corps auxquels le sieur Des-
« gouttes, commandant le vaisseau amiral, commandera
« aussi en l'absence dudit général ou d'autres à qui Sa
« Majesté aurait donné pouvoir. Le sieur Manty en sera le
« vice-amiral; le sieur de Poincy, le contre-amiral, jus-
« qu'à ce que l'escadre du Levant ait joint l'armée. Après
« laquelle jonction le sieur baron d'Allemagne, chef d'es-
« cadre du Levant, sera contre-amiral, comme plus an-
« cien chef d'escadre. Le sieur de Poincy se rangera près
« de l'amiral pour reprendre son poste, quand l'escadre
« du Levant se séparera. Le sieur Decaen fera la charge
« de sergent-major général et de bataille de l'armée, con-
« formément aux règlements faits par le cardinal de Ri-
« chelieu, pair, grand-maître, chef et surintendant gé-
« néral de la navigation et commerce de France. »

Après avoir pris une peine incroyable à contenter les capitaines des vaisseaux c *qui avoient accoutumé à avoir
l'argent du roi pour se promener de port en port du
royaume, et être retombé dans les crieries des gens de pied
qui croyoient avoir leurs commodités quand ils logeoient
chez le paysan,* » (1) l'archevêque de Bordeaux mit à la
voile, le 23 juillet 1636, avec l'armée navale ci dessous :

---

(1) *Correspondance de M. de Sourdis.*

### ESCADRE DE BRETAGNE.

| Canons. | Hommes (1). | | | |
|---|---|---|---|---|
| 52 | 345 | Navire-du-Roi . . . . . . . | capitaine | Desgouttes. |
| 30 | 255 | Fortune . . . . . . . . . . . | — | de Poincy. |
| 30 | 255 | Saint-Michel . . . . . . . . | — | Decaen. |
| 30 | 255 | Licorne . . . . . . . . . . . | — | de Montigny. |
| 30 | 255 | Trois-Rois . . . . . . . . . | — | de Miraulmont. |
| 30 | 255 | Corail . . . . . . . . . . . | — | Rigault. |
| 30 | 255 | Coq . . . . . . . . . . . . . | — | Lafayette. |
| 30 | 255 | Cygne . . . . . . . . . . . . | — | Cangé. |
| 30 | 255 | Sainte-Geneviève . . . . . . . | — | Beaulieu aîné. |
| 24 | 147 | Madeleine . . . . . . . . . . | — | chevalier Guitaut. |
| 24 | 147 | Perle . . . . . . . . . . . . | — | Boisjoly. |
| 14 | 115 | Hermine . . . . . . . . . . . | — | Courson. |
| 12 | 115 | Sainte-Marie . . . . . . . . | — | Portenoire. |
| 8 | 92 | Royale . . . . . . . . . . . | — | de Poincy jeune. |
| » | » | Grande-Frégate . . . . . . . | — | Razé. |
| » | » | Petite-Frégate . . . . . . . | — | Levasseur. |

### ESCADRE DE GUYENNE.

| Canons. | Hommes. | | | |
|---|---|---|---|---|
| 34 | 235 | Europe . . . . . . . . . . . | capitaine | Manty. |
| 26 | 235 | Saint-Louis de Saint-Jean-de-Luz . . . . . . . . . . | — | Giron. |
| 24 | 147 | Lion-d'Or . . . . . . . . . . | — | Beaulieu-Pressac. |
| 24 | 147 | Renommée . . . . . . . . . . | — | de Coupeauville. |
| 24 | 147 | Saint-Louis de Hollande . . | — | Treillebois. |
| 24 | 147 | Saint-Jean . . . . . . . . . | — | Vaslin. |
| 24 | 127 | Intendant . . . . . . . . . . | — | Arpentigny. |
| 24 | 115 | Espérance-en-Dieu . . . . . | — | d'Arrerac. |
| 24 | 115 | Salamandre . . . . . . . . . | — | Cazenac. |
| 16 | 115 | Saint-François . . . . . . . | — | Regnier. |
| 16 | 115 | Lionne . . . . . . . . . . . | — | Beaulieu jeune. |
| 14 | 115 | Marguerite . . . . . . . . . | — | Latreille. |
| 8 | 92 | Cardinale . . . . . . . . . . | — | Larivière d'Auvray. |
| » | » | Frégate . . . . . . . . . . . | — | |

### ESCADRE DE NORMANDIE.

| Canons. | Hommes. | | | |
|---|---|---|---|---|
| 24 | 147 | Madeleine . . . . . . . . . | capitaine | Dumay. |
| 24 | 147 | Marguerite . . . . . . . . . | — | de Chastellus. |
| 24 | 147 | Sainte-Anne . . . . . . . . | — | Poinctrincourt. |
| 24 | 147 | Aigle . . . . . . . . . . . . | — | Senantes. |
| 24 | 147 | Levrette . . . . . . . . . . | — | Daniel. |
| 16 | 115 | Neptune . . . . . . . . . . . | — | Duquesne. |
| 16 | 115 | Griffon . . . . . . . . . . . | — | Lachesnaye. |

6 brûlots.

12 flûtes de 10 et 12 canons portant des vivres.

--------

(1) Ce n'est pas comme indication de force que je donne ici le chiffre des équipages. Je présente seulement un terme de comparaison avec ce qui se fait aujourd'hui.

L'armée navale arriva à Toulon dans les premiers jours du mois d'août. Le 18, elle parut devant les îles Lérins, mais elle ne put atteindre le mouillage parce que le vent était contraire. A quelques jours de là, elle laissa tomber l'ancre sur la rade de Gourjan où M. de Beauveau, évêque de Nantes, la rallia avec 12 autres vaisseaux et une galère. Le 6 septembre, à défaut du vent qui lui refusait son assistance, l'amiral se servit des bras des chiourmes pour remorquer 20 vaisseaux qui, sous les ordres du vice-amiral Manty, devaient attaquer les galères espagnoles retirées dans le port de Morgues (Monaco). Peu confiantes dans le canon de la place, celles-ci sortirent dès qu'elles aperçurent les vaisseaux français. Il n'y eut toutefois pas d'engagement; un fort coup de vent obligea les Français à se retirer à Villefranche d'où, plus tard, ils rallièrent le reste de l'armée à Menton.

Le 19, vers 6 heures du matin, 32 galères d'Espagne et de Florence furent aperçues se dirigeant vers ce port où elles croyaient probablement surprendre les Français. Mais leur chef se trompait; ceux-ci étaient disposés à les recevoir, et 12 des grands vaisseaux, pris à la remorque par les galères, se portèrent à leur rencontre. Les rôles changèrent alors: les galères espagnoles prirent chasse sous les boulets des vaisseaux français qui les canonnèrent pendant deux heures, mais ne purent les empêcher d'atteindre Saint-Rémi. Alors que, le lendemain, l'amiral français se disposait à les y attaquer, elles coupèrent leurs câbles et se prirent à fuir dans le plus grand désordre, en abandonnant un grand nombre d'embarcations. L'armée française ne les poursuivit pas et laissa tomber l'ancre. Changeant alors de tactique, l'ennemi se présenta, vers midi, à l'ouvert de la rade et manœuvra pour enlever quelques petits navires attardés. Il faisait calme plat; mais lorsqu'il vit les galères prendre plusieurs vaisseaux à la remorque, il se retira de nouveau. Larguant de suite la remorque, les galères françaises les poursuivirent : elles rallièrent les vais-

seaux après leur avoir envoyé une bordée. Le commandant
en chef fit voile pour Arassi (Arache), d'où les vaisseaux se
rendirent à Villefranche; le défaut de vivres fit renvoyer
les galères à Toulon.

Les dissensions fâcheuses qui divisèrent les chefs appelés
à prendre part aux opérations retinrent l'armée navale
dans l'inaction la plus complète depuis le mois de septembre
jusqu'à la fin de l'année 1636.

## ANNÉE 1637.

L'armée navale de la Méditerranée reprit la mer au
commencement de l'année 1637. Elle débuta par prendre
et saccager la ville d'Oristan en Sardaigne et se dirigea
sur les îles Lérins. Sainte-Marguerite fut attaquée le
24 mars. 8 vaisseaux canonnèrent les batteries de 5ʰ du
matin à 7ʰ du soir; un vent très-fort, accompagné de
pluie, s'opposa au débarquement des troupes, et une
partie des embarcations destinées à cette opération furent
jetées à la côte. Quatre jours plus tard, le 28, les troupes
furent mises à terre sous le feu protecteur de 10 vaisseaux,
et l'attaque fut conduite avec vigueur. L'île capitula le
6 mai.

Le gouverneur de Saint-Honorat fut immédiatement
sommé de se rendre. Sur sa réponse qu'il ne pouvait traiter,
l'amiral attaqua l'île du côté du Nord avec 7 vaisseaux,
pendant que le vice-amiral Manty et le contre-amiral Poincy
canonnaient les batteries du levant avec leurs escadres.
Les fortifications furent bientôt rasées : c'était le 12 mai.
Le lendemain, les troupes furent mises à terre. L'île capitula le 14. Après ces expéditions, l'armée navale se retira

dans les ports de Toulon et de Marseille. A la fin du mois
de mai, l'archevêque de Bordeaux reçut l'ordre de repasser
le détroit de Gibraltar avec 15 ou 20 vaisseaux, et de
laisser les autres sous le commandement du sieur Manty.
La conduite des Espagnols envers la république de Gênes
fit ajourner l'exécution de ce mouvement (1).

---

## ANNÉE 1638.

Le 4 mars 1638, l'archevêque de Bordeaux fut nommé
lieutenant général et commandant en chef de l'armée
navale destinée à coopérer à la prise de Fontarabie dont
le prince de Condé avait entrepris le siége. L'armée navale appareilla de l'île de Ré, le 29 juillet, et le 2 août,
elle mouilla devant Fontarabie. Le 7, le sieur de Cangé la
rallia avec une division qui était allée détruire quelques
navires dans le port du Passage. L'arrivée de 11 nouveaux
bâtiments porta l'armée navale à 64 voiles dont 44 galions;
les autres étaient des frégates, des flûtes et des brûlots. Le 17, vers 8$^h$ du matin, le chevalier de Montigny,
contre-amiral de l'armée, qui croisait au large avec une
division, signala 14 galions espagnols et 4 frégates; ces
bâtiments, commandés par l'amiral Lopez, portaient des
troupes à Saint-Sébastien. Le conseil de guerre réuni par
ordre du commandant en chef émit l'avis que l'amiral devait sortir avec 10 galions et 5 brûlots, tandis que le vice-
amiral Delaunay Razilly resterait au mouillage avec le reste
de l'armée. L'amiral appareilla à 11$^h$ du soir; mais la

---

(1) *Correspondance de M. de Sourdis.*

brise de terre manqua quelque temps après, et, drossé par le courant, puis menacé d'être entraîné à la côte, il fut forcé de laisser tomber l'ancre. Cette contrariété permit aux galions espagnols de mouiller sous les batteries de Gattary (Guetaria). Le calme retint l'armée française dans l'inaction pendant trois jours. Le 22, à midi, les batteries et les bâtiments ennemis furent attaqués par la *Licorne* de 30 canons, capitaine de Montigny, le *Cygne* de 30, capitaine de Cangé, la *Marguerite* de 16, capitaine de Chastellus, la *Madeleine* de 24, capitaine Dumay, la *Salamandre* de 24, capitaine Cazenac, le *Griffon* de 16, capitaine Lachesnaye. Le peu de profondeur de la rade empêcha l'emploi d'un plus grand nombre de bâtiments; mais ceux qui purent prendre place dans la ligne étaient accompagnés chacun par un brûlot que les capitaines Mata, Molé, Collo, Brun, Jamin et Vidault commandaient. Ces brûlots étaient eux-mêmes soutenus par l'*Aigle* de 16 canons, capitaine de Senantes; le *Neptune* de 16, capitaine Duquesne; la *Perle* de 24, capitaine de Boisjoly, et 3 autres bâtiments dont le nom n'est pas donné, mais qui étaient commandés par les capitaines Linières, Garnier et Paul. La lutte fut acharnée; l'artillerie des Français eut le dessus, et les brûlots complétèrent la victoire : tout ce qui ne fut pas coulé devint la proie des flammes. Le succès de cette affaire fut attribué au commandeur Desgouttes, *lequel*, écrivait M. de Sourdis, *a su si bien ménager l'ordre de combat, les mouillages et l'avantage du vent, qu'ils ont causé le gain du combat.*

Les Français n'eurent pas plus de 40 tués ou blessés. 7 de leurs bâtiments avaient seuls des avaries de quelque importance. Les pertes de l'ennemi montèrent à 5,000 tués (1).

Le 16 août, le comte d'Harcourt, qui avait toujours le

---

(1) *Correspondance de M. de Sourdis.*

commandement de l'armée des mers du Levant, rencontra, devant Saint-Tropez, 25 galères espagnoles commandées par don Juan d'Oreillanos et les poursuivit avec 24 gros navires. Ces galères étant entrées à Gênes, le comte d'Harcourt alla mouiller aux îles d'Hyères et y fut rallié par 25 galères. Le marquis du Pont de Courlay, général des galères, qui les commandait, fut envoyé à la recherche des Espagnols; il les rencontra le 1er février, à 3 milles de Gênes. Le nombre des galères était le même des deux côtés, et elles étaient disposées de la même manière : les deux *Capitanes* étaient au centre. Les forces n'étaient pourtant pas égales : des troupes avaient été embarquées sur les galères espagnoles pour une expédition tenue secrète. Aussi, voulant s'assurer quelques chances de succès, le marquis du Pont de Courlay, quoique placé au vent, attendit pour commencer l'attaque que le soleil fût de son côté. Il ordonna d'abord « que toutes les galères se missent « sur une ligne droite; — que chacune ne fît que les mêmes « choses et en même temps que la *Capitane* les ferait; — « que leur canon ne tirât qu'à l'heure même où le sien ti- « rerait; et quand sa mousqueterie jouerait, que la leur « fît de même; — que, lorsqu'elle aborderait la CAPITANE « ennemie, chaque galère aborderait celle des Espagnols « qui lui serait opposée, et qu'enfin, la première qui aurait « remis celle qu'elle combattrait, vînt aider celle qui en « aurait le plus besoin. » En conséquence de cet ordre, chaque galère se dirigea sur celle qui lui correspondait dans la ligne ennemie, et lorsqu'on fut sur le point de s'aborder, il se fit une décharge générale de canons chargés avec des balles, des chaînes et des clous. Son effet fut terrible, mais il ne ralentit pas l'ardeur des combattants qui engagèrent une lutte recherchée depuis longtemps par les capitaines des galères françaises. La *Capitane* de France, dite auparavant la *Guizarde*, sur laquelle se trouvait le général des galères, aborda la CAPITANE de Sicile. Elles restèrent enferrées par leur éperon pendant plus d'une demi-heure. La mort du lieutenant général des galères de Sicile mit fin au combat. La *Vinceguerre*, capitaine commandeur Bellée, aborda la BASSANE et l'enleva. La *Patronne* attaqua la HENRIQUEZ, patronne de Sicile; le capitaine Montholieu fut tué. La *Cardinale* prit la PATRONNE REALE d'Espagne; mais le capitaine Desroches perdit la vie. La *Richelieu* fut plus heureuse en enlevant la SAINTE-FRANCISQUE. L'*Aiguebonne* et la *Générale* emportèrent la SANTA-MARIA d'Espagne. La *Valbelle* allait s'emparer de la SAN ANTONIO, lorsque la *Claire* qui combattait à côté d'elle s'étant retirée, elle fut attaquée par 2 autres galères et prise, après un combat furieux dans lequel le capitaine de Valbelle fut tué. La retraite de la *Séguérane* et de l'*Espéronne*, qui se portèrent au secours de la *Cardinale*, causa la perte de la *Maréchale* et de la *Servienne*. Attaquées par des forces supérieures, celles-ci cédèrent lorsque leurs capitaines eurent été blessés à mort. La *Montréale* et la *Baillibaude* eurent un engagement très-chaud avec la SANTA-ANNA et la CANNE. Malgré les quelques échecs partiels que je viens de rapporter, la victoire resta aux Français. Les Espagnols battirent en retraite sur Gênes lorsqu'ils virent l'étendard de la France arboré sur leur CAPITANE.

La nuit qui suivit ce combat fut très-mauvaise; la RÉALE d'Espagne fut jetée à la côte. Les galères françaises entrèrent à Marseille le 13 octobre (1).

—oo✳oo—

## ANNÉE 1659.

—

Au printemps de l'année 1639, l'archevêque de Bordeaux prit le commandement d'une armée navale qui

---

(1) *Correspondance de M. de Sourdis.*

était réunie sur la rade de Belle-Isle. Une série de mauvais temps retint cette armée au mouillage jusqu'au 1er juin. Ce jour-là elle put mettre à la voile, et le 8 elle parut devant la Corogne. 35 navires espagnols ou portugais se trouvaient sur cette rade, protégés par deux batteries et une estacade. Le commandant en chef jugea la position trop forte pour qu'elle fût attaquée, et n'ayant pu réussir à décider les Espagnols à sortir, il rentra à Belle-Isle dans les premiers jours de juillet.

L'armée navale reprit la mer le 7 août, et se porta de nouveau sur la côte d'Espagne. Voici quelle était sa composition.

### ESCADRE DE L'AMIRAL.

| | | |
|---|---|---|
| Vaisseau-du-Roi . . . . | capitaine Desgouttes, | 2 brûlots. |
| Triomphe. . . . . . . . | — Decaen, serg.-maj. de l'armée. | |
| Saint-Louis. . . . . . | — de Saint-Estienne. | |
| Reine . . . . . . . . . | — chevalier Jalesme. | |
| Espérance-en-Dieu . . . | — Rochalar, | 1 brûlot. |
| Macaïde. . . . . . . . | — Duquesne, | 1 brûlot. |
| Saint-Martin . . . . . | — Croiset. | |
| Europe . . . . . . . . | — commandeur de Chastellus. | |
| Perle . . . . . . . . . | — Roulerie, | 1 brûlot. |
| Fortune. . . . . . . . | — Cazenac. | |
| Triton. . . . . . . . . | — Montoutré, | 1 brûlot. |
| Victoire. . . . . . . . | — de Senantes. | |
| Cardinale. . . . . . . | — Leschasserie, | 1 brûlot. |
| Royale . . . . . . } frégates. | | |
| Cardinale. . . . . } | | |

### ESCADRE DU VICE-AMIRAL.

| | | |
|---|---|---|
| Couronne. . . . . . . . | capitaine Delaunay-Razilly. | |
| Petit-Saint-Jean . . . . | | 1 brûlot. |
| Cardinal . . . . . . . | — Coupeauville. | |
| Renommée. . . . . . . | — chevalier Garnier, | 1 brûlot. |
| Olivarez. . . . . . . . | — Razé. | |
| Grand-Saint-Jean. . . . | — Beaulieu jeune, | 1 brûlot. |
| Doquendo. . . . . . . | — Guiton. | |
| Espagnol. . . . . . . . | — Luzeraye, | 1 brûlot. |
| Corail. . . . . . . . . | — Lachesnaye. | |
| Dauphin. . . . . . . . | — Boisjoly, | 1 brûlot. |
| Faucon. . . . . . . . . | — de Menillet. | |
| Neptune. . . . . . . . | — Villemoulins, | 1 brûlot. |

### ESCADRE DU CONTRE-AMIRAL.

| | | |
|---|---|---|
| Vierge. . . . . . . . . | capitaine de Cangé. | |
| Magdeleine. . . . . . . | — Saint-Georges, | 1 brûlot. |

I. 7

| | | |
|---|---|---|
| *Cocq*. . . . . . . . . . . capitaine | Portenoire. | |
| *Marguerite* . . . . . . . — | Latireville, | 1 brûlot. |
| *Amirante*. . . . . . . . — | Daniel. | |
| *Turc*. . . . . . . . . . . — | Brocq, | 1 brûlot. |
| *Cygne*. . . . . . . . . . — | Dumay. | |
| *Emérillon*. . . . . . . — | Marsay, | 1 brûlot. |
| *Licorne*. . . . . . . . . — | chevalier Paul. | |
| *Intendant*. . . . . . . . — | de Conflans, | 1 brûlot. |
| *Saint-Charles*. . . . . — | Regnier. | |
| *Hermine*. . . . . . . . — | de Linières, | 1 brûlot. |

FLUTES.

| | | |
|---|---|---|
| *Trois-Moulins*. . . . . . capitaine | Cleron, | portant de l'artillerie. |
| *Terre-de-Promission*. . — | Porte, | Id. |
| *Turc*. . . . . . . . . . . — | Aubery, | portant des agrès. |
| *Hache-Dorée* . . . . . . — | Rolangelin, | — mats, bordages, etc. |
| *Anglais*. . . . . . . . . — | Desjardins, | — des vivres. |
| *Fluste*. . . . . . . . . . — | Bourgaronne, | — du pain. |
| *Fluste*. . . . . . . . . . — | Basse (Jean), | — les vivres de l'amiral. |
| *Corneille* . . . . . . . . — | Basse, | — du vin. |
| *Fortune*. . . . . . . . . — | Lemaistre (Louis), | hôpital (1). |

M. de Sourdis apprit bientôt la présence de 2 galions dans la Colindre, rivière qui se jette dans la baie, sur les bords de laquelle les villes de Saint-Oigne et de Larrède sont bâties. Il résolut d'aller les enlever ou les détruire. L'entrée de cette rivière était défendue par 3 batteries comptant ensemble 30 canons ; une barre en rendait en outre l'accès fort difficile. Le 13, après avoir fait reconnaître la barre, le commandant en chef mit les troupes à terre, sous le commandement du chef d'escadre de Cangé et du maréchal de camp comte de Tonnerre, soutenus par les chaloupes ; ceux-ci marchèrent d'abord sur Larrède ; à la fin du jour ils étaient maîtres de la ville dont ils rasèrent les fortifications. Le 16, 5 frégates, 24 chaloupes et 4 brûlots entrèrent dans la rivière, tandis que les troupes se dirigeaient sur Saint-Oigne. Le calme profond qui survint et la vivacité du feu de l'ennemi firent douter un moment de la réussite de l'entreprise en ce qui concernait les galions. Mais l'attaque de Saint-Oigne fut

---

(1) Six noms manquent à cet état, car l'armée navale était de 40 vaisseaux ou frégates, 21 brûlots et 12 flûtes.

dirigée avec tant de vigueur que les troupes entrèrent promptement dans la ville ; et le double rempart derrière lequel les galions avaient cherché un abri n'existant plus, leurs capitaines les abandonnèrent en les livrant aux flammes. On sauta à leur bord, mais un seul put être préservé d'une destruction complète : le second était trop loin dans la rivière pour que des secours efficaces pussent arriver à temps. Le manque de vivres nécessita la rentrée de l'armée navale en France à la fin du mois de septembre (1).

## ANNÉE 1640.

Le 22 juillet 1640, le vice-amiral marquis de Brézé, passant de l'Océan dans la Méditerranée avec 21 bâtiments de guerre et 9 brûlots, aperçut 36 galions espagnols, à environ 9 milles de Cadix, et les attaqua à 3ʰ de l'après-midi. La nuit mit fin au combat : 5 galions ennemis avaient été coulés. Les Français n'avaient pas perdu un navire ; mais le capitaine Jamain aîné avait été tué et les capitaines Jamain jeune, Martin, Lebrun et Borie étaient blessés.

## ANNÉE 1641.

Les hostilités continuaient toujours avec l'Espagne, et pendant que le général de La Mothe-Houdancourt

(1) *Correspondance de M. de Sourdis.*

faisait le siége de Tarragone, l'archevêque de Bordeaux bloquait cette ville par mer avec 12 vaisseaux, 6 pataches, 1 frégate, 5 brûlots et 12 galères. Dans la nuit du 10 mai, les capitaines commandeur de Chastellus, Duquesne, Garnier, Daups et le capitaine de brûlot Ciret réussirent à détruire 1 navire réfugié sous les batteries de la ville.

Le 13, l'armée navale fit une expédition contre les îles Alfages. Elle retourna ensuite devant Tarragone, malgré l'avis d'un conseil réuni à bord de la *Capitane*, lequel avait émis l'opinion qu'il était inutile de bloquer par mer une ville dont l'investissement par terre n'était pas complet.

Plusieurs engagements partiels de galères eurent lieu pendant le blocus de Tarragone. Le 4 juillet, 41 galères de Naples, de Gênes et d'Espagne, tentèrent d'entrer dans le port. Une d'elles, la San Felipe, fut prise ; 29 rebroussèrent chemin. Les 11 autres qui avaient réussi à atteindre le port y furent immédiatement attaquées. Ces galères et ces batteries, sur la protection desquelles elles avaient compté, furent presque immédiatement abandonnées. Malheureusement la brise, en fraîchissant du large, força les vaisseaux français de s'éloigner. Le lendemain, le capitaine Duquesne détruisit celles des galères ennemies qui avaient résisté à la canonnade de la veille.

Le 19 août, 35 vaisseaux espagnols et 25 galères, sous les ordres de l'amiral général Don Antonio d'Oguedo, parurent devant le port de Tarragone. Les galères et quelques barques tentèrent de forcer le blocus pendant que les vaisseaux engageaient la canonnade avec l'armée française ; elles n'y réussirent pas. Après quatre heures d'engagement que la nuit vint interrompre, les Espagnols se retirèrent fort maltraités ; les Français avaient aussi beaucoup souffert.

Le calme maintint les deux armées en vue, mais en dehors de la portée du canon pendant la journée du 21 ; le lendemain les Français étaient à grande distance sous le vent. L'archevêque de Bordeaux assembla un conseil. Il fut reconnu que la supériorité numérique de l'ennemi, jointe au manque prochain de vivres et d'eau, nécessitait le départ de l'armée. Le 25, elle était sur la côte de Provence (1).

---

## ANNÉE 1643.

L'état de prospérité de la marine militaire de la France fut un moment interrompu par la mort de Louis XIII. Une minorité pendant laquelle le pays fut déchiré par la guerre civile, ne pouvait qu'être fatale à la marine. Mais dès que Louis XIV prit la direction des affaires, et que la tranquillité eut été rétablie dans le royaume, la marine atteignit un degré de splendeur inconnue, et la France prit sur les puissances maritimes la supériorité qu'elle avait déjà sur ses autres ennemis; elle put lutter contre les forces réunies de l'Angleterre et de la Hollande, de la Hollande et de l'Espagne.

Le premier combat naval de ce règne eut lieu peu de mois après la mort de Louis XIII. Armand de Maillé, duc de Brézé, surintendant des mers (2), commandant l'armée navale de France, forte de 20 vaisseaux, 2 frégates et 2 brûlots, attaqua le 30 juin, devant Gibraltar, l'armée d'Espagne qui comptait 20 vaisseaux et 5 galions ; celle-ci fut battue après quelques heures de combat, et 6 de ses vaisseaux furent capturés (3).

Le 3 septembre de la même année, le duc de Brézé at-

---

(1) *Correspondance de M. de Sourdis.*
(2) La charge d'amiral, supprimée en 1627, ne fut rétablie qu'en 1669.
(3) Boismêlé, *Histoire générale de la marine.*

taqua de nouveau l'armée d'Espagne, à la hauteur de Carthagène, et quoique celle-ci comptât un plus grand nombre de vaisseaux, il la battit après un combat opiniâtre. Le vice-amiral fut pris à l'abordage; l'amiral de Naples et deux autres vaisseaux furent brûlés, et l'armée ennemie se sauva en désordre dans le port de Carthagène.

## ANNÉE 1646.

La guerre continentale n'avait, pour ainsi dire, été portée encore qu'en Allemagne et en Flandre; le cardinal Mazarin obtint d'attaquer l'Italie. L'importance d'Orbitello, place maritime située entre la Toscane et les États du pape, ne lui avait pas échappé, et il résolut de commencer les opérations par l'occupation de cette ville. Le 20 mai, le duc de Brézé, qui commandait toujours l'armée navale, parut sur la côte de Toscane avec 35 vaisseaux, 10 galères, 70 tartanes, et débarqua 6,000 soldats dans la province inférieure de la Sienne. Le prince Thomas de Savoie, sous les ordres duquel les troupes étaient placées, mit le siége devant Orbitello, tandis que l'armée navale complétait l'investissement en bloquant ce port du côté de la mer. Les opérations étaient poussées avec vigueur, et la ville était sur le point d'être réduite lorsque, le 14 juin, 25 galions espagnols, 31 galères et plusieurs brûlots, sous les ordres du marquis de Pimentel, furent signalés au large. Le duc de Brézé n'hésita pas à les attaquer, et bientôt il eut sur eux un avantage marqué; mais après trois heures (1) de combat, alors qu'il pouvait

(1) M. de Lapeyrouse, dans son *Histoire de la marine*, dit trois jours. Je préfère la version de Boismélé auquel j'emprunte ce récit.

concevoir l'espoir de rendre leur déroute complète, il fut emporté par un boulet. Sa mort ralentit l'ardeur des Français. Le vice-amiral comte du Dognon, qui prit le commandement de l'armée, ne sut pas profiter des avantages qui avaient été obtenus. Contrarié plus tard par le mauvais temps, il jugea ne pas devoir tenir la mer plus longtemps, et il retourna en France. Son départ força le prince Thomas à lever le siége d'Orbitello.

---

## ANNÉE 1647.

Fatigués du joug sous lequel les tenait l'Espagne, les Napolitains se révoltèrent et donnèrent le commandement de leurs troupes au duc de Guise qui, ayant quelques prétentions au trône de Naples, leur avait promis l'assistance de la France. Après s'être longtemps fait attendre, le secours annoncé arriva. Le général des galères, duc de Richelieu, entra dans la baie de Naples, à la fin du mois de décembre de l'année 1647, avec 29 vaisseaux et 5 galères ; 42 vaisseaux espagnols et 20 galères appareillèrent de Castellamare et se portèrent à sa rencontre. Le combat s'engagea bientôt ; il dura six heures. La nuit empêcha que la défaite de l'ennemi ne fût complète : 3 vaisseaux espagnols avaient été coulés ou brûlés. Quelques munitions furent laissées aux Napolitains, et l'armée navale de France fit route pour l'île d'Elbe (1).

---

(1) Boismêlé, *Histoire générale de la marine.*

## ANNÉE 1652.

Le 7 septembre, quoique la France et l'Angleterre fussent
en paix et que leurs rapports n'eussent donné aucun prétexte d'agression, l'amiral Blake attaqua et prit 7 vaisseaux, une frégate et un brûlot commandés par le duc de
Vendôme, donnant pour raison qu'il les supposait destinés
à ravitailler le port de Dunkerque. Le 17 du même mois,
il prit aux Hollandais et aux Français 16 bâtiments marchands. Peu de jours après il fit encore 16 prises. D'après
un auteur anglais, la cargaison de 12 de ces navires aurait
eu une valeur de 4 millions de livres.

## ANNÉE 1654.

La paix de Westphalie, signée le 12 octobre 1648, donna
un peu de repos à la France ; l'Espagne seule refusa d'y
adhérer. Avant de signer, le 7 novembre 1659, le traité des
Pyrénées par lequel les deux puissances se promirent amitié et alliance perpétuelles, et qui fut, on le sait, précédé
du mariage du roi de France avec l'infante d'Espagne, les
deux marines eurent encore une fois l'occasion de se mesurer. Le 29 septembre 1654, pendant que le prince de
Condé cherchait à reprendre la Catalogne, le duc de Vendôme qui commandait l'armée navale de la Méditerranée,
battit complétement les Espagnols auprès de Barcelone,
après un combat de quelques heures. Une partie de l'hon-

neur de cette affaire fut attribuée au commandeur Paul,
l'un des officiers généraux de l'armée française. Le capitaine Forant fut aussi cité.

———oo≫≪oo———

## ANNÉE 1663.

———

Poussé par le désir de se distinguer, le chevalier de Malte
d'Hocquincourt avait fait construire une frégate de 36 canons avec laquelle il courait contre les pirates algériens,
tunisiens et tripolitains. Cruvillier, autre chevalier de
Malte, qui commandait aussi une frégate, s'était adjoint à
lui. Ces deux officiers avaient débuté par un brillant combat contre 4 bâtiments algériens et tripolitains et s'étaient
emparés de l'un d'eux.

C'est pendant les croisières de ces officiers intrépides
qu'apparaît pour la première fois la grande figure de Tourville. Cet officier fit ses premières armes sous le capitaine
d'Hocquincourt.

La paix des Pyrénées permit à Louis XIV de coopérer à
l'œuvre à laquelle travaillaient les particuliers. Le commandeur Paul, parti des îles d'Hyères, le 3 mars, avec 6 vaisseaux, s'empara d'abord de plusieurs navires qui étaient
au mouillage sur la rade de Tunis; et après une croisière
pendant laquelle il prit un grand nombre de pirates, cet
officier général rentra à Toulon, à la fin du mois de juin.

———oo≫≪oo———

## ANNÉE **1664**.

—

Jugeant que le meilleur moyen d'arrêter la piraterie était de former un établissement sur la côte d'Afrique, le roi chargea François de Vendôme, duc de Beaufort, chef et surintendant de la navigation, de s'emparer de Gigeri (Gigelli). 16 vaisseaux portant 6,000 hommes de troupes furent, à cet effet, placés sous ses ordres. Le 22 juillet 1664, les Français se rendirent maîtres de cette place ; mais ils y furent bientôt attaqués par les Arabes, et aucune disposition de défense n'ayant été prise, il fallut évacuer la position. Les troupes se rembarquèrent le 30 octobre.

—oo≫o≪oo—

## ANNÉE **1665**.

—

L'année suivante, le duc de Beaufort qui avait été mis en demeure de réparer l'échec de Gigeri, s'établit en croisière sur la côte nord d'Afrique. Son escadre prit ou détruisit un grand nombre de navires algériens. Ces pertes répétées mirent ces intrépides forbans dans l'impossibilité de faire de longtemps aucun armement.

—oo≫o≪oo—

## ANNÉE 1666.

—

Dans le courant de l'année 1665, l'attention de Louis XIV fut attirée par des événements d'une haute importance : l'Angleterre avait déclaré la guerre aux Provinces-Unies. En même temps que celles-ci réclamaient du roi de France l'exécution du pacte offensif de 1662, le roi d'Angleterre offrait à ce souverain, mais secrètement, de lui laisser tout entreprendre sur les Pays-Bas espagnols, s'il voulait consentir à ne pas lui être hostile. La Hollande l'emporta sur l'Angleterre; ce ne fut toutefois que le 19 janvier 1666 que Louis XIV se prononça pour les Provinces-Unies et déclara la guerre à l'Angleterre.

Le 29 avril, une armée navale, composée comme il suit, et au commandement de laquelle le duc de Beaufort avait été nommé, partit de Toulon pour se réunir aux Hollandais dans la Manche (1) :

| Canons | | Hommes (2) | |
|---|---|---|---|
| 84 | Frédéric. . . . . . . . . | 550 | de Laroche, chef d'escadre. |
| | Sophie. . . . . . . . . | | capitaine Forant. |
| 80 | Grand-Normand. . . . . | 500 | — Gabaret aîné. |
| | Neptune. . . . . . . . . | | — chevalier de Buons. |
| 68 | Invincible . . . . . . . | 350 | — chevalier de Bouillon. |
| | Bourbon. . . . . . . . | 450 | — de Rabesnières. |
| 66 | Princesse . . . . . . . | 500 | — marquis de Martel. |
| | Conquérant . . . . . . . | 400 | — Gabaret jeune. |
| 60 | Saint-Louis . . . . . . . | | — commandeur de Verdille. |
| | Intrépide . . . . . . . | 350 | — Dumetz d'Aplemont. |

---

(1) Les documents que j'ai eus entre les mains omettent de désigner le vaisseau sur lequel l'amiral arbora son pavillon. Cette omission laisse pour moi non résolue la question de savoir si le duc de Beaufort partit avec l'armée navale, ou si le chef d'escadre de Laroche prit le commandement au moment de l'appareillage.

(2) Je répète que je ne donne l'effectif des équipages que comme point de comparaison avec ce qui se fait aujourd'hui.

| | | | |
|---|---|---|---|
| 58 | Royale | 400 | capitaine de Verdille. |
| 56 | Navarre | 400 | — de Turelle. |
| | Justice | 450 | — de Mangard. |
| 42 | Jules | 550 | — de Belle-Isle, major de l'armée. |
| | Triomphe | | — de Bouillon. |
| | Saint-Charles | 300 | — Michaud. |
| | Mazarin | 350 | — de Villepars. |
| | Grand-Anglais | 508 | — d'Infreville. |
| | Grande-Infante | 260 | — de Condé. |
| 40 | Saint-Jean-de-Bayonne | 300 | — Duclos. |
| | Sauveur | 350 | — de Lamoignon. |
| | Tigre | 500 | — d'Estival. |
| | Anna | 550 | — Chateaurenault. |
| | Saint-Antoine | | — de Viviers. |
| 38 | Saint-Augustin | 300 | — de Bardeau. |
| | Vierge | 250 | — Gabaret (Louis). |
| | Saint-Sébastien | 260 | — de Pasdejeu. |
| | Notre-Dame | 250 | — de Vaudré. |
| 36 | Lion-d'Or | 200 | — d'Etienne. |
| | Marguerite | | — Lecordick |
| 28 | Concorde | 150 | — de Bourselle. |
| 26 | Aigle-d'Or | | — Perotteau. |
| | Petite-Infante | 206 | — chevalier d'Olonne. |
| 8 | Aurore | 50 | — Duriveau. |

Afin de prévenir toute contestation après la jonction des deux armées, il avait été convenu que l'amiral des États saluerait d'abord l'amiral français ; que celui-ci aurait la première voix dans les conseils et son vice-amiral la troisième. Ces précautions furent inutiles ; l'armée des États attendit vainement celle du duc de Beaufort, et elle livra sans elle aux Anglais les batailles des 11, 13, 14 juin et 4 août. Elle rentra ensuite au Texel (1). L'armée française s'était portée d'abord à la hauteur de Lisbonne, afin de favoriser le passage de la nouvelle reine de Portugal que les Espagnols voulaient enlever, et avait ensuite fait route pour la Rochelle où elle n'arriva qu'à la fin du mois d'août. Le 24 septembre, elle parut devant Dieppe, et ne trouvant plus les Hollandais, elle se dirigea sur Brest. L'armée anglaise fut aperçue au mouillage de l'île de

---

(1) Gérard Brandt, *Vie de Ruyter*. M. de Lapeyrouse, *Histoire de la marine française*, dit que ces batailles furent livrées les 2 juin et 4 août.

Wight, mais elle ne fit aucun mouvement, et les Français ne se dérangèrent pas de leur route.

---

L'amitié tacite de la France et de l'Angleterre ne traversait pas les mers. La compagnie des Indes venait d'acheter l'île St-Christophe, l'une des Antilles, qui était alors la propriété des chevaliers de Malte. Les Français et les Anglais s'y établirent le même jour et, de ce moment, nourrirent la pensée de l'occuper en entier. A la suite d'un combat livré le 20 août, les Anglais furent expulsés de la partie de l'île qu'ils possédaient. Après avoir plusieurs fois, mais en vain, tenté de rentrer en possession de cette colonie, ils la bloquèrent. Le lieutenant général Delabarre les attaqua et les battit. Les pertes des Anglais étaient considérables.

Le traité de paix signé à Bréda, le 13 juillet 1667, entre la France, la Hollande et le Danemark d'une part et l'Angleterre de l'autre, rendit aux Anglais la partie de l'île St-Christophe qui leur avait été enlevée (1).

---

### ANNÉE 1669.

---

Dans le courant de l'année 1644, plusieurs galères de Malte avaient attaqué 2 navires turcs qui portaient des pélerins à la Mecque et s'en étaient emparés. Sur l'un de ces navires, se trouvait une des femmes du Sultan. Conduite à Malte, elle était morte peu de temps après, laissant un petit enfant qui fut élevé dans la religion catholique et

---

(1) Boismélé, *Histoire générale de la marine.*

qui embrassa plus tard la vie monastique dans l'ordre de
St-Dominique. Le Grand Seigneur avait fait demander la
liberté de la mère et de l'enfant; mais la réponse qui lui
fut faite ne l'ayant pas satisfait, il avait pris la résolution
d'attaquer Candie, île vénitienne, dont les habitants, en
qualité de chrétiens, devaient, dans son opinion, partager
la punition que méritaient leurs coreligionnaires de Malte.
En conséquence de cette détermination, il avait fait transporter une armée à Candie en 1645. Le succès le plus
complet avait couronné son entreprise et, moins d'un an
après, il mettait le siége devant Candie, capitale et seule
ville de l'île qui ne fût pas alors en sa possession. Là il
trouva toutefois une résistance inattendue et qui se prolongea pendant vingt-trois années. Mais le nombre des vaillants défenseurs de Candie diminuait tous les jours et ils
touchaient au terme de leur résistance héroïque, lorsque
Venise fit un appel à toute la chrétienté pour avoir des
secours; en 1669, le Pape obtint la coopération de la France.
Louis XIV y mit une condition. Craignant que les Turcs
ne prissent prétexte de cette coopération pour molester le
commerce des Français dans le Levant, il exprima le désir
que l'armement qu'il allait préparer se fît sous le nom du
Pape; la *Capitane* de la France deviendrait alors patronne
de la *Capitane* de Sa Sainteté. Cette expédition ne coûta du
reste à la France que la vie des hommes qui y périrent; les
frais furent, en grande partie, couverts par le produit des
quêtes faites pour cette espèce de croisade. Voici la composition de l'armée navale qui fut envoyée à Candie sous
le commandement du duc de Beaufort, et sur laquelle
7,000 hommes de troupes furent embarqués.

| Canons. | Hommes (1). | | |
|---|---|---|---|
| 72 | 500 | *Courtisan* . . . . . . | marquis de Martel, vice-amiral. |
| 40 | 221 | *Étoile* . . . . . . . . | capitaine de Courtay. |

---

(1) Je répète une dernière fois que je ne donne pas le chiffre des équipages
comme évaluation de force, au moment du combat, mais comme simple indication au règlement en vigueur à l'époque.

| | | | | |
|---|---|---|---|---|
| 50 | 200 | *Bourbon*........ | capitaine | chevalier de Bouillon. |
| 60 | 550 | *Provençal*...... | — | comte de Bouillé. |
| 94 | 600 | *Monarque*..... | — | de Lafayette, |
| | | | | duc de Beaufort, amiral. |
| 58 | 550 | *Thérèze*....... | capitaine | d'Hectot. |
| 48 | 200 | *Toulon*..·.... | — | de Belle-Isle. |
| 72 | 580 | *Fleuron*....... | — | de Turelle. |
| 40 | 220 | *Sirène*....... | — | de Cogolin. |
| 72 | 590 | *Princesse*...... | — | Gabaret (Louis). |
| 42 | 200 | *Comte*........ | — | chevalier de Kerjean. |
| 36 | 178 | *Dunkerçuois*.... | — | d'Infreville. |
| 44 | 225 | *Croissant*...... | — | chevalier de Tourville. |
| 40 | 230 | *Lis*.....·.... | — | marquis de Grancey. |
| 58 | 180 | *Soleil-d'Afrique*.. | — | chevalier de Beaumont. |
| 42 | 200 | *Écureuil*...... | — | de Breteuil. |
| 20 | 80 | *Concorde*..... | — | de Beaulieu. |
| 20 | 55 | *Grande-Flûte*.... | — | de Bressan. |
| 16 | 55 | *Saint-Antoine-de-* | | |
| | | *Padoue*..... | — | Leroux. |
| 10 | 30 | *Brigantin*...... | — | Charlet. |

GALÈRES.

Chiourmes. Soldats.

| | | | | |
|---|---|---|---|---|
| 410 | 160 | *Générale*...... | Victor de Rochechouart, comte de Mortemart et de Vivonne, prince de Tonnay-Charente, général des galères et lieutenant général ès-mers du Levant. | |
| 540 | 95 | *Force*........ | capitaine | chevalier de Berthomas. |
| 344 | 99 | *Renommée*..... | — | de Folleville. |
| 547 | 92 | *Victoire*...... | — | chevalier de Tonnerre. |
| 330 | 80 | *Couronne*...... | — | commandeur de Gardanne. |
| 400 | 110 | *Capitane*...... | — | de Manse. |
| 336 | 96 | *Dauphine*...... | — | chevalier de Villeneuve. |
| 592 | 105 | *Patronne* (1).... | — | de Labrossardière. |
| 550 | 100 | *Croix-de-Malte*.. | — | commandeur d'Oppède. |
| 340 | 104 | *Fleur-de-Lis*.... | — | commandeur de Labrestèche. |
| 352 | 94 | *Fortune*....... | — | commandeur de Janson. |
| 328 | 88 | *Saint-Louis*..... | — | de Montaulieu. |
| 337 | 96 | *Valeur*....... | — | de Viviers. |

GALIOTES A RAMES.

| | | | | |
|---|---|---|---|---|
| 164 | 40 | *Vigilante*...... | capitaine | Espanet. |
| 166 | 46 | *Subtile*....... | — | comte de Bueuil. |
| 158 | 58 | *Volante*....... | — | de Forestat. |

5 galères du Pape, 7 de Malte, 4 galéasses et 8 vaisseaux de Venise se joignirent à l'armée française.

---

(1) On ne reconnaissait qu'une *Réale* et une *Capitane* dans le corps des galères de France ; mais comme les forces navales destinées à l'expédition de Candie étaient sous les ordres du général des galères du pape, on adopta, dans cette circonstance, les déterminations hiérarchiques de la marine romaine qui comptait une *Réale*, une *Capitane* et une *Patronne*.

Voici les instructions que le roi donna au duc de Beaufort :

« Le sieur duc est informé que ledit armement est des-
« tiné pour le secours de Candie et que S. M. ne voulant
« pas déclarer ouvertement la guerre au Grand Seigneur,
« elle a décidé qu'elle agirait sous le nom du Pape et pren-
« drait l'étendard de Sa Sainteté, à quoi ledit duc doit se
« conformer. »

« En cas que Sa Sainteté envoie des vaisseaux ou des
« galères, S. M. est persuadée qu'elle fera porter le pavil-
« lon de la sainte Église sur le principal et, en ce cas,
« S. M. désire que ledit duc porte le second pavillon, qui
« sera celui de Sa Sainteté, et qu'il obéisse et prenne les
« ordres de celui qui sera établi par elle général de l'ar-
« mée. »

« En cas que Sa Sainteté n'envoie pas de vaisseaux, mais
« seulement des galères, la navigation des vaisseaux étant
« fort différente, S. M. désire qu'il donne promptement
« avis de sa partance de Toulon et du rendez-vous qu'il
« estime devoir être pris pour se joindre, et qu'alors qu'ils
« seront joints, il obéisse pareillement audit général et
« prenne son avis en toute rencontre. »

« S. M. veut, qu'en toute occasion, il obtienne le rang
« dû à sa dignité de fils aîné de l'Église et qu'il ne souffre
« jamais qu'aucun vaisseau d'une autre nation prenne le
« rang d'honneur entre l'étendard de la sainte Église et
» celui qu'il portera; en quoi S. M. ne veut pas qu'il souf-
« fre aucun ménagement. »

« Elle observe seulement que comme la différente navi-
« gation des vaisseaux et des galères ne lui donnera peut-
« être aucune occasion pendant la campagne de prendre
« rang après l'étendard de la sainte Église, ce sera au capi-
« taine général des galères de S. M. à soutenir et conser-
« ver le rang de *Patronne*, en quoi le sieur duc l'assistera
« et le soutiendra s'il en a besoin. Ledit sieur duc com-
« mandera également les vaisseaux et les galères suivant

« le pouvoir que S. M. lui a donné. Elle veut qu'après avoir
« pris l'ordre du général de la sainte Église, il le donne
« ensuite au général des galères pour tout ce qui concerne
« son corps. »

« En cas que ledit sieur duc de Beaufort et le sieur duc
« de Vivonne se trouvent ensemble dans les galères qui
« pourraient être commandées par ledit général de la
« sainte Église, S. M. veut qu'ils tiennent le second et
« le troisième rang sans souffrir aucune séparation ni au-
« cun ménagement.

« Comme la seule intention de S. M. pour l'emploi de
« son armée navale pendant la présente campagne est le
« secours de Candie, S. M. veut aussi que ledit sieur duc
« règle toute sa conduite à bien faire réussir cette impor-
« tante entreprise et, pour cet effet, qu'il agisse en toute
« chose de concert avec le sieur duc de Navailles, lieute-
« nant général de ses armées, commandant le corps de
« troupes qu'elle envoie pour ledit secours, et garder en-
« semble une parfaite union et correspondance. »

. . . . . . . . . . . . . . . . . . . . . . . . . . .

« S. M. veut, de plus, que ledit sieur duc de Beaufort
« tienne toujours les vaisseaux de son armée navale en état
« de recevoir et d'embarquer les troupes de l'armée de
« terre, soit en cas que les Turcs soient chassés et que le
« siége soit levé et la place en sûreté, soit en cas d'acci-
« dent contraire, ou que la place soit prise par composition
« ou par force ; et, pour cet effet, S. M. veut que ledit
« sieur duc demeure toujours dans les ports et rades de
« l'île de Candie, ou les plus proches où il pourra tenir les
« vaisseaux de S. M., et qu'il n'en puisse partir par aucun
« autre effet, qu'après avoir été tenu conseil où le sieur
« duc de Navailles sera appelé et, soit qu'il soit présent ou
« absent, le départ de l'armée navale ne sera point exécuté
« qu'après avoir pris son consentement par écrit (1). »

---

(1) *Bibliothèque impériale.* — Je ne donne des instructions du duc de

**I.**                                              8

. . . . . . . . . . . . . . . . . . . . . . . . . . . . . . . . . .

Les vaisseaux et les transports mirent à la voile le 5 juin, et mouillèrent le 19 sur la rade de Candie. Les troupes furent mises à terre pendant les nuits du 20 au 23, et l'attaque des ouvrages des Turcs eut lieu pendant la nuit du 24 au 25. Le duc de Beaufort, qui avait voulu voir de près cette première affaire, descendit à terre et se mêla aux combattants : il disparut dans cette sortie, sans qu'on ait jamais pu savoir ce qu'il était devenu. Les Français furent repoussés dans la place. Les galères n'étaient pas encore arrivées. Le duc de Vivonne s'était dirigé d'abord sur Civita Vecchia pour rallier les galères du pape, mais celles-ci étaient déjà en route, et il ne les rejoignit qu'à Zante, où il trouva également les contingents de Malte et de Venise. Les galères arrivèrent à Candie le 3 juillet; le duc de Vivonne prit de suite le commandement en chef de l'armée navale. Après avoir vivement et longuement discuté le poste que les vaisseaux et les galères devaient occuper, le bailli Fra Vicenzo de Rospigliosi, généralissime des forces navales de Sa Sainteté, contrairement à l'avis du duc de Vivonne qui voulait que les galères fussent chargées de l'attaque des ouvrages des Turcs, arrêta que les vaisseaux français mouilleraient vis-à-vis le camp des Turcs, à l'ouest de la ville ; que les galères françaises s'intercaleraient, une entre 2 vaisseaux; que les galéasses de Venise et la moitié des galères du pape se placeraient à l'aile droite, c'est-à-dire plus à l'ouest encore, tandis que le reste des galères de Sa Sainteté et les galères de Malte mouilleraient à la gauche avec les vaisseaux vénitiens. Le 25 juillet, au jour, chaque bâtiment prit la position qui lui avait été assignée. Les vaisseaux, remorqués par les galères dans l'ordre donné plus haut, s'embossèrent à portée de fusil sous le feu des

---

Beaufort que ce qui a directement trait à l'expédition de Candie. J'ai même omis ce qui est relatif à l'approvisionnement du corps d'armée en vivres et en munitions.

batteries ennemies, car les Turcs avaient suspendu leurs
travaux de siége pour s'occuper de repousser l'attaque de
l'armée de mer. L'espèce de confusion qui régna pendant
que les bâtiments faisaient leur mouvement, et la mauvaise
disposition des vaisseaux de l'arrière-garde qui mouillèrent
trop près les uns des autres, empêchèrent les galères qui
leur étaient affectées de prendre leur poste. Ne voulant
pas rester simples spectateurs du combat, les capitaines
de la plupart d'entre elles jetèrent l'ancre entre la ligne
d'embossage et la terre et masquèrent en partie les batteries turques. Il faisait presque calme et la fumée était si
épaisse qu'il était déjà fort difficile d'apercevoir ces batteries. A peine rendus à l'extrémité de l'aile gauche, les vaisseaux vénitiens mirent à la voile et allèrent mouiller hors
de la portée des boulets, dans un endroit d'où ils purent
suivre facilement toutes les phases du combat sans y prendre aucune part. Le feu qui avait commencé à 6ʰ 46ᵐ du
matin cessa à 11ʰ. Une jolie brise du Sud ayant alors dis-
sipé la fumée qui couvrait les ouvrages des Turcs, on vit
que leurs batteries étaient fort peu endommagées et que
leurs revêtements étaient presque intacts. Vaisseaux et
galères appareillèrent alors et retournèrent prendre leur
premier mouillage.

Pendant le combat, le feu avait pris aux poudres de
la *Thérèze*, et ce vaisseau avait sauté : 3 hommes seuls sur-
vécurent à ce désastre.

Ce fut la seule action navale à laquelle l'expédition de
Candie donna lieu. Réduites à 2,000 hommes, les troupes
se rembarquèrent le 3 août, et l'armée navale retourna
en France. Trois jours après son départ, la place se rendit
aux Turcs.

## ANNÉE 1670.

Le 12 mai, le lieutenant général marquis de Martel sortit de Toulon avec une division composée comme il suit :

| | | |
|---|---|---|
| *Thérèze* . . . . . . . . . . . . . . . . capitaine | — | marquis de Martel, lieutenant général. |
| *Saint-Esprit* . . . . . . . . . . . . . capitaine | marquis d'Almeiras. | |
| *Brusque* . . . . . . . . . . . . . . . . | — | de Lafayette. |
| *Jolly* . . . . . . . . . . . . . . . . . | — | Châteauneuf. |
| *Sirène* . . . . . . . . . . . . . . . . . | — | de Comtay. |
| *Croissant* . . . . . . . . . . . . . . | — | de Lamothe. |

1 flûte et 1 brûlot.

Cet officier général se rendait à Tunis pour demander satisfaction de quelques exactions récentes. Après avoir bloqué la baie pendant un mois, il embossa sa division devant la Goulette. La conciliation parut au bey le meilleur moyen de se tirer d'affaire ; il fit sa soumission aux conditions que le lieutenant général de Martel voulut lui imposer.

## ANNÉE 1672.

Louis XIV était décidé à combattre le protestantisme par tous les moyens en son pouvoir ; mais avant de s'occuper de l'anéantir dans ses États, il voulait porter un grand coup à la réforme au dehors, par la destruction d'une république qui, depuis sa formation, avait été l'alliée naturelle de la France. La ruine de la Hollande était devenue l'idée fixe du roi ; c'était à la fois le républicanisme et l'hérésie qu'il prétendait frapper au cœur.

Charles II, roi d'Angleterre, s'était complétement livré à Louis XIV après deux années de sourdes intrigues dont *Madame* (Henriette d'Angleterre) et l'ambassadeur de France à Londres avaient été les principaux agents. Ce fut au mois de mai 1670 que les deux souverains mirent la dernière main à leur accord secret, à peu près convenu à la fin de l'année précédente, et le traité fut signé le 1er juin 1671. Charles II s'engageait à seconder énergiquement les droits que le roi très-chrétien pourrait avoir sur la monarchie espagnole et à faire la guerre en commun aux États-Généraux. Il devait agir avec toutes ses forces navales et 6,000 hommes de troupes, et se contenter, pour sa part, des îles Walcheren, Cadzand et du port de l'Écluse. Louis prenait l'engagement de payer à Charles 800,000 livres sterling (20 millions) par an, tant que dureraient les hostilités. L'époque de la déclaration de guerre était laissée à la disposition du roi de France. Cette formalité fut publiée à Paris et à Londres le 7 avril 1672.

Me voilà arrivé à l'époque où, cessant d'être une mêlée dans laquelle l'avantage restait plutôt aux plus nombreux qu'aux plus habiles, les combats sur mer devinrent un art spécial. On sentit la nécessité de suppléer à la force effective par un emploi judicieux de la force relative; et le besoin d'un langage conventionnel qui permît d'obvier à la difficulté et souvent à l'impossibilité des communications avec de gros bâtiments à voiles, fit inventer les signaux. La tactique navale devint une science qui exigea des connaissances profondes. Cet art était resté à peu près stationnaire depuis la bataille livrée aux Anglais par l'amiral d'Annebaud en 1545. En 1665, le duc d'York avait publié un livre de signaux, et, à la bataille du Texel qui fut livrée cette même année entre les armées navales de l'Angleterre et de la Hollande, on adopta un nouvel ordre de bataille sur une seule ligne. Dès lors, la dénomination de vaisseaux de ligne fut exclusivement donnée aux bâtiments qui étaient assez forts pour combattre en

ligne. L'usage de l'abordage fut aussi presque complète-
ment abandonné dans les escadres, parce que l'on comprit
le danger auquel on s'exposait en sortant de la ligne (1).
L'ordre de bataille qu'on adopta généralement consistait à
placer tous les vaisseaux sur une ligne et au plus près.
On considéra comme un grand avantage de se trouver au
vent de l'ennemi, position qui permettait en quelque sorte
de régler le moment et la distance du combat. L'emploi
des brûlots qui devint général nécessitait d'ailleurs cette
position. On reconnut cependant bientôt que tous les avantages n'étaient pas du côté de celui qui combattait au
vent, et les désavantages signalés par les ouvrages de l'é-
poque sont généralement ceux que l'on reconnaît aujour-
d'hui (2).

----

Le lieutenant-amiral Michel Adrianz de Ruyter, nommé
au commandement de l'armée navale des États-Généraux,
fit toute la diligence possible pour empêcher la jonction
des escadres de la France et de l'Angleterre ; retenu devant
le Texel par des vents contraires, il ne put y réussir.
L'armée française, commandée par le vice-amiral d'Estrées,
mouilla le 13 mai sur la rade de Sainte-Hélène de l'île de
Wight et se rangea sous les ordres du duc d'York, grand

----

(1) C'est à partir de cette époque qu'on commence à comprendre les grandes
batailles et qu'il devient possible de les décrire. On ne doit pourtant pas s'attendre à trouver encore ces détails circonstanciés qui sont indispensables à la parfaite intelligence des situations. Les rapports des amiraux se bornaient à une
relation, habituellement fort laconique, à laquelle il faut suppléer par l'application des principes admis. Ce laconisme se continue jusqu'à la fin du dix-hui-
tième siècle. Je n'entre donc pas encore dans cette partie de mon programme,
d'après lequel le lecteur doit pouvoir déterminer la position des bâtiments d'une
escadre à un moment donné : cela ne sera possible que lorsque je serai rendu
au règne de Louis XVI.

(2) Je me borne à indiquer d'une manière sommaire les changements apportés à la tactique navale qui, à proprement parler, ne date que du règne de
Louis XVI. On peut consulter le P. Fournier et le P. Daniel, tous deux de la
compagnie de Jésus, qui s'étendent longuement sur ce sujet, le premier dans
son *Hydrographie*, l'autre dans son *Histoire de la milice française*.

amiral d'Angleterre. Voici les instructions que le roi avait données au vice-amiral d'Estrées :

« Ledit sieur comte d'Estrées doit être informé que Sa
« Majesté a fait un traité avec le roi d'Angleterre pour
« déclarer la guerre en commun aux États-Généraux des
« Provinces-Unies ; que Sa Majesté doit faire cette guerre
« par terre avec un secours auxiliaire dudit roi d'Angle-
« terre, et qu'il doit la faire par mer avec un secours de
« 30 vaisseaux français et de 8 brûlots.

« Ledit comte d'Estrées est de plus informé que Sa Ma-
« jesté voulant savoir au vrai le temps que la flotte anglaise
« pourra être mise en mer, et tout ce qui serait à faire
« tant pour le lieu d'assemblée des deux flottes que pour
« leur jonction, a envoyé le marquis de Seigneley en An-
« gleterre pour conférer avec les commissaires du roi d'An-
« gleterre et convenir de tout ce qu'il y aurait à faire par
« les deux flottes. Sur quoi ils sont convenus d'articles si-
« gnés de part et d'autre dont copie, ainsi que l'extrait du
« traité mentionné plus haut, seront joints à la présente
« instruction.

« Sa Majesté veut que ledit sieur comte parte prompte-
« ment et se rende en diligence à Rochefort, où il exami-
« nera avec soin l'etat auquel sont les vaisseaux de Sa
« Majesté ; donnera son avis au sieur Colbert de Terron,
« intendant de la marine de Ponant et prendront ensemble
« les mesures nécessaires pour rendre cet armement le
« plus complet et le plus fort qu'il ait jamais été mis en
« mer, et penseront tous deux à tous les moyens possibles
« pour le rendre tel qu'il puisse soutenir dignement la
« gloire des armes et du règne de Sa Majesté, particuliè-
« rement dans cette occasion où elles vont être jointes avec
« la nation du monde qui a toujours été la plus forte en
« mer et qui a le plus de pratique et d'expérience, et
« contre une autre nation qui est aussi fort puissante et
« qui a fait de belles actions.

« Sa Majesté veut que ledit sieur comte d'Estrées prenne

« des mesures, tant pour les vaisseaux de Rochefort que
« de Brest, pour exécuter ponctuellement les articles si-
« gnés à Londres, c'est-à-dire pour être en état de partir
« de la rade de Bertheaume ou de la baie de Brest au
« 25 avril prochain.

. . . . . . . . . . . . . . . . . . . . . . .

      « S. M. prendra soin de le faire avertir de tout ce qui
« se passera dans la Manche, et il verra dans les articles
« arrêtés à Londres que le roi d'Angleterre s'est chargé
« du même soin par des petits bâtiments qu'il doit en-
« voyer de Plymouth et de Falmouth à Brest, soit pour
« lui donner avis en cas que la flotte hollandaise entrât
« dans la Manche, soit pour lui faire savoir le temps au-
« quel sa flotte sera assemblée aux Dunes. »

. . . . . . . . . . . . . . . . . . . . . .

      « Aussitôt qu'il saura, ou par les avis que S. M. lui fera
« donner, ou par ceux qui lui viendront d'Angleterre, que
« la flotte anglaise sera assemblée aux Dunes, Sa Majesté
« veut qu'il entre dans la Manche avec toute sa flotte et
« qu'il se rende aux Dunes avec toute la diligence que le
« vent lui pourra permettre.
      « En cas que, par la contrariété des vents ou par quelque
« autre accident imprévu, ou que ledit sieur vice-amiral
« ne pût se rendre aux Dunes, ou que les Hollandais fus-
« sent entrés dans la Manche avec toute leur flotte et le
« missent en état d'empêcher la jonction des vaisseaux de
« Sa Majesté avec ceux d'Angleterre, il pourra se retirer,
« s'il le juge nécessaire pour le bien du service de Sa Ma-
« jesté, ou à Falmouth, ou dans la baie, ou dans le port
« même de Portsmouth, où il recevra toute assistance et
« bon traitement, suivant les ordres que le roi d'Angleterre
« a donnés en exécution desdits traités et articles. »

. . . . . . . . . . . . . . . . . . . . .

      « En cas que la flotte anglaise ne soit obligée d'entrer
« dans la Manche pour joindre celle de France, ou en
« quelque lieu que la jonction se fasse, ledit sieur vice-

« amiral exécutera les ordres qui lui seront donnés par le
« duc d'York, ou par celui qui commandera l'armée an-
« glaise et qui montera le vaisseau portant le pavillon
« rouge amiral ; et soit que la jonction se fasse dans la
« Manche ou aux Dunes, Sa Majesté veut que ledit sieur
« vice-amiral salue le pavillon rouge d'Angleterre de treize
« coups en le rendant de même nombre de coups, sans
« plier ni ferler le pavillon de part ni d'autre ; et même
« que Sa Majesté lui permet, à cause de l'inégalité des pa-
« villons, de se départir du même nombre de coups et de
« se contenter d'en recevoir deux de moins.

« Et comme il tiendra le rang de pavillon blanc d'Angle-
« terre qui est le second, Sa Majesté ne doute point que le
« roi d'Angleterre ne donne ordre au pavillon bleu, qui est
« son troisième pavillon, de saluer le pavillon de Sa Ma-
« jesté, et en ce cas, elle veut qu'il rende coup pour coup.
« Mais si ledit roi demande que ces deux pavillons ne se
« saluent pas réciproquement, Sa Majesté veut que ledit
« sieur vice-amiral en convienne.

« Pour le surplus, Sa Majesté estime qu'il sera de l'a-
« vantage du service commun, tant de Sa Majesté que du-
« dit roi d'Angleterre, que tous les autres vaisseaux ne se
« saluent point réciproquement.

« Dans tous les conseils, ledit sieur vice-amiral, le lieu-
« tenant général et le chef d'escadre tiendront le rang
« porté par ledit traité.

« Sa Majesté ne désire point qu'aucun autre capitaine y
« assiste, si ce n'est par l'ordre exprès de l'amiral an-
« glais.

« Elle veut que ledit sieur vice-amiral évite, autant qu'il
« lui sera possible, les détachements et qu'il fasse en sorte
« que tous les vaisseaux de sa flotte demeurent toujours
« ensemble. Mais en cas que la nécessité du service oblige
« à faire des détachements, elle désire qu'il fasse en sorte,
« s'il est possible, que les vaisseaux des deux nations ne
« soient point mêlés, afin d'éviter le commandement des

« Anglais. Mais en cas qu'il ne le puisse éviter, elle veut
« qu'il observe que le vaisseau anglais soit toujours supé-
« rieur en rang à ceux qu'il détachera.

. . . . . . . . . . . . . . . . . . . . . . .

« Dans toute la suite de la campagne, et pendant le
« temps que la flotte de Sa Majesté sera jointe avec les An-
« glais, elle veut qu'il s'applique particulièrement à éviter
« toutes les querelles et qu'il fasse en sorte que tous les
« officiers de l'armée de Sa Majesté vivent en bonne et
« parfaite intelligence avec les Anglais, en sorte qu'il ne
« puisse jamais y avoir aucun autre différend entre eux que
« celui qui proviendra de l'émulation qu'il y aura de faire
« les plus belles actions; et comme Sa Majesté s'assure
« qu'en une occasion aussi importante que celle-ci pour la
« gloire de ses armes et la grandeur de son règne, ledit
« sieur comte d'Estrées donnera des marques signalées de
« sa valeur, de son expérience et de sa bonne conduite, elle
« désire aussi qu'il se serve de tous les moyens qu'il pourra
« pratiquer, pour exciter dans les esprits de tous les offi-
« ciers de l'armée l'envie de donner les mêmes marques
« de leur courage et une forte résolution de faire connaître
« aux Anglais qu'ils ne leur cèdent point, et même, qu'ils
« les surpassent en valeur et en fermeté et en connais-
« sance de tout ce qui concerne la guerre maritime (1). »

. . . . . . . . . . . . . . . . . . . . . . .

Fait à Versailles, Janvier 1672.

L'armée combinée appareilla le 18 mai, et alla attendre
devant Douvres l'arrivée de quelques vaisseaux qui n'a-
vaient pu encore sortir de la Tamise; cette jonction opérée,
elle remit sous voiles. Le 29, l'armée des États fut signalée, mais elle disparut bientôt dans la brume. Des rensei-

---

(1) *Archives de la marine.* — Je me suis abstenu de transcrire tout ce qui
n'a pas directement trait à la présente campagne, comme aussi les passages relatifs à l'approvisionnement des vaisseaux.

gnements que l'on croyait être certains ayant fait connaître sa rentrée au Texel, alors qu'elle avait seulement été rapprochée de ce port par la violence du vent, le commandant en chef se décida à entrer dans la rade de Southwood (1) pour y faire de l'eau.

La baie de Southwood est située sur la côte orientale de l'Angleterre, à 90 milles environ dans le Nord de l'embouchure de la Tamise. Une langue de terre, qui s'avance vers l'Est jusqu'aux deux tiers de sa profondeur, partage cette baie en deux bassins. Les Français mouillèrent dans la partie Sud, tandis que les Anglais laissèrent tomber l'ancre dans le bassin du Nord.

L'armée des États fut de nouveau signalée, le 7 juin au point du jour, par le capitaine Cogolin, de l'*Éole,* qui avait été placé au large en éclaireur ; elle arrivait grand largue avec une brise d'Est très-faible. Les alliés appareillèrent de suite, laissant à terre quelques embarcations encore occupées à faire de l'eau. Les Français prirent la bordée du Sud, ainsi que l'arrière-garde ennemie ; les Anglais, au contraire, gouvernèrent au Nord ; l'avant garde et le corps de bataille de l'armée des Provinces-Unies prirent également les amures à tribord. L'avant-garde ennemie, placée sous les ordres du lieutenant-amiral Van Gent, était de 15 vaisseaux, 4 frégates, 6 yachts et 6 brûlots. Le corps de bataille, commandé par le lieutenant-amiral de Ruyter, comptait 16 vaisseaux, 4 frégates et 6 brûlots. Enfin l'arrière-garde, dirigée par le lieutenant-amiral Van Trappen, dit Bankert, était de 20 vaisseaux, 3 frégates et 5 brûlots. 6 frégates et 6 brûlots se tenaient en outre sur le flanc de chaque escadre et formaient une espèce d'escadre légère. Cela faisait en tout 51 vaisseaux, 29 frégates, 35 brûlots et 6 yachts. Les diverses divisions de l'armée des États

---

(1) *Mémoire du vice-amiral d'Estrées au roi.* — Boismêlé, *Histoire générale de la marine,* et E. Sue écrivent Sols bay.—M. de Lapeyrouse, *Histoire de la marine française,* dit Southwold.

étaient commandées par les lieutenants amiraux Van Nès et Van Aylua ; les vice-amiraux de Liefde, Sweers, Evertzen et Doedezen ; les contre-amiraux Jean Van Nès, Shram, Mathyzen, Vlug et Bruneveldt. Voici maintenant la composition et l'ordre de bataille de l'armée combinée.

### ESCADRE BLANCHE OU AVANT-GARDE.

Canons.

| | | | |
|---|---|---|---|
| 70 | *Illustre* | capitaine | marquis de Grancey. |
| 50 | *Téméraire* | — | de Larson. |
| 68 | *Admirable* | — | de Beaulieu. |
| 70 | *Terrible* | — | — |
| | | | Duquesne, lieutenant général. |
| 70 | *Conquérant* | capitaine | de Thivas. |
| 50 | *Prince* | — | marquis d'Amfreville. |
| 50 | *Bourbon* | — | de Kervin. |
| 38 | *Hazardeux* | — | de Lavigerie. |
| 46 | *Alcyon* | — | Bitaut de Bléor. |
| 50 | *Vaillant* | — | chevalier de Nesmond. |
| 70 | *Foudroyant* | — | Gabaret (Louis). |
| 54 | *Brave* | — | chevalier de Valbelle. |
| 50 | *Aquilon* | — | chevalier Dally. |
| 58 | *Tonnant* | — | Desardans. |
| 78 | *Saint-Philippe* | — | de Cou. |
| | | | comte d'Estrées, vice-amiral. |
| 70 | *Grand* | capitaine | Gombaut. |
| 50 | *Duc* | — | chevalier de Sepville. |
| 58 | *Éole* | — | chevalier de Cogolin. |
| 50 | *Oriflamme* | — | de Kerjean. |
| 50 | *Excellent* | — | de Magnon. |
| 38 | *Arrogant* | — | de Villeneuve-Ferrière. |
| 60 | *Fort* | — | comte de Blénac. |
| 46 | *Rubis* | — | de Saint-Aubin d'Infreville. |
| 46 | *Galant* | — | chevalier de Flacourt. |
| 66 | *Sans-pareil* | — | de Laclocheterie. |
| 70 | *Superbe* | — | de Rabesnières, chef d'escadre. |
| 50 | *Sage* | — | chevalier de Tourville. |
| 58 | *Hardy* | — | de Laroque Garseval. |
| 50 | *Heureux* | — | Pannetier. |
| 70 | *Invincible* | — | commandeur de Verdille. |

Frégates : *Aurore, Gaillarde, Subtile, Tempeste, Railleuse.*
8 brûlots, 3 flûtes.

### ESCADRE ROUGE OU CORPS DE BATAILLE.

Canons.

| | | | |
|---|---|---|---|
| 60 | *York* | capitaine | — |
| 50 | *Greenwich* | — | — |
| 70 | *Anne* | — | — |
| 96 | *Charles* | — | — |
| | | | sir John Harman, contre-amiral. |
| 50 | *Rainbow* | capitaine | Story. |

56  *Forester* . . . . . . . . . . . capitaine  —
48  *Dover* . . . . . . . . . . . .      —         —
54  *Newcastle* . . . . . . . . . .      —         —
56  *Yarmouth* . . . . . . . . . .       —         —
62  *Dreadnought*. . . . . . . . . .     —         —
72  *Cambridge*. . . . . . . . . . .     —      sir Freetchville Hollis.
52  *Fairfax* . . . . . . . . . . . .    —      George Legg.
80  *Victory*. . . . . . . . . . . . .   —      comte d'Ossory.
100 *Royal Prince*. . . . . . . . . .    —      sir John Cox.
                              duc d'York, amiral.
90  *Saint-Michael* . . . . . . . . capitaine  sir Robert Holmes.
62  *Monmouth* . . . . . . . . . . .     —         —
44  *Adventure* . . . . . . . . . .      —         —
80  *Royal Catherine*. . . . . . . .     —      sir John Chitchelay.
42  *Phœnix* . . . . . . . . . . .       —      Lenève.
66  *Resolution*. . . . . . . . . . .    —      Berry.
40  *Bristol*. . . . . . . . . . . .     —         —
96  *London*. . . . . . . . . . . .      —         —
                              sir Edouard Spragge, vice-amiral.
56  *Old James*. . . . . . . . . . . capitaine  —
42  *Sweepstakes* . . . . . . . . . .    —         —
60  *Dunkirk* . . . . . . . . . . . .    —         —
48  *Diamond*. . . . . . . . . . . .     —         —
60  *Monk*. . . . . . . . . . . . . .    —         —
52  *Dartmouth*. . . . . . . . . . .     —         —

ESCADRE BLEUE OU ARRIÈRE-GARDE.

62  *Mary*. . . . . . . . . . . . . . capitaine  —
48  *Ruby*. . . . . . . . . . . . . .    —         —
70  *Triumph*. . . . . . . . . . . .     —         —
100 *Royal Sovereign*. . . . . . .       —         —
                              sir John Jordan, vice-amiral.
66  *Unicorn*. . . . . . . . . . . . capitaine  —
44  *Tiger*. . . . . . . . . . . . .     —         —
60  *Plymouth*. . . . . . . . . . . .    —      sir Roger Strickland.
62  *Montagu* . . . . . . . . . . . .    —         —
54  *Leopard* . . . . . . . . . . . .    —         —
70  *Rupert* . . . . . . . . . . . .     —         —
100 *Royal James* . . . . . . . . . .    —      Haddock.
                              Édouard Montagu, comte de Sandwich,
                                    amiral.
100 *Henri*. . . . . . . . . . . . . capitaine  Francis Digby.
90  *Crown* . . . . . . . . . . . . .    —         —
72  *Edgar* . . . . . . . . . . . . .    —      Wetwang.
72  *Revenge*. . . . . . . . . . . .     —         —
72  *Success*. . . . . . . . . . . .     —         —
54  *Princess* . . . . . . . . . . .     —         —
54  *Saint-David*. . . . . . . . . .     —         —
54  *Glocester*. . . . . . . . . . .     —         —
48  *Bonadventure* . . . . . . . . .     —         —
70  *Saint-Georges* . . . . . . . . .    —         —
96  *Saint-Andrew* . . . . . . . . .     —         —
                              sir John Kemptone, contre-amiral.

| 66 | *Warspite*. . . . . . . . . . . | capitaine | — |
| 48 | *Antelope* . . . . . . . . . . . | — | — |
| 84 | *French Ruby.* . . . . . . . . | — | — |

tout 85 vaisseaux, sans compter les frégates, les brûlots et les bâtiments légers.

La bataille commença entre sept et huit heures du matin. Vers 9ʰ, le capitaine du *Royal-Prince* fut emporté par un boulet, Ce vaisseau, combattu par l'amiral hollandais les SEPT-PROVINCES, était alors tellement maltraité, que le duc d'York se vit forcé de le quitter et d'arborer son pavillon sur le *Saint-Michael*. Le voisinage de la terre lui fit faire de suite le signal de prendre les amures à l'autre bord; l'avant-garde hollandaise avait déjà viré. La nouvelle route suivie par l'amiral anglais faisait passer une partie de ses vaisseaux au vent du corps de bataille des Hollandais et les plaçait entre celui-ci et leur avant-garde. Dans le but d'éviter cette position, plusieurs capitaines laissèrent porter et passèrent sous le vent. La brise, déjà très-faible au commencement de la bataille, tomba entièrement, et il s'ensuivit un pêle-mêle dans lequel Anglais et Hollandais firent des prodiges de valeur. Le *Royal-James*, déjà combattu par le DAUPHIN sur lequel le lieutenant amiral Gent avait son pavillon, fut attaqué par la GRANDE-HOLLANDE de 62 canons, capitaine Braakel, et tomba sur ce vaisseau. L'Anglais mouilla une ancre pour se dégager et il y parvint après 1ʰ 1/2; il coupa alors son câble. Mais si cette manœuvre permit à l'amiral Montagu d'obtenir le résultat qu'il se proposait, elle l'isola aussi du reste de son escadre. Devenu le but des brûlots, son vaisseau fut accroché et incendié vers midi : 400 hommes sur 780 se sauvèrent; l'amiral Montagu périt dans les flots. Le capitaine Haddock fut plus heureux; il fut recueilli par un canot, mais il était blessé. Le lieutenant-amiral Van Gent ne put jouir de son triomphe; il avait été tué au moment où le vaisseau anglais avait réussi à se dégager. Le capitaine Braakel était blessé. Le vaisseau la GRANDE-HOLLANDE, désemparé, s'en alla en dérive et fut pris à la

remorque par une frégate. Le lieutenant-amiral Van Nès
attaqua le *Royal-Catherine* qui était complétement dégréé ;
le vaisseau anglais amena son pavillon. Le capitaine et une
partie de l'équipage furent conduits à bord de la frégate
UTRECHT et du yacht ROTTERDAM. Le *Royal-Catherine* fut
repris par les Anglais qui avaient été laissés à bord et
rentra dans un port d'Angleterre. La brise fraîchit dans
l'après-midi. Le combat continua toujours sanglant entre
les 4 escadres, un peu moins en désordre, mais cependant
toujours confondues par suite de la nécessité dans laquelle
elles se trouvaient de faire de fréquents virements de bord,
tant à cause du voisinage de la terre, que pour éviter les
bancs. Le vaisseau du contre-amiral Van Nès se trouva un
moment fort compromis ; il fut dégagé par la division de
son frère ; mais, entièrement désemparé, il fut remorqué en Zélande : le contre-amiral Van Nès passa sur un
autre vaisseau. De son côté, le commandant en chef de
l'armée des alliés fut obligé une seconde fois de changer
de vaisseau ; le *Saint-Michael* coulait bas d'eau et ne pouvait plus tenir en ligne : à 5ʰ 3/4, il arbora son pavillon
sur le *London*. Le *Henri* fut accroché par un brûlot —
c'était le sixième — au moment où le capitaine Digby
et son premier lieutenant venaient d'être frappés à
mort. Le deuxième lieutenant ne put empêcher une partie de l'équipage de se jeter à la mer. Le *Henri* fut
alors abordé par un vaisseau ennemi, et son pont fut en-
vahi. Le *Plymouth* le dégagea et les Hollandais qui
avaient sauté à bord se trouvèrent prisonniers. A 7ʰ,
le commandant en chef de l'armée des États signala d'i-
miter sa manœuvre et prolongea sa bordée au Sud pour
rallier l'escadre de Zélande qui était aux prises avec les
Français.

Le combat avait commencé avec vigueur sur cette dernière partie de la ligne ; mais, ainsi que l'écrivit l'amiral
français, soit que les Zélandais ne voulussent pas essayer
d'enfoncer la ligne française, soit qu'ils eussent ordre

d'en agir ainsi, ils serrèrent le vent à bonne distance. En voyant les Anglais courir au Nord, le vice-amiral d'Estrées avait eu tout d'abord l'intention de virer de bord pour les rallier ; mais trouvant que sa première division n'avait pas assez serré le vent pour qu'il lui fût permis d'atteindre les Anglais à la bordée, il continua de courir bâbord amures. Le combat entre les Français et les Zélandais ne fut, à proprement parler, qu'une longue canonnade. Lorsque Ruyter rejoignit son arrière-garde, le duc d'York était au vent avec 25 ou 30 vaisseaux ; les autres étaient sous le vent. Le soleil, en se couchant, mit fin à la bataille.

La nuit fut belle. Dans la prévision d'une seconde bataille, on travailla de part et d'autre à faire les réparations les plus urgentes. Au jour, le duc d'York reporta son pavillon sur le *Royal-Prince* et convoqua le conseil de guerre. Il fut décidé que, les munitions étant presque en totalité épuisées, l'armée navale devait rentrer à Sheerness. Mais celle des États ayant été aperçue sous le vent qui soufflait du N.-O., le commandant en chef ordonna les dispositions du combat et laissa arriver sur l'ennemi qui prit chasse de suite. Les munitions des vaisseaux hollandais étaient réduites au point que cette retraite était en quelque sorte forcée. Ruyter, qui venait d'éprouver les inconvénients de combattre sur une côte ennemie, était désireux de se rapprocher des ports de Hollande afin que, en cas de nouvelle bataille, ses vaisseaux dégréés pussent y trouver un refuge. La mauvaise apparence du temps le détermina, le 9, à mouiller à l'île Walcheren. L'armée combinée qui l'avait poursuivi jusqu'à Ostende fit route pour l'Angleterre.

Les pertes étaient considérables des deux côtés. Le *Royal-James* avait été incendié. Le *Charles*, le *Saint-Michael* avaient tant souffert qu'il avait fallu les renvoyer en Angleterre ; le *Victory*, le *Henri*, le *Fairfax*, le *Royal-Catherine*, le *Dunkirk*, le *York* et le *Greenwich* les y avaient

précédés. Le vaisseau hollandais STAVERN, capitaine Elze-
vier, avait été capturé, et le WESTERGO, capitaine Hilkes
Kolaart, avait sauté pendant la nuit qui avait suivi la bataille. Le JOSUÉ, capitaine Jean Dick, avait été coulé.
Deux autres vaisseaux avaient été obligés d'aller chercher
des secours dans un port. En outre de l'amiral comte de
Sandwich, l'Angleterre eut à déplorer la mort des capitaines Cox, Digby et Hollis. La France perdit le chef d'escadre de Rabesnières qui, blessé mortellement, mourut
à Londres, quelques jours après y avoir été transporté. Les
capitaines de Cou, Desardans et du Magnon étaient blessés.
Du côté de l'ennemi, le lieutenant amiral Van Gent avait
perdu la vie; le lieutenant amiral Bankert et le capitaine
Aarsen étaient blessés.

Et maintenant, que penser de cette affaire qui fit dire aux
Anglais que les Français n'avaient pas combattu, et à l'amiral de Ruyter, que le but des Français avait été de regarder
le combat de loin pour conserver leurs vaisseaux, en laissant les deux nations de l'Europe les plus importantes
sur mer consumer leurs forces et s'entre-détruire; enfin,
au marquis de Grancey qui commandait un des vaisseaux
français : *On escarmoucha d'assez loin pour que j'aie regret
à dix-huit cents coups de canon que je tirai pour faire comme
les autres.*

Je n'ai nullement l'intention de faire la critique de la
relation que M. E. Sue a donnée de la bataille du 7 juin 1672
dans son *Histoire de la marine française.* Je ne termine-
rai cependant pas sans dire un mot des assertions de cet
écrivain. L'idée prédominante de M. E. Sue est celle-ci :
le vice-amiral d'Estrées avait des instructions secrètes pour
engager le moins possible ses vaisseaux. Il part de là pour
voir un déni de secours dans la conduite de cet officier
général. L'accusation est grave. M. E. Sue prétend trouver
la preuve de ce qu'il avance dans ce passage des instructions du roi : « *Elle* (S. M.) *veut que ledit sieur vice-amiral
évite, autant qu'il lui sera possible, les détachements, et*

I.                                                                 9

*qu'il fasse en sorte que tous les vaisseaux de sa flotte demeu-*
*rent toujours ensemble; mais en cas que la nécessité du ser-*
*vice oblige à faire des détachements, elle désire qu'il fasse*
*en sorte, s'il est possible, que les vaisseaux des deux na-*
*tions ne soient point mêlés, afin d'éviter le commandement*
*des Anglais.* » Il faut, ce me semble, vouloir épiloguer
pour trouver à ces instructions le sens que M. Sue leur
donne. Cet historien, à l'appui de son dire, cite encore ce
passage de la relation du duc d'York : « *Malgré les ordres*
*que j'avais donnés, l'escadre française et l'escadre zélan-*
*daise gouvernaient au Sud.* » J'ai vainement cherché cette
phrase dans la relation précitée. On y lit : « *Tandis que*
*les choses se passaient ainsi sur le point où le duc était*
*en personne, les Français gouvernaient vers le S., orientés*
*aussi près du vent qu'ils le pouvaient. Mais Bankert et l'es-*
*cadre zélandaise ne les pressèrent pas autant qu'ils auraient*
*pu le faire, car à peine les approchaient-ils à portée de ca-*
*non, ce qui ne diminua pas peu la réputation des Zélan-*
*dais, d'être les plus braves marins entre les Hollandais.* »
Il n'y a rien là que ne dise le vice-amiral d'Estrées lui-
même dans son rapport. « *L'aile qui était opposée à l'es-*
*cadre française,* écrivait cet officier général, *tint le vent*
*davantage. Le duc d'York donna au comte d'Estrées l'ordre*
*de tenir le vent autant que possible. Jugeant qu'il ne pou-*
*vait tenir le vent avantageusement que du bord que l'escadre*
*de Zélande courait, différent de celui de son armée, le vice-*
*amiral prit le parti de la combattre, de la percer avec son*
*escadre pour aller joindre le duc et le dégager.* » Le vice-
amiral d'Estrées n'avait évidemment pas reçu l'ordre de
prendre la bordée du Nord.

Que conclure de ces versions contradictoires, sinon que
l'auteur de l'*Histoire de la marine française* a interprété
dépêches et rapports au point de vue particulier qu'il a
choisi, et qu'il a cru démêler la vérité, plus heureux en
cela que Colbert de Croissy, ambassadeur de France à
Londres, qui écrivait au ministre Colbert, sous la date

du 20 juin 1672 : « Je trouve les sentiments de tous ceux
« qui composent notre escadre si différents, que je ne
« puis faire un jugement bien certain (1). »

—o○:◦:○o—

ANNÉE 1673.

—

Quoique chaque parti se fût attribué l'honneur de la
bataille de Southwood, les États-Généraux demandèrent la
paix à Louis XIV. Les exigences du roi de France rele-
vèrent le courage des Hollandais, et Guillaume d'Orange,
qui venait d'être porté au stathoudérat, se disposa à une

---

(1) J'ai lu avec beaucoup d'attention les rapports qui ont été faits sur cette bataille, et je les ai trouvés si peu précis qu'il ne me serait pas possible de porter
un jugement autre que celui qui fut formulé par l'ambassadeur de France. Le
lieutenant-amiral de Ruyter dit positivement qu'il courut d'abord au Sud avec
son corps de bataille et son avant-garde. Il n'est donc pas surprenant que le
vice-amiral d'Estrées, dont les vaisseaux furent les premiers sous voiles, ait
pris la bordée du Sud. Pourquoi les vaisseaux anglais qui sortaient sans ordre
de la baie n'agirent-ils pas de même? Les instructions de l'amiral qui prescri-
vaient à leurs capitaines de serrer le vent autant que possible, entraînaient-elles
donc l'absolue nécessité de courir au Nord, quoique cette bordée, ainsi que les
faits le prouvèrent, ne pût être tenue que fort peu de temps? Tant que je ne ver-
rai pas l'ordre qu'on prétend avoir été donné de prendre les amures à tribord en
appareillant pour courir au Nord, je considérerai le jugement porté par l'auteur
de l'*Histoire de la marine* comme hasardé, car il est basé sur une interpréta-
tion. En agissant ainsi, je me conforme à la règle que je me suis tracée au début
de cet ouvrage (p. 2) et je suis complétement dans les idées de M. E. Sue lui-
même, qui dit avoir *répudié toute espèce de système ou de point de vue, parce
qu'une appréciation purement individuelle n'ayant aucune valeur probante,
elle peut être niée par qui veut la mer.* La conduite du vice-amiral d'Estrées
a pu paraître suspecte; il n'en est pas moins vrai que les marins reconnaîtront
que cet officier général agit avec sagacité en prenant la bordée du Sud et qu'il
eut le mérite de tenir ses vaisseaux parfaitement en ordre. Si le combat fut
moins rude à la partie de la ligne où il commandait qu'aux autres, s'il n'y eut
point de mêlée, on ne peut l'en rendre responsable. Serrer le vent était tout ce
qu'il pouvait faire; c'était aux Zélandais à se rapprocher s'ils désiraient un
combat plus vigoureux.
Quoique l'attaque de M. Sue soit dirigée plutôt contre la politique de Louis XIV

résistance désespérée. La rupture des écluses et l'inonda-
tion complète de la Hollande rendant les armées de terre
impuissantes à agir, les puissances alliées durent encore
recourir à leurs escadres. Le vice-amiral d'Estrées partit
de Rochefort avec les vaisseaux français et arriva, le 26 mai,
à l'embouchure de la Tamise. Les Provinces-Unies firent
des efforts extraordinaires pour mettre leurs vaisseaux en
état de reprendre la mer. Elles arrêtèrent d'abord le plan
d'une expédition qui pouvait être mise à exécution sans
grande effusion de sang : le lieutenant-amiral de Ruyter
fut chargé de couler plusieurs navires à l'entrée de la Tamise pour obstruer les passes et empêcher l'armée anglaise
de sortir. Cet officier général se dirigea sur les côtes
d'Angleterre avec 31 vaisseaux, 12 frégates, 18 brûlots,
plusieurs yachts et galiotes. Le 12 mai, il mouilla devant
Harwich et détacha les contre-amiraux Van Nès et Vlug
pour exécuter le projet d'obstruction des passes de la Tamise. Mais les Anglais avaient probablement eu connaissance du motif de la sortie de l'armée hollandaise, et ils
avaient mouillé une partie de leurs vaisseaux dans les
passes mêmes. Informés de cette circonstance, les deux
contre-amiraux hollandais rejoignirent leur armée qui,
elle-même, rentra en Hollande. De nouvelles dispositions
furent prises, et il fut décidé que « *comme après Dieu cette
armée était un des principaux instruments par lequel on pût
défendre et couvrir l'État par mer, l'armée se tiendrait postée
dans le plus avantageux passage de Shooneveldt, ou un peu
plus au Sud vers Ostende, pour observer l'ennemi ; et, si elle
était attaquée ou voyait l'armée ennemie disposée à faire une
descente sur les côtes des Provinces-Unies, se mettrait en devoir de lui résister vigoureusement, de s'opposer à ses desseins,*

---

que contre le vice-amiral d'Estrées, j'ai cru devoir quitter un moment le rôle
de simple narrateur pour examiner si la manœuvre du commandant en chef de
l'armée française mérite réellement la critique dont elle a été l'objet. On ap-
préciera.

*de détruire ou brûler ses vaisseaux par toutes les voies qui lui seraient possibles* (1). » Ruyter prit le commandement de la première escadre forte de 19 vaisseaux, 4 frégates, 8 brûlots, 4 yachts et 3 galiotes; le lieutenant-amiral Aart Van Nès et le vice-amiral de Liefde étaient placés sous ses ordres. La deuxième escadre, composée de 18 vaisseaux, 5 frégates, 8 brûlots, 5 yachts et 2 galiotes, fut donnée au lieutenant-amiral Bankert; cet officier général était secondé par les vice-amiraux Evertzen et Star. La troisième escadre qui comptait 18 vaisseaux, 5 frégates, 9 brûlots, 5 yachts et 2 galiotes était commandée par le lieutenant-amiral Tromp; les vice-amiraux Sweers et Shram lui étaient adjoints. L'armée hollandaise comptait donc 55 vaisseaux, 14 frégates, 25 brûlots, 14 yachts et 7 galiotes.

L'armée combinée anglo-française, dont le prince Rupert avait pris le commandement, appareilla de la Tamise, le 2 juin; le mauvais temps la fit mouiller sur les bancs de Flandre. Voici sa composition; les Français étaient, cette fois, au corps de bataille.

ESCADRE ROUGE OU AVANT-GARDE.

| Canons. | | | |
|---|---|---|---|
| 48 | *Mary Rose.* . . . . . . . . . . capitaine | — | |
| 82 | *Victory.* . . . . . . . . . . . . | — | — |
| 42 | *Assurance* . . . . . . . . . . . . | — | — |
| 52 | *Fairfax* . . . . . . . . . . . . | — | — |
| 96 | *Charles.* . . . . . . . . . . . . | — | — |
| | | John Herman, contre-amiral. | |
| 62 | *Monmouth* . . . . . . . . . . capitaine | — | |
| 54 | *Newcastle* . . . . . . . . . . . | — | — |
| 72 | *Revenge* . . . . . . . . . . . . | — | — |
| 56 | *Yarmouth.* . . . . . . . . . . . | — | — |
| 80 | *Royal Catherine.* . . . . . . . . | — | Legg. |
| 54 | *Glocester.* . . . . . . . . . . . | — | — |
| 100 | *Henri.* . . . . . . . . . . . . | — | — |
| 48 | *Crown* . . . . . . . . . . . . | — | Caster. |
| 72 | *Edgar* . . . . . . . . . . . . | — | — |
| 100 | *Royal Charles* . . . . . . . . . | — | — |
| | | prince Rupert, amiral. | |
| 70 | *Rupert* . . . . . . . . . . . . capitaine John Holmes. | | |
| 54 | *Princess* . . . . . . . . . . . . | — | — |
| 60 | *Lion.* . . . . . . . . . . . . | — | — |

_____

(1) Gérard Brandt, *Vie de Ruyter.*

| 32 | Constant Warwich | — | — |
|---|---|---|---|
| 44 | Anne | — | — |
| 84 | French Ruby | — | — |
| 66 | Resolution | — | John Berry. |
| 96 | London | — | — |
| 66 | Warspite | — | Stout. |
| 56 | Happy return | — | — |
| 70 | Triumph | — | David. |
| » | Staveren | — | — |

ESCADRE BLANCHE OU CORPS DE BATAILLE.

| » | Bon | capitaine | — |
|---|---|---|---|
| 50 | Bourbon | — | de Kervin. |
| » | Maure | — | — |
| » | Fortuné | — | — |
| 70 | Terrible | — | Desardans, chef d'escadre. |
| 70 | Illustre | — | chevalier de Béthune. |
| 50 | Duc | — | chevalier de Sepville. |
| » | Grand | — | Forant. |
| 50 | Excellent | — | du Magnon. |
| » | Apollon | — | de Langeron. |
| 70 | Invincible | — | commandeur d'Estival. |
| 58 | Tonnant | — | Preuilly d'Humières. |
| » | Reine | — | — |
| | | comte d'Estrées, vice-amiral. | |
| 70 | Foudroyant | capitaine Gabaret (Louis). | |
| » | Glorieux | — | chevalier de Valbelle. |
| » | Fier | — | chevalier Dally. |
| » | Aimable | — | — |
| 50 | Vaillant | — | — |
| » | Précieux | — | — |
| 66 | Sans-pareil | — | chevalier de Tourville. |
| » | Orgueilleux | — | marquis de Grancey, chef d'escadre (1). |
| 70 | Conquérant | — | de Thivas. |
| 50 | Aquilon | — | — |
| 50 | Prince | — | marquis d'Amfreville. |
| 50 | Téméraire | — | de Larson. |
| 50 | Sage | — | — |
| 50 | Oriflamme | — | de Kerjean. |

ESCADRE BLEUE OU ARRIÈRE-GARDE.

| 48 | Diamond | — | — |
|---|---|---|---|
| 66 | Unicorn | — | — |
| 48 | Ruby | — | — |
| 60 | Monk | — | — |
| 96 | Saint-Andrew | — | — |
| | | Kempthorne, vice-amiral. | |

---

(1) La liste dressée par l'ambassadeur de France à Londres place l'*Orgueilleux* à la 2ᵉ division et le *Terrible* à la 3ᵉ. La relation donnée par le chevalier de Valbelle constatant que le chef d'escadre Desardans commandait l'avant-garde, j'ai placé le marquis de Grancey à l'arrière-garde.

| | | | |
|---|---|---|---|
| 60 | *Plymouth.* . . . . . . . . . . . | capitaine | — |
| 42 | *Faulcon* . . . . . . . . . . . | — | — |
| 62 | *Mary.* . . . . . . . . . . . . | — | John Frullay. |
| 48 | *Bonadventure.* . . . . . . . . | — | — |
| 62 | *Dreadnought.* . . . . . . . . | — | — |
| 70 | *Saint-George.* . . . . . . . . | — | — |
| 48 | *Antelope* . . . . . . . . . . . | — | — |
| 66 | *Henrietta.* . . . . . . . . . . | — | — |
| 100 | *Prince* . . . . . . . . . . . | — | — |

sir Edouard Spragge, vice-amiral.

| | | | |
|---|---|---|---|
| 72 | *Cambridge.* . . . . . . . . . | capitaine | — |
| 48 | *Advice* . . . . . . . . . . . | — | — |
| 100 | *Sovereign.* . . . . . . . . . | — | — |
| 60 | *Dunkirk* . . . . . . . . . . | — | — |
| 46 | *Hampshire.* . . . . . . . . . | — | — |
| 60 | *York.* . . . . . . . . . . . | — | — |
| 42 | *Sweepstakes.* . . . . . . . . | — | — |
| 72 | *Swiftsure.* . . . . . . . . . | — | — |
| 90 | *Saint-Michael* . . . . . . . . | — | — |

comte d'Ossery, contre-amiral.

| | | | |
|---|---|---|---|
| 50 | *Greenwich* . . . . . . . . . . | capitaine | — |
| 48 | *Foresight.* . . . . . . . . . | — | — |
| 40 | *Rainbow* . . . . . . . . . . | — | — |
| » | *Sinaltoro.* . . . . . . . . . | — | — |

L'armée combinée remit à la voile le 7 au matin, avec
une jolie brise de S.-O., et se dirigea vers Ostende. Le
commandant en chef n'avait pas l'intention d'attaquer les
Hollandais dans la position qu'ils occupaient; il ne voulait
que la leur faire abandonner. Dans ce but, il détacha en
avant une escadre légère de 30 vaisseaux, dont 9 français
et 8 brûlots (1). Les Hollandais ne l'attendirent pas; ils
mirent sous voile dès qu'ils l'aperçurent et ils la poursuivirent. Leur appareillage fut si prompt, qu'ils purent atteindre les vaisseaux détachés avant qu'ils eussent rejoint
leur armée; les alliés se trouvèrent, par suite, assez mal
formés. Les Hollandais étaient en ordre de bataille renversé, les amures à tribord. La nouvelle avant-garde engagea le combat la première, à une heure de l'après-midi,
avec les vaisseaux qui s'étaient portés en avant et l'escadre
du prince Rupert. Le vice-amiral Shram, qui commandait

(1) Rapport du capitaine de Valbelle. Le prince Rupert dit 35 frégates et
15 brûlots.

la première division de cette escadre, fut emporté par un
boulet. Le capitaine de Thivas, du *Conquérant*, un des
vaisseaux détachés, eut le même sort. Le vice-amiral d'Estrées put bientôt combattre le corps de bataille ennemi.
Trouvant que les Anglais ne pressaient pas assez vivement
l'arrière-garde, le marquis de Grancey laissa porter avec
sa division sur les vaisseaux de tête de cette escadre. Entraînés par leur ardeur, les capitaines du *Glorieux*, du
*Duc*, du *Fier* et de l'*Excellent* l'imitèrent. Cette partie de
la ligne ennemie fut rompue. Ce fut en vain que le lieutenant-amiral Bankert soutint le choc avec ardeur, il lui
fallut aussi se retirer ; l'arrière-garde hollandaise se trouva
ainsi séparée du reste de son armée. Le lieutenant-amiral
de Ruyter vira avec une partie de son escadre dès qu'il s'en
aperçut, et, passant au milieu des vaisseaux français, il
parvint à la rallier ; il revira alors pour se rapprocher de
son avant-garde qui était à grande distance, toujours com-
battue et vigoureusement pressée par les Anglais ; il la
rejoignit à 6ʰ. Le lieutenant-amiral Tromp avait été
obligé de changer deux fois de vaisseau. La brume fit
cesser le feu à 9ʰ. Le capitaine Gabaret, du *Foudroyant*, avait abordé le vaisseau hollandais DEVENTER,
capitaine Kuilembourg, mais son équipage avait été
repoussé. Le JUPITER, capitaine Bakker, avait été
abordé aussi par un vaisseau anglais dont l'équipage
avait également été repoussé après un combat de deux
heures.

L'armée hollandaise mouilla sur le lieu même de la bataille, à 12 milles dans l'O.-N.-O. de West-Capel. Les
alliés laissèrent tomber l'ancre à 6 milles de là le lendemain.

Les avaries étaient considérables de part et d'autre,
mais les pertes étaient peu importantes ; et, bien que les
Hollandais aient prétendu qu'une frégate anglaise de 50 eût
sauté, que le vaisseau français le *Foudroyant* et la frégate
la *Friponne* eussent coulé, ainsi que plusieurs autres bâti-

ments, en tout 14 vaisseaux ou brûlots (1), les brûlots seuls avaient été détruits. Le capitaine Thivas avait perdu la vie ainsi que les capitaines anglais Finch, Fowles et Worden. Du côté des Hollandais, le vice-amiral Shram, le contre-amiral Vlug, les capitaines Van Borgen et Boer avaient été tués; les capitaines Nassau et Meegang étaient dangereusement blessés. 4 vaisseaux durent être envoyés en Zélande; l'un d'eux, le DEVENTER, se perdit en entrant à Vlakke.

Si à la bataille de Southwood la manœuvre des Français avait pu jeter quelques doutes sur la sincérité de la cour des Tuileries, leur conduite, cette fois, leur mérita les plus grands éloges de la part du prince Rupert.

---

Cinq jours après la bataille que je viens de relater, le 12 juin, le lieutenant-amiral de Ruyter proposa d'aller attaquer l'armée des alliés qui était toujours à l'ancre. Cette détermination ayant été approuvée par les députés des États, il mit à la voile, le 14, avec une bonne brise de N.-E. et se dirigea sur l'armée combinée : celle-ci appareilla de suite; toutes deux gouvernèrent au N.-O., en ordre renversé, et les avant-gardes engagèrent la canonnade à 4h du soir. Les deux corps de bataille se trouvèrent aussi bientôt en position d'échanger des boulets; les arrière-gardes donnèrent peu. Le combat, ou plutôt la canonnade, continua ainsi en chasse jusqu'à ce que les ténèbres fussent venues envelopper les deux armées. Ruyter ne voulant pas s'éloigner de la côte, fit virer la sienne et, le lendemain, il mouilla à Shooneveldt. Les alliés rentrèrent dans la Tamise.

---

Après avoir réparé ses avaries, l'armée anglo-française sortit de la Tamise et alla mouiller devant le Texel; son

---

(1) Gérard Brandt, *Vie de Ruyter*.

ordre de bataille avait été changé : les Français étaient à
l'avant-garde, l'amiral sir Édouard Spragge commandait
l'arrière-garde avec le vice-amiral Kempthorne et le contre-
amiral d'Ossery; le prince Rupert était au centre avec le
vice-amiral Herman et le contre-amiral Chiceley. Le
20 août, l'armée des États fut aperçue sous le vent; l'armée
combinée appareilla, mais la proximité de la côte fit remettre l'attaque au lendemain. Ce jour-là, le vent ayant
passé du N.-O. à l'E.-S.-E., les Hollandais prirent l'initiative et laissèrent porter sur les alliés; ceux-ci étaient en
bataille, les amures à bâbord. Le lieutenant-amiral Bankert tenait la tête de la colonne, Ruyter était au centre
et le lieutenant-amiral Tromp à l'arrière-garde. A 8ʰ du
matin, les Hollandais serrèrent le vent bâbord amures
et le combat s'engagea sur toute la ligne. L'avant-garde
ennemie gouvernant très-près du vent, les Français s'en
fussent bientôt trouvés à grande distance si, prenant l'initiative d'une mesure qui allait lui être ordonnée, le lieutenant général de Martel, alors commandant de la deuxième
division de l'escadre française, n'eût viré pour séparer les
Zélandais de leur armée. Cette manœuvre, imitée par le
vice-amiral et par les autres vaisseaux français, pouvait
placer le corps de bataille de Ruyter entre deux feux.
Mais une brume épaisse, qui ne se dissipa qu'à 11ʰ, fit
prendre au commandant en chef de l'escadre française
le parti de continuer cette bordée, et le lieutenant-amiral
Bankert se dirigea sur son corps de bataille. Ce mouvement décida le prince Rupert à se rapprocher lui-même
de son arrière-garde qu'on apercevait à peine, et il fit
le signal de ralliement à l'avant-garde. Cet ordre était
inutile, car, dès 1ʰ, prévoyant que la réunion des Zélandais au corps de bataille allait créer de sérieux embarras à la première et à la troisième escadre de l'armée
combinée, le vice-amiral d'Estrées avait laissé arriver sur
le vaisseau amiral. Le combat était rude entre les deux
arrière-gardes. Le lieutenant-amiral Tromp s'était at-

taché au *Prince-Royal*, monté par l'amiral Spragge,
et il le combattait depuis 3ʰ 1/2 sans qu'une seule
manœuvre eût été faite, car tous deux avaient mis
en panne. Leurs vaisseaux étaient alors complétement
désemparés, et les deux amiraux furent obligés de porter
leur pavillon sur deux autres. L'amiral Spragge se vit
encore bientôt contraint de quitter ce vaisseau. Pendant
qu'il se dirigeait sur un troisième, le canot qui le portait
fut coulé et cet officier général se noya. Drossée dans le
N.-O. par le vent et par le courant, l'arrière-garde fut
promptement à grande distance du corps de bataille, et il
était 4ʰ lorsque le commandant en chef la rejoignit. Les
Hollandais étaient aussi ralliés à cette heure. Le combat
continua avec vigueur jusqu'après 6ʰ; l'approche de l'escadre française, que la faiblesse de la brise avait empê-
chée d'arriver plus tôt, décida alors Ruyter à faire route
à l'Est. Les deux armées se perdirent de vue pendant la
nuit.

Les vaisseaux des deux arrière-gardes étaient très-maltraités; les autres avaient peu souffert. Les brûlots jouè-
rent un grand rôle dans cette bataille, et ils furent
presque tous détruits. Le capitaine français d'Estival
avait été emporté par un boulet. Les capitaines anglais
Reeves et Heyman avaient perdu la vie, et les capitaines Courtney, Haward et William Jennings étaient
blessés. Du côté de l'ennemi, les vice-amiraux Van
de Liefde et Sweers avaient été tués, ainsi que les capitaines Van Gelder, Sweerius, Visscher et Kiela. Les capitaines Dick et Lejeune étaient blessés.

Ruyter avait rempli son but; l'armée des alliés s'éloigna
des côtes de Hollande.

Le prince Rupert se plaignit de la conduite de plusieurs
capitaines anglais et de celle que le vice-amiral d'Estrées
avait tenue à cette bataille. Il prétendit que cet officier général n'avait pas obéi au signal d'arriver qui lui avait été fait
lorsque l'escadre de Zélande avait cessé de le combattre.

Le vice-amiral d'Estrées répondit que le signal qui lui avait été fait n'avait pas la signification que le commandant en chef lui donnait; que d'ailleurs, bien qu'il n'eût rejoint le corps de bataille qu'à 6ʰ, il avait laissé arriver vent arrière dès 1ʰ.

Une enquête fut faite par ordre de Louis XIV, et tous les capitaines furent entendus. Je donne plus loin cette pièce historique. Beaucoup de charges s'élèvent certainement contre le vice-amiral d'Estrées; elles ne me satisfont ni ne me convainquent entièrement. Cet officier général laissa entendre, il est vrai, que le roi voulait qu'on ménageât sa flotte et qu'on se défiât des Anglais. Louis XIV avait-il tort de ne pas compter sur la sincérité de l'alliance anglaise lorsque, de toutes parts, on l'avertissait que le peuple et les grands murmuraient contre cette alliance et que Charles II était peut-être le seul de son royaume qui la désirât? Je dirai donc avec M. de Lapeyrouse-Bonfils (1) : « Le comte d'Estrées, pour avoir ma-
« nœuvré une ou deux fois d'une manière équivoque,
« peut-il être soupçonné d'être de connivence avec l'en-
« nemi, ou d'avoir voulu ménager son escadre aux dépens
« de celle des Anglais? Spragge, le prince Rupert lui-
« même n'ont-ils pas fait d'aussi grandes fautes? Dans ces
« gigantesques batailles, lorsque la connaissance des si-
« gnaux était peu répandue, et que l'on combattait sur
« des mers pleines d'écueils et de peu d'étendue, il devait
« souvent arriver des erreurs excusables, souvent même
« tout à fait indépendantes de l'habileté humaine. »

Voici l'information secrète et le rapport de M. de Seuil (2) sur cette bataille :

A Sceaux, le 10 septembre 1673.

« Comme il est très-important que le roi soit informé
« véritablement de tout ce qui s'est passé dans le dernier

---

(1) *Histoire de la marine française.*
(2) M. de Seuil était intendant de la marine à Brest.

« combat qui a été donné, le 21 du mois d'août dernier,
« entre les flottes royales et celle des Hollandais, il a été
« nécessaire de s'appliquer avec soin à faire parler et in-
« terroger tous ceux qui s'y sont trouvés et de voir tout
« ce qui en a été dit en Angleterre et en Hollande, et tout
« ce qui s'est passé dans le combat. Pour cela, j'ai vu et
« examiné toutes les plaintes que le prince Rupert a faites
« de l'escadre française, tout ce qui a été dit en Hollande,
« et j'ai interrogé avec soin le sieur Chappelain, secré-
« taire du vice-amiral; le sieur de Laborde, capitaine fort
« entendu, qui était sur le bord du chevalier de Tourville;
« le sieur Ferancourt, commissaire de marine, qui était
« sur le bord du sieur de Martel, et M. le comte de Li-
« moges qui était sur le bord du vice-amiral; et comme il
« est nécessaire, avant que d'entrer en aucun raisonnement,
« d'être bien informé du fait, le voici, ainsi que toutes les
« parties en conviennent.

« Les flottes royales avaient couru les mers depuis leur
« sortie de la Tamise jusqu'au 20 août pour chercher la
« flotte des États; enfin, ce jour-là, ils la trouvèrent sur
« leurs côtes, entre le Texel et la Meuse; et comme les
« flottes royales avaient le vent sur leurs ennemis, le
« prince Rupert avait résolu de les attaquer dès ce jour-
« là. Mais, d'autant que les vaisseaux hollandais tirent
« moins d'eau et que Ruyter et les autres chefs connais-
« sent leurs côtes, leurs vaisseaux étaient si proches de
« leurs côtes, et il était déjà si tard, que le prince Rupert
« résolut d'attendre au lendemain pour les attaquer; et
« pour cela, il revira et donna l'ordre à l'escadre de
« France, qui avait l'avant-garde, de soutenir et de gar-
« der l'avantage du vent. Pendant la nuit, le vent chan-
« gea et de N.-O. qu'il était et favorable aux flottes
« royales, il devint E.-S.-E., favorable aux Hollandais.
« Ruyter, profitant de cet avantage, mit toutes ses voiles
« et vint fièrement au combat dès la pointe du jour.

« L'escadre de Zélande, commandée par Bankert, se

« trouvait opposée à l'escadre de France, Ruyter avec son
« escadre au prince Rupert, et Tromp au chevalier Spragge.
« L'escadre de France ayant ordre de soutenir le vent et
« de le gagner, le sieur de Martel, qui commandait la di-
« vision de la droite du vice-amiral, et par conséquent qui
« avait la tête de toute l'armée, gagna le dessus du vent de
« la longueur de trois à quatre vaisseaux. Dans ce moment,
« Bankert, qui n'avait que 10 à 12 vaisseaux de l'escadre
« de Zélande, voyant qu'il allait être enfermé entre deux
« feux, prit la résolution de percer les vaisseaux de l'es-
« cadre de France qui lui étaient opposés, et, comme il
« l'exécuta, ce fut là où il y eut un combat fort opiniâtre.
« Les vaisseaux se canonnèrent de fort près ; le vice-amiral
« évita deux brûlots. Il commanda le capitaine Guillotin,
« commandant un de ses brûlots, pour s'aller attacher à
« Bankert. Il y alla, évita la rencontre de deux autres
« vaisseaux, n'en voulut qu'au pavillon de Bankert. Il
« essuya toute l'artillerie et la mousqueterie de trois
« vaisseaux, aborda ce vaisseau, s'y attacha par ses
« grappins et mit le feu à son brûlot. On vit tout l'équi-
« page du vaisseau se jeter à la mer. Guillotin, voyant
« que sa mèche ne faisait pas effet, retourna et y mit le
« feu une seconde fois. Mais comme vingt hommes qui
« étaient restés de l'équipage sur ce vaisseau eurent le
« temps de séparer le brûlot, ils le sauvèrent. Cette action
« ayant paru des plus hardies qui aient jamais été faites
« par aucun capitaine de brûlot, on estime nécessaire de
« la rapporter ici. Bankert, après ce combat, s'en alla avec
« le vent à toutes voiles pour joindre Ruyter.
    « Le vice-amiral ayant perdu dans ce combat, un mât,
« une vergue et beaucoup de manœuvres, et les autres
« vaisseaux de son escadre ayant été fort incommodés, il
« employa quelque temps pour se raccommoder et aussitôt
« revira et mit toutes ses voiles pour aller joindre l'es-
« cadre du prince Rupert qui était aux mains avec Ruyter.
« Le chevalier Spragge, qui avait été attaqué par Tromp,

« prit la résolution de se mettre en panne pour l'attendre,
« et l'autre venant fièrement sur lui avec le vent, le com-
« bat fut fort chaud et fort opiniâtre. Spragge ayant mis
« en panne dériva beaucoup pendant le combat et s'éloi-
« gna fort du prince Rupert; son vaisseau fut désemparé
« et celui de Tromp aussi. Ils en changèrent tous deux de
« suite, et au troisieme, Spragge passant d'un vaisseau
« sur l'autre, sa chaloupe reçut deux coups de canon dont
« elle fut renversée et se noya.

  « Le prince Rupert, attaqué par Ruyter, voyant qu'en
« pliant il éloignait Ruyter des côtes de Hollande, et que
« le vent pouvant changer le jour, comme il avait changé
« la nuit, si cet avantage lui arrivait, il serait en état de
« défaire entièrement Ruyter, plia et s'éloigna beaucoup
« en combattant toujours contre Ruyter qui avait le vent
« sur lui à pleines voiles. Cet éloignement fut tel que le
« vice-amiral de France, qui avait mis toutes ses voiles
« pour venir enfermer Ruyter entre deux feux, ne put
« jamais le joindre qu'à 7ʰ du soir; et comme Ruyter
« vit le risque où il était, il prit la résolution de finir le
« combat; et comme il n'y avait presque plus de jour, le
« prince Rupert fit signal au vice-amiral de France de ve-
« nir mouiller dans ses eaux. Ruyter se retira à la nuit,
« et ainsi le combat fut entièrement fini.

  « Le prince Rupert se plaint de Spragge et dit qu'il s'é-
« tait entièrement séparé de lui et qu'au lieu de se tenir
« en ligne, ainsi qu'il lui avait ordonné, il avait dérivé et
« s'était laissé aller sous le vent.

  « Il se plaint du vice-amiral de France et dit que
« n'ayant que 10 à 12 vaisseaux contre lui, et ayant
« gagné le vent, il devait les emporter avec vigueur et le
« venir joindre et qu'en ce faisant, l'armée des ennemis
« était entièrement défaite parce qu'elle se serait trouvée
« entre deux feux.

  « Le vice-amiral dit qu'il a fait ce que le prince Rupert
« avait ordonné; qu'il a gagné le vent, enfoncé, percé l'es-

« cadre qui lui était opposée, et qu'aussitôt qu'il s'est pu
« raccommoder, ce qui n'a duré que fort peu de temps, il
« a mis toutes ses voiles pour rejoindre le prince ; mais,
« qu'il s'était si fort éloigné en pliant, qu'il n'a pu le
« joindre qu'à 7ʰ du soir, et qu'il n'a point voulu combat-
« tre, encore qu'il y eût assez de temps pour bien in-
« commoder l'ennemi.

« Le vice-amiral, en particulier, se plaint de M. de
« Martel et dit qu'il devait enfoncer les ennemis dès
« lors qu'il eut gagné le vent de la longueur d'un ou deux
« vaisseaux. »

« M. de Martel dit qu'il a eu l'ordre de gagner le vent ;
« qu'il l'a fait et, qu'en ce faisant, il a obligé Bankert à
« prendre la résolution de percer l'escadre de France qui
« était dans ce passage ; qu'il devait périr vu qu'il restait
« encore 21 vaisseaux au vice-amiral et même, que pour
« faire ce qui se devait, dès lors que le vice-ami-
« ral avait vu que l'escadre de Zélande qu'il devait com-
« battre n'était que de 9 vaisseaux, il devait le laisser
« avec sa division pour le combattre et s'en aller avec la
« sienne et celle du chef d'escadre à toutes voiles pour
« joindre le prince Rupert.

« Voilà le fait et les raisons de toutes les parties.

« Il paraît, dans tous ces combats sur mer, que Ruyter
« n'a jamais voulu s'attacher à l'escadre de France et,
« qu'en cette dernière action, il avait détaché les 10 vais-
« seaux de l'escadre de Zélande pour l'amuser. »

Cette action navale fut la dernière de l'année. L'Angleterre fit la paix avec la Hollande au commencement du
mois de février 1674, et Charles II resta neutre à l'égard
de la France.

## ANNÉE 1674.

———

Les Hollandais profitèrent du répit qui leur fut laissé sur mer pendant l'année 1674 pour commettre quelques déprédations sur les côtes de France. Cette mission fut confiée au lieutenant-amiral Tromp. Au mois de septembre, cet officier général débarqua des troupes à Belle-Isle, à Groix et sur les Glenans. Ces détachements brûlèrent les églises ; et après avoir enlevé le peu qu'ils trouvèrent dans ces îles, alors presque inhabitées, ils se rembarquèrent, et l'escadre hollandaise quitta ces parages.

———∘∘°⌀°∘∘———

## ANNÉE 1675.

—

Les vastes manœuvres de la diplomatie de Louis XIV avaient généralement réussi. Presque tous les princes et États du Nord et de l'Allemagne avaient promis à ce monarque leur appui contre la Hollande ; ceux qui n'y avaient point consenti s'étaient astreints à une neutralité complète. Les agents de la France n'avaient échoué qu'à Berlin et à Madrid. L'Espagne avait promis son concours à la Hollande, et elle tint parole ; il n'y eut pas rupture déclarée avec la France, mais elle secourut ses anciens sujets. La conquête de la Franche-Comté par les armées françaises fut la conséquence de cette conduite. La guerre existait alors de fait.

Je ne donnerai pas l'histoire de la révolution à la suite de laquelle eurent lieu les batailles navales qui furent

livrées sous la Sicile ; je dirai seulement que, las du joug
de l'Espagne, les Messinois ayant demandé à Louis XIV
de les prendre sous sa protection, ce monarque consentit à
leur envoyer quelques secours.

Le capitaine chevalier de Valbelle partit de Toulon avec
6 vaisseaux, 3 brûlots, 1 tartane et une barque chargée de
blé, et mouilla à Messine le 27 septembre 1674. Ce faible
secours n'empêcha pas la disette de se faire sentir bientôt
dans la ville, et après avoir coopéré à la prise de quelques
forts, le capitaine de Valbelle appareilla pour France, le
14 octobre, afin d'aller exposer lui-même au roi la situation de Messine.

Bloqués dans leur ville par les troupes espagnoles, les
Messinois ne tardèrent pas à éprouver la famine la plus
horrible ; le capitaine de Valbelle reçut de nouveau l'ordre
d'aller les ravitailler. Cet officier supérieur partit, le 18
décembre, avec les vaisseaux

Canons.
| | | | |
|---|---|---|---|
| » | *Pompeux*. . . . . . . . . . . | | qu'il commandait. |
| » | *Prudent* . . . . . . . . . . . | | capitaine chevalier de Lafayette. |
| » | *Fortuné*. . . . . . . . . . . | — | Gravier. |
| 50 | *Téméraire* . . . . . . . . . . | — | chevalier de Léry. |
| | *Sage* . . . . . . . . . . . . | — | chevalier de Langeron. |
| » | *Agréable*. . . . . . . . . . | — | chevalier Dally. |

Frégate *Gracieuse*.
3 brûlots.

Cette division se présenta, le 1er janvier 1675, à l'entrée
du détroit de Messine où 23 vaisseaux espagnols et 19 galères, sous les ordres du capitaine général D. Melchior de
la Cueva, se tenaient en croisière. Le capitaine de Valbelle resta tout le jour en vue de l'armée ennemie sans
être inquiété. La journée du lendemain se passa de la même
manière. Cette conduite de l'ennemi le décida à tenter de
forcer le passage pendant la nuit : il ne lui fut en quelque
sorte pas disputé, et la division française put aller mouiller
devant la ville ; les Espagnols se bornèrent à laisser tomber l'ancre à l'entrée du détroit et à la bloquer de ce côté,
ainsi que Messine. Grâce au secours fourni par la garnison

des vaisseaux, les forts de la ville furent bientôt au pouvoir des Messinois ; mais ce succès n'empêcha pas la famine de se faire sentir de nouveau. Un troisième secours fut envoyé. Louis-Victor de Rochechouart, duc de Mortemart et de Vivonne, prince de Tonnay-Charente, pair de France, gouverneur et lieutenant général des provinces de Champagne et de Brie, général de toutes les galères de France et lieutenant général de Sa Majesté ès mers et armées du Levant, nommé vice-roi de Sicile pour la France, parut, le 11 février au matin, avec 9 vaisseaux, 1 frégate et 3 brûlots, à bord desquels 3,500 hommes avaient été embarqués. Un convoi de blé suivait l'escadre. Favorisée par une jolie brise de S.-E., l'armée espagnole mit sous voiles, se rapprocha quelque peu de l'escadre française et se rangea en bataille aux mêmes amures qu'elle ; elle comptait alors 20 vaisseaux (1) et 19 galères. L'escadre française tenait le plus près, bâbord amures, dans l'ordre suivant :

| Canons. | | | |
|---|---|---|---|
| » | *Fidèle* . . . . . . . . | capitaine chevalier de Cogolin. | |
| 70 | *Saint-Esprit* . . . . | — de Vaudricourt. | — 1 brûlot. |
| | | Duquesne, lieutenant général | |
| » | *Aimable* . . . . . . . | capitaine de Labarre. | |
| 50 | *Heureux* . . . . . . | — Labretesche. | |
| » | *Sceptre* . . . . . . . | — Gabaret (Louis). | — 1 brûlot. |
| | | de Vivonne, amiral. | — 1 frégate. |
| » | *Parfait* . . . . . . . | capitaine de Châteauneuf. | |
| » | *Apollon* . . . . . . . | — de Forbin. | |
| » | *Saint-Michel* . . . . | — Preuilly d'Humières, chef d'escadre. | |
| » | *Vaillant* . . . . . . | — de Septêmes. | — 1 brûlot (2). |

Le chef d'escadre Preuilly reçut l'ordre de se placer sous le vent avec sa division pour couvrir le convoi. Mais, jugeant bientôt que les transports ne seraient pas attaqués, le duc de Vivonne fit rallier sa troisième division et com-

---

(1) Boismêlé, *Histoire générale de la marine*, dit 16 vaisseaux. — M. de Lapeyrouse, *Histoire de la marine française*, 17.
(2) MM. E. Sue et de Lapeyrouse, *Hist. de la marine française*, ne donnent que 8 vaisseaux sans brûlots ni frégate, et omettent l'*Apollon*. Ils prétendent en outre que le capitaine Labretesche commandait le *Fortuné* et non l'*Heureux*.

mença le combat. A la première bordée, les Espagnols
virèrent et gouvernèrent au N.-E. sous toutes voiles. La
vue des vaisseaux du commandant de Valbelle, qui dou-
blaient le phare, motivait probablement cette détermination. Sans attendre les ordres du commandant en chef, le
lieutenant général Duquesne signala à sa division de
chasser l'ennemi. Deux des vaisseaux qui sortaient de
Messine, le *Téméraire*, capitaine de Léry, et le *Sage*, capitaine de Langeron, imitèrent cette manœuvre. Après une
poursuite de 4ʰ, pendant lesquelles la canonnade ne dis-
continua pas, le vaisseau espagnol MADONA DEL POPULO, de
44 canons, amena son pavillon. Ne perdant pas de vue que
le but de l'expédition était l'approvisionnement de Messine, le duc de Vivonne fit signal de ralliement, et, le 12,
il entra dans ce port. Le lendemain, il prit possession du
gouvernement. Les Espagnols allèrent mouiller à Naples.
Deux de leurs vaisseaux avaient coulé pendant la nuit qui
avait suivi le combat (1).

---

Le duc de Vivonne ne tarda pas à s'apercevoir que les
forces dont il disposait ne lui permettraient pas de se maintenir en Sicile, et il demanda des renforts qui lui furent envoyés, au mois de mars, par les vaisseaux de :

Canons.
72  *Magnifique*. . . . . . . . . . capitaine chevalier de Monbron Sour-
                                                num.
                                      d'Almeiras (1), lieutenant général.
44  *Sirène*. . . . . . . . . . . . . capitaine chevalier de Tourville.
44  *Comte*. . . . . . . . . . . . .    —      d'Infreville Saint-Aubin.

Avant l'arrivée de cette petite division, le vice-roi arbora

---

(1) Boismêlé, *Hist. générale de la marine*, dit quatre.
(2) Colbert, dans ses dépêches, et Boismêlé, dans son *Histoire de la marine*,
écrivent *Almeras*. La relation officielle dit *Almeiras*. C'est ainsi, du reste, que
le nom de cet officier général est orthographié dans la liste des officiers choisis
par le roi pour servir sur ces vaisseaux.

son pavillon sur le *Sceptre* et mit sous voiles avec une partie de l'escadre pour aller brûler les vaisseaux espagnols dans le port de Naples. Après quelques jours de croisière, il rentra à Messine sans avoir même paru devant la baie de Naples.

Pendant cette courte sortie, le *Téméraire*, de 50 canons, capitaine de Léry, et la *Sirène*, de 44, capitaine de Tourville, avaient été envoyés dans le golfe de Venise pour empêcher que les ennemis ne fissent passer des troupes par mer dans la Pouille. Ayant appris en route que ces troupes avaient été déjà débarquées et que les navires qui les avaient portées s'étaient retirés à Barbette, ces deux officiers résolurent d'aller les y attaquer. Ils mouillèrent à portée de fusil des fortifications de la ville, et, après une canonnade fort vive, un vaisseau vénitien de 50 canons et une frégate espagnole de 20 furent enlevés par les embarcations des deux vaisseaux français. Un second bâtiment espagnol fut brûlé le lendemain. Les deux capitaines allèrent ensuite à Raguse pour menacer les jurats du courroux de la France, s'ils continuaient à fournir des marins et des vivres aux Espagnols. En rentrant à Messine avec la frégate la *Gracieuse*, capitaine Gassonville, la petite division fut prise de calme plat, et le courant entraîna les vaisseaux et les frégates dans des directions différentes. Grâce aux galères qui étaient arrivées depuis quelques jours, les vaisseaux et l'ex-frégate espagnole purent atteindre Messine, mais la *Gracieuse* fut portée sous Reggio. Le 21 juin, à la pointe du jour, 10 galères espagnoles l'attaquèrent et l'enlevèrent. Profitant d'un vent favorable qu'ils attendirent une semaine entière avec impatience, les capitaines de la *Sirène* et du *Téméraire* se dirigèrent, le 28, sur Reggio, et les deux vaisseaux ouvrirent de suite leur feu sur la citadelle. Pendant ce temps, un brûlot dirigé par le capitaine Serpaut fut lancé sur la *Gracieuse*, accrocha cette frégate et l'incendia, ainsi que 14 navires qui se trouvaient dans le port. Le feu se propagea à terre et gagna une poudrière dont l'explosion fit sauter une partie des fortifications. La consternation produite par cet événement fut telle, que Tourville assura qu'il eût pris la ville s'il avait eu quelques troupes.

Lorsque la ville de Messine s'était soulevée, l'Espagne, aux termes d'un traité conclu en 1673 avec les Provinces-Unies, avait réclamé l'appui des forces navales de cette ré-publique. Après quelques délais, leurs Hautes Puissances, qui étaient en paix avec l'Angleterre depuis le mois de février 1674, avaient consenti à envoyer une escadre dans la Méditerranée; le commandement en avait été donné au lieutenant-amiral général Adrianz de Ruyter. Cet officier général avait reçu l'ordre de se rendre à Melazzo, en Si-cile, et de se ranger sous le commandement du prince de Piombino, général des galères d'Espagne, ou, en son ab-sence, de prendre ses instructions de D. André d'Avola, prince de Montesarchio, général de l'armée navale d'Es-pagne. L'escadre des États ne trouva qu'un vaisseau espa-gnol à Melazzo; le prince de Montesarchio était à Palerme; le vice-amiral de Haan alla l'y trouver avec une partie de l'escadre hollandaise.

L'inaction dans laquelle le duc de Vivonne vivait depuis son arrivée avait considérablement refroidi l'ardeur qui avait porté les Messinois à se jeter dans les bras de la France. En effet, si l'on excepte une expédition contre Me-lazzo, le vice-roi s'était borné à occuper Messine, et, comme l'écrivait un des capitaines de l'escadre (1), il restait dans un assoupissement qui n'était ni paix, ni guerre, ni trêve. L'arrivée de Ruyter tira le vice-roi de sa torpeur. Sur l'avis du conseil de marine, qui insista sur la né-cessité d'avoir un port dans le Sud du détroit, il se décida à

---

(1) Lettre du chevalier de Valbelle au ministre de la marine.

attaquer la ville d'Agosta, située à 90 lieues dans le Sud de Messine. Le 15 août, il mit sous voiles avec 29 vaisseaux, 24 galères et 12 brûlots, et arriva le 17 devant ce port.

La ville d'Agosta est élevée d'environ 10 mètres au-dessus du niveau de la mer; une pente douce y conduit du rivage. Un parapet en terre, d'un peu plus d'un mètre d'épaisseur, la protége de ce côté; la partie Nord est défendue par un fossé et par un ouvrage à couronne. La citadelle, de forme carrée et commandée par la ville, s'élève un peu plus dans les terres. La rade est spacieuse et bien abritée, malgré la grandeur de son ouverture. Les débarquements y sont faciles, car, sur plus d'un demi-mille, une plage plate, la seule, il est vrai, qui ne soit pas bordée de rochers, n'offre d'autre obstacle qu'un petit muretin en pierres sèches, en forme de retranchement, dans l'eau. Trois batteries élevées sur le rivage, deux au fond à gauche, et la troisième à l'entrée, du côté opposé, battent la rade.

Contrarié par le vent, le duc de Vivonne expédia les galères en avant et désigna six vaisseaux pour éteindre le feu de la tour d'Avalas qui défend l'entrée de la rade. Ces vaisseaux étaient :

Canons.
| 44 | Sirène | capitaine chevalier de Tourville. |
| » | Fidèle | — chevalier de Cogolin. |
| » | Apollon | — de Forbin. |

et trois autres dont la relation officielle ne désigne que les capitaines; c'étaient MM. Gabaret, de Cou et de Lamothe (1). Un changement dans la direction du vent permit à l'armée entière d'entrer dans la baie et d'y laisser tomber l'ancre. Les vaisseaux du capitaine de Tourville entrèrent cependant les premiers, et ils remplirent parfaite-

---

(1) Ces trois vaisseaux devaient être le Sceptre, que le capitaine Gabaret commandait au mois de janvier de la présente année ; l'Éclatant, que l'on voit placé sous les ordres du capitaine de Cou, en janvier de l'année suivante, et le Brusque, commandé par le capitaine de Lamothe, au mois d'avril 1676.

ment leur mission. Quelques troupes dirigées par le lieutenant de vaisseau de Coëtlogon firent capituler la batterie de l'entrée. L'avant-garde de l'armée eut mission de canonner les batteries Victoria et Piccolo placées à gauche; le corps de bataille et l'arrière-garde dirigèrent leurs boulets sur la ville. Un débarquement fut effectué sous ce feu protecteur. Les deux batteries furent enlevées par le capitaine de galères de Labretesche et le lieutenant de vaisseau Pallas, tandis qu'un détachement d'infanterie de marine marchait sur la ville sous la conduite du lieutenant général d'Almeiras et du chef d'escadre des galères de Manse. Agosta capitula. Après avoir réparé les dommages causés par l'artillerie des vaisseaux, avoir élevé quelques nouvelles fortifications et avoir établi une garnison, en grande partie composée d'habitants que la domination espagnole avait aigris, le duc de Vivonne retourna à Messine, laissant quatre vaisseaux à Agosta pour compléter la défense de la rade (1).

Au mois d'octobre, le duc de Vivonne, qui venait d'être élevé à la dignité de maréchal de France, expédia le lieutenant général Duquesne en France avec 20 vaisseaux pour chercher les vivres nécessaires à la subsistance des Messinois, car, après une année d'occupation, la France était encore obligée de nourrir Messine. Ces vaisseaux avaient à peine pris le large que, le 24, 15 vaisseaux espagnols, 3 brûlots et 9 galères mouillèrent sur la côte de Calabre. Le lieutenant général d'Almeiras reçut l'ordre d'aller les attaquer avec les 8 vaisseaux et les 2 frégates qui étaient restés à Messine. Les Espagnols ne l'attendirent pas. La division française leur donna la chasse jusqu'à Melazzo et rentra ensuite à Messine.

(1) Boismêlé, *Hist. générale de la marine*, fait erreur en disant que le lieutenant général Duquesne commandait cette expédition. Le rapport du vice-roi constate qu'il la dirigeait en personne.

## ANNÉE 1676.

---

Craignant que les lenteurs et les tergiversations du prince de Montesarchio ne finissent par donner aux vaisseaux expédiés en France le temps de revenir, le lieutenant-amiral général Ruyter rappela le vice-amiral de Haan et, le 2 janvier, il mit sous voiles avec 18 vaisseaux, 6 frégates, 4 brûlots et 2 navires de charge (1), plus 9 galères commandées par D. Bertrand de Guevarra, lieutenant et directeur général des galères de Naples. Il confia l'avant-garde au contre-amiral Verschoor et l'arrière-garde au vice-amiral de Haan. L'intention de Ruyter était de passer le détroit et de s'établir en croisière dans le Sud de la Sicile. Mais, contrarié par le calme et ayant appris qu'un grand nombre de voiles avaient été aperçues à la hauteur des îles Lipari, il resta devant Melazzo. Ces voiles n'étaient autres que l'armée navale de France qui, sous les ordres du lieutenant général Duquesne, était chargée de l'escorte d'un convoi de vivres pour Messine. Le 7 janvier, au matin, l'amiral hollandais se dirigea sur l'armée française qui tenait le plus près, tribord amures, avec une jolie brise du S.-S.-O. A 3ʰ de l'après-midi, il serra le vent à ces mêmes amures, mais hors de portée de canon. Le vent joua du S.-S.-E. au O.-N.-O. pendant la nuit. Le commandant en chef de l'armée française sut profiter de ces variations et, le 8, au point du jour, il était au vent des Hollandais. Son parti fut de suite pris ; il signala au

---

(1) Gérard Brandt, *Vie de Ruyter*. — M. de Lapeyrouse, *Hist. de la marine française*, dit 19 vaisseaux, 4 frégates, 1 brûlot et 2 navires de charge.

convoi de faire route pour sa destination et, à 9 heures, il laissa arriver sur l'ennemi avec un ensemble tel, que Ruyter déclara « *n'avoir jamais vu de combat où les ennemis eussent arrivé dans un meilleur ordre* (1). » Voici la disposition des vaisseaux français :

| Canons. | | | |
|---|---|---|---|
| » | *Prudent*............ | capitaine | chevalier de Lafayette. |
| » | *Parfait*.......... | — | de Châteauneuf. |
| » | *Saint-Michel*......... | — | marquis Preuilly d'Humières, chef d'escadre. |
| » | *Fier*............ | — | de Chabert. |
| » | *Mignon*........... | — | de Relingue. |
| » | *Assuré*........... | — | de Villette Mursay. |
| | 2 brûlots. | | |
| 50 | *Sage*............ | — | chevalier de Langeron. |
| 44 | *Sirène*........... | — | chevalier de Béthune. |
| » | *Pompeux*.......... | — | chevalier de Valbelle, chef d'escadre. |
| 70 | *Saint-Esprit*......... | — | — Duquesne, lieutenant général. |
| » | *Sceptre*.......... | capitaine | chevalier de Tourville, chef d'escadre. |
| » | *Éclatant*.......... | — | de Cou. |
| 50 | *Téméraire*......... | — | chevalier de Léry. |
| » | *Aimable*.......... | — | de Labarre. |
| | 2 brûlots. | | |
| » | *Vaillant*.......... | — | chevalier de Septêmes. |
| » | *Apollon*.......... | — | chevalier de Forbin. |
| » | *Grand*........... | — | de Beaulieu. |
| » | *Sans-pareil*......... | — | Gabaret (Louis), chef d'escadre. |
| » | *Aquilon*.......... | — | de Villeneuve-Ferrières. |
| 72 | *Magnifique*......... | — | Gravier. |
| 2 brûlots. | | | |

Le combat commença à 10[h] entre les avant-gardes des deux armées, rangées en bataille, les amures à tribord entre les îles Stromboli et Salini ; la ligne entière ne tarda pas à être engagée. Pressées avec vigueur, les deux premières escadres de l'armée ennemie plièrent incessamment. L'arrière-garde, qui tenait toujours à son poste primitif, pouvait alors être facilement prise entre deux feux. Le commandant en chef signala au chef d'escadre de Tourville

---

(1) Gérard Brandt, *Vie de Ruyter*.

d'exécuter cette manœuvre avec les trois vaisseaux qui le suivaient ; mais le calme qui survint y mit obstacle et les galères purent dégager cette arrière-garde qui continua de combattre jusqu'à la nuit, bien que le feu eût cessé à 4ʰ 30ᵐ sur les autres parties de la ligne. L'armée hollandaise se dirigea sur Palerme ; les Français restèrent sous Stromboli où, le 10 au matin, ils furent rejoints par la division du lieutenant général d'Almeiras avec laquelle ils entrèrent à Messine.

Les pertes étaient considérables de part et d'autre et les vaisseaux très-maltraités. Les Hollandais avaient à regretter la mort du contre-amiral Verschoor. Le lieutenant-amiral général Ruyter, dans son rapport, dit que le vaisseau FRESNE coula avant d'avoir pu atteindre le port (1). Le capitaine français Villeneuve Ferrières avait perdu la vie. Le lieutenant général Duquesne, le chef d'escadre de Valbelle et le capitaine Chabert étaient blessés.

Quoique cette bataille n'eût rien de décisif, on peut cependant la considérer comme ayant été gagnée par les Français, puisqu'ils purent entrer à Messine et remplir leur mission. Les Espagnols publièrent que les Français avaient été complétement battus.

Une partie de la tactique de cette bataille consista dans le jeu des brûlots ; on tenait plus alors à détruire les vaisseaux qu'à les prendre.

Un point remarquable de la tactique de l'époque se trouve dans l'opiniâtreté des manœuvres pour se placer au vent. Le combat commençait rarement sans avoir été précédé d'évolutions nombreuses faites dans ce but, et souvent il finissait parce qu'on était sur le point de perdre cette position. Les rapports des officiers les plus distingués en mentionnent tous l'importance.

---

(1) Boismélé, *Hist. générale de la marine*, prétend que les Hollandais perdirent trois vaisseaux.

Quelques fautes furent commises à cette bataille; le
lieutenant général Duquesne, les chefs d'escadre Gabaret
et Preuilly d'Humières les imputèrent aux capitaines, particulièrement aux capitaines des brûlots.

Toutefois, les Français montrèrent que, conduits par
un chef habile, ils pouvaient lutter contre la première
puissance maritime du monde. Et cependant, le lieutenant
général Duquesne se plaignit au ministre de la marine du
peu de connaissances tactiques que possédaient les officiers français et il lui signala leur infériorité à l'égard des
Hollandais. Il demanda l'appui du roi pour réduire les
capitaines et les officiers à la stricte observation de leurs
devoirs.

Voici sa lettre :

« Je vous avouerai ici, Monseigneur, que les officiers et
« capitaines qui n'ont servi qu'ès mers du Levant, ne sont
« pas intelligents à l'observation des ordres de marche et
« de bataille, comme il se doit faute de l'avoir exercée et
« même, pour n'avoir pas cette expérience, ils ont peine
« de l'approuver, ce que nous reconnaissons être aux Hol-
« landais l'avantage qu'ils ont sur nous de naviguer pres-
« que de tous temps, notamment en présence de l'ennemi,
« jour et nuit en bataille; aussi, ils évitent les abordages
« entre eux, ce à quoi l'on est trop sujet parmi les vais-
« seaux du roi. Si Sa Majesté me fait l'honneur de me
« continuer le commandement de ses armées, je suis
« obligé de lui demander une forte protection pour ré-
« duire ces officiers et capitaines à la stricte observa-
« tion de cet exercice de marine et même, quand il es-
« chera d'être en mer l'hiver, en présence des ennemis,
« d'avoir agréable que j'indique les vaisseaux et les capi-
« taines propres à tels services qui seront d'autant plus
« agréables à Sa Majesté, car souvent peu de vaisseaux,
« même un seul, qui sera méchant à la bouline, obligera
« une armée à perdre l'avantage du vent ou à l'abandon-
« ner; et, quoique dans le grand nombre des vaisseaux

« du roi, il ne se peut éviter qu'il y en ait de moins bons
« voiliers les uns que les autres, ils ne seront pas inutiles
« cependant, si on les emploie à ce à quoi ils seront pro-
« pres. (1) »

Signé DUQUESNE.

Quelques mois plus tard, le 6 mai, cet officier général
disait dans son rapport sur la bataille d'Agosta :

« J'espère que dans peu, Sa Majesté aura la satisfaction
« de voir sa marine en réputation, si elle a agréable de la
« purger de quelques esprits brouillons et autres merce-
« naires qui causent de la division dans le corps; au reste,
« il y a de très-braves gens qui commencent à avoir de
« l'application et de qui on doit tout espérer. Il y en a
« quelques-uns accoutumés au libertinage quand ils sont
« dans les rades et dans les ports et qui ne sont pas assez
« exacts à l'observation des signaux et ordres de marche
« pour éviter les abordages, à moins d'une sévérité extra-
« ordinaire de laquelle je suis obligé de me servir avec
« regret, afin d'éviter d'être contraint de donner pour
« excuse un manquement à l'exécution de mes ordres dans
« une occasion importante. »

Cependant l'époque fixée pour la rentrée de l'escadre
des États dans les ports de Hollande était arrivée, et l'a-
miral espagnol restait toujours dans l'inaction. Ruyter
mit sous voiles le 22 janvier; mais alors qu'il se disposait
à sortir de la Méditerranée, il reçut l'avis que de nouvelles négociations étaient entamées pour la prolongation
de son séjour dans ces parages, et l'autorisation de rester
en Sicile. Le 20 mars, il rallia l'escadre espagnole à Palerme. Le vice-roi pour l'Espagne se décida alors à diri-

---

(1) *Ministère de la marine. Dépôt des cartes et plans.*

ger contre Messine une attaque par terre et par mer.
L'armée navale hispano-batave, forte de 27 bâtiments
de guerre dont 10 vaisseaux espagnols, entra le 27 dans
le détroit et laissa tomber l'ancre sur la côte de Calabre;
l'espoir d'attirer au large les vaisseaux français dont les
équipages prêtaient un grand secours aux troupes de
terre, fit bientôt prendre à son commandant en chef le
parti d'aller mouiller dans la baie d'Agosta. Le lendemain, il tenta, mais vainement, d'incendier la *Sirène* qui
se trouvait dans ce port. Dès que le mouvement de l'ennemi fut connu, le duc de Vivonne ordonna au lieutenant
général Duquesne de mettre sous voiles pour aller le
combattre. Averti à temps, l'amiral espagnol ne l'attendit
pas à l'ancre; il appareilla et, le 22 avril au matin, les
deux armées se trouvèrent en présence, mais sans qu'elles
pussent agir, car le vent tomba entièrement. La *Sirène*,
qui avait immédiatement quitté son mouillage, avait pu
cependant rallier la sienne. La brise, en s'élevant plus tard
au S.-S.-E., plaça les Français sous le vent; ils prirent le
plus près, tribord amures. A 3ʰ l'ennemi fit la même manœuvre, mais il se maintint à grande distance. Le lieutenant-amiral général Adrianz de Ruyter commandait l'a-
vant-garde; le vice-amiral Don Francisco Pereira Freire
de la Cerda était au centre et le vice-amiral Haan à l'arrière-garde. La faiblesse de la brise empêcha les deux
armées de se rapprocher assez pour commencer le combat
avant 4ʰ du soir. Voici la liste des vaisseaux français (1) :

---

(1) M. E. Sue et après lui M. de Lapeyrouse ont publié, dans leur *Histoire de
la marine française*, un ordre de bataille que je crois erroné : 1° Le lieutenant général d'Almeiras commandait l'avant-garde et non l'arrière-garde, ainsi
qu'ils le prétendent. 2° Duquesne était au corps de bataille sur le *Saint-Esprit*;
ils placent ce vaisseau à l'arrière-garde et le remplacent par le *Sans-pareil*.
3° Le *Saint Michel* était le matelot d'arrière du commandant en chef, et ces deux
historiens donnent à ce vaisseau un poste à l'arrière-garde. 4° Enfin, ils omettent
le *Fidèle*, et cependant le capitaine de ce vaisseau fut blessé. Tout cela est écrit
dans le rapport du commandant en chef et dans l'enquête qui fut faite après la
bataille.

Canons.
| | | | |
|---|---|---|---|
| » | *Fidèle* . . . . . . | capitaine | chevalier de Cogolin. |
| 50 | *Heureux* . . . . . . | — | Labretasche. |
| » | *Vermandois* . . . | — | Tambonneau. |
| » | *Lys* . . . . . . . . | — | Gentet. |

d'Almeiras, lieutenant général.

| | | | |
|---|---|---|---|
| 72 | *Pompeux* . . . . . | capitaine | chevalier de Valbelle, chef d'escadre. |
| » | *Magnifique* . . . . | — | Gravier. |
| » | *Apollon* . . . . . . | — | chevalier de Forbin. |
| » | *Cheval marin* . . | — | Saint-Aubin. |
| » | *Trident* . . . . . . | — | chevalier de Bellefontaine. |

2 brûlots.

| | | | |
|---|---|---|---|
| » | *Grand* . . . . . . | — | de Beaulieu. |
| » | *Fier* . . . . . . . | — | de Chabert. |
| » | *Agréable* . . . . . | — | chevalier Dally. |
| » | *Sceptre* . . . . . . | — | chevalier de Tourville, chef d'escadre. |
| 70 | *Saint-Esprit* . . . | — | — |

Duquesne, lieutenant général.

| | | | |
|---|---|---|---|
| » | *Saint-Michel* . . . | capitaine | Preuilly d'Humières, chef d'escadre. |
| » | *Assuré* . . . . . . | — | de Villette-Mursay. |
| 50 | *Téméraire* . . . . | — | chevalier de Léry. |
| 50 | *Sage* . . . . . . . | — | chevalier de Langeron. |
| » | *Brusque* . . . . . | — | de Lamothe. |
| 44 | *Sirène* . . . . . . | — | chevalier de Béthune. |
| » | *Éclatant* . . . . . | — | de Crui. |
| » | *Aimable* . . . . . | — | de Labarre. |
| » | *Fortuné* . . . . . | — | marquis d'Amfreville. |
| » | *Sans-Pareil* . . . | — | Gabaret (Louis), chef d'escadre. |
| » | *Prudent* . . . . . | — | commandeur de Lafayette. |
| » | *Aquilon* . . . . . . | — | de Montreuil. |
| » | *Vaillant* . . . . . | — | Septèmes. |
| » | *Joli* . . . . . . . | — | Belile-Erard. |
| » | *Mignon* . . . . . | — | de Relingue. |

Quoique l'avant-garde hollandaise se fût plus rapprochée des Français que le reste de l'armée ennemie, elle
commença le feu la dernière, mais le combat y devint
bientôt des plus meurtriers. La canonnade fut si nourrie
que Ruyter avança qu'il n'eût pas été possible de tirer
plus vite avec des mousquets. Le lieutenant général d'Almeiras fut tué après une heure de lutte acharnée. Les avaries du *Lys*, que cet officier général montait, forcèrent le
capitaine Gentet à sortir de la ligne. Le chef d'escadre de
Valbelle ayant été informé de la mort du lieutenant général d'Almeiras assez tôt pour donner les instructions nécessaires au maintien de l'ordre (1), la manœuvre du

(1) C'est à tort que Boismélé, *Hist. générale de la marine,* a écrit que la mort

*Lys* ne fut pas imitée par les autres vaisseaux. Le *Fidèle* seul, dont le capitaine quoique blessé s'était fait porter sur le pont, ayant eu sa barre de gouvernail brisée, sortit de la ligne; mais il y rentra peu de temps après. Le vaisseau hollandais le MIROIR, capitaine Sbey, perdit son grand mât de hune et sa vergue de misaine; il fut retiré du feu et remorqué à Syracuse par une galère; le DAMIETTE, capitaine Uitterwych, l'y suivit de près. Le LION, capitaine Styrum, fit aussi route pour ce port. Le lieutenant-amiral général Ruyter voulut alors rallier le corps de bataille; mais il ne put réussir à faire virer son vaisseau et masqua toutes ses voiles. Le mouvement d'acculée qui résulta de cette manœuvre le mit par le travers du corps de bataille de l'armée française dont il eut à soutenir le feu. Loin de manœuvrer pour venir en aide à son avant-garde, et quoique Ruyter lui eût envoyé un canot pour lui faire connaître sa situation, l'amiral espagnol n'avait cessé de serrer le vent et avait combattu à grande distance. Il ne se rapprocha que lorsque l'avant-garde chercha à virer de bord; il faisait presque nuit quand il rejoignit cette escadre. L'arrière-garde, en grande partie hollandaise, dut imiter la manœuvre du corps de bataille, et elle ne put engager sérieusement le combat que lorsque le commandant en chef se décida à laisser arriver. A 7ʰ c'est-à-dire après 5ʰ de combat, l'armée ennemie, fort maltraitée, fit route pour Syracuse. Un événement d'une haute importance, et qui ne fut connu que plus tard, avait eu lieu à l'avant-garde hollandaise. Une heure environ après le commencement de la bataille et à peu près au moment où le lieutenant général d'Almeiras perdait la vie, Ruyter avait reçu à la jambe une blessure grave qui l'avait fait

du lieutenant général d'Almeiras ne fut pas connue et que l'avant-garde resta sans direction. Le rapport officiel dit positivement que le chef d'escadre de Valbelle donna des ordres et, entre autres, celui de remplacer le capitaine du *Vermandois*.

tomber de la dunette sur le pont; cette chute lui avait occasionné une autre blessure à la tête.

Du côté des Français, en outre du lieutenant général d'Almeiras, les capitaines Tambonneau et de Cou avaient été tués; les capitaines de Cogolin, de Labarre et de Béthune étaient blessés. Plusieurs vaisseaux avaient de grandes avaries; il fallut donner une remorque au *Lys* et à l'*Aimable* (1). Le chevalier de Valbelle conserva le commandement de l'avant-garde et le marquis de Laporte garda le *Vermandois*, sur lequel il avait remplacé, pendant le combat même, le lieutenant Cyprien Serraire, qui avait pris le commandement à la mort du capitaine Tambonneau. Le chevalier de Coëtlogon fut nommé au commandement de l'*Éclatant* à la place du lieutenant Saint-Germain, qui avait momentanément remplacé le capitaine de Cou.

Le lieutenant général Duquesne se présenta, le 25, devant Syracuse pour défier l'amiral espagnol; celui-ci n'en tint aucun compte. Cette nuit-là même, l'armée reçut un coup de vent d'Ouest qui fit prendre au commandant en chef le parti d'aller mouiller à Agosta, où il reçut l'ordre de rentrer à Messine. Le 29, il s'approcha encore de Syracuse; l'armée hispano-batave ne bougea pas davantage. C'est que, ce jour-là, la tristesse était dans tous les cœurs et sur tous les visages, surtout à bord des bâtiments hollandais : Ruyter venait de mourir de ses blessures !

La conduite des Espagnols fut taxée de lâcheté par les Hollandais, qui seuls, pour ainsi dire, avaient combattu à la bataille d'Agosta. Cette conduite semblait, au reste, avoir été prévue par Ruyter; cet officier général avait demandé, mais inutilement, que les vaisseaux fussent tous placés dans la même escadre.

---

(1) Le commandant en chef écrivit qu'il était important que S. M. fût informée que tous ses vaisseaux seraient hors d'état de naviguer avant l'été suivant, à cause de la grande quantité de boulets qu'ils avaient reçus dans leurs gros mâts et grandes vergues, et qu'il y en avait qui faisaient beaucoup d'eau.

I.                                               11

La conduite des capitaines français fut belle et exempte de blâme, dit l'enquête qui fut faite sur cette bataille ; l'ordre y fut parfait et la discipline bien observée. Cependant le chef d'escadre de Valbelle avoua que, croyant pouvoir envelopper l'amiral hollandais, il avait tenté un virement de bord sans en avoir reçu l'ordre, mais qu'il n'avait pas réussi. « *L'espoir d'être fait lieutenant général et la certitude d'être pardonné*, écrivait-il au ministre, *me firent oublier un instant mon devoir.* » M. de Valbelle était coutumier du fait, si j'ai bonne mémoire.

———

Quelques jours après la mort de Ruyter, l'armée navale hispano-batave alla mouiller à Palerme ; l'amiral général D. Diego Harra commandait en chef. Le vice-amiral de Haan avait pris le commandement des vaisseaux hollandais et, sous lui, les capitaines Kallembourg et Middelandt faisaient fonction de vice-amiral et de contre-amiral.

L'inaction dans laquelle restait le duc de Vivonne avait déterminé Louis XIV à lui écrire avec sévérité. Désireux de retourner en France, le maréchal voulut se réhabiliter dans l'opinion publique avant de quitter la Sicile, et il résolut d'aller attaquer l'armée ennemie dans le port même où elle s'était retirée. A cet effet, il appareilla de Messine, le 28 mai, et arriva, le 31, devant Palerme avec une armée dont voici la composition :

Canons.

| | | | |
|---|---|---|---|
| » | *Fortuné* . . . . . . | capitaine | marquis d'Amfreville. |
| » | *Aimable* . . . . . | — | de Labarre. |
| » | *Joli* . . . . . . . . | — | de Belile-Erard. |
| » | *Grand* . . . . . . | — | de Beaulieu. |
| » | *Éclatant* . . . . . | — | chevalier de Coëtlogon. |
| 70 | *Saint-Esprit* . . . | — | — |
| | | | Duquesne, lieutenant général. |
| » | *Mignon* . . . . . . | capitaine | de Relingue. |
| » | *Parfait* . . . . . . | — | Duquesne fils. |
| » | *Aquilon* . . . . . . | — | de Montreuil. |
| » | *Vaillant* . . . . . | — | de Septêmes. |
| | 3 brûlots. | | |
| » | *Agréable* . . . . . | — | chevalier Dally. |
| 50 | *Téméraire* . . . . | — | chevalier de Léry. |

| 44 | Sirène | . . . . . . capitaine | chevalier de Béthune. |
| » | Pompeux. | . . . . — | chevalier de Valbelle, chef d'escadre. |
| » | Sceptre. | . . . . . . — | chevalier de Tourville, chef d'escadre. |
| | | maréchal | duc de Vivonne. |
| » | Saint-Michel. | . . . capitaine | marquis Preuilly d'Humières, chef d'escadre. |
| » | Assuré | . . . . . . — | chevalier de Villette-Mursay. |
| » | Brusque. | . . . . . . — | de Lamothe. |
| » | Fier. | . . . . . . . — | de Chabert. |
| 50 | Sage. | . . . . . . . — | marquis de Langeron. |
| | 3 brûlots. | | |
| 50 | Heureux | . . . . . — | Labretesche. |
| » | Apollon. | . . . . . . — | chevalier de Forbin. |
| » | Trident. | . . . . . — | chevalier de Bellefontaine. |
| » | Sans-Pareil | . . . — | Châteauneuf. |
| » | Lys. | . . . . . . . — | Gabaret (Louis), chef d'escadre. |
| 72 | Magnifique. | . . . — | Gravier. |
| » | Vermandois | . . . — | marquis de Laporte. |
| » | Prudent. | . . . . . — | commandeur de Lafayette. |
| » | Fidèle | . . . . . — | chevalier de Cogolin. |
| | 3 brûlots. | | |

25 galères sous les ordres des chefs d'escadre de Labrossardière et de Manse.

Palerme qui avait autrefois, avec Messine, le droit de posséder le vice-roi de Sicile pendant six mois de l'année, est placée au fond d'une baie dont l'ouverture regarde le Nord. Cette ville, d'une lieue et demie de circonférence, était à peine défendue par une muraille en mauvais état, droite, sans angles saillants ni rentrants. Son château, à quatre bastions, situé sur le bord de la mer, avait ses remparts transformés en jardins et en promenades. Le port était fermé par un môle à angle droit s'avançant d'environ 800 mètres vers l'Est et de 400 vers le Sud. Un phare et une batterie de 10 pièces étaient placés à son extrémité. Les chefs d'escadre de Tourville et Gabaret, le capitaine de Langeron et le chevalier de Chaumont, major des vaisseaux, reçurent l'ordre d'aller reconnaître la force et la position de l'ennemi ; cette reconnaissance se fit sous le feu des vaisseaux hollandais et espagnols. L'armée ennemie comptait 27 vaisseaux, 4 brûlots et 19 galères. Les vaisseaux étaient mouillés en demi-cercle à l'entrée du port, la gauche appuyée sur le môle et sa batterie, le centre couvert par le château et la droite protégée par les fortifications de la ville. Les galères étaient dans les inter-

valles et sur les ailes. Il fut de suite arrêté en conseil que
le chef d'escadre Preuilly d'Humières attaquerait d'abord
la droite avec les vaisseaux le *Saint-Michel*, le *Sans-Pareil*,
le *Fortuné*, l'*Agréable*, le *Grand*, le *Brusque*, le *Sage*,
l'*Éclatant* et le *Téméraire*, 7 galères et 5 brûlots. Favo-
risé par une jolie brise de N.-E., ce chef d'escadre mouilla
à moins d'une encâblure de l'ennemi et fit de suite commencer le feu. Le vent venant du large, l'effet des brûlots
pouvait être considéré comme certain. Il parut, en effet,
si peu douteux que, pour les éviter, les vaisseaux attaqués
coupèrent leurs câbles et allèrent s'échouer au fond de la
baie. Cette manœuvre ne pouvait que favoriser l'emploi
des machines incendiaires. Poussés par une brise fraîche,
les brûlots les suivirent et en accrochèrent plusieurs.
L'armée entière attaqua alors le corps de bataille et l'aile
gauche de l'ennemi avec une vigueur telle, qu'après une
heure de combat ces vaisseaux coupèrent leurs câbles pour
se mettre en dedans du môle où ils s'échouèrent pêle-
mêle. Le maréchal de Vivonne profita de ce désordre
pour faire lancer le reste des brûlots; cet ordre fut exécuté avec précision. Le feu se communiqua aux gréments
de presque tous les bâtiments, et la ville de Palerme fut
elle-même menacée d'être incendiée. Le vaisseau de 68 canons Steenberg, capitaine Middelandt, fut accroché par
un brûlot et, abordant lui-même la Liberté de 50, capitaine Brederode, et le Leide de 36, capitaine Van Abkoude,
il les fit sauter avec lui. Le vaisseau amiral espagnol
N. D. del Pillar, de 70 canons, le San Antonio et le
San Félipe, de 50, le San Salvador, de 40, furent incendiés, ainsi que deux galères. Les pertes en hommes étaient
considérables. L'amiral général D. Diego Harra et le vice-
amiral de Haan avaient été tués; le capitaine Middelandt
s'était noyé. Le maréchal de Vivonne estimant ce résultat
suffisamment satisfaisant, fit route, le 6 juin, pour Messine, en passant par le Sud. Chemin faisant, les galères canonnèrent le petit fort de Roca et le détruisirent.

Quelque brillante qu'eût été cette affaire, les suites pouvaient en être bien autrement désastreuses pour les ennemis de la France, si le duc de Vivonne ne s'était pas tant hâté de retourner à Messine. 7 vaisseaux hollandais ou espagnols seulement sur 27 étaient détruits ; les autres étaient entassés en dedans du môle ou échoués à la côte ! Mais le maréchal pensait que tous les moments enlevés aux plaisirs étaient autant d'heures perdues dans la vie, et il se souciait fort peu de l'avenir.

A quelque temps dé là, le lieutenant général Duquesne fut de nouveau envoyé en France pour chercher des troupes et des vivres. Cet officier général était de retour au milieu du mois d'août.

Pendant le reste de l'année, l'armée navale fut employée à canonner quelques places du littoral, mais ces attaques ne furent jamais poussées jusqu'à une prise de possession.

———

Au commencement de cette année 1676, le vice-amiral d'Estrées proposa au roi de diriger une expédition contre les colonies hollandaises de l'Amérique. Son projet fut adopté, mais avant que l'exécution en eût été ordonnée, les Hollandais prirent l'initiative et, plus heureux qu'ils ne l'avaient été au mois de juillet 1674 dans une attaque dirigée par Ruyter contre la Martinique, ils enlevèrent la ville de Cayenne au mois de mars. Le vice-amiral Binkes se dirigea ensuite sur Tabago, dont il s'empara aussi, et commit toutes sortes de déprédations sur cette île. Il agit de même à l'égard des îles de Marie-Galante et de Saint-Domingue. La division hollandaise fut rencontrée près de la Guadeloupe par le vaisseau français l'*Apollon*, capitaine marquis de Grancey. Ses vaisseaux étaient tellement encombrés des dépouilles des colonies françaises, qu'ils se laissèrent canonner pendant plusieurs heures sans riposter.

———

La nouvelle des exactions commises par les Hollandais dans les colonies de l'Ouest fit hâter le départ du vice-amiral d'Estrées. Cet officier général partit de Brest le 6 octobre avec une division composée des vaisseaux :

Canons.

| | | | |
|---|---|---|---|
| | *Glorieux* . . . . . . . . . . . . . | capitaine | de Méricour. |
| | | | comte d'Estrées, vice-amiral. |
| 50 | *Fendant* . . . . . . . . . . . . . | capitaine | comte de Blénac. |
| | *Précieux* . . . . . . . . . . . . | — | Mascarany. |
| | *Intrépide* . . . . . . . . . . . . | — | Gabaret jeune. |
| | *Marquis* . . . . . . . . . . . . . | — | de Lhézine. |
| » | *Laurier* . . . . . . . . . . . . | — | Pannetier. |
| » | *Soleil d'Afrique* . . . . . . . . | — | Grand-Fontaine. |

Et des frégates *Fée* et *Friponne*.

Le 8 décembre, la division arriva devant Cayenne et, le 17, les frégates et les petits vaisseaux ayant été embossés devant les batteries, 800 soldats et marins conduits par les capitaines de Blénac, Pannetier et Grand-Fontaine, furent mis à terre dans l'anse Miret ; le vice-amiral d'Estrées prit le commandement supérieur de l'expédition. La ville de Cayenne fut reprise, mais ce succès coûta cher aux Français. Les trois capitaines de vaisseau qui commandaient les troupes furent blessés.

---

# ANNÉE 1677.

---

Après avoir repris Cayenne, le vice-amiral d'Estrées se rendit à la Martinique, où il apprit que les Hollandais rassemblaient de grandes forces à Tabago. Le 12 février, il remit à la voile, après avoir pris trois nouveaux bâtiments et plusieurs compagnies d'infanterie à la Martinique et à la Guadeloupe ; mais, quelque diligence qu'il eût faite, l'escadre hollandaise, au nombre de 10 vaisseaux, 3 bâtiments de rangs inférieurs et 1 brûlot, était ralliée lorsqu'il arriva

devant cet île. La division française jeta l'ancre en dehors
de la rade. Après beaucoup d'hésitation occasionnée par
la diversité des opinions des capitaines, il fut décidé en
conseil que l'attaque de la ville se ferait simultanément
par terre et par mer. Le 20 février, la division appareilla
et se rangea dans l'ordre suivant :

Canons.
| | | | |
|---|---|---|---|
| 50 | *Intrépide.* | capitaine | Gabaret jeune. |
| 46 | *Galant* | — | de Montortier. |
| 50 | *Fendant* | — | comte de Blénac. |
| 50 | *Marquis* | — | de Lhézine. |
| 50 | *Glorieux.* | — | de Méricour. |
| | | comte d'Estrées, vice-amiral. |
| 50 | *Précieux* | capitaine | Mascarany. |
| 40 | *Jeux* | — | de Cassinière. |
| » | *Emérillon.* | — | Hérouard de Lapiogerie. |
| » | *Laurier.* | — | Pannetier. |
| » | *Soleil d'Afrique.* | — | Grand-Fontaine. |

La voilure de l'*Intrépide* était à peine établie que ce vaisseau toucha sur une roche. Cet événement jeta une consternation telle parmi les équipages, qu'il fit suspendre le
mouvement et modifier le plan d'attaque. La coopération
de la marine, ou du moins celle des vaisseaux, fut ajournée.
Le 21, les troupes furent mises à terre sous le commandement des capitaines de l'*Émérillon* et du *Soleil d'Afrique*,
pendant que les chaloupes se dirigeaient sur un vaisseau
hollandais mouillé en tête de rade et dont le feu contrariait
le débarquement ; ce vaisseau coupa ses câbles et rentra
dans la baie. Les bâtiments ennemis ouvrirent une canonnade soutenue contre les troupes dès qu'elles furent à
terre : celles-ci réclamèrent alors l'intervention de la marine. Les capitaines des vaisseaux répondirent qu'il fallait
que les troupes s'emparassent d'abord d'un fort qui battait
la rade. L'accident arrivé à l'*Intrépide* avait produit une
impression telle, que tous déclarèrent être prêts à signer
qu'il ne fallait pas exposer les vaisseaux à périr sur les
rochers et sur les bancs qui rendaient l'entrée de la rade
si difficile et si dangereuse. Grâce aux offres et aux assu-
rances d'un pilote du pays, l'attaque simultanée fut cepen-

dant de nouveau résolue. La division appareilla le 3 mars, et entra dans la rade sans répondre au feu des batteries de terre. Bien qu'il ne fût pas venu à l'idée du vice-amiral Binkes que les Français pussent entrer dans une baie dont il n'était possible de sortir que vent sous vergues, il avait embossé ses vaisseaux en croissant et établi deux batteries sur le rivage. Le commandant en chef pensa qu'il fallait attaquer d'abord l'escadre hollandaise, afin de laisser les troupes débarquées libres de toutes préoccupation de ce côté. Le *Marquis* aborda de suite un des vaisseaux ennemis.

Le *Glorieux* fit la même manœuvre et enleva le Truininger : on s'aperçut bientôt que le feu était à bord de ce vaisseau. Ce fut en vain qu'on chercha à l'éloigner ; l'incendie fit des progrès si rapides qu'on n'essaya même pas de s'en rendre maître. Le vaisseau hollandais sauta et couvrit le *Glorieux* de débris enflammés qui y mirent le feu. Le vice-amiral d'Estrées, qui avait reçu deux blessures à la tête, s'embarqua alors dans un canot avec son capitaine de pavillon qui était blessé lui-même et tous les officiers, et promit à l'équipage de l'envoyer sauver. Il se dirigea sur l'*Intrépide* ; mais l'embarcation faisant beaucoup d'eau, il se fit mettre à terre, et se rendit plus tard à bord de ce vaisseau. Le combat engagé sur toute l'étendue de la ligne cessa par la nécessité de s'occuper d'un sauvetage devenu indispensable. Le *Glorieux* n'avait en effet pas été seul couvert des débris du Truininger ; tous les vaisseaux en avaient reçu une quantité plus ou moins considérable et l'incendie s'était développé d'une manière effrayante. Les vaisseaux hollandais les Armes de Leyde, l'Étoile d'or, le Popimbourg, le Sphera mundi, le Duc d'York et le Moine d'or devinrent la proie des flammes. Les vaisseaux français le *Glorieux*, le *Marquis*, l'*Intrépide*, dont le capitaine avait été tué, furent aussi réduits en cendres. Aucun moyen ne fut du reste employé pour arrêter ou éteindre l'incendie ; capitaines et officiers ne songèrent qu'à gagner la terre.

Cet affreux désastre fut encore augmenté par une circonstance particulière. Ne pensant pas que la division française pût entrer dans la rade et ne redoutant que l'attaque
par terre, un grand nombre de familles avaient cherché un
abri à bord de quelques transports : ces navires furent
entièrement consumés. L'attaque par terre échoua complè-
tement, et le commandant en chef prit le parti de faire rembarquer les troupes lorsque, après trois jours, les vaisseaux
eurent réussi à se touer en dehors des passes. Le *Précieux*
fut abandonné à la côte sans qu'on eût seulement essayé
de le relever. Le capitaine Lapiogerie avait été tué et le
capitaine Grand-Fontaine blessé dans l'attaque par terre.
Après une relâche de quelque jours à la Martinique, le vice-
amiral d'Estrées retourna en France.

Une enquête fut faite sur cette affaire. Elle constata que
dès que le feu s'était déclaré à bord des vaisseaux français,
les officiers les avaient jugés perdus ; qu'ils n'avaient des
lors songé qu'à se sauver, abondonnant les équipages,
sans s'en occuper en aucune manière ; que quand le *Précieux* était allé à la côte, le commandant en chef avait
ordonné de le livrer aux flammes ; et que le capitaine Mas-
carany allait exécuter aveuglément cet ordre, sans songer
au grand nombre de blessés qu'il sacrifiait sans nécessité,
si quelques matelots ne lui eussent arraché la torche des
mains.

---

Le coup porté à la marine des États au combat de Palerme
avait été si rude, que le vice-amiral Evertzen reçut l'ordre
de rallier l'armée hispano-batave avec 11 vaisseaux,
6 brûlots et une flûte. Dès que cette détermination fut
connue en France, le chef d'escadre comte de Châtaure-
nault reçut la mission de s'opposer à l'entrée de ce renfort
dans la Méditerranée avec les vaisseaux (1).

---

(1) Boismélé, *Hist. générale de la marine*, ne donne que 4 vaisseaux.

Canons.
```
 70   Courtisan. . . . . . . . . . . qu'il montait.
     ⎧ Foudroyant. . . . . . . . . . capitaine Cammable.
     ⎪ Superbe. . . . . . . . . . . .    —    chevalier de Réals.
 68 ⎨ Invincible. . . . . . . . . . . .  —    de Bellefontaine.
     ⎩ Saint Louis. . . . . . . . . .    —    de Belile-Erard.
 Et 3 brûlots (1).
```

L'escadre hollandaise fut aperçue sous le vent et sans ordre, à l'entrée du détroit de Gibraltar ; elle courait au S.-S.-E. avec des vents d'Est. Dès qu'il se vit chassé, le vice-amiral Evertzen essaya de la former en croissant ; mais le chef d'escadre de Châteaurenault tomba si précipitamment et avec tant de vigueur sur les vaisseaux de tête, qu'il ne leur laissa pas le temps d'exécuter cette manœuvre. 4 vaisseaux ennemis furent tellement maltraités qu'ils coulèrent, et la défaite des Hollandais eût été complète, sans la nuit qui leur permit d'entrer à Cadix.

Ce combat, dont je ne puis donner la date, fut livré au commencement de l'année.

— — · · —— ——

Mécontent du résultat de l'expédition de Tabago, Louis XIV ordonna au vice-amiral d'Estrées d'en tenter une nouvelle. La division française, augmentée des vaisseaux le *Bourbon*, le *Belliqueux*, le *Brillant*, l'*Hercule*, des frégates l'*Étoile*, le *Maligne* et de la corvette l'*Hirondelle*, s'empara d'abord des îles d'Arguin et de Gorée sur la côte occidentale d'Afrique et ruina quelques comptoirs hollandais.

Les difficultés qu'il avait éprouvées au mois de mars déterminèrent le vice-amiral d'Estrées à s'emparer du fort qui défend la rade de Tabago avant de faire paraître ses vaisseaux et, afin de cacher leur arrivée, il alla jeter l'ancre le 6 décembre, dans une baie située à 6 milles de la ville. Les trois journées suivantes furent employées à débarquer 950 hommes de troupes, 3 mortiers, 3 canons, des munitions de guerre et des approvisionnements, puis on se mit en marche par des sentiers à peine frayés et délayés par des pluies abondantes emportant, en quelque sorte à bras, tout le matériel qui avait été mis à terre. Cette marche fut d'autant plus pénible qu'il fallut traverser quatre ou cinq rivières ou ruisseaux débordés. Le lendemain, les troupes campèrent à moins de 400 pas du fort, et l'on travailla à mettre les canons et les mortiers en batterie. Le 12 seulement, l'ennemi eut connaissance du mouvement et des travaux des Français; il voulut alors les contrarier par le feu de ses canons, mais ce jour-là même les batteries françaises purent lui répondre. La troisième bombe qui fut lancée tomba sur la poudrière du fort ; une explosion terrible annonça ce résultat : il était environ une heure après midi. Les troupes marchèrent alors en avant et elles entrèrent dans le fort sans éprouver de résistance : on y trouva 44 canons. L'explosion de cette poudrière avait coûté la vie à plus de 260 personnes, dans le nombre desquelles se trouvait le vice-amiral Binkes; elle entraîna la reddition immédiate de la ville. La division entra alors dans la rade; un vaisseau hollandais de 54, une flûte et l'ex-vaisseau français le *Précieux*, abandonné lors de l'expédition du mois de mars, devinrent la propriété du vainqueur.

Le vice-amiral d'Estrées, dans son rapport, omet de donner le nom des officiers qui commandaient les vaisseaux adjoints à sa division. Il se borne à dire que les troupes marchèrent sous la conduite du comte de Blénac et du marquis de Grancey, et que deux capitaines de vaisseau commandaient alternativement sous ces officiers généraux. Les officiers cités sont les capitaines comte de Sourdys, de Bléor, Saint-Aubin, de La Harteloire, de Montortier, de Chaboissière, d'Amblimont, Dudrot et Brévedant.

---

## ANNÉE **1678.**

—

Pendant l'année 1677, il n'y eut en Sicile aucun événement maritime qui mérite d'être relaté. Satisfait des succès qu'il avait obtenus l'année précédente, le duc de Vivonne se laissa aller à son insouciance habituelle et, à la fin de de l'année, il demanda et obtint l'autorisation de rentrer en France. Au mois de février 1678, le maréchal duc de Lafeuillade fut envoyé à Messine pour le remplacer, ou plutôt pour mettre à exécution un projet que Louis XIV nourrissait depuis que l'alliance de l'Angleterre avec l'Espagne et la Hollande lui faisait craindre quelque entreprise de la part de cette puissance ; ce projet était l'abandon de Messine et des autres points de la Sicile occupés par les Français. L'évacuation eut lieu le 15 mars. Les Espagnols reprirent de suite possession de la ville, et les exactions qu'ils commirent furent telles, que les habitants épouvantés furent sur le point de se placer sous la protection des Turcs.

———

La réussite inespérée de la dernière expédition contre Tabago donna au vice-amiral d'Estrées l'idée d'en tenter une contre Curaçao. Dans le courant du mois de mai, il se dirigea sur cette île avec 15 vaisseaux et 3 brûlots. De fausses indications firent échouer cette entreprise : l'armée entière se jeta sur le récif de l'île Aves (1). Voici l'appré-

———

(1) Boismêlé, *Hist. générale de la marine*, et M. de Lapeyrouse, *Hist. de la marine française*, donnent à entendre qu'un vaisseau, une flûte, l'hôpital de l'armée et deux brûlots échappèrent seuls à ce désastre. Tourville, dans ses *Mémoires*, dit que 7 vaisseaux seulement se perdirent. Le capitaine de Méricour, en disant que 12 bâtiments échouèrent, se borne à mentionner la perte du vaisseau amiral le *Terrible* qu'il commandait.

ciation d'un des acteurs de ce drame (1) sur cet événement : « Ce naufrage, dit l'officier au rapport duquel j'emprunte cet extrait, fut la conséquence de la ligne de
« conduite tenue par le vice-amiral d'Estrées ; c'était toujours l'avis de ses domestiques, ou de gens étrangers au
« vaisseau qui prévalait. On conçoit, en quelque sorte,
« cette façon d'agir du comte d'Estrées qui, dépourvu des
« connaissances nécessaires à un métier qu'il avait embrassé si tard, embarquait toujours d'obscurs conseillers,
« afin de s'approprier les avis qu'ils lui donnaient pour
« éblouir le petit peuple sur sa capacité. »

Je retrouve, dans le fragment que je viens de transcrire les charges et les attaques, fondées ou non, dont le comte d'Estrées n'a cessé d'être l'objet pendant qu'il a servi dans la marine. Cette animosité des officiers de vaisseau avait très-probablement sa cause dans l'avancement extraordinaire de cet officier qui, embarqué pour la première fois en 1667, avait été fait lieutenant général en 1668 et vice-amiral en 1669. En 1681, il fut élevé à la dignité de maréchal de France.

L'expédition projetée de Curaçao fut la dernière affaire maritime de la guerre. La diplomatie française obtint cette année ce que la vaillance des armées n'avait pu procurer, la paix avec l'Angleterre, la Hollande et l'Espagne. Le traité fut signé à Nimègue le 10 août 1678.

---

## ANNÉE 1681.

---

Dans le courant du mois de juin 1861, le lieutenant gé-

---

(1) M. de Méricour, capitaine de pavillon de l'amiral.

néral Duquesne fut envoyé avec 7 vaisseaux à la poursuite
de corsaires tripolitains qui venaient d'enlever plusieurs
navires français dans la Méditerranée. Le 23 juillet, cet officier général aperçut ces corsaires, mais ils se réfugièrent
à Scio, île qui appartenait à la Porte Ottomane. Le pacha de
Scio ayant répondu par un refus à la demande qui lui fut
faite de les faire sortir, la division française ouvrit son feu
sur la ville et détruisit une grande partie des fortifications
et des édifices. Après quatre heures de canonnade, le pacha
envoya un parlementaire au lieutenant général Duquesne;
celui-ci consentit à faire cesser le feu, mais il tint le port
étroitement bloqué jusqu'au commencement de l'année
suivante, époque à laquelle il reçut l'ordre de rentrer à
Toulon. Cette affaire coûta à la France 80,000 écus qui
furent souscrits par l'ambassadeur français à Constanti-
nople et payés par le commerce français de cette ville.

---

## ANNÉE 1682.

Quoique le gouvernement eût désapprouvé le lieutenant
général Duquesne à propos de l'affaire de Scio, cet officier
général n'en fut pas moins chargé de diriger une expédition
contre la ville d'Alger dont les corsaires, forts de l'impunité
dans laquelle on les avait laissés, s'étaient emparés de plusieurs navires français qu'ils refusaient de rendre. Duquesne
émit l'opinion qu'il fallait couler des navires chargés de
pierres à l'entrée du port, ou, mieux encore, faire un débarquement et incendier la ville. Ces deux moyens furent reje-
tés et l'on s'arrêta à l'idée de Bernard Renau d'Eliçagaray,
surnommé le *Petit Renau*, qui proposa de bombarder la ville
par mer avec des galiotes à bombes. Ces bâtiments, d'es-

pèce nouvelle, dont il était l'inventeur et qu'il fut autorisé à faire construire, avaient 122ᴾ de longueur; leurs fonds étaient plats et ils n'avaient que deux mâts comme les galiotes actuelles. Leur artillerie consistait en 2 mortiers établis sur une forte charpente en avant du grand mât et en 8 canons placés sur l'arrière de ce mât. 11 vaisseaux, 5 galiotes et 2 brûlots appareillèrent, partie de Brest, partie de Toulon, en même temps que 15 galères commandées par le duc de Mortemart, général des galères, et arrivèrent le 23 juillet 1682 devant Alger. Voici la composition de cette escadre.

| Canons. | | | |
|---|---|---|---|
| 76 | Saint-Esprit... | capitaine | — |
| | | Duquesne, lieutenant général. | |
| 52 | Vigilant..... | capitaine | — |
| | | chevalier de Tourville, lieutenant général. | |
| | Vaillant..... | capitaine | de Beaulieu. |
| | Prudent...... | — | chevalier de Léry. |
| 50 | Aimable..... | — | de Septêmes. |
| 46 | Laurier...... | — | Duquesne fils. |
| | Indien........ | — | — |
| | Eole....... | — | chevalier d'Amfreville. |
| 44 | Cheval marin.. | — | de Belile-Erard. |
| | Assuré...... | — | — |
| 36 | Étoile....... | — | de Forant. |

### GALIOTES A BOMBES.

| | | |
|---|---|---|
| Menaçante.... | capitaine | de Goiton. |
| Cruelle..... | — | de Pointis. |
| Bombarde.... | — | chevalier de Combes. |
| Foudroyante... | — | de Boislié. |
| Brûlante..... | — | de Beaussier (Félix). |

La ville d'Alger, située à la partie occidentale de la baie à laquelle elle a donné son nom, est bâtie sur un coteau, en forme d'amphithéâtre. Voici, d'après une relation ancienne, quelle était sa force à cette époque. A la partie supérieure se trouvait le château, nommé aujourd'hui Casbah, qui servait de demeure au dey. Un autre château, bâti sur un roc qui s'avance dans la mer, couvrait le port; il était armé de 50 canons. Au bout de cette île était la tour du fanal avec 27 pièces de canon étagées en 3 batteries. Cette île était reliée à la terre par un môle qui fermait le port du côté du Nord. Un fortin de 12 pièces de canon, dit *Fort des An-*

*glais*, et plus près, à l'entrée même de la ville, le fort Babalouet avec 15 canons constituaient la défense de ce côté. Une chaîne fermait le port au Sud et le fort Barbazan, bâti sur le rivage et armé de 12 pièces de canon, en défendait l'entrée. En dessus de la Casbah, sur le sommet de la montagne, il y avait encore un fort nommé Fort l'Empereur.

Le mauvais temps força plusieurs fois l'escadre à appareiller avant de pouvoir commencer ses opérations; le besoin d'eau nécessita plus tard le renvoi des galères en France. Le 20 août, après avoir défilé devant les batteries pour essayer les portées, l'escadre mouilla en croissant devant la ville et, pendant la nuit, les galiotes prirent poste à portée de pistolet des fortifications. Quelques bombes qui éclatèrent toutes en l'air furent lancées les jours suivants, mais le feu ne commença sérieusement que le 30 au soir et il occasionna des désastres considérables. Les Algériens tentèrent plusieurs fois d'enlever les galiotes : ils furent toujours repoussés. Le 4 septembre, le P. Levacher, consul de France à Alger, fut envoyé par le dey en parlementaire au commandant en chef pour demander la paix. Le lieutenant général Duquesne ne voulut pas accepter les conditions qui lui étaient offertes et il fit continuer le bombardement. Le lendemain, l'ennemi entama de nouvelles négociations, mais sans plus de succès. Cependant l'approche de l'équinoxe faisait redouter le mauvais temps. Le 12, le commandant en chef mit sous voiles, sans avoir obtenu satisfaction, et il laissa au capitaine de Léry le soin de bloquer le port avec 4 vaisseaux.

## ANNÉE 1683.

—

Une nouvelle attaque fut dirigée cette année contre la ville d'Alger. Le lieutenant général Duquesne partit de Toulon le 16 juin, avec 6 vaisseaux, fut rallié en route par 2 autres et 7 galiotes à bombes, et arriva devant Alger le 20 ; 5 nouveaux vaisseaux s'y joignirent à lui. L'escadre se trouva alors composée comme il suit :

Canons.

| | | |
|---|---|---|
| 76 | *Saint-Esprit* . . . | capitaine Duquesne Guitton. |
| | | Duquesne, lieutenant général. |
| 60 | *Ferme* . . . . . . | capitaine de Pallas. |
| | | chevalier de Tourville, lieutenant général. |
| 54 | *Excellent*. . . . . | capitaine de Villette-Mursay. |
| 52 | *Vigilant*. . . . . . | — de Champigny. |
| | | marquis d'Amfreville, chef d'escadre. |
| | *Prudent*. . . . . . | capitaine de Lagalissonnière. |
| | | chevalier de Léry, chef d'escadre. |
| 50 | *Aimable*. . . . . . | capitaine de Septèmes. |
| | *Fleuron*. . . . . . | — comte d'Estrées. |
| 46 | *Laurier*. . . . . . | — Duquesne fils. |
| 44 | *Cheval marin* . . | — Belle-Erard. |
| | *Sirène*. . . . . . . | — de Sepville. |
| | *Hasardeux*. . . . | — Colbert-Saint-Mars. |
| 36 | *Bizarre*. . . . . . | — du Mené. |
| | *Étoile*. . . . . . . | — commandeur Desgouttes. |

### GALIOTES A BOMBES.

| | | |
|---|---|---|
| *Bombarde*. . . . . | capitaine chevalier de Combes. |
| *Brûlante* . . . . . | — de Beaussier (Félix). |
| *Cruelle*. . . . . . | — de Pointis. |
| *Foudroyante* . . . | — chevalier de Lamotte d'Airan. |
| *Menaçante* . . . . | — de Goiton. |
| *Ardente*. . . . . . | — Duquesne Mosnier. |
| *Fulminante*. . . . | — de Cherigny. |

L'escadre mouilla hors de la portée du canon, le *Ferme*, le *Fleuron*, la *Sirène*, le *Prudent*, l'*Aimable*, le *Vigilant* et le *Laurier* formant une ligne avancée parallèle à la côte. Chacun de ces vaisseaux porta une ancre à 1,200 mètres du môle, pour donner aux galiotes la facilité de s'en rapprocher et de rentrer dans la ligne à volonté. Le *Cheval marin*

I                                                                    12

et l'*Étoile* furent placés sur les ailes pour soutenir les galiotes si elles étaient attaquées. Le temps que ces dispositions exigèrent et la force du vent ne permirent pas de commencer l'attaque avant la nuit du 26 ; elle cessa au jour pour reprendre la nuit suivante. Le 28, des négociations furent entamées ; les dégâts occasionnés par le bombardement étaient si grands que le dey était disposé à accorder tout ce que le commandant en chef demanderait. Il consentit à mettre de suite tous les esclaves en liberté ; chaque jour il en arrivait à bord des vaisseaux. Le 23 juillet, des otages furent désignés ; mais un nommé Mezzo Morto, qui devait en faire partie, parvint à soulever les officiers de la milice et, marchant à leur tête à la demeure du dey Baba Assan, il le poignarda et se fit proclamer à sa place. Le lieutenant général Duquesne, ne voyant pas ses otages arriver, fit recommencer le feu à l'entrée de la nuit et réduisit la ville en cendres. Les Algériens étaient exaspérés. Ils attachèrent le consul de France à la bouche d'un canon et lancèrent son corps mutilé dans la direction de l'escadre française (1). Les bombes n'en continuèrent pas moins à pleuvoir toutes les nuits ; aussi la fureur des Algériens était-elle à son comble, et ils voulurent renouveler sur l'enseigne de vaisseau de Choiseul Beaupré qui avait été pris dans une embarcation, la sanglante exécution qui avait coûté la vie au P. Levacher. Cet officier fut sauvé par le capitaine d'un navire algérien, naguère prisonnier en France. Les mauvais temps commençaient à se faire sentir ; les munitions des galiotes étant d'ailleurs épuisées, il fallut encore s'éloigner sans avoir rien terminé : l'escadre était de retour le 15 octobre. Cette expédition eut cependant un résultat important : 600 esclaves avaient été mis en liberté et presque tous les navires qui se trouvaient dans le port avaient été brûlés ou coulés. Aussi, incapables de rien en-

---

(1) On peut voir aujourd'hui ce canon à l'entrée de l'arsenal de Brest. On en a fait un trophée destiné à rappeler l'expédition d'Alger.

treprendre de longtemps, les Algériens signèrent-ils un traité de paix pour cent ans, au mois de mars de l'année suivante.

---oo⦂⦂oo---

## ANNÉE 1684.

---

Avide d'essayer son autorité, le marquis de Seignelay, qui avait remplacé son père au ministère de la marine, profita du repos occasionné par la paix de Nimègue pour décider le roi à diriger une expédition contre Gênes. Les motifs qu'il alléguait étaient basés sur le double refus fait par la République d'autoriser le passage des sels de France pour Mantoue, et de payer une indemnité réclamée par un Génois dont la famille habitait la France (1). Le commandement de l'armée navale fut donné au lieutenant général Duquesne. Mais, non content d'ordonner l'expédition, le ministre voulut la diriger en personne. Cette prétention contraria Duquesne ; il ne consentit pas à accepter la position qu'on voulait lui faire et déclara qu'il commanderait en chef et selon ses vues, ou qu'il ne mettrait pas le pied hors de sa chambre. Le ministre ayant maintenu sa résolution, Duquesne tint parole : il ne prit aucune part à l'attaque. L'armée navale partit de Toulon le 6 mai et arriva le 17 devant Gênes. Voici sa composition :

Canons.
74  *Ardent*. . . . . . capitaine Duquesne-Guitton.
Duquesne, lieutenant général.

---

(1) Il s'agit ici du comte de Fiesque. Le comte François de Fiesque était l'héritier d'Alphonsine Strozzi, cousine de la reine Marie de Médicis ; il périt au siége de Montauban, en 1621, sans avoir renoncé à ses prétentions sur Gênes, dont sa famille s'était vu chasser, après avoir eu ses biens confisqués, à la suite d'une conjuration entreprise dans l'intérêt de la France. En 1625, Anne Leveneur, sa veuve, obtint du roi une déclaration par laquelle Sa Majesté prenait les enfants du comte sous sa protection et faisait des droits de Charles-Léon, l'aîné de ces enfants, sur Gênes la cause de la France.

| | | | |
|---|---|---|---|
| **60** | *Ferme* . . . . . . . | capitaine | chevalier Dally. |
| | | | chevalier de Tourville, lieutenant général. |
| | *Parfait* . . . . . . | capitaine | commandeur Desgouttes. |
| | *Assuré* . . . . . . | — | de Belile-Erard. |
| **56** | *Fortuné* . . . . . . | — | chevalier du Mené. |
| | *Saint-Jacques* . . | — | de Septêmes. |
| **54** | *Vigilant* . . . . . | — | de Laroque Pérent. |
| | | | marquis d'Amfreville, chef d'escadre. |
| | *Fleuron* . . . . . . | capitaine | marquis de Laporte. |
| | *Aquilon* . . . . . . | — | chevalier de Bellefontaine. |
| | *Vaillant* . . . . . . | — | chevalier de Villars. |
| **50** | *Aimable* . . . . . | — | de Saint-Aubin. |
| **44** | *Capable* . . . . . . | — | de Lamothe. |
| | *Bizarre* . . . . . . | — | de Chaumont. |
| **34** | *Indien* . . . . . . | — | de Forant. |

GALIOTES A BOMBES.

| | | |
|---|---|---|
| *Fulminante* . . . . | capitaine | Goubaut. |
| *Brûlante* . . . . . | — | Lapéaudière. |
| *Cruelle* . . . . . . | — | de Pointis. |
| *Bombarde* . . . . | —. | chevalier de Combes. |
| *Menaçante* . . . . | — | de Goiton. |
| *Foudroyante* . . . | — | de Lamotte d'Airan. |
| *Ardente* . . . . . . | — | Duquesne Mosnier. |
| *Belliqueuse* . . . . | — | de Beaussier (Félix). |
| *Terrible* . . . . . . | — | Patoulet. |
| *Éclatante* . . . . . | — | de Grandpré. |

20 galères sous les ordres du général des galères duc de Mortemart; 2 brûlots; 8 flûtes et 26 tartanes.

Le chef d'escadre chevalier de Léry était sur l'escadre, mais je ne saurais dire quel vaisseau portait son pavillon. Le lieutenant général chevalier de Noailles, les chefs d'escadre chevalier de Berthomas, chevalier de Breteuil et de Labretesche étaient sur les galères.

Les galiotes furent placées en première ligne, à portée de canon de la ville, et à partir de la rivière Biscagno; les vaisseaux prirent poste à 400 mètres derrière elles; les galères s'établirent en demi-cercle autour du fanal, de l'autre côté de la baie; les flûtes et les tartanes qui contenaient les munitions de guerre furent mouillées hors de l'atteinte des projectiles de la place. Le lendemain de l'arrivée de l'armée navale, le sénat reçut communication du désir du roi de France; vingt-quatre heures lui furent données pour acquiescer à sa demande. Le 19, à 4$^h$ 30$^m$ de l'après-midi, le sénat répondit à cet appel en ordonnant aux batteries de faire feu sur les bâtiments français. Les galiotes ripostèrent et, de ce moment, elles ne discontinuèrent pas de lancer des bombes jusqu'au 22. Ce jour-là, le marquis de Seignelay provoqua de nouveau une réponse : on ne tint aucun compte de sa démarche ; le feu recommença le lendemain. Le 24 pendant la nuit, 2,500 hommes, sous la direction du duc de Mortemart, furent débarqués à l'Ouest du fanal, dans le faubourg d'Arena, qui fut ravagé et incendié. Le ministre Seignelay borna là la leçon qu'il voulait donner aux Génois et, le 28, il fit route pour Toulon avec l'armée navale. Près de 3,000 bombes avaient été lancées sur Gênes ; les dégâts qu'elles avaient occasionnés étaient énormes ; on les estima à 100 millions. Tous les Français établis dans cette ville furent ruinés, car, afin de tenir l'expédition secrète, on ne les avait pas prévenus.

Les bâtiments français avaient éprouvé de grandes pertes ; le chef d'escadre de Léry avait été tué à terre. Le chef d'escadre d'Amfreville était blessé.

L'expédition de Gênes fut sans résultats pour la France ; les indemnités demandées, obtenues plus tard, furent données au comte de Fiesque ou employées au rétablissement des églises qui avaient été incendiées.

Le 3 février 1685, un traité fut conclu avec la république de Gênes et, le 29 du mois suivant, le doge partit avec quatre sénateurs pour aller faire des soumissions au roi de France de la part de la république.

———

Bien que depuis l'emploi des bâtiments à voiles et surtout des vaisseaux de ligne, les galères ne jouassent plus qu'un rôle auxiliaire, on les employait cependant parfois à l'attaque, lorsque le défaut de vent pouvait leur donner l'avantage.

Dans le courant de cette année, le vaisseau le *Bon*, capitaine de Relingue, se trouvant en calme sous l'île d'Elbe,

fut attaquée par 12 galères espagnoles. Le vaisseau les
couvrit de mitraille pendant cinq heures et, par un feu
continuel et bien dirigé, parvint à rendre leurs tentatives
d'abordage inutiles; 23 nouvelles galères vinrent alors en
aide aux premières. Le capitaine de Relingue soutint
vaillamment cette seconde attaque; mais il eût fini par
succomber si la brise, en s'élevant, ne lui eût permis de se
dégager des galères qui l'entouraient.

—∘∘≫◦≪∘∘—

## ANNÉE 1685.

—

Les Tripolitains oublièrent promptement les échecs mul-
tipliés qui, en 1681, les avaient forcés de conclure un traité
de paix avec la France et ils recommencèrent à courir sur
les navires du commerce. Le maréchal d'Estrées, chargé
de mettre fin à leurs déprédations, mouilla devant Tripoli,
le 19 juin, avec une escadre composée de vaisseaux, de
galiotes à bombes et de brûlots. Le bey ayant repoussé les
propositions qui lui furent faites, le bombardement commença, le 22, et fut continué les deux nuits suivantes.
Effrayés des désastres occasionnés par des projectiles qu'ils
ne connaissaient pas encore, les Tripolitains se soumirent
et acceptèrent toutes les conditions que le maréchal voulut
leur imposer. Lorsque celui-ci eut touché l'indemnité réclamée pour les frais de la guerre et pour les pertes que
les corsaires avaient fait éprouver au commerce, il mit à
la voile et se dirigea sur Tunis. Il y obtint du bey que la
pêche du corail serait rendue aux Français auxquels elle
avait été enlevée pour être concédée aux Anglais, et
qu'une indemnité serait donnée aux pêcheurs dépossédés.
La division française rentra à Toulon, le 15 septembre,
après une apparition devant Alger, afin de déployer devant

les habitants de cette ville, exécuteurs très-peu fidèles du traité de 1684, les forces avec lesquelles leurs coreligionnaires venaient d'être mis à la raison.

———oo:●:oo———

## ANNÉE 1688.

—

Le lieutenant général de Tourville, dont le pavillon flottait à bord du vaisseau de 50° le *Content*, se rendant, avec des vents d'Ouest, d'Alicante à Alger, où il allait se placer sous les ordres du maréchal d'Estrées, rencontra, le 2 juin 1688, à 45 milles dans le Sud de cette ville, les deux vaisseaux espagnols CAPITANE de 66° monté par le vice-amiral Papachin, et SAN JERONIMO de 54 qui se dirigeaient sur le port qu'il venait de quitter. Deux petites frégates, le *Solide* et l'*Emporté* (1), commandées par les capitaines de Châteaurenault et comte d'Estrées, accompagnaient le *Content*. C'était la première fois que se présentait l'occasion de mettre à exécution les instructions du roi sur le salut en mer : les commandants des bâtiments français devaient exiger le salut de tous les bâtiments qu'ils rencontraient, ceux de l'Angleterre exceptés; ils ne devaient ni le demander ni le donner à ceux-ci. Lorsque les deux divisions se trouvèrent à portée de canon, le lieutenant général de Tourville, qui était au vent, fit mettre la sienne en panne et envoya une embarcation au vice-amiral Papachin pour l'inviter à saluer le pavillon de la France; cet officier général s'y refusa. Le *Content* fit servir immédiatement, et, sans tirer un seul coup de canon, il aborda le

---

(1) Tourville omet d'indiquer la force des deux bâtiments qui accompagnaient le *Content*. Les noms masculins de ces bâtiments peuvent faire supposer que c'étaient des petits vaisseaux et non des petites frégates.

vaisseau amiral espagnol par l'avant ; quelques coups de
fusil furent cependant tirés, malgré la défense qui en avait
été faite. La CAPITANE ayant riposté par une décharge de
tous ses canons, le *Content* fit également usage de son artillerie. Après une demi-heure, les deux vaisseaux se dé-
crochèrent et le combat continua à portée de pistolet. Le
capitaine de Châteaurenault qui, ainsi que le comte d'Estrées, s'était adressé d'abord à l'autre vaisseau, vint en
aide au *Content* lorsque, après une heure de défense, le
SAN JERONIMO eut amené son pavillon. Le vice-amiral Papachin ne pouvait lutter longtemps contre ces deux combattants ; il fit amener son pavillon, mais il l'avait vaillamment défendu pendant trois heures. Une nouvelle sommation
le décida à se rendre à l'invitation qui lui avait été faite :
le pavillon de la France fut salué de neuf coups de canon
qui furent rendus coup pour coup par le *Content* et le lieutenant général de Tourville envoya ensuite offrir ses services au vice-amiral espagnol. Les avaries étaient nombreuses de part et d'autre ; le *Content* était entièrement
dégréé et la frégate du capitaine de Châteaurenault avait
perdu son petit mât de hune. Le vaisseau amiral espagnol
avait été démâté de son grand mât. Le lieutenant général
de Tourville avait reçu une blessure à la figure et une autre
à la jambe.

La France et l'Espagne étaient en paix depuis l'année 1678. Cette affaire altéra, mais ne rompit pas, les relations de bonne amitié entre les deux puissances.

Le rapport du vice-amiral Papachin au roi d'Espagne
diffère, sur quelques points, de celui que le lieutenant général de Tourville adressa au ministre de la marine. Le
vice-amiral espagnol dit qu'au moment où les vergues se
touchèrent, le *Content* lui envoya une bordée à laquelle il
riposta. Le rapport français ne mentionne que quelques
coups de fusil ; l'emploi de l'artillerie n'eut lieu que comme
riposte. Le vice-amiral Papachin dit ensuite que lorsque
les 2 vaisseaux furent décrochés, le sien fut combattu par

les 3 vaisseaux français qui lui envoyaient successivement leur bordée, s'éloignaient pour revenir le canonner de nouveau, et cela pendant trois heures et demie. Il termine en disant que la prompte reddition du SAN-JERONIMO fut le résultat d'une erreur. Le pavillon de la CAPITANE ayant été amené par suite de la rupture de la drisse, le capitaine de l'autre vaisseau pensa que l'amiral cessait de combattre, et ne croyant pas pouvoir résister aux forces en présence desquelles il allait se trouver seul désormais, il amena également son pavillon. Il reconnut trop tard son erreur pour pouvoir la réparer.

Les historiens ne sont pas d'accord sur l'époque à laquelle eut lieu la rencontre du lieutenant général de Tourville et du vice-amiral Papachin. Le marquis de Quincy qui a le premier rapporté cette affaire dans son *Histoire militaire du règne de Louis le Grand*, dit qu'elle eut lieu au mois de juin 1688, avant le bombardement d'Alger. Boismêlé, dans son *Histoire générale de la marine*, la place immédiatement après le bombardement de Tripoli en 1685. Les mémoires de Tourville parlent comme le marquis de Quincy. Graincourt, dans ses *Hommes illustres*, dit aussi que ce combat fut livré en 1688. M. Hennequin, dans l'article biographique qu'il a consacré à Tourville, prétend également que cette rencontre eut lieu en 1688. L'*Histoire de la marine française* de M. E. Sue la fait remonter à 1685. M. Léon Guérin raconte le fait comme M. de Quincy dans son *Histoire de la marine*. Enfin M. Chassériau, qui semble avoir emprunté son récit à Boismêlé et à E. Sue, dit, dans l'*Histoire de la marine* qu'il a publiée, que ce combat remonte à l'année 1685.

La rencontre du lieutenant général de Tourville et du vice-amiral Papachin eut lieu le 2 juin 1688. Cette date est constatée : 1° par un bordereau qui se trouve dans le dossier de Tourville aux archives du ministère de la marine, avec l'inscription suivante : *Traduction d'une lettre de l'amiral Papachin, du 7 juin 1688, au sujet de sa ren-*

*contre avec Tourville. Relation autographe de Châtequrenault, du 16 juin 1688, au sujet du combat livré à l'amiral espagnol Papachin.* La traduction et la lettre mentionnées n'existent malheureusement plus au dossier de Tourville ; mais M. le capitaine de frégate Ortolan a pu se procurer la première, et il l'a insérée dans l'appendice du premier volume de la *Diplomatie de la mer,* ainsi qu'une lettre de Tourville au ministre Seignelay, sous la date du 3 juin 1688; 2° par une lettre de l'intendant de Toulon rendant compte à Seignelay, le 18 juin 1688, de l'affaire de Tourville et de Papachin. M. de Vauvré écrivait au ministre : « Je dois « vous dire que le *Content* ayant été armé pour la course, « n'avait point de canons de 24 et que le *Solide* et l'*Em-* « *porté* n'en ont que de 12 en bas et de 6 à la seconde bat- « terie, et que le vaisseau de Papachin a sa batterie basse « de 24 livres de balles » ; 3° par le numéro du 16 au « 18 juin 1688 de la *Gazette de France* qui rend compte de « cette affaire ; 4° par une lettre dans laquelle le maréchal « d'Estrées, informant le ministre de la marine des dispo- « sitions qu'il prend pour bombarder Alger, dit : « J'ai « reçu par le retour de la *Tartane* que M. de Tourville avait « envoyée à Toulon après le combat, les lettres que vous « m'avez fait l'honneur de m'écrire du 5 et du 7 de ce « mois; elles nous trouvèrent occupés à raccommoder le « *Content* et le *Solide.* » Et plus loin : « Le commandant « aidera par quelques détachements de matelots l'*Emporté* « et le *Solide* faibles d'équipages et plus encore depuis « leur combat. » Le maréchal écrivait cette lettre le 28 juin 1688, à bord du *Magnifique* devant Alger.

---

Les Algériens, qui avaient semblé écouter les remon- trances qui leur avaient été faites en 1685 après le bom- bardement de Tripoli, ne tardèrent pas à recommencer leurs brigandages. Le maréchal d'Estrées reçut l'ordre d'aller les châtier et, dans la dernière quinzaine du mois de juin, 10 vaisseaux, 10 galiotes à bombes et quelques galères faisaient leurs dispositions pour obtenir du dey la réparation à laquelle la France avait le droit de prétendre. Un retard dans l'attaque, retard occasionné par la force du vent et par l'absence de 3 vaisseaux placés sous les ordres du lieutenant général de Tourville, fut pris pour de l'hésitation par les Algériens. Le maréchal d'Estrées fut averti qu'il était question de renouveler sur les Français résidant à Alger l'acte barbare qui, en 1683, avait coûté la vie au consul de France, c'est-à-dire de les attacher à la bouche d'un canon. Le maréchal *fit porter sur une machine que l'on conduisit quasi à terre un escrit attaché à une planche sur du parchemin par lequel on déclarait ce que le roy avait ordonné par ses instructions pour prévenir les cruautés qui se sont exercées il y a quatre ans contre les Français* (1). Le capitaine d'un navire anglais mouillé tout près de la ville fut chargé d'apporter la réponse. Cette réponse était si grossière que, le 30 juin, on fit avancer 9 galiotes et le bombardement commença. 4 chaloupes armées de canon, placées sous les ordres du sieur de Pointis, furent chargées de protéger celles qui travaillaient à porter les ancres des galiotes. Une de ces chaloupes appartenant au *Modéré*, capitaine Rochalar, montée par le sieur de Laguièze, fut coulée par un boulet. Cette première démonstration fut courte et presque infructueuse. Le vent, en s'élevant au N.-E., obligea de cesser le feu ; presque toutes les bombes avaient éclaté en l'air. Un individu, se disant chargé de traiter de la paix, se rendit alors à bord du *Magnifique*, sur lequel flottait le pavillon du commandant en chef. Les propositions dont il était porteur ne furent pas agréées. Le lendemain, on recommença à jeter des bombes et le feu continua, toutes les nuits, jusqu'au 14 juillet. Malheureusement les galiotes étaient vieilles, et elles ne purent résis-

---

(1) Lettre du maréchal d'Estrées au ministre. *Archives du ministère de la marine.*

ter à un tir aussi prolongé. Il avait fallu réduire successivement le nombre de celles qu'on pouvait mettre en ligne. A cette date, toutes étaient hors de service. Trompés dans leur attente d'intimidation et furieux de ne pouvoir se préserver des moyens de destruction employés contre eux, les Algériens mirent à exécution l'affreuse menace dont on avait entretenu le maréchal. Le 4 juillet, ils mirent à mort le P. Vicaire, consul de France, et 14 Français. Les officiers généraux de l'escadre, réunis en conseil, décidèrent qu'il fallait user de représailles. 16 Turcs furent passés par les armes et leurs corps, placés sur un radeau, furent portés sous les murs de la ville par les courants. Le 18, le maréchal d'Estrées fit route pour France avec l'escadre, sans avoir obtenu le redressement qu'il demandait et, grâce à la mauvaise qualité de la poudre qui avait été embarquée, sans avoir occasionné les dommages auxquels aurait dû donner lieu le jet d'une quantité considérable de bombes.

Cette expédition fut la dernière que la France dirigea de longtemps contre la régence. Ramenés à de meilleurs sentiments, les Algériens demandèrent la paix, et le traité fut signé à Paris au mois de juillet 1689.

---

L'état de tranquillité de la France ne se prolongea pas au delà de l'anné 1688. Louis XIV ne tarda pas à savoir que les États-Généraux étaient entrés dans la ligue d'Augsbourg. Prenant pour prétexte leur attitude hostile à l'égard du cardinal de Furstemberg, évêque de Strasbourg, qu'il voulait faire nommer archevêque de Cologne, il leur déclara la guerre le 26 novembre 1688. Peu de temps après, il fit la même déclaration à l'Empire.

Le jour même de la rupture de la paix, le 26 octobre, le capitaine Jean Bart de la frégate de 30ᵉ la *Railleuse*, s'empara dans la Manche, après un combat sanglant, de la flûte hollandaise le CHEVAL MARIN.

## ANNÉE 1689.

—

J'ai dit que Guillaume de Nassau, prince d'Orange, exploitant avec habileté les mouvements qui avaient agité la Hollande en 1672, s'était fait élire stathouder. La haine qu'il portait à la France le détermina à travailler presque immédiatement à la formation d'une vaste coalition qui prit le nom de *ligue d'Augsbourg*. Les vues de ce prince sur le royaume d'Angleterre parurent bientôt à découvert. A la fin de l'année 1688, il publia un manifeste dans lequel il énumérait tous les griefs des Anglais contre leur gouvernement, et jetait des doutes sur la naissance du prince de Galles, que beaucoup de protestants regardaient en effet comme un enfant supposé. Le 29 octobre, le prétendant se dirigea sur l'Angleterre avec 50 vaisseaux, 20 frégates et 400 transports portant 13 à 14,000 soldats (1) ; le vice-amiral anglais Herbert commandait l'armée navale, mais tous les capitaines étaient Hollandais. Un coup de vent dispersa cette flotte, qui fut rejetée sur les côtes de Hollande, Guillaume remit à la voile le 11 novembre, et débarqua le 15 à Torbay. La révolution qui fit monter Guillaume de Nassau sur le trône d'Angleterre plaça toutes les forces de ce pays entre les mains du plus dangereux ennemi de la France. La Grande-Bretagne se mit à la tête de la ligue d'Augsbourg.

L'accommodement auquel la cour d'Espagne fut forcée dans l'affaire de l'Indult (2) et les prétentions de la France à l'égard du salut en mer, motivèrent l'association de l'Es-

---

(1) Martin, *Hist. de France*, d'après l'historien Rapin de Thoyras.
(2) Il s'agissait d'obliger la cour d'Espagne d'abolir ou de réduire un impôt extraordinaire qu'elle avait mis sur les marchandises étrangères envoyées au

pagne à la ligue et, le 15 avril 1689, la France lui déclara la guerre. Un mois plus tard, le 17 mai, celle-ci essuya elle-même de Guillaume III, en qualité de roi de la Grande-Bretagne et d'Irlande, une déclaration semblable. La France eut donc contre elle les trois premières puissances maritimes de l'Europe. Louis XIV ne désespéra cependant ni de sa fortune ni de celle de son protégé l'ex-roi d'Angleterre Jacques II, qui s'était réfugié en France ; il accepta la guerre contre ces puissances conjurées pour détruire sa prépondérance. L'autorité du roi détrôné semblait se maintenir en Irlande. Par suite d'une convention arrêtée entre Louis XIV et lui, 7,000 hommes de troupes françaises durent être envoyés dans cette île, en échange du même nombre de troupes irlandaises qui viendraient en France, Le chef d'escadre Gabaret conduisit Jacques II en Irlande et le capitaine Duquesne Mosnier resta à ses ordres avec 3 frégates. 2 mois après, le 6 mai, une armée navale de 24 vaisseaux, 2 frégates et 6 brûlots, portant un corps de 6,000 hommes, partit de Brest sous le commandement du lieutenant général de Châteaurenault. Le 9, cette armée jeta l'ancre à quelques milles de l'entrée de la baie de Bantry. On fit passer de suite les troupes à bord des frégates et des brûlots pour les diriger du côté de la ville.

• La baie de Bantry est située sur la côte S.-O. de l'Irlande ; elle a plus de 3 milles de profondeur sur 8 dans sa plus grande largeur. La ville et le port de Bantry sont au fond de la baie sur la côte orientale.

Le transbordement était presque terminé lorsque, vers

---

Mexique, dont celles des Français faisaient la meilleure part, et d'obtenir que la répartition de l'impôt qui subsisterait, fût faite également sur les marchandises de toutes les nations, et non sur celles de France en particulier. On employa successivement les raisons et la force ; on fit partir des ambassadeurs, on envoya des escadres devant Cadix pour bloquer le port et pour saisir les navires ; on menaça et on se mit même en devoir de bombarder la ville. Enfin, la cour d'Espagne céda, donna mainlevée des effets saisis ou séquestrés et fit, pour une somme modique, une espèce d'accommodement avec les négociants français. Cette transaction eut lieu en 1688.

4ʰ du soir, 22 vaisseaux anglais et 6 yachts (1) furent signalés au large. Le vent soufflait alors de l'Est; il venait,
par conséquent, de terre. Dès que l'armée anglaise fut
aperçue, le commandant en chef de l'armée française fit
mettre à la terre la plus proche les troupes qui restaient
encore à bord des vaisseaux; et, certain de n'être pas inquiété de la journée puisque l'ennemi avait le vent debout
pour entrer dans la baie, il prit le parti de passer la nuit
au mouillage. Le lendemain au jour, les bâtiments qui portaient les troupes n'avaient pas encore atteint l'endroit où
ils devaient les débarquer. Malgré cela, le lieutenant général de Châteaurenault mit sous voiles; mais, désirant ne
pas perdre ces bâtiments de vue, il laissa les Anglais se
rapprocher davantage et ne fit qu'à 11ʰ le signal d'arriver (2).

Aussitôt que le débarquement de son compétiteur à
Kingsale lui fut connu, le roi Guillaume ne négligea rien
pour s'opposer au passage des secours qu'il supposait devoir lui être envoyés par la France, et il donna l'ordre à
l'amiral Herbert de tenir la mer avec son armée. Cet officier général s'établit d'abord en croisière devant Ouessant;
mais, informé par des découvertes, qui avaient aperçu
l'armée française à son atterrage, de sa sortie et de la direction qu'elle avait prise, il se dirigea lui-même sur la
côte d'Irlande, et il reconnut bientôt l'armée française
dans la baie de Bantry. Lorsque la distance fut jugée convenable, le lieutenant général de Châteaurenault rangea
ses vaisseaux en bataille aux mêmes amures que les Anglais
qui étaient eux-mêmes dans cet ordre. Voici le poste des
vaisseaux français:

---

(1) Les historiens anglais ne sont pas d'accord sur le nombre des vaisseaux
anglais. Josias Burchett, *History of the most remarkable transactions at sea*,
dit qu'il y en avait 19. L'évêque Kennet porte ce nombre à 22. Ce dernier chiffre,
donné aussi par le lieutenant général Chateaurenault, est celui auquel je me
suis arrêté.

(2) Campbell, *Lives of the British admirals*, assigne à ce combat la date du
1ᵉʳ mai.

Canons.

| | | | |
|---|---|---|---|
| 48 | *François* . . . . . | capitaine | Pannetier. |
| 60 | *Vermandois* . . . | — | de Machault. |
| 50 | *Duc* . . . . . . . | — | Colbert-Saint-Mars. |
| 52 | *Fendant* . . . . . | — | de Réals. |
| 56 | *Saint-Michel.* . . | — | Gabaret (Louis), chef d'escadre. |
| 56 | *Fort* . . . . . . . | — | chevalier de Rosmadec. |
| 40 | *Léger* . . . . . . | — | chevalier de Forbin. |
| 52 | *Précieux* . . . . | — | de Salanpart. |
| 48 | *Capable* . . . . . | — | de Bellefontaine. |
| 58 | *Arrogant* . . . . | — | de la Harteloire. |
| 54 | *Diamant* . . . . . | — | chevalier de Coëtlogon. |
| 66 | *Ardent* . . . . . | — | Desnos Champmeslin. |

Rousselet, comte de Châteaurenault, lieutenant général.

| | | | |
|---|---|---|---|
| 60 | *Furieux* . . . . . | capitaine | Desnos. |
| 40 | *Faucon* . . . . . | — | chevalier d'Hervault. |
| 50 | *Modéré* . . . . . | — | marquis de Saint-Hermine. |
| 56 | *Entreprenant.* . . | — | de Beaujeu. |
| 56 | *Courageux* . . . | — | de Forant, chef d'escadre. |
| 46 | *Neptune* . . . . . | — | de Pallière. |
| 44 | *Arc-en-Ciel.* . . . | — | de Perrinet. |
| 60 | *Excellent* . . . . | — | de Lavigerie. |
| 52 | *Sage* . . . . . . . | — | de Vaudricourt. |
| 40 | *Oiseau* . . . . . . | — | Duquesne Guitton. |
| 42 | *Emporté* . . . . | — | Roussel. |
| 58 | *Apollon* . . . . . | — | Montortier. |

Le passage de l'ordre de convoi à l'ordre de bataille fut
mal exécuté et le feu commença avant que les vaisseaux
fussent bien formés; il était 11$^h$ 30$^m$. Les vaisseaux du
corps de bataille doublèrent ceux de l'avant-garde et prirent leur place parce que, dit le commandant en chef dans
son rapport, ceux-ci ne serrant pas l'ennemi d'assez près,
il craignit d'être doublé par la tête. La division du chef
d'escadre Gabaret se trouva par suite au centre, mais non
sans que ce changement eût occasionné une grande perturbation dans la colonne. Un virement de bord, nécessité
par la proximité de la terre, contribua à augmenter la confusion. Bientôt il devint évident que l'amiral anglais manœuvrait pour attirer les Français au large, et les éloigner
du lieu où le débarquement avait été effectué; on était
déjà à 21 milles de l'endroit où le combat avait commencé. Cette tactique n'échappa pas au commandant
en chef qui ne devait pas perdre de vue l'opération pour
laquelle il avait été envoyé dans ces parages; à 5$^h$ 30$^m$, il

cessa de poursuivre les Anglais et rentra dans la baie de Bantry. Mais, dès qu'il eut acquis la certitude que toutes les troupes étaient à terre, il n'hésita pas à faire mettre le cap au large pour se porter de nouveau à la rencontre des Anglais; il ne les trouva pas. Satisfait du résultat qu'il avait obtenu, l'amiral Herbert était retourné à Spithead. L'armée française poursuivit sa route sur Brest, où elle mouilla après 11 jours d'absence.

Les avaries des vaisseaux français étaient considérables. Le feu avait été mis par un boulet aux poudres destinées aux pièces de la chambre de conseil à bord du *Diamant*. La dunette avait été presque entièrement démolie par l'explosion qui en était résultée, et bon nombre d'officiers et de marins avaient été tués ou affreusement mutilés. Le capitaine de Coëtlogon, blessé lui-même, était revenu au feu après avoir réparé de son mieux les avaries occasionnées par cette catastrophe. Les Anglais avaient perdu un vaisseau. et les autres étaient si maltraités, qu'il leur eût été impossible de combattre plus longtemps (1).

Si l'on songe aux résultats que pouvait avoir une bataille navale livrée pendant que le prince d'Orange marchait sur Londres, on doit regretter que celle que je viens de relater n'ait pas été décisive. Quoique le lieutenant général de Châteaurenault se fût probablement conformé à la lettre de ses instructions en discontinuant le combat pour surveiller le débarquement des troupes, l'affaire eût peut-être eu un tout autre résultat, si les deux chefs d'escadre de l'armée française n'eussent cédé à un petit sentiment de rivalité. Le lieutenant général de Châteaurenault déclara qu'au lieu de répondre au signal d'arriver sur les ennemis, le chef d'escadre Gabaret avait viré de bord, ce qui l'avait obligé de se placer à l'avant-garde. Le commandant en chef attribua cette manœuvre, que je ne trouve men-

(1) Campbell, *Lives of the British admirals.*

tionnée nulle part ailleurs que dans son rapport, *à l'inimi-*
*tié du chef d'escadre Gabaret qui, n'étant pas de ses amis, ne*
*voulut pas que l'action fût trop glorieuse.* Il ajouta que
*le chef d'escadre de Forant ne s'était pas tenu dans ses*
*eaux* (1). Le chef d'escadre Gabaret répondit à cette accusation en disant que les chefs de division ne sont pas maîtres de leurs mouvements; que le commandant en chef
les ordonne et que, dans ce cas, il est imité par ses sous-
ordres. De son côté, le chef d'escadre de Forant rejeta
sur le commandant en chef la confusion qui régna dans
l'armée par suite du mouvement qui mit le corps de bataille à l'avant-garde, et il soutint que le signal d'arriver
davantage n'avait été fait ni à l'avant-garde ni à l'arrière-
garde.

Les deux partis s'attribuèrent la victoire. Pour la France,
toute la question était dans le débarquement. Je laisse
aux lecteurs à apprécier qui réussit, de celui qui put
remplir sa mission ou de celui qui, envoyé pour s'opposer
à son accomplissement, se retira sans y avoir apporté le
moindre obstacle. L'amiral Herbert, qui avait été un des
premiers à embrasser la cause de Guillaume de Nassau,
n'en fut pas moins créé comte de Torrington.

La flûte de 40° le *Profond*, capitaine d'Amblimont, les
frégates de 26 la *Sorcière* et la *Serpente*, capitaines Herpin et
de Selingue, et la *Trompeuse* de 12, capitaine de Lamothe,
en croisière dans la mer du Nord, rencontrèrent, le 27 juillet, à 45 milles du Texel, 2 bâtiments hollandais de 24°,
une frégate de 18 et 2 galiotes de 6. Les Français laissèrent
arriver sur les Hollandais qui les attendirent en ordre de
bataille et, arrivés à portée de pistolet, ils se rangèrent
dans le même ordre que l'ennemi, la *Sorcière* en tête; ve-

(1) Rapport du lieutenant général de Chateaurenault.

naient ensuite le *Profond*, la *Trompeuse* et la *Serpente*. Le
feu commença alors. La *Serpente* foudroya son adversaire
avec tant de vigueur et le serra de si près pour l'aborder,
qu'elle le força de chercher un abri sous le vent de son chef
de file; la frégate française dirigea alors ses coups sur
celui-ci. Ce bâtiment, qui était déjà combattu par la *Trompeuse*, fit vent arrière. Pressés de la même manière sur toute
la ligne, les Hollandais furent écrasés. Après trois heures
de combat, un de leurs bâtiments brûlait, un deuxième
était coulé ; les autres avaient amené leur pavillon.

---

Dans le courant du mois de mai, le lieutenant général
de Tourville reçut l'ordre de se rendre de Toulon à Brest
avec 20 vaisseaux. Au moment d'arriver à la hauteur de
Ouessant, à la fin de juillet, cet officier général apprit
qu'une armée ennemie de 70 voiles croisait dans ces parages pour s'opposer à son entrée à Brest. Le vent soufflait
alors du N.-E. Il eût été imprudent de continuer une route
qui conduisait au milieu de l'armée ennemie ; il y avait
en effet tout lieu de penser qu'avec le vent régnant les Anglais se tenaient sous la terre. Il fallait temporiser et attendre qu'une circonstance favorable, en forçant l'ennemi
de s'éloigner de la côte, laissât le passage libre. Le lieutenant général de Tourville se tint donc au large de la station supposée de la croisière qu'il voulait éviter. Le 4 août,
le vent souffla à l'Ouest, grand frais. Il n'y avait plus à
hésiter. L'armée française mit le cap à l'Est et elle entra
à Brest à la vue des Anglais qui étaient trop éloignés pour
lui barrer le passage,

L'armée navale ne fit qu'un court séjour sur la rade de
Brest ; elle sortit avant la fin du mois avec un renfort de
25 vaisseaux. Le capitaine du Mené, du vaisseau de 58° le
*Marquis*, qui avait reçu l'ordre de se porter en avant en découverte, aperçut un vaisseau anglais de 70 canons placé
en éclaireur à l'entrée de l'Iroise. Celui-ci n'hésita pas à

laisser arriver sur le *Marquis* qui était sous le vent et à engager avec lui un combat des plus meurtriers à portée de pistolet. Démâté de son grand, puis ensuite de son mât de misaine, le vaisseau anglais amena son pavillon ; son capitaine était blessé mortellement. Le capitaine du Mené avait eu un bras emporté et il mourut le lendemain. Le lieutenant de vaisseau, chevalier de Combes, auquel le commandement du *Marquis* était échu, prit le vaisseau anglais à la remorque. Poursuivi par une division ennemie, il mit le feu à sa prise et rentra à Brest avec l'armée.

————

La frégate de 30ᵉ la *Railleuse*, capitaine Jean Bart, et la frégate les *Jeux*, capitaine chevalier de Forbin, sorties du Havre pour convoyer 14 navires du commerce qui se rendaient à Brest, rencontrèrent, le 22 mai, 2 vaisseaux anglais, l'un de 42, l'autre de 48 canons. Les deux capitaines convinrent de diriger leur attaque sur le plus fort, et ils chargèrent les 3 navires marchands les mieux armés de combattre l'autre. Jean Bart, sans tirer un coup de canon, laissa porter sur l'Anglais pour l'aborder ; mais le vent étant tombé subitement, il manqua son abordage, et il ne peut empêcher une partie de son équipage, effrayée de la force de l'ennemi, de se jeter dans la chaloupe qui était à la traîne. Le capitaine de Forbin fut plus heureux ; il réussit à aborder l'Anglais. Quant aux navires du commerce désignés pour combattre le second vaisseau anglais, ils jugèrent plus prudent de continuer leur route que d'engager une lutte qui n'entrait pas dans leurs habitudes. Libre dès lors de ses mouvements, ce vaisseau se porta en aide à son compatriote : la *Railleuse* lui prêta le côté. Après deux heures de lutte acharnée, les deux capitaines français étaient blessés et leurs frégates étaient rases comme des pontons ; leur pavillon fut amené, mais le convoi fut sauvé.

Les capitaines Jean Bart et de Forbin, envoyés prisonniers en Angleterre, parvinrent à s'évader après onze jours de détention.

## BATIMENTS PRIS, DÉTRUITS OU NAUFRAGÉS
### pendant l année 1689.

#### FRANÇAIS.

30ᶜ *Railleuse.* . . . . . . . . } Prises par deux vaisseaux anglais.
» *Les Jeux.* . . . . . . . . }

#### ANGLAIS.

70ᶜ Un vaisseau . . . . . . . . Pris par un vaisseau.
» Un vaisseau . . . . . . . . Coulé à la bataille de Bantry.

#### HOLLANDAIS.

1 bâtiment de 24ᶜ . . . . . . . Coulé.
1 — de 24 . . . . . . . Brûlé.
1 — de 18 . . . . . . . } Pris par une division.
2 galiotes de 6ᶜ . . . . . . . }

#### RÉCAPITULATION.

|  |  | Pris | Détruits ou Naufragés | Incendiés | TOTAL |
|---|---|---|---|---|---|
| FRANÇAIS. | Vaisseaux. . . | » | » | » | 2 |
|  | Bâtiments inf. | 2 | » | » | » |
| ANGLAIS. | Vaisseaux. . | 1 | 1 | » | 2 |
|  | Bâtiments inf. | » | » | » | » |
| HOLLANDAIS. | Vaisseaux. . . | » | » | » | » |
|  | Bâtiments inf. | 5 | 2 | » | 5 |

# ANNÉE 1690

Le 23 juin, le vice-amiral comte de Tourville sortit de Brest avec une armée navale qui atteignait le chiffre énorme de 70 vaisseaux, 5 frégates, 16 brûlots et 15 galères, pour chercher et combattre l'ennemi partout où il le rencontrerait. Le vent favorable, qui avait permis à cette armée de sortir, lui devint contraire à l'entrée de la Manche; les galères relâchèrent à Camaret. Le 2 juillet, on aperçut l'armée anglo-hollandaise au mouillage sur la rade de Sainte-Hélène de l'île de Wight. Le vice-amiral de Tourville résolut d'aller l'y attaquer; mais, contrarié par le vent qui soufflait du N.-E., il se vit contraint de laisser tomber l'ancre. Les Anglais mirent sous voiles le lendemain matin et tinrent le plus près du vent : les Français les imitèrent. Le 10, après avoir manœuvré pendant sept jours pour se maintenir au vent, le commandant en chef de l'armée ennemie se décida à laisser arriver sur les Français : ceux-ci étaient alors sur deux colonnes, parce que, pendant la nuit, le lieutenant général de Châteaurenault, ayant cru apercevoir le signal de mouiller, avait fait exécuter cet ordre à l'avant-garde et s'était ainsi trouvé séparé, mais au vent du reste de l'armée. Cette séparation momentanée n'eut aucune suite fâcheuse ; cet officier général appareilla dès qu'il vit l'ennemi laisser arriver, et sa position au vent lui permit facilement de reprendre son poste en tête de la ligne. L'armée, qui l'attendait en panne, se trouva alors formée en bataille, les amures à tribord, dans l'ordre suivant :

| Canons. | | | |
|---|---|---|---|
| 80 | *Fier* . . . . . . | de Relingue chef d'escadre. | — 1 brûlot. |
| 62 | *Fort* . . . . . . . | capitaine de La Harteloire. | |
| 58 | *Maure* . . . . . . | —      chevalier de Lagalissonnière. | |
| 76 | *Éclatant* . . . . | —      de Septèmes. | |
| 86 | *Conquérant* . . . . | . . . . . | |
| | | marquis de Villette-Mursay, lieut. gén. | 1 brûlot. |
| 68 | *Courtisan* . . . . . | capitaine de Pointis. | |
| 50 | *Indien* . . . . . | —      de Roussel. — *Solide*, cap. de Ferville. | |
| 58 | *Trident* . . . . . . | —      de Riberet. | |
| 58 | *Hardi* . . . . . . | —      commandeur Desgouttes. | |
| 60 | *Saint-Louis* . . . . | —      de Laroque-Percin. | |
| 64 | *Excellent* . . . . . | —      chevalier de Montbron. | |
| 74 | *Pompeux* . . . . . | —      d'Aligre. | — 1 brûlot. |
| 104 | *Dauphin-Royal* . . | —      . . . . . | |
| | | comte de Châteaurenault, lieut. gén. | 1 brûlot. |
| 66 | *Ardent* . . . . . . | capitaine d'Infreville. | — 1 brûlot. |
| 58 | *Bon* . . . . . . . . | —      chevalier de Digoine. | |
| 60 | *Précieux* . . . . . | —      de Perrinet. | |
| 60 | *Aquilon* . . . . . . | —      de Beaugeay. | |
| 40 | *Alcyon* . . . . . . | —      Jean Bart. | |
| 56 | *Fendant* . . . . . . | —      Lavigerie. | |
| 60 | *Courageux* . . . | —      de Sévigny. | |
| 80 | *Couronne* . . . . . | marquis de Langeron, chef d'esc. — | 1 brûlot. |
| 64 | *Ferme* . . . . . . | capitaine de Vaudricourt. | |
| 60 | *Téméraire* . . . . . | —      Durivault-Huet. — *Éole*, capitaine Dutast. | |
| 54 | *Brusque* . . . . . . | —      de Ricoux. | |
| 62 | *Arrogant* . . . . | —      chevalier des Adrets. | |

| | | | | |
|---|---|---|---|---|
| 50 | *Arc-en-Ciel*. . . . | — | chevalier de Sainte-Maure. | |
| 72 | *Henri*. . . . . . . | — | d'Amblimont. | |
| 90 | *Souverain*. . . . . | de Nesmond, chef d'escadre. | — 1 brûlot. | |
| 64 | *Brillant*. . . . . . | capitaine de Beaujeu. | | |
| 50 | *Neptune*. . . . . . | — | de Forbin-Gardanne. | |
| 62 | *Sans-Pareil*. . . | — | chevalier de Larongère. | |
| 52 | *Fidèle*. . . . . . . | — | chevalier de Forbin. | |
| 60 | *Diamant*. . . . . | — | le Serquigny. | |
| 68 | *Sérieux*. . . . . . | — | chevalier de Bellefontaine. | |
| 80 | *Tonnant*. . . . . . | marquis de Laporte, chef d'esc. 1 brûlot. — *Faucon*, cap. Montbault. | | |
| 110 | *Soleil-Royal*. . . | — | . . . . . comte de Tourville, vice-amiral. | |
| 84 | *Saint-Philippe*. . | chevalier de Coëtlogon, ch. d'esc. — 1 brûlot. | | |
| 68 | *Marquis*. . . . . . | capitaine chevalier de Châteaumorant. | | |
| 62 | *Furieux*. . . . . . | — | Desnos. | |
| 60 | *Fortuné*. . . . . . | — | Depales. | |
| 60 | *Apollon*. . . . . . | — | Bridault. | |
| 60 | *Saint-Michel*. . . | — | de Villars. | |
| 62 | *Entreprenant*. . . | — | de Sepville. | |
| 86 | *Magnifique*. . . . | — | . . . . . marquis d'Amfreville, lieut. gén. — 1 brûlot. | |
| 68 | *Content*. . . . . . | capitaine comte de Saint-Pierre. — 1 brûlot. | | |
| 64 | *Vermandois*. . . . | — | Duchallard. | |
| 52 | *Cheval-Marin*. . . | — | chevalier d'Amfreville. | |
| 64 | *Fougueux*. . . . . | — | Colbert Saint-Mars. | |
| 44 | *Comte*. . . . . . . | — | marquis de Blénac. | |
| 58 | *Vigilant*. . . . . | — | chevalier de Chalais. | |
| 64 | *Parfait*. . . . . . | — | Machault. | |
| 80 | *Triomphant*. . . . | chevalier de Flacourt, chef d'esc. — 1 brûlot. | | |
| 68 | *Bourbon*. . . . . . | capitaine chevalier d'Hervault. | | |
| 54 | *Duc*. . . . . . . . | — | de Pallière. | |
| 58 | *Vaillant*. . . . . . | — | chevalier de Feuquières. | |
| 52 | *Capable*. . . . . . | — | Laboissière. | |
| 62 | *Brave*. . . . . . . | — | de Champagny | |
| 52 | *Français*. . . . . | — | chevalier Dally. | |
| 64 | *Agréable*. . . . . | — | Lamothe. | |
| 76 | *Florissant*. . . . | — | chevalier de Cogolin. | |
| 90 | *Grand*. . . . . | comte d'Estrées, vice-amiral. — 1 brûlot. | | |
| 80 | *Belliqueux*. . . . | capitaine Desfrancs. | | |
| 62 | { *Prince*. . . . . | — | baron des Adrets. | |
| | *Léger*. . . . . . . | — | de Rouvroy. | |
| 60 | *Prudent*. . . . . | — | Desherbiers de l'Étanduère. | |
| 54 | *Modéré*. . . . . . | — | Désaugers. | |
| 60 | *Fleuron*. . . . . . | — | Chabert. | |
| 70 | *Aimable*. . . . . . | — | Du Magnon. | |
| 80 | *Intrépide*. . . . . | Gabaret (Louis) lieutenant génér. — 1 brûlot. | | |
| 62 | *Glorieux*. . . . . | capitaine Belile-Erard. | | |
| 74 | *Illustre*. . . . . . | — | chevalier de Rosmadec. | |
| 80 | *Terrible*. . . . . | — | Pannetier, chef d'esc. — 1 brûlot (1). | |

(1) Boismêlé, *Histoire générale de la marine*, dit qu'il y avait 78 vaisseaux. Les mémoires de Tourville donnent le même nombre. Je n'ai trouvé aucun état mentionnant plus des 70 vaisseaux, 5 frégates et 16 brûlots cités.

L'armée anglo-hollandaise, commandée par l'amiral anglais Herbert, était forte de 60 vaisseaux, dont 21 hollandais. L'avant-garde était commandée par le lieutenant amiral hollandais Evertzen, qui avait sous ses ordres les contre-amiraux Van Dick et Brakel ; le vice-amiral Ralph de Laval et le contre-amiral George Rooke étaient au centre avec le commandant en chef ; l'arrière-garde obéissait au vice-amiral Sir Édouard Russel et au vice-amiral Sir John Ashby (1). Le feu commença à l'avant-garde vers 9h 30m du matin ; l'arrière-garde engagea ensuite ; les corps de bataille ne tirèrent que lorsqu'ils furent à petite portée. Les Hollandais n'ayant pas assez prolongé la ligne française, la deuxième division de l'avant-garde de cette dernière escadre se trouva sans adversaires. Le lieutenant général de Châteaurenault fit signal à ses vaisseaux de forcer de voiles, et ensuite de virer par un mouvement successif sur l'avant de l'ennemi pour mettre les Hollandais entre deux feux. Mais la brise, déjà très-faible, mollissait incessamment, et lorsque les six premiers vaisseaux eurent exécuté cet ordre, il crut devoir virer lui-même et ordonna la même manœuvre à l'avant-garde entière. On combattait alors vigoureusement sur toutes les parties de la ligne, et des deux côtés les avaries constataient l'ardeur des combattants. Malheureusement le vent tomba totalement et déjoua toute tactique. Il n'y eut d'autre manœuvre que celle que firent les vaisseaux de tête pour envelopper l'avant-garde ennemie ; chacun dut accepter la position que le courant lui faisait ; on finit cependant par se servir des

---

(1) Boismêlé, *Hist. générale de la marine*, donne le commandement du corps de bataille au vice-amiral Vanderkulen et celui de l'arrière-garde au vice-amiral Herbert. M. E. Sue, *Hist. de la marine française*, met l'amiral Vanderkulen au centre et l'amiral Herbert à l'arrière-garde. M. de Lapeyrouse, *Hist. de la marine française*, dit que l'arrière-garde était commandée par l'amiral hollandais Vanderkulen. Enfin, M. Léon Guérin, *Histoire de la marine*, place le vice-amiral hollandais Van Derputten au centre. Les indications que j'ai données sont empruntées aux rapports français, à Campbell, *Lives of the British admirals*, et à Gérard Brandt, *Vie de Ruyter*.

embarcations pour gouverner. A 5ʰ, la plupart des vaisseaux hollandais étaient hors d'état de combattre ; quelques-uns étaient rasés comme des pontons ; les Anglais se
faisaient retirer du feu par leurs canots. La canonnade con-
tinuait cependant encore, et elle ne cessa que lorsque les
deux armées furent hors de portée de canon. Cela tarda
peu, car le commandant en chef de l'armée française ne
s'aperçut pas que les vaisseaux ennemis avaient laissé tomber une ancre en conservant toutes voiles hautes, et les
siens furent drossés par le courant.

Le vaisseau hollandais Frisland avait été pris et incendié
par le *Souverain;* un autre vaisseau avait été brûlé et un
troisième coulé (1). Les deux contre-amiraux hollandais
avaient été tués.

Quelques-uns des vaisseaux français avaient de grandes
avaries. La poupe du *Terrible* avait été emportée par l'explosion d'une bombe. Le *Fleuron* et le *Modéré*, coulant
bas d'eau, avaient été obligés de se retirer du feu.

Le vice-amiral de Tourville n'abandonna pas les avantages qu'il venait d'obtenir. Profitant de la marée et des
folles brises qui s'élevèrent, il poursuivit les vaisaux ennemis. Pour échapper, les uns se jetèrent à la côte, d'autres
furent détruits par leurs propres équipages. Le lieutenant
général de Villette-Mursay parvint à en atteindre 7 qu'il
livra aux flammes; il en força 4 autres à s'échouer.
A quelques jours de là, on en brûla 2 autres, 1 anglais et
1 hollandais.

L'armée française mouilla à Torbay le 1ᵉʳ août ; le chevalier de Noailles l'y rejoignit avec les galères. Le 5, un
petit corps d'armée, composé d'un détachement de chaque
vaisseau, débarqua à Tinmouth sous la direction du vice-
amiral d'Estrées ; on s'empara d'une batterie qui fut détruite ; 12 vaisseaux eurent le même sort. L'armée navale

---

(1) Au dire de Campbell, *Lives of the British admirals,* les Anglais perdirent 1 vaisseau et les Hollandais 5.

reprit ensuite la mer, brûla encore 5 vaisseaux et mouilla, le 17, dans la baie de Bertheaume.

Des plaintes nombreuses s'élevèrent, en Angleterre, sur la conduite de l'amiral Herbert. Les Hollandais l'accusèrent de les avoir sacrifiés. Cet officier général fut mis à la Tour de Londres et traduit devant une cour martiale qui l'acquitta honorablement : il fut cependant remplacé par l'amiral Russel dans le commandement de l'armée navale.

Voici ce que dit Campbell au sujet de cette bataille : « L'arrivée inattendue de cette formidable armée française dans la Manche jeta un grand effroi en Angleterre et décida l'amiral Herbert à prendre de suite la mer avec les vaisseaux qui étaient prêts, laissant aux capitaines des autres l'ordre de le rejoindre dès qu'ils le pourraient. Le ralliement se fit chaque jour et le commandant en chef put bientôt disposer de 34 vaisseaux anglais et de 22 hollandais. Ce nombre ne lui paraissait cependant pas encore assez élevé pour livrer bataille lorsque, le 3 juin, il reçut l'ordre de combattre afin d'éloigner les Français dont la présence sur les côtes d'Angleterre faisait craindre un mouvement jacobite. C'est alors que l'amiral Herbert laissa arriver ; mais ses dispositions étaient mal prises et les Hollandais se battaient déjà depuis une heure lorsqu'il se présenta au feu avec le corps de bataille. » D'après l'auteur anglais, l'armée française comptait 78 vaisseaux et 22 brûlots. Il prétend aussi que les pertes des alliés s'élevèrent en tout à 5 vaisseaux hollandais brûlés pendant la bataille, 3 brûlés à la côte et 1 vaisseau anglais de 70° incendié par son propre équipage. Il dit que 3 navires de pêche furent seuls détruits à Tinmouth. On voit que les additions anglaises sont loin d'être d'accord avec les additions françaises.

La défense des droits de l'ex-roi d'Angleterre Jacques II avait déterminé Louis XIV à envoyer un secours de 7,000 hommes en Irlande au commencement de cette année. Ces troupes, dont le commandement avait été donné au comte de Lauzun, avaient pris passage sur 36 vaisseaux aux ordres du lieutenant général d'Amfreville. Cet officier-général les avait débarquées à Corke, vers le milieu du mois de mars, et il était retourné de suite à Brest. Le résultat de cette nouvelle tentative est connu : les troupes françaises furent défaites à Limerick.

Peu de jours après sa rentrée, le vice-amiral de Tourville reçut l'ordre d'envoyer une partie de ses vaisseaux à Corke pour recueillir les débris de cette expédition. Cette opération ne présenta aucune particularité.

———

Dans les premiers jours du mois d'avril 1690, le vice-amiral anglais Killegrew reçut l'ordre de se rendre devant Toulon avec une division anglo-hollandaise pour surveiller les armements de ce port. Assaillis en route par une série de mauvais temps, les vaisseaux ennemis firent de nombreuses avaries et, renonçant momentanément à remplir sa mission, le vice-amiral anglais relâcha à Cadix ; il y reçut l'avis que 6 vaisseaux étaient sortis de Toulon. Cette nouvelle lui fit reprendre de suite la mer. Le lendemain 11 avril, ayant appris par les capitaines de quelques vaisseaux qui se rangèrent sous son pavillon, qu'une division française avait été vue dans la baie de Tétouan, sur la côte septentrionale du royaume de Maroc, il se dirigea de ce côté avec 12 vaisseaux anglais et 5 hollandais. Les vaisseaux qu'on avait signalés au commandant en chef de l'armée anglaise étaient, en effet, sortis de Toulon pour se rendre à Brest avec le lieutenant général de Château-renault ; voulant éviter, autant que possible, d'être aperçu, cet officier général s'était constamment tenu sur la côte d'Afrique, mais sans s'arrêter. Aussi, lorsqu'il se présenta à l'ouvert de la baie de Tétouan où il pensait trouver les Français au mouillage, le vice-amiral Killegrew vit-il ses espérances déçues ; il se mit de suite à la recherche de la

division française qu'il supposa avec raison s'être dirigée
vers l'Ouest, et il ne tarda pas à l'apercevoir et à la gagner, la marche des vaisseaux français étant entravée par
un convoi. Bientôt les vaisseaux anglais avancés n'en
furent plus qu'à 2 milles. Malgré cet avantage, la division
française ne fut pas attaquée; le lieutenant général de
Châteaurenault continua sa route et il arriva à Brest sans
autre rencontre.

Les relations françaises disent que le lieutenant général
de Châteaurenault fit prendre chasse à son convoi, se plaça
derrière lui et qu'il diminua de voiles pour se maintenir
dans cette position. Un auteur anglais (1) trouve cette
version *tellement incroyable, sinon extravagante,* qu'il dé-
clare s'abstenir de toute réflexion (2). L'expression peu
mesurée de l'historien anglais doit surprendre d'autant
plus, que voici comment il raconte lui-même cette rencontre : « *vers* 1$^b$, *ils* (les chasseurs anglais) *étaient à moins*
« *de deux milles de la division française qui semblait fuir;*
« *nos bâtiments mirent leurs perroquets et les chassèrent. Ce*
« *fut sans résultat, car les vaisseaux français sortaient du*
« *port et avaient leurs carènes propres, tandis que plusieurs*
« *des nôtres en étaient absents depuis* 17 *mois; il n'est donc*
« *pas surprenant que les premiers aient pu échapper. La*
« *chasse continua jusqu'au jour suivant: l'amiral la fit*
« *alors lever; il n'avait avec lui que* 4 *vaisseaux. L'ennemi*
« *avait douze milles d'avance; les Hollandais et un des vais-*
« *seaux anglais étaient à la même distance de l'arrière* (3). »

---

(1) Campbell, *Lives of the British admirals.*
(2) There is something so very improbable, not to say extravagant in this
story, that there wanted nothing but the historian's reflection to render it per-
fectly ridiculous.  He concludes this tedious detail with observing that the very
enemy themselves could not but admire the ability and intrepidity of the count
de Chateaurenault.  Such flourishes are so natural to these authors, that after a
very few instances, I shall content myself with a bare relation of them, and
leave their credit to the candid consideration of every impartial reader.
(3) About one o'clock, they were within two miles of the French squadron
which appeared to be in the run, and therefore our ships set their top-gallant

Cette dispersion de l'escadre anglo-hollandaise occasionnée par une chasse en route libre explique suffisamment, il nous semble, pourquoi le vice-amiral Killegrew n'attaqua pas 6 vaisseaux rangés en bon ordre sur l'arrière d'un convoi. Je ne vois donc pas en quoi consiste l'extravagance dont parle l'historien Campbell. Croit-il que son amiral eût levé la chasse s'il n'avait eu que des navires de commerce devant lui (1) ?

---

### BATIMENTS PRIS, DÉTRUITS OU NAUFRAGÉS
#### pendant l'année 1690.

##### ANGLAIS.

| | |
|---|---|
| 1 vaisseau. . . . . . . . . . . . | Coulé à la bataille du 10 juin. |
| 8 vaisseaux. . . . . . . . . . . | Incendiés à la suite de la bataille du 10 juin. |
| 12 vaisseaux. . . . . . . . . | Détruits à Tinmouth. |

##### HOLLANDAIS.

| | |
|---|---|
| FRISLAND (vaisseau). . . . . . . | Pris à la bataille du 10 juin. |
| 2 vaisseaux. . . . . . . . . . | Brûlés à la bataille du 10 juin. |
| 5 vaisseaux. . . . . . . . . . | Détruits à la suite de la bataille. |

##### RÉCAPITULATION.

| | | Pris | Détruits ou Naufragés | Incendiés | TOTAL |
|---|---|---|---|---|---|
| FRANÇAIS. | Vaisseaux. . . | » | » | » | » |
| | Bâtiments inf. | » | » | » | » |
| ANGLAIS. | Vaisseaux. . . | » | 21 | » | 21 |
| | Bâtiments inf. | » | » | » | » |
| HOLLANDAIS. | Vaisseaux. . . | 1 | 7 | » | 8 |
| | Bâtiments inf. | » | » | » | » |

---

sails and crowded after them, but to little purpose, for the French ship being all clean ships, just come out off port, whereas some of ours have been seventeen months off the ground; it is no wonder they got clear them. The chace were continued till the next day, when the enemy were four leagues a-head, and the Dutch and one of the English ships as much a stern. Insomuch that the admiral had with him no more than four ships, which induced him to give over the chace.

(1) On lit dans les mémoires de Tourville que l'escadre ennemie était com-

## ANNÉE 1691.

———

L'année 1691 fut peu fertile en événements maritimes.

Dans l'Océan, le vice-amiral de Tourville sortit de Brest avec 69 vaisseaux, dans les derniers jours du mois de juin. Ses instructions lui enjoignaient d'attaquer un riche convoi de navires anglais et hollandais qu'on savait être parti de Smyrne, et de préserver les côtes de France d'agressions qu'on soupçonnait les Anglais de vouloir diriger contre elles. Cette croisière, qui dura une cinquantaine de jours, n'eut pas tout le résultat sur lequel on comptait. Aucune insulte ne fut faite au territoire, mais le convoi échappa; Tourville rentra à Brest dès qu'il eut acquis la certitude de son passage. Un vaisseau de 50ᵉ, la MARIE-ROSE, la frégate CONSTANT WARWICK et 4 autres navires de ce convoi furent les seules prises de la campagne.

Diverses croisières établies, plus tard, de l'Irlande au détroit de Gibraltar, furent également inhabiles à intercepter les convois dont le ministre de la marine avait conçu l'espoir de s'emparer.

———

Le capitaine Jean Bart, sorti de Dunkerque avec une petite division de frégates pour inquiéter le commerce des Hollandais dans les mers du Nord, aperçut, le 27 juillet au soir, 4 navires escortés par un vaisseau anglais de 40ᵉ et un second de 50. La journée était trop avancée pour commencer une lutte que l'obscurité de la nuit pouvait

---

mandée par le vice-amiral Papachin. Cette assertion me paraît entachée d'inexactitude. L'historien anglais que j'ai cité n'eût pas plaidé la cause du commandant en chef, comme il l'a fait, s'il avait pu laisser la responsabilité de cette affaire à un étranger.

contrarier. Le lendemain, dès qu'il fit jour, Jean Bart attaqua le vaisseau de 40ᵉ et le força d'amener son pavillon après une heure de combat. L'autre vaisseau et les navires marchands furent également enlevés.

Peu de jours après ce combat, Jean Bart rencontra une flotte de pêcheurs hollandais. Il enleva à l'abordage deux vaisseaux de 40ᵉ qui l'escortaient et s'empara d'une partie des navires pêcheurs.

———

Le bombardement d'Oneille, celui de Barcelone et celui d'Alicante sont les seuls faits de guerre qui eurent lieu dans la Méditerranée.

Le 9 mars, le vice-amiral d'Estrées sortit de Toulon afin de seconder les efforts de Catinat qui assiégeait Villefranche. Cette place ayant été prise le 5 avril, la division navale se rendit devant Oneille. Le vice-amiral d'Estrées somma de suite la garnison; les canons de la citadelle répondirent à cette sommation. Les vaisseaux ripostèrent, et des bombes furent lancées sur la ville. Un coup de vent préserva Oneille d'une destruction complète, en forçant la division à aller chercher un abri aux îles d'Hyères. Le commandant en chef y reçut l'ordre de se porter sur la côte d'Espagne, et de bombarder les villes principales pour en obtenir une contribution. La division était alors composée de 4 vaisseaux, 5 frégates, 3 galiotes à bombes et 26 galères; celles-ci étaient sous les ordres du chevalier de Noailles. Le 8 juillet, le vice-amiral d'Estrées bombarda Barcelone; plusieurs quartiers furent incendiés : c'est à peine si cette ville riposta. L'escadre, renforcée de 8 vaisseaux et de 10 tartanes, prit ensuite la route d'Alicante; contrariée par le vent, elle n'arriva que le 22 devant ce port. Le commandant en chef somma immédiatement le gouverneur de payer une contribution, sous peine de voir la ville réduite en cendres. Pour toute réponse celui-ci fit tirer sur les chaloupes qui portaient les ancres au moyen

desquelles les galiotes devaient se haler ; ces bâtiments
ripostèrent à 4ʰ de l'après-midi. Le feu de la ville fut d'a-
bord assez bien nourri ; mais quelques bombes firent abandonner les batteries, et, ainsi que le dit le commandant en
chef dans son rapport, à partir de ce moment, les galiotes
demeurèrent aussi tranquilles que dans un simple exercice.
Le bombardement continua jusqu'au 24 sans interruption ;
ce jour-là, l'état de la mer força de le suspendre. Le gouverneur n'ayant pas voulu répondre aux nouvelles propositions qui lui furent faites, le bombardement recommença
et dura jusqu'à l'épuisement entier des munitions ; on était
au 27. L'incendie de la ville était général. « On peut s'as-
« surer, écrivait le commandant en chef au ministre, que
« cette ville, qui a brûlé pendant cinq jours et cinq nuits,
« est bien châtiée ; et si un pareil exemple n'intimide pas
« les autres, il ne faut plus espérer de tirer de l'argent, par
« ce moyen, de quelque endroit que ce puisse être. » Le
châtiment était complet, en effet, mais Alicante ne donna
pas d'argent. Le 29 au matin, 17 vaisseaux espagnols,
2 galères et plusieurs brûlots furent signalés arrivant avec
des vents d'Ouest ; à la côte, la brise soufflait faible de
l'E.-N.-E. Le vice-amiral d'Estrées donna l'ordre aux galères de prendre les galiotes à la remorque et fit appareiller
les vaisseaux. Les Espagnols les chassèrent, mais le lendemain on les avait perdus de vue. L'escadre française se
dirigea sur les Baléares, où elle trouva l'ordre de rentrer
en France.

---

### BATIMENTS PRIS, DÉTRUITS OU NAUFRAGÉS
pendant l'année 1691.

#### ANGLAIS.

| | |
|---|---|
| 50ᶜ MARIE-ROSE. . . . . . . . | Prise par une escadre. |
| 1 vaisseau de 50ᶜ. . . . . . . . | Pris par une division. |
| 1 vaisseau de 40 . . . . . . . . | |
| CONSTANT-WARWICK (frégate). . | Prise par une escadre. |

RÉCAPITULATION.

|  |  | Pris | Détruits ou naufragés | Incendiés | TOTAL |
|---|---|---|---|---|---|
| FRANÇAIS. | Vaisseaux... | » | » | » | » |
|  | Bâtiments inf. | » | » | » | » |
| ANGLAIS. | Vaisseaux... | 3 | » | » | 3 |
|  | Bâtiments inf. | » | » | » | » |
| HOLLANDAIS. | Vaisseaux... | » | » | » | » |
|  | Bâtiments inf. | » | » | » | » |

## ANNÉE 1692.

Vers le milieu de l'année 1692, Louis XIV voulut tenter un nouvel effort en faveur de Jacques II, qui s'était encore réfugié en France. Une armée de 12,000 hommes fut réunie sur le littoral de la Manche, et le port de Brest reçut l'ordre de tenir prêts tous les vaisseaux en état de prendre la mer; Toulon devait fournir un contingent de 13 vaisseaux. Malheureusement le 18 mai, à la sortie du détroit de Gibraltar, ces derniers furent assaillis par un violent coup de vent qui jeta deux vaisseaux à la côte, sous Ceuta, et désempara tellement les autres qu'ils ne purent arriver à Brest avant la fin du mois de juillet. C'était trop tard ; l'armée navale de l'Océan avait mis sous voiles. Le roi de France, ayant été informé de la sortie de l'armée navale d'Angleterre, avait ordonné au vice-amiral de Tourville de prendre la mer avec les 45 vaisseaux et les 7 brûlots qui étaient réunis à Brest, en lui enjoignant de poursuivre les Anglais avant leur jonction aux Hollandais, et de les combattre *forts ou faibles, et quoi qu'il pût en arriver*. Cet ordre était de la main du roi. Des vents très-frais de la partie du N.-E. retinrent les Français à l'entrée de la Manche

I. 14

et permirent aux Hollandais de se réunir à l'armée anglaise, le 25 mai.

Quelques mots expliqueront le motif de l'ordre envoyé au commandant en chef de l'armée française. Le roi détrôné, Jacques, avait donné à Louis XIV l'assurance qu'à la vue de l'armée française, plus de la moitié des capitaines et des équipages des vaisseaux anglais se joindraient aux Français pour combattre ceux qui resteraient fidèles au roi Guillaume : de là cet ordre de combattre l'ennemi fort ou faible. Mais Guillaume d'Orange avait eu connaissance de ce complot, et il avait fait arrêter immédiatement les capitaines qui l'avaient formé. L'infériorité numérique de l'armée française depuis la jonction des deux armées ennemies nécessita dès lors l'annulation du premier ordre, et des bateaux furent expédiés de Barfleur pour prescrire au commandant en chef de l'armée navale de ne pas combattre avant l'arrivée des renforts qui lui étaient annoncés. Ces embarcations cherchèrent vainement l'armée française qui était retenue à l'entrée de la Manche par les vents contraires, et le commandant en chef, qui n'était pas initié aux secrets d'État, dut se conformer aux ordres qu'il avait reçus.

Le 29 mai, à 4ʰ du matin, l'armée anglaise, dans laquelle on put compter 99 voiles. fut aperçue sous le vent. Le temps était brumeux et la brise soufflait faible du S.-O. Le cap La Hague, extrémité occidentale de la presqu'île du Cotentin, restait à 21 milles dans le Sud. Le vice-amiral de Tourville assembla de suite les officiers généraux en conseil : tous furent d'avis qu'il ne fallait pas combattre. Le commandant en chef leur montra les ordres du roi : il ne restait plus qu'à obéir. Chacun retourna à son bord, et, à 10ʰ, Tourville laissa arriver sur l'armée ennemie qui était en bataille, les amures à tribord, le petit hunier sur le mât. Vers 11ʰ 30ᵐ, il fit tenir le vent aux mêmes amures que l'ennemi, et, chaque chef d'escadre se plaçant par le travers de l'officier général qui lui correspondait dans la ligne anglo-hollandaise, le combat s'engagea à portée de fusil.

Voici l'ordre dans lequel les vaisseaux français se présentèrent au combat :

Canons.

| | | | |
|---|---|---|---|
| 64 | *Bourbon.* . . . . . | capitaine | de Perrinet. |
| 90 | *Monarque.* . . . . . | — | marquis de Nesmond, chef d'escadre. |
| 68 | *Aimable.* . . . . . . | — | chevalier de Réals. |
| 60 | *Saint-Louis.* . . . | — | de Laroque Percin (1). |
| 60 | *Diamant.* . . . . . . | — | chevalier de Feuquières. |
| 68 | *Gaillard.* . . . . . | — | chevalier d'Amfreville. |
| 76 | *Terrible.* . . . . . . | — | de Sepville. |
| 94 | *Merveilleux.* . . . . | — | de Mons. |
| | | marquis d'Amfreville, lieutenant général. | |
| 76 | *Tonnant.* . . . . . . | capitaine | de Septèmes. |
| 60 | *Saint-Michel.* . . | — | chevalier de Vilars. |
| 62 | *Sans-Pareil.* . . . | — | de Ferville. |
| 68 | *Sérieux.* . . . . . | — | marquis de Blénac. |
| 82 | *Foudroyant.* . . . | — | de Ralingue, chef d'escadre. |
| 68 | *Brillant.* . . . . . | — | commandeur de Combes. |
| 60 | *Fort.* . . . . . . . . | — | de Larongère. |
| 64 | *Henri.* . . . . . . . | — | Rochalar (2). |
| 96 | *Ambitieux.* . . . . | — | Saujon. |
| | | marquis de Villette Mursay, lieutenant général | |
| 76 | *Couronne.* . . . . . | capitaine | chevalier de Montbron. |
| 52 | *Maure.* . . . . . . . | — | Désaugers. |
| 58 | *Courageux.* . . . | — | de Laluzerne. |
| 56 | *Perle.* . . . . . . . | — | chevalier de Forbin. |
| 64 | *Glorieux.* . . . . . | — | Chateaumorant. |
| 84 | *Conquérant.* . . . | — | du Magnon. |
| 104 | *Soleil Royal.* . . | — | Desnos. |
| | | comte de Tourville, vice-amiral. | |
| 84 | *Saint-Philippe.* . . | capitaine | chevalier d'Infreville. |
| 90 | *Admirable.* . . . | — | de Beaujeu. |
| 64 | *Content.* . . . . . | — | chevalier de Sainte-Maure. |
| 84 | *Souverain.* . . . . | — | marquis de Langeron, chef d'escadre. |
| 70 | *Illustre.* . . . . . | — | de Combes. |
| 52 | *Modéré.* . . . . . | — | Devry. |
| 60 | *Excellent.* . . . . . | — | Durivault-Huet. |
| 60 | *Prince.* . . . . . . . | — | de Bagneux. |
| 76 | *Magnifique.* . . . | — | marquis de Coëtlogon, chef d'escadre. |
| 64 | *Laurier.* . . . . . . | — | chevalier d'Hervault. |
| 58 | *Brave.* . . . . . . . | — | chevalier de Chalais. |
| 60 | *Entendu.* . . . . . | — | de Ricoux. |
| 76 | *Triomphant.* . . . | — | de Machault Belmont. |
| 94 | *Orgueilleux.* . . . | — | Courbon Blénac. |
| | | Gabaret (Louis) lieutenant général. | |

(1) Laroque Percier d'après MM. E. Sue et de Lapeyrouse, *Histoire de la marine française.*

(2) Laroche Esnard d'après les mémoires de Tourville. Laroque Emard selon MM. E. Sue et de Lapeyrouse *Histoire de la marine française.* L'orthographe que j'adopte est celle de la signature du commandant du *Henri.*

| 76 | *Fier* . . . . . . . . | capitaine | de La Harteloire. |
|---|---|---|---|
| 58 | *Fleuron* . . . . . . | — | chevalier de Montgon. |
| 64 | *Courtisan* . . . . . | — | de Colbert Saint-Mars. |
| 54 | *Vermandois* . . . . | — | chevalier de Léry. |
| 84 | *Grand* . . . . . . . | — | Pannetier, chef d'escadre. |
| 74 | *Saint-Esprit* . . . | — | de Lagalissonnière. |
| 64 | *Sirène* . . . . . . . | — | Duquesne Mosnier. |

En tout 45 vaisseaux (1).

ARMÉE ANGLO-HOLLANDAISE.

*Escadre blanche ou avant-garde.* — Hollandais,
Van Allemonde, amiral (2).
Callemberg, vice-amiral.
Van Dergoes, contre-amiral (3).

Canons.

- 92
  - KONIGWILHEM.
  - BRANDEBURG.
  - PRINTZ.
  - PRINTZESS.
- 90 ZEELAND.
- 86 CASTEL MEDENBLICK.
- 84
  - BESCHIRMER. .
  - CAPTAIN GENERAL.
- 76 7 PROVINTZEN.
- 74 ERSTE EDELE.
- 72
  - MUNICKENDAM.
  - GELDELRAND. A.
  - STADT MUYDEN.
- 54
  - TERGOES.
  - DELFT.
- 52 STADDEN LAND.
- 50 MEDENBLICK.

Canons.

- 50
  - GAESTERLAND.
  - RIPPERDA.
  - SHATERHOFF.
  - HOORN.
- 72
  - ESTWOUT.
  - RIDDERSHAP.
- 70
  - PRINTZ CASINMIR.
  - FRISIA.
- 68 NORTH HOLLAND.
- 46
  - GELDERLAND. B.
  - HAERLEM.
  - ZEALAND. A.
  - LEYDEN.
  - AMSTERDAM.
  - VELEW.
  - MAEGDT VAN DORT.
- 62 VERE.

54 vaisseaux.
14 frégates ou brûlots.

*Escadre rouge ou corps de bataille.* — Anglais.

Honorable Edouard Russell, amiral.
Sir Ralph Delaval, vice-amiral.
Sir Cloudesley Shovel, contre-amiral (4).

(1) M. Léon Guérin, *Histoire de la marine française*, ajoute deux vaisseaux, le *Précieux*, capitaine d'Hervault, et l'*Ardent*, capitaine chevalier d'Amfreville. La relation officielle ne parle pas de ces vaisseaux et elle donne au chevalier d'Amfreville le commandement du *Gaillard*. Je dois dire cependant que le nom du capitaine d'Hervault se trouve dans cette relation.

(2) Elmonde, contre-amiral, selon MM. E. Sue et de Lapeyrouse, *Histoire de la marine française*.

(3) Campbell, *Lives of the British admirals.* — Berkley, *The naval history of Britain*, dit Soutby Nacht.

(4) Claudesly Sowhel selon M. E. Sue, *Histoire de la marine française*.

| Canons. | | Canons. | |
|---|---|---|---|
| 100 | Royal William.<br>London.<br>Great-Britain.<br>Saint-Andrew.<br>Royal Sovereign. | 80 | Breda.<br>Devonshire. |
| | | | Cambridge.<br>Kent.<br>Swiftsure. |
| 90 | Saint-Michel.<br>Sandwich.<br>Royal Catherine. | 70 | Hampton's court.<br>Grafton.<br>Retablissement.<br>Eagle. |
| 70 | Elizabeth.<br>Burford.<br>Captain.<br>Lennox. | 50 | Ruby.<br>Oxford.<br>Saint-Albans.<br>Greenwich.<br>Chester. |
| 60 | Rupert.<br>York.<br>Plymouth | | Centurion.<br>Bonadventure. |

31 vaisseaux.

*Escadre bleue ou arrière-garde.* — Anglais.

Sir John Ashby, amiral.
George Rooke, vice-amiral.
Richard Carter, contre-amiral (1).

| Canons. | | Canons. | |
|---|---|---|---|
| 100 | Victory. | | Monmouth.<br>Edgard. |
| 90 | Albermale.<br>Windsor Castle.<br>Neptune.<br>Vanguard.<br>Dukess.<br>Ossory.<br>Duxe. | 74 | Sterling Castle.<br>Suffolk.<br>Essex.<br>Esperance. |
| 80 | Cornouailles. | 60 | Monk.<br>Lion.<br>Montagu.<br>Dreadnought. |
| 74 | Royal Oak.<br>Resolution.<br>Expedition.<br>Northumberland.<br>Berwick.<br>Defiance.<br>Warspite | 54 | Woolwich. |
| | | » | Chatam. |
| | | » | Depfort. |
| | | » | Advice. |
| | | » | Adventure. |
| | | » | Crown (2). |

32 vaisseaux.
23 frégates ou brûlots.

La bataille s'engagea dès que, de part et d'autre, on

---

(1) Boismêlé, *Histoire générale de la marine,* écrit Caster ; M. Sue, *Hist. de la marine française,* Coster.
(2) Ces 97 vaisseaux sont cités par Campbell et Berkley. La relation française dit cependant qu'on n'en compta que 88.

jugea la distance convenable. Lorsque le lieutenant général
d'Amfreville se fut placé par le travers de l'amiral hollandais, le chef d'escadre de Nesmond fit forcer de voiles à
sa division jusqu'à ce que le *Bourbon*, qui en était le chef
de file, eût atteint le travers du premier vaisseau hollandais, afin que l'avant-garde ennemie ne pût doubler la
ligne française à cette extrémité. Cette manœuvre empêcha en effet l'amiral hollandais d'exécuter l'ordre qui lui
avait été donné de virer dès que quelques-uns de ses vaisseaux pourraient passer au vent des Français, mais elle
distança quelque peu les deux premières divisions de
l'avant-garde. Du reste, le soin pris par le chef de chaque
escadre de se mettre à la hauteur des vaisseaux des amiraux ennemis, établit un vide assez considérable entre la
première et la troisième, la première et la deuxième escadre, puisque le nombre des vaisseaux anglais et hollandais
était plus que double de celui des Français. Un intervalle
plus grand encore existait entre la première et la troisième
division de l'arrière-garde parce que cette dernière n'avait
pu se mettre en ligne en même temps que les autres. Vers
$2^h$, le vent adonna de 8 quarts en passant au N.-O. Le
contre-amiral Shovel en profita pour couper la colonne
française sur l'avant de la troisième division de l'arrière-
garde (1). Cette manœuvre lui permit de mettre le corps
de bataille français entre deux feux. A $7^h$, le vent étant
complétement tombé, le contre-amiral anglais mouilla une
ancre. La confusion devint alors générale. Les vaisseaux
se trouvant abandonnés à l'action du courant, Français,
Anglais et Hollandais se mêlèrent sans aucun ordre. Sur
quelques points, c'était un combat corps à corps ; sur
d'autres points, une simple canonnade. Chacun mouilla ou

---

(1) MM. E. Sue et de Lapeyrouse, *Histoire de la marine française*, disent que
ce fut l'escadre bleue, forte de 35 vaisseaux, qui coupa la ligne. Le commandant en chef de l'armée ennemie a écrit qu'il avait eu d'abord la pensée que
cette manœuvre avait été faite par l'escadre bleue, mais qu'elle devait être attribuée au contre-amiral de la rouge. Je le répète après lui.

se laissa aller en dérive à sa convenance ; tous les vaisseaux
de l'avant-garde française laissèrent tomber l'ancre. Les
choses restèrent dans cet état jusqu'à 8ʰ 30ᵐ ; une brume
épaisse fit alors cesser le feu de part et d'autre pendant
une heure ; le brouillard reprit encore plus tard ; à 10ʰ, il
ne permit plus de rien distinguer. Le corps de bataille avait
été le but principal des navires incendiaires de l'ennemi, et
le *Soleil royal* avait été accroché par 5 brûlots. Les Français
n'avaient cependant pas perdu un bâtiment dans cette
horrible mêlée. Un des vaisseaux ennemis avait été coulé ;
un autre avait sauté.

Telle fut, à proprement parler, la bataille dite de la
Hougue, bien que le cap de la presqu'île du Cotentin dans
le voisinage duquel elle fut livrée se nomme la Hague (1).
Nulle bataille n'eût été plus glorieuse pour la marine fran
çaise, si elle n'eût été suivie de plusieurs journées désastreuses. 45 vaisseaux français avaient, en effet, lutté
pendant douze heures contre 97 vaisseaux anglais et hollandais et 37 frégates et brûlots.

Le lendemain 30, à 1ʰ du matin, le vent s'étant élevé
à l'E.-N.-E., le vice-amiral de Tourville fit le signal d'appareiller. La brume et le grand éloignement des vaisseaux
empêchèrent d'apercevoir ce signal et 8 vaisseaux seulement exécutèrent cet ordre. A 7ʰ, 35 avaient rallié le
commandant en chef ; 6 s'étaient dirigés d'abord sur la
Hougue avec le chef d'escadre de Nesmond et ensuite sur
Brest, ainsi que 3 autres qui avaient fait route pour ce port
avec le lieutenant général Gabaret. Les Français étaient à
6 milles au vent de l'ennemi et bien que celui-ci les chas-

---

(1) Cette bataille eut deux phases, ainsi qu'on le verra bientôt. Le premier
acte de ce grand drame, si l'on peut s'exprimer ainsi, acte qui constitue réellement la bataille, et dans lequel les Français eurent le beau rôle, se passa auprès du cap la Hague. Le second acte, qui ne fut pas une bataille et dans lequel
il n'y eut même pas de combat, mais qui fut tout à notre désavantage, eut lieu
sous le cap la Hougue. Nos ennemis ont compris le tout sous la dénomination de
bataille de la Hougue et l'on a adopté en France cette dénomination commune.

sât, ils eussent pu espérer n'avoir plus à le combattre, si
le *Soleil royal*, dont les avaries étaient très-graves, n'eût
retardé les autres vaisseaux. A 6ʰ du soir, la force du courant obligea tous les vaisseaux à laisser tomber l'ancre
devant Cherbourg ; le commandant en chef passa alors
sur l'*Ambitieux*. A 11ʰ, l'armée navale remit sous voiles
et se dirigea sur le raz Blanchard ; 20 vaisseaux réussirent
à atteindre Saint-Malo ; le renversement de la marée fit
mouiller les 15 autres ; mais leurs ancres ne tinrent pas,
et ils furent entraînés dans le Nord et sous le vent de l'armée ennemie. Le commandant en chef fit entrer le *Soleil
royal*, l'*Admirable* et le *Triomphant* à Cherbourg et il
mouilla, le 31 au soir, à la Hougue avec l'*Ambitieux*, le
*Merveilleux*, le *Foudroyant*, le *Magnifique*, le *Saint-Philippe*, le *Fier*, le *Fort*, le *Tonnant*, le *Terrible*, le *Gaillard*, le *Bourbon* et le *Saint-Louis*. 17 vaisseaux anglais et
hollandais et 8 brûlots s'établirent devant Cherbourg avec
le vice-amiral sir Ralph Delaval. Après avoir fait canonner
le *Soleil royal*, l'*Admirable* et le *Triomphant* par ses petits
vaisseaux, cet officier général chercha à les incendier avec
les brûlots. Le *Soleil royal* et le *Triomphant* furent accrochés et brûlés. Le capitaine de l'*Admirable* fit couper ses
câbles et jeta son vaisseau à la côte. La canonnade fut
alors dirigée de nouveau sur lui. L'*Admirable* fut abandonné ; il fut incendié par des embarcations ennemies.

Après avoir vainement poursuivi les vaisseaux qui faisaient route au Sud, le commandant en chef de l'armée
anglaise se dirigea sur la Hougue. Dès qu'on l'aperçut, le
vice-amiral de Tourville convoqua le conseil de guerre.
On y constata l'impossibilité de sauver les vaisseaux,
même en combattant, et il fut décidé qu'on les mettrait au
plain et qu'on tâcherait d'empêcher l'ennemi de les détruire. En conséquence de cette délibération, 6 vaisseaux
furent échoués sous le fort de l'Ilet et les 6 autres sous le
fort de la Hougue. On travailla immédiatement à enlever les
vivres et les approvisionnements ; mais, le 2 juin au soir,

et avant que cette opération eût pu être terminée, une flottille de 200 embarcations auxquelles on ne put opposer que 12 chaloupes, vint incendier les 6 premiers vaisseaux ; les autres eurent le même sort le lendemain.

L'amiral Russell retourna en Angleterre avec l'armée combinée, laissant l'amiral Ashby avec 12 vaisseaux anglais et hollandais à la recherche du reste de l'armée française. Le mauvais temps fit rentrer cet officier général en Angleterre peu de jours après.

Le désastre de la Hougue causa une consternation générale en France, et pendant le reste de l'année on se borna à faire une guerre de course et d'escarmouches qui troubla cependant beaucoup le commerce des Anglais et des Hollandais.

------

### BATIMENTS PRIS, DÉTRUITS OU NAUFRAGÉS
#### pendant l'année 1692.

**FRANÇAIS.**

| Canons. | | |
|---|---|---|
| 104 | Soleil-Royal. . . . . . . | Détruit à Cherbourg. |
| 96 | Ambitieux. . . . . . . . . } | Détruits à la Hougue. |
| 94 | Merveilleux. . . . . . . } | |
| 90 | Admirable. . . . . . . . | Détruit à Cherbourg. |
| 84 | Saint-Philippe. . . . . ⎫ | |
| 82 | Foudroyant. . . . . . . ⎪ | |
| | Magnifique. . . . . . . ⎪ | Détruits à la Hougue. |
| 76 | Fier. . . . . . . . . . . . ⎬ | |
| | Tonnant. . . . . . . . . ⎪ | |
| | Terrible. . . . . . . . . ⎪ | |
| | Triomphant. . . . . . . ⎭ | Détruit à Cherbourg. |
| 68 | Gaillard. . . . . . . . . ⎫ | |
| 64 | Bourbon. . . . . . . . . ⎪ | |
| 60 | Saint-Louis. . . . . . . ⎬ | Détruits à la Hougue. |
| | Fort. . . . . . . . . . . ⎭ | |

**ANGLAIS.**

1 vaisseau. . . . . . . . . . . . .    Santé à la bataille de la Hague.

**HOLLANDAIS.**

1 vaisseau. . . . . . . . . . . . .    Coulé à la bataille de la Hague.

|  |  | Pris | Détruits ou Naufragés | Incendiés | TOTAL |
|---|---|---|---|---|---|
| FRANÇAIS. | Vaisseaux. . . | » | 15 | » | 15 |
| | Bâtiments inf. | » | » | » | » |
| ANGLAIS. . . | Vaisseaux. . . | » | » | 1 | 1 |
| | Bâtiments inf. | » | » | » | » |
| HOLLANDAIS. | Vaisseaux. . . | » | 1 | » | 1 |
| | Bâtiments inf. | » | » | » | » |

## ANNÉE 1693.

—

Il n'y eut pas de bataille navale pendant l'année 1693 ; la marine fut exclusivement employée à molester le commerce des ennemis.

Le 26 mai, le maréchal de Tourville sortit de Brest avec 71 vaisseaux et 29 bâtiments légers ou brûlots, afin d'intercepter un convoi de 400 navires du commerce que l'on savait devoir quitter les ports d'Angleterre pour se rendre dans la Méditerranée (1). Ce convoi était escorté par 23 vaisseaux aux ordres du vice-amiral anglais sir George Rooke et du vice-amiral hollandais Van Dergoes. L'armée navale mouilla, le 4 juin, à Lagos, port situé sur la côte méridionale du Portugal. Les éclaireurs placés au large pour surveiller le passage du convoi le signalèrent le 26 au soir. L'armée appareilla de suite ; mais les renseignements donnés par les capitaines des découvertes étaient si peu précis, que le commandant en chef crut devoir attendre la nuit pour se porter à sa rencontre. Le vent soufflait du N.-O. Le lendemain au jour, l'armée mit en panne et les

_____

(1) Berkley, *The naval history of Britain.*

capitaines furent appelés en conseil. Des coups de canon
répétés indiquaient le voisinage de l'ennemi ; le convoi fut,
en effet, bientôt aperçu courant vent arrière. A 11ʰ, le
lieutenant général Gabaret reçut l'ordre de le poursuivre
avec les 22 meilleurs voiliers ; peu de temps après, le signal de chasser fut fait à toute l'armée. Le convoi fut
promptement joint, mais l'attaque fut quelque peu retar-
dée par suite de l'ordre que donna le lieutenant général
Gabaret de former la ligne de bataille. Cette précaution
était d'autant moins nécessaire que l'amiral anglais, n'ayant
pas l'intention d'accepter le combat, avait pris chasse avec
le convoi ; il n'y eut que quelques engagements partiels
et isolés. 2 vaisseaux hollandais furent attaqués et capturés par les vaisseaux des capitaines Pannetier, Devry et
par celui que montait le lieutenant général Gabaret. 1 vaisseau anglais amena aussi son pavillon. Le commandant en
chef de l'escadre légère borna là son attaque ; il mit en
panne pour attendre le retour d'une embarcation qu'il avait
envoyée au commandant en chef ; le convoi s'éloigna pendant ce temps. Les capitaines de Belile Erard et Duchallard du *Saint-Esprit* et du *Conquérant* ne crurent pas
devoir imiter la manœuvre du lieutenant général Gabaret ;
ils poursuivirent l'ennemi toute la nuit, combattant les
bâtiments de guerre et capturant les navires du commerce
qu'ils pouvaient atteindre. Le 18 au matin, le commandant
en chef leva la chasse, rallia tous ses vaisseaux et se dirigea
sur Cadix (1). Les navires du convoi se refugièrent dans

---

(1) Les historiens ne sont pas d'accord sur la date de cet engagement. Suivant Burchett, *History of the most remarkable transactions at sea*, il aurait eu lieu le 18 juin ; le 16 d'après l'évêque Kennel, *Compleat history of
England*. Sevin de Quincy, dans son *Histoire militaire du règne de
Louis XIV*, le place le 27. Boismêlé, *Histoire générale de la marine*, donne
la même date. Tourville, dans ses mémoires, dit que ce fut le 28. Ici nous trouvons dix ours d'intervalle entre les dates françaises et les dates anglaises. Un
historien anglais dit que le jour qui suivit le combat était un samedi. D'après
Campbell, le 18 juin 1693 tombait un samedi. Cette affaire aurait donc eu lieu
le 17, date anglaise.

les ports qu'ils purent atteindre ; 50 firent route pour Madère avec l'amiral.

Les capitaines Clanié et de Blénac furent détachés, le 29, pour brûler 3 navires qui s'étaient échoués entre le fort Santi-Petri et Cadix. Le même jour, le lieutenant général de Châteaurenault fut dirigé sur le cap Spartel. De son côté, le chef d'escadre de Coëtlogon réussit à détruire 4 navires qui s'étaient réfugiés à Gibraltar et à en emmener 14 ; il coula aussi 1 vaisseau hollandais. Poursuivant sa course vers la Méditerranée, le maréchal de Tourville se présenta devant Malaga, le 21 juillet, et y détruisit encore 5 navires : l'un d'eux était une frégate anglaise ; il se rendit ensuite à Toulon.

Cette affaire n'eut pas toute la réussite qu'on pouvait attendre d'un armement aussi considérable ; il coûta cependant à l'ennemi 4 vaisseaux, 1 frégate et 90 navires du commerce, sur lesquels 61 furent détruits (1).

Le vice-amiral d'Estrées, qui faisait le blocus de Roses, devait rallier le maréchal de Tourville avec 22 vaisseaux. Mais, après la capitulation de cette place qui fut signée le 10 juin, le vice-amiral d'Estrées avait passé le détroit et la jonction n'eut pas lieu.

---

Le jour où le cabinet de Saint-James arrêta le plan d'une campagne de dévastation sur les côtes de France, Saint-Malo ne pouvait manquer d'être un des premiers et des principaux buts qu'il désignerait à ses amiraux. Les Anglais avaient, en effet, dans les Malouins des ennemis de toutes les époques. Ils n'avaient pas oublié que le roi

---

(1) Forbin, dans ses *Mémoires*, dit 2 vaisseaux et 30 navires ; Boismélé, *Histoire générale de la marine*, 2 vaisseaux et 72 navires ; M. Eug. Sue, *Histoire de la marine*, 2 vaisseaux et 63 navires ; M. de Lapeyrouse, *Histoire de la marine française*, 4 vaisseaux et 70 navires. Le chiffre que j'ai donné est emprunté aux relations anglaises. Celles-ci évaluent la perte à 1 million sterling (25 millions de fr.).

Charles VII, les remerciant par ordonnance de 1425 d'a-
voir fait lever aux Anglais le siége du mont Saint-Michel
et de les avoir battus, leur avait rendu le témoignage de
s'être toujours montrés *entièrement affectionnés à la cou-*
*ronne de France et malveillans envers nos anciens ennemiz*
*et adversaires les Anglais; pour lesquelles causes et autres*
*dommaiges qu'ils ont faicts et font chaque jour contre nosdilz*
*ennemiz, au lieu de nous et de notre seigneurie, iceux enne-*
*miz les ont en haine mortelle.* Ces paroles du prince qui
chassa de France l'étranger étaient comme une prédiction
du duel acharné dans lequel, pendant les siècles suivants,
Anglais et Malouins se cherchèrent et se prirent tant de
fois corps à corps. A l'époque où nous sommes arrivés,
Saint-Malo était le refuge de hardis corsaires qui ne cessaient de harceler la marine de nos voisins d'outre-Manche
et faisaient le plus grand mal à son commerce. Détruire les
fortifications de Saint-Malo et rendre son port impraticable
était une œuvre digne d'appeler l'attention du gouvernement anglais. Cette entreprise devait offrir d'autant moins
de difficultés que les observations de Vauban sur l'importance de cette place n'avaient pas encore été écoutées, et il
n'était pas possible de repousser une attaque régulière.
Cette faiblesse de la défense, les Anglais ne la soupçon-
naient probablement pas, et ils s'arrêtèrent à un genre
d'attaque qui pouvait avoir de grands résultats sans exposer beaucoup d'hommes. Un brûlot de grande dimension,
auquel on donna en France le nom de *machine infernale,*
devait être employé dans ce but. C'était un navire de
350 tonneaux, maçonné à l'intérieur et rempli de poudre,
d'artifices et de matieres inflammables. Une escadre anglaise de 12 vaisseaux, 4 bombardes et 10 brigs, sous les
ordres du commodore Bembow, parut devant Saint-Malo (1). Le 27 octobre, l'ennemi fit un débarquement sur

---

(1) Campbell, *Lives of the British admirals.* M. Baode, dans un article publié
par la *Revue des Deux-Mondes* (*les Côtes de Bretagne,* 4ᵉ trimestre, 1851),

l'île de Cézambre qui avait pour tout édifice un couvent
de Récollets : les Anglais le brûlèrent, puis, le 28 et le 29,
ils lancèrent des bombes sur Saint-Malo. Le 3 novembre,
la machine infernale fut lancée contre les murailles. Mais
Saint-Malo ne devait pas succomber sous une semblable
attaque ; le brûlot s'échoua avant d'atteindre le but et il
fit peu de dommages. Voici ce que dit le duc de Chaulnes
qui commandait la place. « Le 3 novembre, à 7ʰ du soir,
« lorsqu'on y pensait le moins, il se fit une décharge du
« canon du rempart. Incontinent après, tout Saint-Malo
« paraissait en feu ; toute la ville fut ébranlée ; on enten-
« dit le tintamarre le plus horrible, semblable à un coup
« le plus épouvantable de tonnerre. Partout il tomba une
« grêle de clous, de chevilles de fer, de câbles, de bois
« de navire. Tout trembla. Chacun crut sa maison écrou-
« lée ; chacun chercha dans son logis en quel endroit était
« tombée une bombe. La grande porte de l'église, mise
« en morceaux, arracha ses gonds et les pierres qui les
« tenaient. On ressentit la commotion à Châteauneuf et
« à Plaubalay (12 kilomètres de distance). C'était la ma-
« chine anglaise qui éclatait ; elle était dirigée vers la tour
« de la poudrière ; mais le vent tourna, et la Providence
« prenant en main le gouvernail, fit échouer le brûlot sur
« la roche Malo ; il s'y creva, se renversa sur le côté ;
« une grande partie des poudres se mouilla ; le reste pro-
« duisit son principal effet sur le fond de la mer. Le brûlot
« était un grand vaisseau à trois ponts qui ne tirait que
« 7 pieds d'eau : ayant éclaté plus tôt qu'on ne comptait, il
« ne fit périr que ses conducteurs (1). » — « Les deux
« tiers de la ville furent ébranlés et toutes les rues furent
« un moment pleines de tuiles et d'ardoises. L'effet qui me

---

dit 12 vaisseaux. Boismêlé, *Histoire générale de la marine,* prétend qu'il y en
avait 25. M. de Lapeyrouse, *Histoire de la marine française,* porte à 30 le nombre des vaisseaux sous l'amiral Shovel.
  (1) *Archives de la guerre,* lettre du duc de Chaulnes du 1ᵉʳ décembre 1693.

« parut le plus surprenant fut que tous les remparts furent
« couverts d'eau de mer. Nous avons trouvé sur le rivage
« un reste du vaisseau qui a sauté. On a déjà compté
« 230 bombes qui n'ont point agi (1). » Le commodore
anglais se retira fort peu satisfait du résultat de son expédition (2).

Pendant que l'escadre anglaise se tenait sur les côtes de
France, le capitaine Jean Bart sorti de Dunkerque au mois
d'octobre, avec 3 bâtiments, se porta sur les côtes d'Angleterre, fit un débarquement dans les environs de Newcastle, brûla 500 maisons et retourna en France avec
11 prises.

### BATIMENTS PRIS, DÉTRUITS OU NAUFRAGÉS
pendant l'année 1693.

#### ANGLAIS.

70ᶜ Canbridge. . . . . .  Naufragé à Gibraltar.
1 frégate. . . . . . . . .  Coulée à Malaga.
Serpent, bombarde. . .  Sombrée à Gibraltar.

#### HOLLANDAIS.

1 vaisseau. . . . . . . .  Coulé à Gibraltar.

#### RÉCAPITULATION.

|  |  | Pris | Détruits ou Naufragés | Incendiés | TOTAL |
|---|---|---|---|---|---|
| FRANÇAIS. . | Vaisseaux. . . | » | » | » | » |
| | Bâtiments inf. | » | » | » | » |
| ANGLAIS. . . | Vaisseaux. . . | » | 1 | » | 1 |
| | Bâtiments inf. | » | 2 | » | 2 |
| HOLLANDAIS. | Vaisseaux. . . | » | 1 | » | 1 |
| | Bâtiments inf. | » | 1 | » | D |

(1) Autre lettre du duc de Chaulnes.
(2) D'après les relations anglaises, le bombardement de Saint Malo aurait
eu lieu le 16, le 17 et le 18 juin ; le navire incendiaire aurait été lancé contre
les murailles le 19.

## ANNÉE **1694**.

Dans le courant du mois de juin, le capitaine Jean Bart fut envoyé dans la mer du Nord pour protéger l'arrivée d'un convoi de blé. Sa division était composé des vaisseaux le *Fortuné*, le *Comte*, le *Maure*, le *Mignon*, l'*Adroit* et le *Gerzey*. Le 29, il eut connaissance de 8 bâtiments de guerre hollandais qui semblaient escorter un grand nombre de navires du commerce. Ayant acquis la certitude que c'était précisément le convoi à la rencontre duquel il avait été envoyé et qu'il avait été arrêté par les Hollandais qui étaient en vue, il se décida à attaquer ces derniers. Jean Bart rangea ses bâtiments dans l'ordre ci-dessus, donna un équipage provisoire à la flûte le *Portefaix* qui suivait la division et prescrivit au lieutenant Labruyère qu'il nomma à ce commandement de prendre poste dans la ligne. La division ennemie se présentait camme il suit : PRINCESSE ÉMILIE, OUDENARDE, OFFER STELLINGH, PRINCE DE FRISE, STADENLAND, ZEEREEPE, BESCHERMERS, VILLE DE FLESSINGUE. Le *Fortuné* aborda la PRINCESSE ÉMILIE, mais ses grapins ne tinrent pas ; le *Comte* réussit mieux et enleva ce bâtiment. Le *Mignon* manqua son abordage, y revint, réussit et se rendit maître de son adversaire. L'*Adroit* aborda également son antagoniste ; mais ses grapins ayant rompu, ce bâtiment fut pris par le *Fortuné*. Le *Gerzey* ne put réussir à aborder la VILLE DE FLESSINGUE. Les Hollandais, effrayés de la brusquerie de cette attaque, s'éloignaient sous toutes voiles ; les avaries du *Maure* ne permirent pas de les poursuivre, 30 navires du commerce furent conduits en France avec les trois prises. Le capitaine Jean Bart reçut des lettres de noblesse à la suite de cette affaire.

Les Anglais profitèrent du moment où les principales forces maritimes de la France étaient concentrées dans la Méditerranée pour mettre à exécution les projets de destruction qu'ils nourrissaient contre les ports de France. Le 17 juin (1), 27 bâtiments de guerre commandés par l'amiral Berkley mouillèrent devant Camaret. 10 à 11,000 hommes de troupes embarquées sur des transports furent débarqués le lendemain dans la baie même, à la faveur du feu de 2 vaisseaux, 3 frégates anglaises et 3 frégates hollandaises. Les 800 premiers hommes qui touchèrent terre furent repoussés, et toutes les embarcations se trouvant échouées par suite du retrait de la mer, il ne leur fut pas possible de se rembarquer : presque tous furent tués par des paysans. Cet échec découragea l'amiral anglais, et, le 19, il remit à la voile pour l'Angleterre. Cette expédition avait coûté aux Anglais et aux Hollandais 700 hommes tués, blessés ou faits prisonniers, en outre de 400 tués ou blessés à bord des bâtiments. Une bombarde avait été coulée et la frégate hollandaise de 30ᵉ TEESEP, qui s'était échouée, amena son pavillon (2).

---

Au mois de juillet, l'Angleterre essaya de réparer, en bombardant quelques villes maritimes, l'échec qu'elle avait reçu devant Camaret, le mois précédent. Ses bombes brûlèrent la place de Dieppe qui était alors presque entièrement construite en bois ; mais elles ne firent pour ainsi dire pas de mal au Havre qui fut attaqué après Dieppe.

---

Au mois de septembre, l'amiral Cloudesley Shovel prit la direction des opérations contre les ports de France. Cet

---

(1) Campbell, *Lives of the British admirals*, place cette affaire, comme toutes celles qu'il rapporte, dix jours plus tôt que ne le fait la relation française.
(2) Voir, pour plus de détails, l'*Histoire de la ville et du port de Brest*, par P. Levot (t. II, p. 40-68).

officier général fit lancer contre Dunkerque des machines incendiaires qui furent sans effet. Il bombarda ensuite Calais.

———

Au commencement du mois de mai 1694, le maréchal de Tourville sortit de Toulon et se dirigea sur la côte de la Catalogne avec l'armée navale qu'il commandait ; il y fut rallié par une division partie de Brest avec le lieutenant général de Châteaurenault. Il avait ordre de seconder les opérations du duc de Noailles dans ce pays et, en même temps, de s'opposer aux tentatives que l'ennemi pourrait faire dans la Méditerranée. Une partie de la Catalogne était conquise et la campagne allait être terminée par la prise de Barcelone, lorsqu'on apprit l'entrée d'une armée navale anglo-hollandaise dans la Méditerranée. L'amiral Russell faisait route, en effet, pour Barcelone, avec une partie des vaisseaux qui opéraient sur les côtes de France. La saison paraissant trop avancée pour entreprendre le siége de Barcelone dans de semblables conditions, le maréchal de Tourville reçut l'ordre de rentrer à Toulon.

———

La frégate de 30° la *Bouffonne*, capitaine Laroche Vezansay, était partie de La Rochelle pour escorter la flûte l'*Espérance* qui portait des approvisionnements à Cayenne. Favorisés par le vent, ces deux bâtiments arrivèrent en quelques jours au point qui avait été fixé pour leur séparation, et la frégate fit route pour rentrer au port. En passant à l'Ouest, le vent, d'abord contraire, fit espérer au capitaine Laroche un retour aussi prompt que l'avait été la première partie de son voyage. Mais une telle chance eût été un grand hasard, vu le nombre considérable de croiseurs que l'Angleterre et les États-Généraux entretenaient dans le golfe de Gascogne. Le 28 octobre, au point du jour, 6 bâtiments furent aperçus, mais la brume les eut bientôt soustraits à la vue du capitaine de la frégate française. Le temps s'éclaircit à midi et l'on put alors distinguer facilement 6 bâtiments de guerre qui hissèrent le pavillon des Provinces-Unies, et dont le plus faible portait 30°. 3 atteignirent la *Bouffonne* et commencèrent l'attaque; la riposte ne se fit pas attendre et tous les coups arrivaient à leur but, car c'était à portée de pistolet que les Hollandais avaient ouvert le feu. La mousqueterie et les canons français faisaient merveille, et les 3 bâtiments ennemis se laissèrent culer pour réparer leurs avaries. Les 3 derniers prirent leur place et continuèrent le combat. Cependant, ceux qui s'étaient éloignés ne tardèrent pas à revenir à la charge. Un d'eux se plaça sur l'avant de la *Bouffonne*, le second par sa hanche de tribord, et l'autre par son travers du même bord. La lutte, du côté des Français, prit alors une vigueur nouvelle. Quoique fatigué par quatre heures de combat, l'équipage de la frégate française suffisait cependant à tout. De part et d'autre, les mâts, les vergues et les manœuvres étaient hachés. Un des bâtiments ennemis tenta un abordage : il fut repoussé. Un autre se présenta : il eut le même sort. Il y avait six heures que l'on se battait lorsque la nuit vint mettre un terme à cette lutte héroïque. La *Bouffonne* ne manœuvrait plus : ce furent par conséquent les ennemis qui s'éloignèrent. Un d'eux s'obstina cependant et se plaça sous le beaupré de la frégate à laquelle il envoya une bordée d'enfilade. Mais une fausse manœuvre le mit un moment par le travers de la *Bouffonne* et une volée heureuse l'obligea à la retraite. Les pertes de la frégate française étaient grandes. Quoique tous blessés, capitaine et officiers étaient restés à leur poste. La *Bouffonne* entra à la Rochelle le 13 novembre. Son grand mât s'était abattu le lendemain du combat.

---

Une brume épaisse et le mauvais temps avaient séparé le *Téméraire*, capitaine Descoyeux, de la division du baron de Paille avec laquelle ce vaisseau était sorti du cap Français de Saint-Domingue et se rendait en France. Constamment contrarié par le temps, le capitaine Descoyeux se vit dans la nécessité de réduire la ration de vivres, alors que son vaisseau était à peine à la hauteur des Bermudes. Enfin, après une navigation des plus pénibles pendant laquelle le nombre des malades avait atteint un chiffre considérable, le *Téméraire* arriva sur les sondes, mais pour y recevoir un coup de vent qui, dans la nuit du 7 décembre, détermina une forte voie d'eau. Toutes les poudres furent mouillées, à l'exception de quelques gargousses ; les soutes à biscuit furent inondées et l'on ne put préserver que quelques sacs. Le *Téméraire* fut mis à la cape sous la grande voile ; la misaine avait été déchirée et emportée par le vent. Cependant le temps devenait de plus en plus mauvais et les pompes ne franchissaient plus. Le mât de misaine ne tarda pas à céder à la violence des coups de tangage ; en tombant, il entraîna le beaupré, la grande vergue, la vergue du grand hunier et défonça le passe-avant à tribord. Toute la nuit fut employée à se débarrasser des débris de mâture qui billardaient le bord. Cette opération était à peine terminée, que 5 navires furent aperçus au vent. Lorsqu'ils furent à demi-portée de canon, le *Téméraire* hissa son pavillon ; celui de la Grande-Bretagne se déploya à la corne des 3 étrangers : c'étaient la frégate de 48° ENGLAND et deux navires du commerce. A 8ʰ du matin, le *Téméraire* ouvrit son feu sur la frégate. Celle-ci évita de se placer par son travers et se tint tantôt sur son avant, tantôt sur son arrière. La nuit fit cesser le combat. Les pompes n'avaient pas cessé de jouer à bord du vaisseau. Le 9 au jour, le vaisseau anglais de 60° MONTAIGU rallia l'ENGLAND, et, à 8ʰ, il joignit son feu à celui de la frégate, mais il prit poste de l'autre côté du *Téméraire*. Peu de temps après, le capitaine Descoyeux eut la mâchoire fracassée par une balle. Obligé de quitter le pont, il fut remplacé par le lieutenant chevalier de Rollon. Deux heures plus tard, cet officier était tué et remplacé, à son tour, par le lieutenant de

Beaumont. Le capitaine Descoyeux qui, malgré son état, n'avait cessé de donner des ordres, craignit de voir son équipage faiblir faute de chefs et, par suite, de direction: il fit reconnaître tous les garde-marines comme officiers. Épuisés par la longueur de la lutte, les deux anglais se laissèrent culer. Le capitaine dn MONTAIGU envoya un canot à bord du *Téméraire* et fit dire au capitaine que, s'il voulait se rendre, il aurait égard à sa défense honorable ; que, dans le cas contraire, il allait l'aborder et qu'il ne serait fait quartier à personne. L'officier anglais rapporta un refus à son commandant. Le capitaine Descoyeux se fit alors monter sur le pont. Une seconde embarcation vint renouveler les offres et les menaces du capitaine anglais. L'équipage du vaisseau français commençait à éprouver quelque effroi. Le capitaine Descoyeux assembla les officiers et les maîtres en conseil. Tous furent d'avis que, dans l'état où était le *Téméraire*, on pouvait accepter une capitulation honorable. On demanda qu'aucun Français ne fût dépouillé ni fouillé, et que l'équipage entier fût renvoyé en France. Ces propositions furent acceptées. Le *Téméraire* ne put arriver en Angleterre ; les capteurs se virent forcés de le livrer aux flammes.

---

### BATIMENTS PRIS, DÉTRUITS OU NAUFRAGÉS
#### pendant l'année 1694.

*Français.*

Téméraire (vaisseau). . . Pris par un vaisseau et une frégate.

*Anglais.*

1 bombarde. . . . . . . Coulée à l'attaque de Camaret.

*Hollandais.*

50ᶜ TEESEP. . . . . . . . Prise à l'attaque de Camaret.

RÉCAPITULATION.

| | | Pris | Détruits ou naufragés | Incendiés | TOTAL |
|---|---|---|---|---|---|
| FRANÇAIS. | Vaisseaux... | 1 | » | » | 1 |
| | Bâtiments inf. | » | » | » | » |
| ANGLAIS... | Vaisseaux... | » | » | » | » |
| | Bâtiments inf. | » | 1 | » | 1 |
| HOLLANDAIS. | Vaisseaux... | » | » | » | » |
| | Bâtiments inf. | » | 1 | » | 1 |

## ANNÉE 1695.

—

Le 18 janvier 1695, les vaisseaux le *Trident* de 42°, capitaine comte d'Aulnay, et le *Content* de 54, capitaine comte Duchallard, furent chassés, entre le cap Bon de la régence de Tunis et l'île de la Pantellerie, par les 6 vaisseaux anglais PLYMOUTH, CARLISLE de 60°, FALMOUTH, NEWCASTLE de 56°, SOUTHAMPTON et AVENTURIER de 50°, placés sous le commandement du capitaine James Killegrew. Le vent soufflait de l'Ouest. Vers 2ʰ de l'après-midi, le PLYMOUTH joignit et attaqua les vaisseaux français ; une heure plus tard, le FALMOUTH était en position de le soutenir. Démâté de son petit mât de hune, le premier de ces vaisseaux se retira au commencement de la nuit ; son capitaine avait été tué : c'était le commandant de la division ; le second vaisseau ne tarda pas à imiter la manœuvre du PLYMOUTH. Mais le reste de la division ennemie avait eu le temps d'arriver et le *Trident* succomba bientôt : son capitaine avait perdu la vie. Tous les efforts des Anglais se portèrent alors sur le *Content*. Ce vaisseau combattit toute la nuit et le jour suivant ; la chute du grand mât et du mât d'artimon qui défoncèrent le pont, rendirent alors la défense impossible. Le 19, à $4^h$ du soir, le pavillon du *Content* fut amené, après un combat de vingt-six heures (1).

La guerre de destruction que les Anglais faisaient aux ports de commerce de la France au moyen de machines et de projectiles incendiaires, procédé qui malheureusement avait été mis en pratique par celle-ci, d'abord à Gênes et en dernier lieu à Alicante, du moins en ce qui concerne les projectiles, ce genre de guerre, dis-je, trouva un grand nombre d'adversaires en Angleterre. Le cabinet de Saint-James n'en tint aucun compte et, dans le courant de cette année, l'amiral Berkley reçut de nouveau l'ordre de bombarder Saint-Malo, Granville, Dunkerque et Calais. Cet officier général ne réussit pas mieux que ses prédécesseurs à occasionner de bien grands dommages à ces ports.

### BATIMENTS PRIS, DÉTRUITS OU NAUFRAGÉS
#### pendant l'année 1695.
##### *Français.*

54ᶜ *Content.* . . . . . } Pris par une division.
42 *Trident.* . . . . . }

RÉCAPITULATION.

| | Pris | Détruits ou naufragés | Incendiés | TOTAL |
|---|---|---|---|---|
| FRANÇAIS. { Vaisseaux. . . | 2 | » | » | 2 |
| { Bâtiments inf. | » | » | » | » |

(1) D'après M. de Lapeyrouse, *Histoire de la marine française*, le combat, commencé le 28, à 9 heures du matin, aurait été terminé à 9 heures du soir. La relation qu'il donne de cette affaire diffère, du reste, beaucoup de celle du capitaine Duchallard, au rapport duquel j'ai emprunté le récit qu'on vient de lire, rapport qui est d'accord avec les versions anglaises.

## ANNÉE 1696.

Au mois d'avril 1696, les Anglais recommencèrent leurs tentatives de bombardement et d'incendie contre Calais, mais sans plus de succès que les années précédentes. Le feu de la place fit autant de mal aux bâtiments qu'elle en reçut elle-même des brûlots et des bombes de l'ennemi.

L'amiral Berkley fit aussi un débarquement sur les îles Houat, Hédic et Groix; bombarda Saint-Martin-de-Ré et Olonne et jeta l'alarme sur toute cette partie du littoral de a France.

Le 17 mai, les bâtiments ci-après sortirent de Dunkerque sous le commandement du capitaine Jean Bart, pour aller croiser dans la mer du Nord.

| Canons. | | | |
|---|---|---|---|
| 54 | *Maure.* . . . . . . . . . . . | capitaine | Jean Bart. |
| 40 | *Gersey.* . . . . . . . . . . . | — | de Doroigne. |
| 58 | *Alcyon.* . . . . . . . . . . : . | — | de Saint-Pierre. |
| 44 | *Mignon.* . . . . . . . . . . | — | de Saint-Pol. |
| 40 | *Comte..* . . . . . . . . . . . | — | de Renneville. |
| 44 | *Adroit.* . . . . . . . . . . | — | de Ville-Luisant. |
| 56 | *Milfort.* . . . . . . . . . . | — | de Labruyère. |

Le 17 juin, vers 7ʰ du soir, après trente et un jours d'une croisière infructueuse, 80 navires du commerce furent aperçus au vent; 5 vaisseaux hollandais les escortaient. Le Texel restait alors à environ 48 milles dans le Sud. Jean Bart, après avoir consulté les capitaines, se borna à observer ce convoi pendant la nuit, et il parvint à lui gagner le vent. Le chef de la division française avait émis l'avis qu'au lieu de *s'amuser* à canonner l'ennemi, expression dont il se sert dans son rapport, il fallait tenter de suite l'abordage, afin de ne pas laisser au convoi le temps d'échapper. A 6ʰ du matin, il laissa arriver sur l'escorte dans l'ordre indiqué plus haut. Les Hollandais se rangèrent en bataille, tribord amures, comme ci-après, pendant que le convoi faisait vent arrière :

Canons.
| | | | |
|---|---|---|---|
| 58 | COMTE-DE-HOLMES. . . . . . . | capitaine | Marmart. |
| 58 | WELDAM. . . . . . . . . . . | — | Sweers. |
| 44 | MAISON-DE-VILLE-DE-HARLEM. | — | Bokem, commodore. |
| 24 | DEN-ARENT. . . . . . . . . . | — | Hallowin. |
| 44 | SAULSDECK. . . . . . . . . . | — | Van Denberg. |

Jean Bart choisit le commodore pour adversaire; mais avant de l'aborder, il prolongea le DEN ARENT et le fit amener; ce bâtiment fut amariné par le *Milford*. Le *Maure* aborda ensuite la MAISON DE VILLE DE HARLEM, et l'enleva après une heure de lutte corps à corps. Le *Gersey* et l'*Alcyon* s'emparèrent, l'un du COMTE DE HOLMES et l'autre du WELDAM. Le *Mignon* eut sa barre de gouvernail brisée, et ne put réussir à aborder le SAULSDECK; il força cependant ce bâtiment à amener son pavillon. Les Français chassèrent alors les navires du convoi et en brûlèrent un bon nombre. La vue de 13 bâtiments de guerre arrêta cette poursuite. Tous les prisonniers furent placés sur le DEN ARENT dont les canons furent encloués, et les autres bâtiments furent livrés aux flammes : 40 navires furent incendiés. La division française alla relâcher en Norwége et rentra à Dunkerque au mois d'octobre. Le résultat considérable relaté plus haut avait été obtenu sans de grandes pertes du côté des Français. Les capitaines hollandais Bokem et Hallowin avaient été tués; les capitaines Sweers et Marmart étaient blessés.

---

Le 10 août, une escadre commandée par le vice-amiral de Châteaurenault, en croisière sur la côte méridionale d'Espagne, chassa 3 navires hollandais qui avaient été aperçus sous le vent. Le vaisseau le *Bon*, capitaine bailli de Lorraine, réussit à en atteindre un à 45 milles du cap de Gate; c'était la Sainte-Marguerite, capitaine Christian de Lion, armé en guerre et en marchandises et portant 40 pièces de canon. Ce bâtiment courait vent arrière. Après une heure de canonnade sans grands résultats, car l'état de la mer empêchait le *Bon* de se servir de sa batterie basse, voulant mettre fin à une lutte qui pouvait durer longtemps encore et qui lui coûtait toujours quelques hommes, le capitaine de Lorraine envoya à son adversaire, à bout portant, une volée à double projectile et l'aborda. Les Hollandais n'en furent pas intimidés; et ce fut seulement après un combat, qui en tout dura deux heures, que le capitaine Lion amena son pavillon.

---

### BATIMENTS PRIS, DÉTRUITS OU NAUFRAGÉS
#### pendant l'année 1696.

*Hollandais*

Canons.

| | |
|---|---|
| 44 | Maison-de-Ville-de-Harlem. |
| | Saulsdeck. . . . . . . . . . |
| 58 | Comte-de-Holmes. . . . . . . |
| | Weldam. . . . . . . . . . . |
| 24 | Den-Arent. . . . . . . . . |

Pris par une division.

RÉCAPITULATION.

| | | Pris | Détruits ou naufragés | Incendiés | TOTAL |
|---|---|---|---|---|---|
| FRANÇAIS. | Vaisseaux. . . | » | » | » | » |
| | Bâtiments inf. | » | » | » | » |
| ANGLAIS. . | Vaisseaux. . . | » | » | » | » |
| | Bâtiments inf. | » | » | » | » |
| HOLLANDAIS. | Vaisseaux. . . | » | » | » | » |
| | Bâtiments inf. | 5 | » | » | 5 |

## ANNÉE 1697.

---

Aucun armement considérable n'avait été fait depuis la bataille de la Hogue; la guerre de détail, la guerre de course avait seule occupé la marine de la France. Les bâtiments de l'État et les officiers de vaisseau étaient prêtés, sous certaines conditions, aux armateurs ou aux compagnies qui voulaient tenter ce genre d'entreprises auxquelles, du reste, les ministres eux-mêmes ne dédaignaient pas de s'associer.

Le plus considérable de ces armements particuliers est celui qui fut placé, cette année, sous le commandement du chef d'escadre de Pointis, dans le but d'obtenir une contribution de la ville de Carthagène d'Amérique. Cet officier partit de Brest, le 7 janvier, avec une escadre qui, ralliée en route par quelques bâtiments, se trouva composée comme il suit :

| Canons. | | |
|---|---|---|
| 84 | *Sceptre* . . . . . | capitaine Guillotin. |
| | | de Pointis, chef d'escadre. |
| 70 | *Fort.* . . . . . | vicomte de Coëtlogon, faisant fonction de contre-amiral. |
| 64 | *Saint-Louis.* . | de Lévy, faisant fonction de vice-amiral. |
| | *Vermandois*. . | capitaine Dubuisson. |
| | *Apollon*. . . . . | — de Gombaut. |
| 60 | *Furieux.* . . . | — de Lamotte-Michel. |
| | *Saint-Michel*.. | — chevalier de Marolles. |
| 44 | *Christ.* . . . . | — chevalier de Lamothe d'Airan. |
| 40 | *Pontchartrain.* | — de Mornay d'Ambleville. |
| 34 | *Mutine.* . . . . | — de Massiac. |
| 50 | *Avenant.* . . . | — chevalier de Francine. |
| 28 | *Marin.* . . . . | — Vaudrille. |
| 24 | *Francisque*. . . | — de Lavilleau-Glamas. |
| 4 | *Providence*. . . | — chevalier de Lescouët. |
| Bombarde. *Éclatante,* | — | Demons. |
| 2 flûtes. | | |

4 traversins de 1 canon et 1 mortier.

7 corsaires de 24 à 8 canons, montés par des flibustiers et des nègres.

Ces bâtiments portaient 2780 hommes de troupes.

L'escadre mouilla devant Carthagène le 13 avril; mais le lieu choisi pour faire le débarquement étant inabordable, il fallut en chercher un autre; elle jeta l'ancre le 15, devant Bocca-Chica.

La ville de Carthagène est bâtie au milieu d'une lagune dont les eaux ajoutent à la puissance de ses fortifications; un banc de sable et une chaîne de rochers la relient à l'île de Tierra-Bomba. Quoique entièrement barré, l'espace compris entre cette île et la terre a reçu le nom de *Bocca-Grande*, par opposition à celui de *Bocca-Chica* donné au passage réel qui se trouve entre l'île de Tierra-Bomba et l'île de Baru. Cette passe, la seule praticable pour entrer dans la rade formée par les deux îles, est défendue par les châteaux San Fernando et Angel, élevés sur Tierra-Bomba. Une distance de 6 milles la sépare de la ville.

L'attaque du premier château commença immédiatement: il répondit faiblement et capitula le lendemain. Les bâtiments purent dès lors s'approcher librement, car les autres défenses avaient été abandonnées. Les troupes expéditionnaires marchèrent en même temps sur Carthagène, et l'attaque de la place commença le 20. La tranchée fut ouverte; on donna l'assaut: le gouverneur capitula aux conditions qui lui furent imposées.

L'escadre avait de nombreux malades et elle perdait tant de monde qu'il fallut presser le départ. Les habitants avaient payé une forte contribution (1). Les fortifications de la ville avaient été détruites; les canons étaient embarqués. Le but de l'expédition était donc complétement rempli. L'escadre mit à la voile le 1er juin. L'intention du chef d'escadre de Pointis était d'aller faire de l'eau à Saint-Domingue; mais ayant été informé qu'une escadre anglaise était à sa recherche, il se décida à se rendre directement en France. Le 6 juillet, 24 bâtiments anglais furent aperçus. Cette ren-

_____

(1) 9 millions, d'après le rapport de M. de Pointis. Campbell estime qu'elle monta à 20 millions.

contre, dans l'état des équipages, était un contre-temps fâcheux : chaque bâtiment avait plus de la moitié de son
équipage sur les cadres ; les capitaines du *Fort*, de l'*Apollon*, de l'*Avenant* et du *Marin* étaient malades ; les officiers
qui les remplaçaient n'exécutèrent point le signal qui leur
fut fait de se ranger en ordre de bataille. Dans cette situation critique, le commandant en chef prit chasse, et il parvint à faire perdre ses traces pendant la nuit. Cependant
l'état sanitaire des équipages lui ayant fait prendre le parti
de diriger sa route au Nord, le 4 août, et bien que l'île de
Terre-Neuve appartînt à l'Angleterre, il alla faire de l'eau
dans la baie de la Conception. Une division anglaise, qui
se trouvait sur la rade de Saint-Jean, ne fit rien pour contrarier cette opération, et les Français purent continuer
leur route avec une ample provision d'eau. Le 24, 5 vaisseaux anglais, sous les ordres du capitaine Harlow, furent
aperçus sous le vent ; l'escadre française laissa arriver sur
eux. A 3ʰ 30ᵐ de l'après-midi, celle-ci tint le plus près,
à portée de fusil, et gouverna au N.-O. 1/4 N., comme
l'ennemi. La canonnade s'engagea sous cette allure ; mais
cette route éloignant les Français de leur destination, ils
remirent le cap à l'Est à 7 heures, et, le 29 août, ils
mouillèrent sur la rade de Brest.

L'expédition de Carthagène fut la dernière affaire mari-
ritime de cette guerre. La paix fut signée à Riswick, le
21 septembre 1697, avec la Hollande, l'Espagne et l'Angleterre.

## RÉCAPITULATION GÉNÉRALE DES BATIMENTS PRIS, DÉTRUITS
## OU NAUFRAGÉS DE 1689 A 1697.

| | | Pris | Détruits ou naufragés | Incendiés | TOTAL |
|---|---|---|---|---|---|
| FRANÇAIS. | Vaisseaux. . . | 5 | 15 | » | 18 |
| | Bâtiments inf. | » | » | » | » |
| ANGLAIS. | Vaisseaux. . . | 4 | 23 | 1 | 28 |
| | Bâtiments inf. | 2 | 1 | » | 3 |
| HOLLANDAIS. | Vaisseaux. . . | 1 | 9 | » | 10 |
| | Bâtiments inf. | 8 | 3 | » | 11 |

A côté de ce relevé des pertes mentionnées dans ces notes, je donne, d'après Campbell (1), l'état des bâtiments pris, détruits et naufragés pendant la même période. On remarquera de grandes différences qui tiennent peut-être, en ce qui concerne les Français, à ce que l'historien anglais n'a fait aucune distinction entre les bâtiments de l'État proprement dits et les bâtiments prêtés aux armateurs, lesquels étaient généralement armés en guerre et en marchandises.

| Français. | | | | Anglais. | | |
|---|---|---|---|---|---|---|
| 2 bâtiments de 104 canons. | | | | 1 bâtiment de 70 canons. | | |
| 1 | — | de 90 | — | 1 | — de 54 | — |
| 2 | — | de 80 | — | 2 | — de 48 | — |
| 5 | — | de 76 | — | 1 | — de 46 | — |
| 1 | — | de 74 | — | 5 | — de 42 | — |
| 1 | — | de 70 | — | 5 | — de 56 | — |
| 1 | — | de 68 | — | 6 | — de 52 | — |
| 2 | — | de 60 | — | 2 | — de 30 | — |
| 4 | — | de 56 | — | 4 | — de 24 | — |
| 1 | — | de 50 | — | 2 | — de 18 | — |
| 1 | — | de 48 | — | 2 | — de 16 | — |
| 1 | — | de 42 | — | 2 | — de 12 | — |
| 1 | — | de 40 | — | 11 | — de 10 | — |
| 5 | — | de 52 | — | 5 | — de 8 | — |
| 5 | — | de 50 | — | 1 | — de 6 | — |
| 5 | — | de 28 | — | 4 | — de 4 | — |
| 1 | — | de 26 | — | | | |

(1) *Life of the British admirals.*

| 5 | — | de | 24 | — |
| 5 | — | de | 20 | — |
| 6 | — | de | 18 | — |
| 1 | — | de | 16 | — |
| 2 | — | de | 12 | — |
| 6 | — | de | 10 | — |
| 1 | — | de | 6 | — |

———o◦⊂≋⊃◦oo———

## ANNÉE 1702.

——

La mort du roi d'Espagne Charles II occasionna, on le sait, une nouvelle guerre; la cour de Vienne voulut disputer la succession de ce royaume au duc d'Anjou. Le 7 septembre 1701, l'Angleterre et les Provinces-Unies se joignirent à l'empereur, *afin de procurer à Sa Majesté Impériale une satisfaction raisonnable touchant la succession d'Espagne; à la Grande-Bretagne et aux Provinces-Unies, une sûreté suffisante pour leurs terres, pour leur commerce et leur navigation.*

Le parlement anglais hésitait cependant à recommencer la guerre universelle; mais le roi de France fournit à Guillaume une arme dont celui-ci sut habilement user. Bien que Louis XIV eût formellement reconnu ce prince comme roi d'Angleterre par le traité de Ryswick, à la mort de Jacques qui eut lieu au mois de septembre 1701, et malgré l'avis de son conseil, il donna au prince de Galles, fils du roi décédé, le titre de roi d'Angleterre, d'Écosse et d'Irlande. Guillaume III ne put, toutefois, diriger la nouvelle coalition : il mourut le 15 mars 1702 ; Anne Stuart, qui lui succéda, se mit à la tête de la ligue d'Augsbourg. Le 4 mai, l'Angleterre et l'Allemagne déclarèrent la guerre à la France ; les États-Généraux le firent le 15 du même mois.

Louis XIV expédia des troupes dans le Milanais dès que la guerre fut déclarée. Ce mouvement détermina l'empereur

d'Allemagne à y envoyer le prince Eugène avec l'armée des
Impériaux ; mais comme le pays ne pouvait suffire à la sub-
sistańce des deux armées, le prince était obligé de tirer
ses vivres des pays situés sur le littoral de la mer Adriatique. Le capitaine de vaisseau chevalier de Forbin fut
dirigé sur ces parages avec 4 frégates pour enlever les
convois destinés à l'armée du prince Eugène. La *Perle*, qu'il
montait, portait 16 canons ; les trois autres frégates, commandées par les capitaines de Fougis, de Beaucaire et Clairon, avaient 12, 10 et 8 canons. Cette division, arrivée
dans l'Adriatique au mois de juin 1702, prit et brûla un
grand nombre de navires, détruisit plusieurs forts et batteries. La croisière des frégates françaises, dans laquelle le
commandant de Forbin déploya à l'égard des neutres une
sévérité qui motiva son rappel, fut marquée par un acte de
barbarie dont les croiseurs tirèrent du reste vengeance : le
capitaine Clairon fut assassiné avec une partie de son équipage, sur une petite île de la Croatie dans laquelle il ne
commettait aucune déprédation.

---

Six galères, sous le commandement du chef d'escadre
bailli de La Pailleterie, sortirent de Nieuport, le 1er juillet,
pour reconnaître 12 bâtiments zélandais qui étaient en
calme à quelques milles au large ; un de ces vaisseaux était
éloigné des autres de 3 milles environ. Le chef d'escadre
de La Pailleterie forma le projet de l'enlever. Il chargea le
chef d'escadre de Langeron d'attaquer ce vaisseau d'un
côté avec 3 galères, pendant qu'il l'aborderait de l'autre
avec les 3 dernières. Ce fut en vain que les Zélandais se
firent remorquer par leurs embarcations, afin d'aller soutenir leur compatriote ; l'attaque était trop vive pour que
celui-ci résistât longtemps : il était enlevé avant que ses
compagnons eussent pu lui porter secours. Ce vaisseau
était la Licorne, de 56 canons. La crainte de ne pouvoir
conduire sa prise jusqu'au port détermina le chef d'escadre

de La Pailleterie à la livrer aux flammes. La brise s'éleva
dans la soirée, et les galères entrèrent à Ostende.

———

Dès que la déclaration de guerre de l'Angleterre fut no-
tifiée, le vice-amiral de Châteaurenault fut nommé au commandement d'une armée navale à laquelle les débris de
la marine espagnole s'adjoignirent, et cet officier général
reçut l'ordre de se rendre dans la mer des Antilles. Toutefois, avant d'y aller, il devait protéger l'arrivée d'une flotte
que l'Espagne attendait prochainement du Mexique. Le
vice-amiral de Châteaurenault parvint à rencontrer cette
flotte; mais Cadix, son port de destination, étant bloqué
par 30 vaisseaux anglais et 20 hollandais, il entra à Vigo,
sur la demande expresse de l'amiral espagnol. L'amiral anglais sir George Rooke qui commandait l'armée ennemie,
venait d'échouer dans une tentative contre Cadix. Il n'eut
pas plutôt connaissance de la relâche de l'armée franco-
espagnole à Vigo, qu'il forma le projet de s'en emparer,
ou du moins de la détruire. Le 20 octobre, il parut devant
ce port avec 25 vaisseaux, quelques frégates, des bombardes et des brûlots. L'armée qu'il allait attaquer était
composée comme il suit :

Canons.

| | | |
|---|---|---|
| 76 | Fort. . . . . . . . . . . . | capitaine de Combes. |
| | | com. de Châteaurenault, vice-amiral. |
| | Prompt.. . . . . . . . . | capitaine marquis de Beaujeu. |
| 72 | Ferme. . . . . . . . . . | — de Beaussier (Félix). |
| | | marquis de Nesmond, chef d'escadre. |
| 70 | Espérance. . . . . . . . | — marquis de Lagalissonnière. |
| | Superbe. . . . . . . . . | — Botteville. |
| 68 | Bourbon. . . . . . . . . | — de Montbault. |
| | | marquis de Rosmadèc, chef d'escadre. |
| 66 | Assuré. . . . . . . . . . | capitaine marquis d'Aligre. |
| 64 | Oriflamme. . . . . . . . | — Tricumbault. |
| 62 | Prudent. . . . . . . . . | — de Grandpré. |
| 60 | Sirène. . . . . . . . . . | — de Mongon. |
| 56 | Solide. . . . . . . . . . | — Champmeslin. |
| | Modéré.. . . . . . . . . | — Lautier. |
| 46 | Dauphin. . . . . . . . . | — Duplessis-Liancourt. |
| | Volontaire.. . . . . . . | — de Sorel. |
| 42 | Triton. . . . . . . . . . | — de Court. |

I.                                                16

| 22 | Entreprenant. . . . . . . | — Polignac. |
| 18 | Choquante. . . . . . . . . | — Saint-Osman. |
| 70 | Jesus-Maria. . . . . . . . ⎫ | |
| 54 | { Buffona. . . . . . . . . ⎬ vaisseaux espagnols (2). | |
| | Capitan-de-Assogas. . .(1). ⎭ | |

La ville de Vigo est bâtie sur la côte méridionale du golfe de ce nom et presque à l'entrée, si l'on considère les pointes Borneyra et de Mar comme les limites extérieures. Il n'y a que 8/10 de mille entre ces deux caps, ou plutôt entre les récifs qui les prolongent. Le vice-amiral de Châteaurenault fit établir une estacade d'une de ces pointes à _ autre et construisit une batterie de chaque côté ; 5 vaisseaux s'embossèrent en dedans de ce barrage. Pendant qu'on faisait ces dispositions, l'argent des galions fut débarqué et envoyé immédiatement dans l'intérieur. Le 22, l'armée ennemie mouilla à 6 milles dans le Sud de Vigo, et débarqua 3,000 hommes qui marchèrent sur la batterie établie de ce côté et sur la ville. Toutes deux furent abandonnées sans avoir été défendues. L'armée anglaise appareilla alors, et, favorisée par la brise du large, elle donna à toutes voiles dans la baie ; le vice-amiral Hopson était en tête, sur le TORBAY. L'estacade fut rompue, et il s'en suivit une mêlée dans laquelle la supériorité dut rester au nombre. Le TORBAY fut accroché par un brûlot dont il ne se dégagea qu'à grand'peine et après avoir beaucoup souffert ; le vice-amiral Hopson passa sur le MONMOUTH. L'ASSOCIATION perdit son grand mât dans l'attaque de la batterie de gauche ; le BARFLEUR eut aussi son grand mât abattu. La MARY perdit son beaupré. La seconde batterie fut promptement détruite.

---

(1) Cette nomenclature diffère, pour les noms de plusieurs bâtiments ou capitaines, de celle que donne M. de Lapeyrouse, *Histoire de la marine française.* Celle que je donne est puisée dans le rapport officiel.

(2) M. de Lapeyrouse, *Histoire de la marine française,* ne parle pas des vaisseaux espagnols, mais il ajoute les trois vaisseaux français l'*Eole,* capitaine de Ferrières ; le *Hazardeux,* capitaine Châteaumorand ; le *Henry,* capitaine Ducoudray ; les deux frégates la *Noïade* et le *Nieuport* et trois brûlots. On peut supposer que M. de Lapeyrouse fait erreur ; car les historiens anglais n'eussent pas manqué de citer ces bâtiments, si le rapport avait omis de le faire.

Accablé par l'ennemi et perdant tout espoir d'échapper, soit à un désastre, soit à un autre, le commandant en chef de l'armée française donna l'ordre de mettre le feu aux vaisseaux et aux galions. Cet ordre fut exécuté immédiatement, mais tous les bâtiments ne furent pas consumés par les flammes ; quelques-uns furent relevés de la côte et emmenés par l'ennemi. Le *Fort*, l'*Oriflamme*, le *Prudent*, le *Solide*, le *Dauphin*, l'*Entreprenant* et la *Choquante* furent brûlés ; l'*Espérance*, l'*Assuré*, le *Prompt*, le *Ferme* et 6 galions furent emmenés par les Anglais. Le *Bourbon*, le *Superbe*, la *Sirène*, le *Modéré*, le *Volontaire*, le *Triton* et 7 galions furent pris par les Hollandais. Les pertes étaient considérables de part et d'autre. L'amiral Rooke laissa à l'amiral Cloudesley Snovel, arrivé le 26, le soin de mettre les prises en état de reprendre la mer, et il retourna en Angleterre.

---

8 transports portant des troupes à Carthagène d'Amérique sous la conduite des vaisseaux

|   |   |   |
|---|---|---|
| l'*Heureux*. . . . . . . . | capitaine | Ducasse, |
| l'*Agréable*. . . . . . . | — | de Rency, |
| le *Phénix*. . . . . . . | — | de Poudens, |
| l'*Apollon*. . . . . . . . | — | de Muin, |

furent chassés, le 29 août au soir, à la hauteur de Sainte-Marthe, par la division du vice-amiral anglais Bembow, qui était composée comme il suit :

| Canons. |   |   |   |
|---|---|---|---|
| 70 | BREDA. . . . . . . . . . | capitaine | Fog. |
|  |  | Bembow, | vice-amiral. |
| 64 | DEFIANCE. . . . . . . . . | capitaine | Richard Kirby. |
| 54 | GREENWICH. . . . . . . . | — | Cooper Wade. |
| 48 | RUBIS. . . . . . . . . . . | — | Georges Walton. |
|  | PENDENNIS. . . . . . . . | — | Thomas Hudson. |
|  | WINDSOR. . . . . . . . . | — | John Constable. |
|  | FALMOUTH. . . . . . . . | — | Samuel Vincent. |

La division française courait le long de la terre avec des vents du N.-E. Le capitaine Ducasse, auquel son ancienneté donnait le commandement, fit prendre chasse au

convoi et se plaça derrière lui avec l'escorte pour protéger
sa retraite. A 4ʰ, les Anglais s'étaient assez rapprochés pour
lancer leurs premiers boulets aux vaisseaux français. Mais,
soit que pressé d'attaquer, le vice-amiral Bembow n'eût
pas réglé la marche de son vaisseau sur celle des plus
mauvais marcheurs de la division, soit que les vaisseaux
anglais n'eussent pas fait toute la toile possible pour le
suivre, le BREDA, le FALMOUTH, le DEFIANCE et le WINDSOR
se trouvèrent seuls d'abord en position d'attaquer ; à la
deuxième ou troisième bordée, le second et le troisième
serrèrent le vent et se tinrent hors de la portée du canon ;
les autres combattirent jusqu'à la nuit. Le vice-amiral
Bembow continua la chasse en route libre. Le 30, au
point du jour, le BREDA et le RUBY se trouvaient très-rap-
prochés des Français, mais les autres vaisseaux étaient
trop loin de l'arrière pour que le commandant en chef de
la division anglaise pût songer à attaquer. Le commandant
Ducasse, de son côté, mit la sûreté de son convoi avant
l'honneur d'un avantage à peu près certain et il continua
sa route. Le 1ᵉʳ septembre, 4 vaisseaux anglais étaient en
position d'attaquer les Français. Le RUBY commença le feu
sur le deuxième vaisseau de tête de la colonne française ;
mais l'accueil qu'il reçut l'obligea bientôt à se laisser culer. Le BREDA se vit dans la même nécessité. Le WINDSOR
et le DEFIANCE restèrent spectateurs du combat et ne tirèrent pas un coup de canon. La brise, en passant au Sud
dans l'après-midi, mit les Français au vent ; les deux divisions prirent la bordée de l'Est. Le lendemain, elles échangèrent quelques boulets. Le 4, vers 2ʰ du matin, la division anglaise, alors parfaitement ralliée, attaqua le vaisseau de queue de la ligne française ; mais le WINDSOR, le
PENDENNIS, le GREENWICH et le DEFIANCE ayant laissé arriver à la première bordée, et le RUBY n'étant pas encore en
état de combattre, le BREDA et le FALMOUTH se trouvèrent
seuls engagés. Le commandant Ducasse fit signal de soutenir le vaisseau attaqué, et il y alla lui-même ; le BREDA

se retira alors, mais criblé dans toutes ses parties. En outre d'une blessure grave à la figure et d'une autre à un bras, le vice-amiral Bembow avait eu une jambe emportée par un boulet. Du côté des Français, le capitaine de Muin avait été blessé à l'un de ces engagements ; cet officier mourut de ses blessures. Il semblait y avoir chez les capitaines anglais parti pris de ne pas combattre ; ni les signaux ni les ordres verbaux n'avaient pu changer cette détermination. Le commandant en chef se décida à faire route pour la Jamaïque. Un conseil de guerre y condamna à mort le capitaine du DEFIANCE et celui du GREENWICH pour lâcheté et inexécution d'ordres. Le capitaine du PENDENNIS mourut avant que le conseil eût prononcé sur son sort, qui eût été le même que celui de ses deux collègues. Le capitaine du WINDSOR fut renvoyé du service et condamné à la prison pour inexécution d'ordres. Les capitaines du FALMOUTH et du BREDA furent suspendus de leurs fonctions, pour avoir pris l'engagement de ne pas combattre les Français. Les capitaines Kerby et Cooper furent exécutés en Angleterre.

### BATIMENTS PRIS, DÉTRUITS OU NAUFRAGÉS
pendant l'année 1702.

|  |  | Pris | Détruits ou naufragés | Incendiés | TOTAL |
|---|---|---|---|---|---|
| FRANÇAIS. | Vaisseaux... | 10 | 5 | » | 15 |
|  | Bâtiments inf. | » | 2 | » | 2 |
| ANGLAIS. | Vaisseaux... | » | » | » | » |
|  | Bâtiments inf. | » | » | » | » |
| HOLLANDAIS. | Vaisseaux... | 1 | » | » | 1 |
|  | Bâtiments inf. | » | » | » | » |

## ANNÉE 1703.

Le 21 avril 1703, le chevalier de Saint-Pol, en croisière dans la Manche avec

l'*Adroit* de. . . 50 canons, qu'il commandait,
le *Milfort* de. . 40  —  capitaine Damas de Marillac,
la *Dryade* de. . 40  —    —    de Graton,
la *Reine d'Espagne*. . . . .  —    Bustanbust,

rencontra un convoi anglais escorté par le vaisseau de 50ᵉ SALISBURY, capitaine Cotton, et deux autres bâtiments de guerre. Placés au vent qui soufflait frais du Sud, les Français laissèrent de suite arriver sur l'ennemi. Un des bâtiments de l'escorte amena son pavillon aux premières volées. Le SALISBURY prit chasse ; il fut joint et attaqué par l'*Adroit*. Après une heure et demie de canonnade, celui-ci l'aborda de long en long, mais ses grapins cassèrent, et les deux bâtiments se séparèrent : l'arrivée de la *Dryade* détermina le capitaine Cotton à ne pas prolonger la lutte davantage. Le convoi qui avait été chassé par les autres bâtiments fut pris en partie et conduit à Dunkerque ; le 3ᵉ bâtiment de guerre réussit à faire perdre ses traces.

---

Le chef d'escadre de Coëtlogon, se rendant de Toulon à Brest avec les vaisseaux

le *Monarque*. . . . . . . . qu'il montait,
l'*Orgueilleux*. . . . . . . . capitaine Dupalais,
la *Couronne*. . . . . . . .  —  Châteaurenault,
le *Vainqueur*. . . . . . . .  —  Dally,
l'*Eole*. . . . . . . . . . .  —  Demons,

rencontra devant Lisbonne, le 22 mai, un convoi de 100 voiles escorté par 5 bâtiments de guerre anglais et hollandais qu'il attaqua. 1 des bâtiments de l'escorte fut coulé ;

les 4 autres amenèrent leur pavillon. Le convoi échappa à la poursuite de la division française.

---

Après un court séjour à Dunkerque, le capitaine chevalier de Saint-Pol sortit pour aller croiser aux îles Orcades avec

le *Salisbury* de 50 canons, dont il avait pris le commandement.
le *Milfort* de. . 40    —    capitaine Damas de Marillac.
l'*Adroit* de. . . 30    —       —    de Seine.
le *Ludlow* de. . 50    —       —    de Roquefeuil.

Le 22 juin, il rencontra un convoi de pêcheurs escorté par 4 bâtiments de guerre anglais qu'il réussit à atteindre. 2 de ceux-ci furent enlevés à l'abordage par le *Salisbury* et le *Ludlow*. Après un échange de quelques bordées, le capitaine de Seine réussit aussi à aborder un des bâtiments ennemis ; il était à peine accroché que son adversaire sauta en l'air. L'explosion démâta l'*Adroit* et l'ébranla au point qu'il coula peu de temps après, entraînant avec lui dans l'abîme son capitaine et la presque totalité de son équipage. L'ennemi profita de l'émotion causée par ce désastre pour se retirer. Le capitaine de Saint-Pol le poursuivit et parvint à détruire presque tous les pêcheurs.

---

Le vaisseau de 50° le *Hazardeux*, capitaine Delarue, fut chassé à l'entrée de la Manche, le 2 novembre, par l'armée navale de l'amiral anglais sir Cloudesley Shovel et attaqué, à 8ʰ du soir, par les vaisseaux Warspite, de 70°, Oxford et Litchfield, de 50. Criblé et démâté de son petit mât de hune, le *Hazardeux* amena son pavillon à 2ʰ du matin.

## BATIMENTS PRIS, DÉTRUITS OU NAUFRAGÉS
pendant l'année 1703.

| | | Pris | Détruits ou naufragés | Incendiés | TOTAL |
|---|---|---|---|---|---|
| FRANÇAIS. | Vaisseaux... | 1 | » | » | 1 |
| | Bâtiments inf. | » | 1 | » | 1 |
| ANGLAIS... | Vaisseaux... | 2 | » | » | 2 |
| | Bâtiments inf. | 4 | 2 | » | 6 |
| HOLLANDAIS. | Vaisseaux... | » | » | » | » |
| | Bâtiments inf. | 2 | » | » | 2 |

## ANNÉE 1704.

—

La guerre de course à laquelle le capitaine chevalier de Saint-Pol avait été employé pendant l'année 1703 avait trop bien réussi pour n'être pas continuée l'année suivante. Dès que la saison le permit, cet officier fit route pour la mer du Nord avec 3 bâtiments. Le 19 mai, il aperçut un convoi de 16 voiles sous l'escorte de 2 bâtiments de guerre hollandais. Deux des français les attaquèrent; le troisième courut sur le convoi. Un des bâtiments de guerre ennemis et 6 navires du commerce furent pris et conduits à Dunkerque.

———

Au mois d'octobre, le capitaine chevalier de Saint-Pol entreprit une nouvelle croisière dans le Nord avec :

le *Salisbury* de 50 canons, qu'il commandait,
le *Triton*. . de 50 — capitaine Descoyeux,
le *Protée*. . de 48 — — de Roquefeuil,
le *Ludlow*.. de 50 — — Hennequin,

et 5 corsaires.

Le 31, il rencontra 12 navires anglais escortés par 3 bâtiments de guerre. Bien que le *Triton* fût alors fort éloigné, le commandant de Saint-Pol lança les corsaires sur le convoi, et il se dirigea sur l'escorte avec les autres bâtiments de sa division. Cet intrépide officier ne put voir le résultat de son entreprise : il fut tué à la première bordée du bâtiment qu'il attaquait. Le lieutenant comte d'Illiers le remplaça sur le *Salisbury*. La confusion momentanée qui résulta de cet événement permit au bâtiment ennemi de se retirer ; mais il fut de suite attaqué par le *Protée*, et, quoique ce dernier eût déjà pris un bâtiment anglais à l'abordage, il l'aborda et l'enleva au moment où le *Triton* lui arrivait en aide. Le capitaine Descoyeux eut un bras emporté par le seul boulet qui fut tiré sur le *Triton*. Le *Ludlow* fit amener aussi le bâtiment qu'il avait attaqué. 11 navires du commerce furent conduits à Dunkerque (1).

Les Anglais faisaient, à cette époque, de nombreux préparatifs d'expéditions maritimes. Désireux de contre-balancer leur puissance sur mer, Louis XIV ordonna un armement considérable et nomma le comte de Toulouse, en faveur duquel la charge d'amiral de France venait d'être rétablie, au commandement de l'armée navale qui allait être formée. Parti de Brest, le 6 mai, avec 23 vaisseaux, l'amiral toucha à Cadix, et arriva le mois suivant à Toulon,

---

(1) M. de Lapeyrouse, *Histoire de la marine française*, donne, à la date du 15 août 1705, un autre combat du capitaine de Saint-Pol. Ce combat est probablement un de ceux que j'ai déjà décrits, car Boismêlé, dans son *Histoire générale de la marine*, et Campbell, *Lives of the British admirals*, s'accordent à faire mourir cet officier au combat du 21 octobre 1704, événement que M. de Lapeyrouse renvoie au 21 octobre 1705. M. de Lapeyrouse est donc dans l'erreur en ce qui concerne l'année, et les deux autres auteurs se trompent également en disant que le combat eut lieu le 21, car il est dit, en termes exprès, dans l'acte de décès du commandant de Saint-Pol, rapporté le 6 novembre 1704 par le pasteur de Dunkerque, « que ce dernier a enterré le même jour, dans la chapelle de Saint-Georges (l'une des chapelles de l'église Saint-Éloi), le corps de M. de Saint-Pol qui a été tué en mer dans un combat qu'il donna contre une flotte anglaise, *le dernier jour d'octobre*, et a esté rapporté dans cette ville le troisième jour de novembre. »

où un pareil nombre de vaisseaux devaient se joindre à lui.
Sans le mauvais vouloir du ministre de la marine Pontchar-
train, cette armée navale eût pu prendre la mer avant la
jonction des forces navales de l'Angleterre et de la Hollande.
Mais, dans le but, assure-t-on, de rendre les chances de
succès moins favorables au comte de Toulouse, le ministre
entrava l'armement des vaisseaux de la Méditerranée, de
telle sorte que l'armée ne put sortir de Toulon avant le
22 juillet : la jonction des escadres ennemies avait eu lieu
à cette date. Le 22 août (1), à 3ʰ de l'après-midi, l'armée
navale, qui était allée faire de l'eau à Malaga, eut connaissance de l'armée anglo-hollandaise. La brise était trop
faible pour qu'un aussi grand nombre de vaisseaux pussent
sortir de Malaga avec sécurité ; ils mirent sous voiles le
lendemain avec une jolie brise d'Est ; l'armée ennemie était
au vent à une grande distance ; le 24, elle était encore à
9 milles. L'amiral anglais se décida cependant à laisser
arriver ce jour-là sur les Français. Le comte de Toulouse
fit ranger ses vaisseaux sur la perpendiculaire du vent,
bâbord amures, dans l'ordre suivant, et attendit l'ennemi
les huniers sur le ton.

| Canons. | | | |
|---|---|---|---|
| 66 | *Eclatant* | capitaine | de Bellefontaine. |
| 62 | *Eole* | — | marquis Demons. |
| 62 | *Oriflamme* | — | de Châteaurenault. |
| 92 | *Saint-Philippe* | | |
| | | | d'Infreville, vice-amiral. |
| 70 | *Heureux* | capitaine | Colbert Saint-Mars. |
| 56 | *Rubis* | — | de Renneville. |
| 58 | *Arrogant* | — | Desherbiers de l'Étanduère. |
| 58 | *Marquis* | — | Patoulet. |
| 68 | *Constant* | — | comte de Sainte-Maure. |
| 90 | *Fier* | — | |
| | | | marquis de Villette-Mursay, vice-amiral. |
| 84 | *Intrépide* | capitaine | Ducasse. |
| 60 | *Excellent* | — | Rochalar, aîné. |
| 58 | *Sage* | — | Montbault. |
| 68 | *Écueil* | — | Darigny. |

---

(1) Le 13 selon Campbell, *Lives of the British admirals*.

| 90  | *Magnifique*. . . . . . . . | capitaine | — |
| | | de Be ile Érard, chef d'escadre. | |
| 84  | *Monarque*. . . . . . . . . . | capita ne | Cbabert. |

7 galères de France et 5 d'Espagne, commandées par le duc de Turcis.

| | *Furieux*. . . . . . . . . . | capita ne marquis de Blénac. | |
| 60  | *Vermandois*. . . . . . . . | — | comte de Béthune. |
| 74  | *Parfait*. . . . . . . . . . | — | marquis de Châteaumorand. |
| 90  | *Tonnant*. . . . . . . . . . | — | — |
| | | comte de Coëtlogon, vice-amiral. | |
| 72  | *Orgueilleux*. . . . . . . . | capitaine | de Beaussier (Félix). |
| 50  | *Mercure*. . . . . . . . . . | — | chevalier de Lannéon. |
| 60  | *Sérieux*. . . . . . . . . . | — | Champmeslin. |
| 54  | *Fleuron*. . . . . . . . . . | — | chevalier de Grancey. |
| 86  | *Vainqueur*. . . . . . . . . | Bailli de Lorraine, chef d'escadre. | |
| 104 | *Foudroyant*. . . . . . . . | capitaine comte d'Estrées, mⁱˢ de Cœuvres. | |
| | | comte de Toulouse, amiral. | |
| 102 | *Terrible*. . . . . . . . . . | de Relingue, chef d'escadre. | |
| 58  | *Entreprenant*. . . . . . . | capitaine comte d'Hautefort. | |
| 54  | *Fortuné*. . . . . . . . . . | — | de Bagneux. |
| 66  | *Henri*. . . . . . . . . . . | — | de Serquigny. |
| 74  | *Magnanime*. . . . . . . . | — | de Pointis, chef d'escadre. |
| 88  | *Lys*. . . . . . . . . . . . | — | comte de Villars. |
| 84  | *Sceptre*. . . . . . . . . . | — | chevalier d'Alby. |
| 58  | *Fendant*. . . . . . . . . . | — | de La Luzerne. |

9 galères commandées par le marquis de Roye.

| 60  | *Zélande*. . . . . . . . . . | capitaine | de Serville. |
| 60  | *Saint-Louis*. . . . . . . . | — | chevalier de Beaujeu. |
| 92  | *Admirable*. . . . . . . . . | — | comte de Sepville, chef d'escadre. |
| 76  | *Couronne*. . . . . . . . . | — | de Champigny. |
| 44  | *Cheval-Marin*. . . . . . . | — | de Pontac. |
| 58  | *Diamant*. . . . . . . . . . | — | Darogne. |
| 54  | *Gaillard*. . . . . . . . . . | — | chevalier d'Osmond. |
| 68  | *Invincible*. . . . . . . . . | — | marquis de Rouvry. |
| 102 | *Soleil-Royal*. . . . . . . . | | |
| | | marquis de Langeron, lieutenant général. | |
| 64  | *Ardent*. . . . . . . . . . | capitaine d'Aligre. | |
| 56  | *Trident*. . . . . . . . . . | — | chevalier de Modène. |
| 60  | *Content*. . . . . . . . . . | — | chevalier de Phelyppeaux. |
| 54  | *Maure*. . . . . . . . . . . | — | Sainte-Claire. |
| 60  | *Toulon*. . . . . . . . . . | — | Duquesne Mosnier. |
| 92  | *Triomphant*. . . . . . . . | — | de La Harteloire, chef d'escadre. |
| 74  | *Saint-Esprit*. . . . . . . . | — | Duquesne Guitton. |

8 galères commandées par le capitaine de Ferville.

En tout, 50 vaisseaux et 24 galères, plus 7 frégates et 7 brûlots qui se tenaient en dehors de la ligne avec les corvettes et les bâtiments-hôpitaux.

L'armée anglo-hollandaise était composée comme il suit :

Canons.

| 80 | SOMMERSET | capitaine | Price. |
| 70 | ESSEX | — | Hubar. |
| 50 | TRITON | — | Trevor. |
| 80 | DORSETSHIRE | — | Wiltaker. |
| 80 | RANELAGH | — | Buch. |
| | George Byng, contre-amiral. | | |
| 80 | TORBAY | capitaine | Caldwell. |
| 50 | CENTURION | — | Heine. |
| 60 | KINGSTOWN | — | Ashton. |
| 70 | FIRME | — | Wild. |
| 70 | GRAFTON | — | sir Andrew Leake. |
| 70 | NASSAU | — | Dow. |
| 60 | MONTAGU | — | Cleveland. |
| 96 | SAINT-GEORGE | — | Jennings. |
| 96 | ROYAL-CATHERINE | — | — |
| | sir George Rooke, amiral. | | |
| 70 | EAGLE | capitaine | lord Hamilton. |
| 70 | MONTMOUTH | — | Baker. |
| 50 | PANTHER | — | Bartye. |
| 80 | SHREWSBURY | — | Crowe. |
| 70 | BEDFORT | — | Thomas Hards. |
| 50 | SWALLOW | — | Haddock. |
| 70 | SUFFOLK | — | Kilton. |
| 76 | ROYAL-OAK | — | Elwid. |
| 70 | KENT | — | — |
| | Thomas Dilkes, contre-amiral. | | |
| 80 | CAMBRIDGE | capitaine | Estoc. |
| 60 | MONK | — | Milles. |
| 50 | LEOPARD | — | Culluford. |
| 70 | BURFORD | — | Ross. |
| 70 | WARSPITE | — | Loades. |
| 60 | NOTTINGHAM | — | Burkes. |
| 66 | ASSURANCE | — | Hankock. |
| 70 | OXFORD | — | Nowd. |
| 96 | BARFLEUR | — | — |
| | Cloudesley-Shovel, vice-amiral. | | |
| 96 | NAMUR | capitaine | Mings. |
| 70 | SWIFTSURE | — | Vinn. |
| 50 | TILBURY | — | Delaval. |
| 70 | LENNOX | — | Gumper. |
| 80 | NEWARK | — | Clark. |
| 50 | ANTELOPE | — | Legg. |
| 80 | BOYNES | — | lord Dulnay. |
| 90 | PRINCE-GEORGE | — | — |
| | John Leakes, contre-amiral. | | |
| 70 | BERWICK | capitaine | Fairfax. |
| 80 | NORFOLK | — | Knapp. |
| 50 | TIGER | — | Cavendish. |
| 70 | YARMOUTH | — | Lykes. |
| 70 | HAMPTON-COURT | — | Hagger. |

| DORT. | FLESSINGEN. |
| GUELDERLANTD. | ALDERMALE. |
| UNION. | HETWAPEN (Ytecht). |

| CATWICK. | HETWALEN (Friesland). |
| NIMÈGUE. | et 5 autres vaisseaux dont je n'ai pu me |
| BAVARIA. | procurer le nom. |
| LEWEN. | En tout, 62 vaisseaux et 2 brûlots (1). |
| DAMIETTE | |

L'amiral Allemonde commandait les Hollandais (2).

Le mouvement d'arrivée des vaisseaux ennemis ayant été mal exécuté, et l'avant-garde anglaise ayant dépassé presque entièrement la ligne française, le comte de Toulouse ordonna de serrer le vent dans l'espoir de la couper et de l'envelopper. Mais, comprenant son intention, l'amiral Rooke fit forcer de voiles à ses deux autres escadres; venant ensuite au vent tous à la fois, ses vaisseaux se trouvèrent rangés sur une ligne parallèle aux Français et toujours au vent. Le feu commença alors; il était 10ʰ. Le ROYAL-CATHERINE, qui avait choisi le *Foudroyant* pour adversaire, ne put soutenir longtemps le feu de ce vaisseau. Obligé de se laisser culer, il se trouva par le travers du *Vainqueur*, déjà combattu par l'EAGLE. Le vaisseau amiral anglais ne fut pas plus heureux dans le choix de ce nouvel antagoniste; toutefois son attaque coûta la vie au bailli de Lorraine qui fut remplacé par le capitaine Grandpré. Le capitaine Champmeslin, du *Sérieux*, tenta par trois fois d'aborder le MONK, et trois fois il fut repoussé avec de grandes pertes. Le *Fleuron*, qui le suivait, eut aussi affaire à forte partie et fut très-maltraité. A l'avant-garde, le BARFLEUR choisit l'*Intrépide* pour vis-à-vis, quoique ce vaisseau ne portât pas de pavillon. La lutte fut longue, mais le capitaine Ducasse força le vice-amiral Shovel à se retirer. Après s'être successivement débarrassé de quatre adversaires, le *Fier* fut

---

(1) Campbell, *Lives of the British admirals.* Berkeley, *The naval history of Britain*, dit qu'il y avait 45 vaisseaux anglais, 12 hollandais, 18 frégates, brûlots et bombardes. M. E. Sue, *Histoire de la marine française*, porte le nombre des vaisseaux à 65.

(2) Boismêlé, *Histoire générale de la marine*, et M. de Lapeyrouse, *Histoire de la marine française*, disent que l'escadre hollandaise était commandée par l'amiral Callembourg.

attaqué par le KENT. Le lieutenant général de Villette Mursay ne s'effraya pas de cette nouvelle attaque; mais une bombe qui tomba sur la dunette de son vaisseau y mit le feu, et il crut devoir laisser porter sous le vent de la ligne pour l'éteindre. Malheureusement les capitaines de son escadre, qui ignoraient les motifs de cette manœuvre, l'imitèrent et compromirent un moment le succès de la journée. Le feu fut mis aussi par une bombe à bord du *Magnifique* (1). L'*Excellent*, auquel le BARFLEUR présenta le travers en quittant l'*Intrépide*, fut obligé de sortir de la ligne entièrement désemparé. Un des vaisseaux de l'arrière-garde fut compromis par le grand nombre de boulets qu'il reçut à la flottaison. Le feu cessa entre 4 et 5ʰ à l'avant-garde, et vers 7ʰ au corps de bataille; à la nuit, quelques coups de canon se faisaient encore entendre à l'arrière-garde. Les vaisseaux anglais n'avaient pas été moins maltraités que les français, et l'arrivée de la nuit fut pour eux une circonstance heureuse, car plusieurs avaient complétement épuisé leurs munitions. En somme, les deux armées avaient beaucoup souffert. Deux vaisseaux hollandais, dont l'un était l'ALDERMALE, monté par le lieutenant amiral Callemberg, avaient été coulés à l'arrière-garde. La France eut bien des pertes à déplorer à cette bataille. Les chefs d'escadre de Lorraine et de Belle Isle, les capitaines Phelyppeaux et de Châteaurenault avaient perdu la vie. Le chef d'escadre de Relingue avait eu une jambe emportée par un boulet, et il mourut de cette blessure; il avait été remplacé par le capitaine Rochalar, cadet. Le capitaine Ducasse avait reçu plusieurs blessures. Enfin, le comte de Toulouse avait été légèrement blessé par un éclat. Les deux

---

(1) Campbell, *Lives of the British admirals*, nie que le feu ait pu être mis à bord du *Fier* par une bombe, parce qu'il n'y avait pas de bombardes dans l'armée. C'est là une subtilité à laquelle on ne doit pas s'arrêter. S'il n'y avait ni bombardes ni mortiers, il pouvait y avoir à bord des vaisseaux des bouches à feu, quel que soit d'ailleurs le nom qu'on veuille leur donner, qui lançaient des projectiles creux et incendiaires.

armées s'observèrent pendant deux jours. Le 27, les Français entrèrent à Malaga et les Anglais repassèrent le détroit, après avoir jeté des troupes et des approvisionnements dans Gibraltar.

---

### BATIMENTS PRIS, DÉTRUITS OU NAUFRAGÉS
#### pendant l'année 1704.

|  |  | Pris | Détruits ou naufragés | Incendiés | TOTAL |
|---|---|---|---|---|---|
| FRANÇAIS. | Vaisseaux. . . | » | » | » | » |
|  | Bâtiments inf. | » | » | » | » |
| ANGLAIS, . . | Vaisseaux. . . | 2 | » | » | 2 |
|  | Bâtiments inf. | 3 | » | » | 3 |
| HOLLANDAIS. | Vaisseaux. . . | » | 2 | » | 2 |
|  | Bâtiments inf. | 1 | » | » | 1 |

## ANNÉE 1705.

---

Pressé de montrer à l'Espagne ce à quoi elle s'exposait en contractant une alliance avec la France, le gouvernement anglais ordonna à l'amiral Rooke de prendre la mer avec une armée navale anglo-hollandaise qui, après avoir déposé à Lisbonne un corps d'armée destiné à appuyer les prétentions de l'archiduc Charles au trône d'Espagne, devait faire route pour la Méditerranée. Repoussé dans une tentative sur Barcelone, cet officier général s'était porté sur Gibraltar et, le 4 août 1704, il avait surpris cette forteresse dans laquelle, par une négligence inqualifiable, les Espagnols n'avaient que 100 hommes de garnison. Aux avantages d'une situation unique dans le monde, les Anglais ajoutèrent immédiatement toutes les combinaisons du génie militaire. Louis XIV comprit bien vite quelle importance cette citadelle allait prendre entre les mains des Anglais, et il voulut tenter de s'en emparer avant qu'ils l'eussent rendue imprenable de vive force. Cependant, quoique les Espagnols et les Français en eussent établi le siége, le comte de Toulouse n'avait dirigé aucune attaque contre cette place ; il était rentré en France après la bataille de Malaga. Le soin de coopérer aux opérations commencées fut confié au chef d'escadre de Pointis, et le blocus de Gibraltar fut établi par mer par 13 vaisseaux. Mais le manque de vivres ayant promptement obligé cette escadre à aller à Cadix, le vice-amiral anglais Leake en profita pour jeter des secours dans la forteresse, à la fin du mois d'octobre 1704. Ce renfort fit trainer le siége en longueur, et le chef d'escadre de Pointis reçut de nouveau l'ordre d'établir un blocus rigoureux. Cet officier général représenta que les Anglais ayant une trentaine de vaisseaux dans le Tage, il était à craindre qu'ils ne vinssent tomber sur l'escadre française quand ils en connaîtraient la force, et il demanda à se tenir en dehors du détroit jusqu'à l'arrivée des renforts qui lui étaient annoncés. Il faisait remarquer que, dans cette position qui lui offrait plus de sécurité, il lui serait facile d'intercepter les convois destinés à Gibraltar. Ses observations ne furent pas écoutées, et il dut mettre à la voile dans les premiers jours du mois de mars 1705. A peine arrivé devant Gibraltar, son escadre fut dispersée par un coup de vent ; 8 vaisseaux prirent le large. Les autres qui étaient

Canons.
| | | | |
|---|---|---|---|
| 80 | *Magnanime* | de Pointis, chef d'escadre, |
| 88 | *Lys* | capitaine comte de Villars, |
| 64 | *Ardent* | — d'Aligre, |
| 58 | *Arrogant.* | — Desherbiers de l'Étanduère, |
| | *Marquis.* | — Patoulet, |

furent joints par une escadre anglaise et attaqués, le 19, par les vaisseaux REVENGE, qui portait le pavillon du contre-amiral sir Thomas Dilkes ; NEWCASTLE, ANTELOPE,

EXPEDITION et 1 vaisseau hollandais; ils étaient alors fort près de terre. L'*Arrogant*, l'*Ardent* et le *Marquis* amenèrent leur pavillon. Le *Magnifique* et le *Lys* se jetèrent à la côte près de Marbella, dans l'Ouest de Malaga et furent incendiés par leurs propres équipages.

### BATIMENTS PRIS, DÉTRUITS OU NAUFRAGÉS
#### pendant l'année 1705.

| Canons. | | |
|---|---|---|
| 88 | *Lys.* . . . . . . . . . . . . . | } Incendiés à la côte. |
| 80 | *Magnifique.* . . . . . . . . . | |
| 64 | *Ardent.* . . . . . . . . . . . | |
| 58 | { *Arrogant.* . . . . . . . . . . | } Capturés par une division. |
| | { *Marquis.* . . . . . . . . . . | |

#### RÉCAPITULATION.

| | | Pris | Détruits ou naufragés | Incendiés | TOTAL |
|---|---|---|---|---|---|
| FRANÇAIS. . | Vaisseaux. . . | 5 | 2 | » | 5 |
| ANGLAIS. . . | Bâtiments inf. | » | 1 | » | » |

## ANNÉE 1706.

Il n'y eut pas un seul armement quelque peu important pendant l'année 1706; la guerre de course occupa seule la marine. Le 28 octobre, le capitaine de Forbin rencontra dans la mer du Nord un convoi hollandais de 100 voiles escorté par 6 bâtiments de guerre. Son parti fut bientôt pris. Il fit signal d'attaquer aux trois bâtiments placés sous ses ordres, et il aborda le commandant de l'escorte : ce bâtiment amena son pavillon, mais après une vigoureuse résistance. Au moment où le transbordement des prisonniers

allait se faire, le capitaine de Tourouvre, qui n'avait pu
réussir à accrocher le bâtiment sur lequel il s'était dirigé,
tomba en travers sur les deux bâtiments abordés. Pour
comble de malheur, le feu prit à bord du hollandais ;
chacun travailla à se dégager. Les deux français y avaient
à peine réussi que le hollandais sauta en l'air. Le vaisseau
du capitaine de Forbin fut de suite attaqué par un nouvel
adversaire. Celui-ci ne résista pas longtemps à la canonnade qui fut dirigée sur lui, et il coula presque au moment
où il amenait son pavillon. Les capitaines Cornil Bart et
Hennequin, qui commandaient chacun une frégate, enlevèrent un bâtiment ennemi ; les deux autres se sauvèrent.
Le convoi échappa aussi aux poursuites des Français. La
petite division rentra à Dunkerque avec ses prises.

---

### BATIMENTS PRIS, DÉTRUITS OU NAUFRAGÉS
pendant l'année 1706.

| | | Pris | Détruits ou naufragés | Incendiés | TOTAL |
|---|---|---|---|---|---|
| ANGLAIS... | Vaisseaux... | » | » | » | » |
| | Bâtiments inf. | 1 | » | » | 1 |
| HOLLANDAIS. | Bâtiments inf. | 1 | 2 | » | 3 |

## ANNÉE 1707.

Le commandant de Forbin fut encore envoyé, cette
année, molester le commerce des ennemis de la France
dans les mers du Nord. Le 11 mai, il sortit de Dunkerque
avec les vaisseaux suivants :

Canons.

| 60 | Mars. . . . . . . . . . . . | capitaine | chevalier de Forbin. |
| 56 | { Dauphine. . . . . . . . | — | de Roquefeuil. |
| | { Fidèle. . . . . . . . . . | — | baron d'Arcy. |
| 54 | Blackoal. . . . . . . . . . | — | de Tourouvre. |
| 50 | Salisbury. . . . . . . . . . | — | chevalier de Vezins. |
| 44 | Griffon. . . . . . . . . . | — | chevalier de Naugis. |
| 48 | Protée. . . . . . . . . . | — | comte d'Illiers. |

6 petits corsaires se joignirent en outre à lui (1). Le lendemain soir, 55 voiles furent aperçues ; c'était un convoi sorti
de la rade des Dunes sous l'escorte des vaisseaux anglais
de 70 canons

| Royal Oak. . . . . . . . | capitaine | baron Wylde. |
| Grafton. . . . . . . . . | — | Édouard Acton. |
| Hampton Court. . . . . | — | George Clements. |

L'abordage fut immédiatement résolu ; mais il fut décidé qu'on se bornerait à observer l'ennemi pendant la
nuit. Le *Protée* fut désigné pour soutenir le *Mars*; la *Dauphine* reçut le *Griffon* pour aide ; enfin le *Fidèle* eut ordre
d'appuyer l'attaque du *Salisbury*. Le 13, à 10ʰ du matin,
au moment de joindre l'ennemi, le *Mars* mit en panne pour
donner à la *Dauphine* la faculté de passer devant lui ; le
capitaine de Roquefeuil devait attaquer le Grafton qui
était placé au centre de la ligne ennemie ; il lui fut pres-
crit de commencer de suite le combat. Au lieu d'exécuter
cet ordre, cet officier imita la manœuvre du *Mars*. Le
*Blackoal*, auquel aucun poste n'avait été assigné, força
alors de voiles et aborda le Grafton ; mais ses grapins ne
tinrent pas et il dépassa ce vaisseau. Le capitaine de la
*Dauphine* fit servir dès qu'il vit le *Blackoal* engagé, et il
aborda le vaisseau qui lui avait été désigné pour adversaire et que le capitaine de Tourouvre n'avait pas réussi à
accrocher. L'attaque fut conduite avec vigueur car, dans
ces conditions, il s'agissait de forcer un équipage de
450 hommes avec 380. L'audace l'emporta sur le nombre

_____

(1) Campbell, *Lives of the British admirals*, qui place cette affaire le 2 mai,
est dans l'erreur en disant que la division française comptait 10 vaisseaux,
1 frégate et 4 corsaires.

et, après une vaillante résistance qui coûta la vie à beaucoup d'hommes et notamment au capitaine Acton, le
GRAFTON amena son pavillon ; le *Griffon* venait d'accoster
la *Dauphine* pour lui donner des renforts. Le *Mars* aborda
le HAMPTON COURT ; mais après une lutte acharnée et meur-
trière, ses grapins cassèrent et les deux vaisseaux se séparèrent. Attaqué alors par le *Salisbury*, et plus tard par le
*Blackoal*, le vaisseau anglais amena ; son capitaine était
blessé mortellement : le capitaine de Vézins avait été
blessé à la première bordée. Le *Fidèle* tenta d'aborder le
ROYAL-OAK : il fut mis de suite hors de combat et le vaisseau anglais parvint à atteindre le mouillage des Dunes.
Les corsaires s'emparèrent de 22 navires de commerce.

———

Profitant des bonnes dispositions du gouvernement qui,
ainsi que je l'ai dit, prêtait ses bâtiments aux particuliers désireux de faire la course, le capitaine Duguay-
Trouin arma une division de six bâtiments et sortit de
Brest avec le capitaine de Forbin, devenu comte et chef
d'escadre, pour surprendre un convoi de troupes et de munitions qui se rendait d'Angleterre en Portugal. Voici la
composition des deux divisions :

Canons.

| | | | |
|---|---|---|---|
| 74 | *Lys.* | capitaine | Duguay-Trouin. |
| 64 | *Achille.* | — | de Beauharnais. |
| 54 | *Jason.* | — | de Courserac. |
| 40 | *Gloire.* | — | de Lajaille. |
| 36 | *Amazone.* | — | de Nesmond. |
| 50 | *Maure.* | — | de Lamonerie Miniac. |
| 60 | *Mars.* | comte | de Forbin, chef d'escadre. |
| 56 | *Fidèle.* | capitaine | Hennequin. |
| 56 | *Dauphine.* | — | de Roquefeuil. |
| 54 | *Blackoal.* | — | de Tourouvre. |
| 52 | *Salisbury.* | — | chevalier de Vezins. |
| 48 | *Mercure.* | — | comte d'Illiers. |
| 44 | *Griffon.* | — | chevalier de Nangis. |
| 44 | *Gerzey.* | — | Cornil Bart. |

Le 21 octobre (1), à la hauteur du cap Lizard d'Angle-

———

(1) Le 10 d'après Campbell, *Lives of the British admirals.*

terre, un convoi de 30 voiles fut aperçu sous le vent; il
était escorté par les vaisseaux anglais

Canons.

| | | |
|---|---|---|
| 80 { | CUMBERLAND. . . . . . . | capitaine Richàrd Edwards. |
| | DEVONSHIRE. . . . . . . | — |  — |
| 76 | ROYAL OAK. . . . . . . . | — |  — |
| 50 { | CHESTER. . . . . . . . . | — |  — |
| | RUBY. . . . . . . . . . . | — |  — |

Les Français les chassèrent de suite. Dès qu'ils se virent
poursuivis, les bâtiments de guerre mirent en travers et
le convoi fit vent arrière. La chasse ayant été libre, l'attaque ne fut pas simultanée; les bâtiments de la division
du chef d'escadre de Forbin l'avaient d'ailleurs disconti-
nuée pour prendre des ris. Le capitaine Duguay-Trouin,
qui avait pris ses précautions d'avance, ne crut pas devoir
les attendre et il fit le signal d'attaquer l'ennemi. A midi,
le *Lys* aborda le CUMBERLAND : la *Gloire* vint bientôt prêter
assistance à son commandant et le vaisseau anglais fut enlevé. L'*Achille* allait se rendre maître du ROYAL OAK lorsque le feu prit à son bord. Les travaux que cet événement
nécessitèrent donnèrent à l'Anglais le temps de s'éloigner.
Le *Jason* et l'*Amazone* enlevèrent le CHESTER ; le *Maure*
combattit le RUBY ; le *Blackoal*, qui eut le premier pris ses
ris, s'adressa au DEVONSHIRE : le *Lys* lui vint en aide dès
que le pavillon du CUMBERLAND fut amené. Les choses
étaient dans cet état lorsque le chef d'escadre de Forbin
arriva avec le reste de sa division. Le *Mars* aborda le RUBY
par l'arrière et décida le vaisseau anglais à se rendre. La
défense du DEVONSHIRE était opiniâtre ; une affreuse catastrophe la termina. Le feu se déclara à bord de ce vaisseau,
et l'incendie se propagea avec une promptitude telle qu'on
ne pût s'en rendre maître, et il sauta : 200 hommes seuls
sur plus de 900 échappèrent à ce désastre. Le convoi fut
chassé par les bâtiments de la division du chef d'escadre
de Forbin : 60 navires furent capturés (1).

---

(1) Le *Moniteur de la flotte* donne, dans son numéro du 14 janvier 1858, un

BATIMENTS PRIS, DÉTRUITS OU NAUFRAGÉS
pendant l'année 1707.

|  |  | Pris | Détruits ou naufragés | Incendiés | TOTAL |
|---|---|---|---|---|---|
| FRANÇAIS. | Vaisseaux. . . | » | » | » | » |
| | Bâtiments inf. | » | » | » | » |
| ANGLAIS. . . | Vaisseaux. . . | 5 | 1 | » | 6 |
| | Bâtiments inf. | » | » | » | » |
| HOLLANDAIS. | Vaisseaux. . . | » | » | » | » |
| | Bâtiments inf. | 4 | » | » | 4 |

## ANNÉE 1708.

La frégate la *Thétis*, capitaine Hennequin, fut chassée près de la Havane par une division anglaise et jointe, d'abord par le vaisseau de 70° Windsor, puis par l'Uvemest

article non signé, mais qui est extrait d'un ouvrage publié, je crois, par M. le lieutenant de vaisseau Jonquières sous le titre de : *Histoire de nos bâtiments de guerre.* L'article auquel j'ai emprunté le récit qu'on va lire est intitulé l'*Achille.*

« Arrivé non sans peine jusqu'à l'extrémité arrière du Royal Oak, un contremaître français, nommé Toscan (Honoré), parvint à amener le pavillon qui flottait à la corne du vaisseau anglais. Séparé des siens et bientôt entouré d'ennemis, lorsque les progrès du feu firent aux assaillants un devoir de retourner à bord de l'*Achille* pour joindre leurs efforts à ceux de leurs camarades qui travaillaient à éteindre l'incendie, l'intrépide officier marinier eut bien vite apprécié sa position. Sa présence d'esprit ne l'abandonna pas. Le passage à travers les masses d'Anglais dont le pont du Royal Oak était couvert n'était pas possible; les flots seuls lui offraient la possibilité de conserver la précieuse dépouille don     était chargé. Il s'élança dans la mer, échappa aux balles auxquelles il servait de point de mire et, recueilli par une embarcation française, il fut reconduit à bord de l'*Achille,* où il fut accueilli par les houras de l'équipage. Toscan eut l'honneur de déposer lui-même à Notre-Dame l'étendard britannique qu'il avait conquis, le jour où un *Te Deum* fut chanté dans cette église à l'occasion de la victoire remportée par Duguay-Trouin et Forbin, car la dispersion du convoi destiné aux Espagnols porta un coup fatal aux affaires de l'archiduc. »

de 58 qui l'attaquèrent des deux bords. Quoique décimé par la fièvre jaune, l'équipage de cette frégate opposa une résistance vigoureuse. Enfin, après trois heures de lutte héroïque et après avoir obtenu les honneurs de la guerre ainsi que le renvoi en France de ce qui restait de combattants, le capitaine Hennequin fit amener le pavillon. La *Thétis* n'avait plus de mâts, et elle coulait bas d'eau.

---

## ANNÉE 1709.

Le 29 avril, les vaisseaux l'*Éclatant*, capitaine Cassard, le *Sérieux*, capitaine Deshayes, et la corvette la *Diligente* se rendant de Tunis à Toulon avec un convoi, furent chassés par une division anglaise qui accompagnait aussi un convoi. Les deux divisions échangèrent une canonnade qui fut sans résultats et elles continuèrent leur route.

A la fin du mois de juin, la frégate anglaise de 32° Fowey fut prise par un vaisseau dans la Méditerranée.

Envoyé sur la côte occidentale d'Afrique, au commencement de l'année, avec 2 vaisseaux et 1 frégate, le commandant Parent réduisit d'abord le fort de Gambie et, le le 20 avril, il s'empara de l'île Saint-Thomé qu'il frappa d'une forte contribution.

---

## ANNÉE **1710**

—

Dans les premiers jours du mois d'août 1710, le vaisseau le *Superbe* arriva à l'entrée de la Manche avec un convoi qu'il était allé chercher dans les ports d'Amérique et qu'il escortait en France avec la frégate la *Concorde*. La vue de l'escadre anglaise de l'amiral Matthew Aylmer détermina le capitaine du *Superbe* à faire faire fausse route à son convoi ainsi qu'à la frégate et à attendre l'ennemi. Joint par le vaisseau KENT, capitaine Robert Johnston, il amena son pavillon après un combat de quatre heures.

—oo◦◦oo—

## ANNÉE **1711**.

—

A la fin de l'année 1711, la France perdit le *Toulouse* de 50ᵉ, capitaine de Grandpré, qui, accompagné du vaisseau le *Trident*, aussi de 50ᵉ, fut attaqué près des Baléares par les vaisseaux anglais HAMPTON COURT, capitaine Mighells, STERLING CASTLE et NOTTINGHAM, et amena après deux heures de combat; sa mâture s'abattit en entier pendant la nuit. Le *Trident* parvint à se soustraire à la poursuite de l'ennemi.

—oo◦◦oo—

## ANNÉE 1712.

—

Vers le milieu de l'année 1712, le capitaine Ducasse partit de Toulon avec 6 vaisseaux et 2 frégates ; ses instructions lui enjoignaient de faire tout le mal possible aux colonies anglaises, portugaises et hollandaises de l'Atlantique. Il débuta par s'emparer de San Yago, ville portugaise de l'une des îles du cap Vert. Après en avoir détruit les fortifications, il se dirigea sur les Antilles, où il arriva dans les premiers jours du mois de juillet. Il attaqua d'abord l'île anglaise de Montserrat dont il se rendit facilement maître et qu'il abandonna après quelques jours. Il fit ensuite route pour la côte ferme et rançonna fortement l'établissement hollandais de Surinam.

Cette expédition fut le dernier fait maritime de cette guerre. Une suspension d'armes, acceptée de part et d'autre, précéda de quelques mois le traité de paix qui fut signé à Utrecht.

—

### BATIMENTS PRIS, DÉTRUITS OU NAUFRAGÉS
pendant les années 1708, 1709, 1710 et 1711.

| | | Pris | Détruits ou naufragés | Incendiés | TOTAL |
|---|---|---|---|---|---|
| FRANÇAIS. . | Vaisseaux. . . | 2 | » | » | 2 |
| | Bâtiments inf. | 1 | » | » | 1 |
| ANGLAIS. . . | Vaisseaux. . . | 2 | » | » | 2 |
| | Bâtiments inf. | 1 | » | » | 1 |

Le 27 juillet 1712, une suspension d'armes, renouvelée le 22 décembre, fut convenue entre la France, l'Espagne et l'Angleterre; le Portugal y adhéra au mois de novembre. Le 11 avril 1713, la paix fut signée à Utrecht entre la France, la Hollande, l'Angleterre, le Portugal, la Prusse, l'Espagne et la Savoie. On sait ce que ce traité coûta à la France; la destruction du port de Dunkerque, la cession de la baie d'Hudson, de l'île Saint-Christophe, de l'Acadie et de Terre-Neuve, sauf réserve du droit de pêche, ne furent que les principaux avantages concédés aux Anglais.

Ce fut seulement le 7 septembre 1714 que la signature de la paix avec l'empereur d'Allemagne donna à la France le repos dont elle avait besoin après la lutte qu'elle venait de soutenir contre la puissante coalition à laquelle elle avait tenu tête. Cette lutte avait profité à sa marine. Elle avait eu pour premier résultat de lui faire prendre un développement considérable : le contact incessant des bâtiments français avec ceux des grandes puissances maritimes et les combats fréquents qu'ils durent livrer, la placèrent au niveau des marines de ses plus redoutables adversaires.

Ce fut, je l'ai déjà dit, sous le règne de Louis XIV que l'on commença à suivre une tactique navale et à manœuvrer pendant les batailles ; jusqu'alors, on s'était en quelque sorte battu corps à corps. Les batailles navales étaient des mêlées dans lesquelles on ne se quittait d'habitude que lorsqu'un des adversaires avait succombé. Il n'en pouvait être autrement : le défaut de signaux enlevait au commandant en chef la possibilité de donner des ordres. Aussi n'y avait-il ni ensemble ni unité. L'emploi des signaux permit la transmission immédiate des ordres et l'exécution des évolutions navales. La ligne de bataille fut admise comme l'ordre le plus convenable pour le combat: on peut même dire qu'on n'en connaissait plus d'autre. L'emploi des brûlots avait continué à être d'un usage gé-

néral ; ils faisaient indispensablement partie des escadres ;
et malgré le peu de résultats qu'on en obtenait en général
dans les combats sous voiles, on n'en avait pas moins per-
sisté à s'en servir. Les perfectionnements apportés à l'architecture navale amenèrent nécessairement la suppression
des galères. On ne les voit plus figurer dans les combats
des dernières années de cette guerre, et elles cessèrent de
fait, avec le régime de Louis XIV, de faire partie de la
flotte de guerre de la France.

---

Je ne veux pas clore cette période de notre histoire maritime pendant laquelle la guerre de course fut, pour ainsi
dire, seule pratiquée, sans rapporter les principaux faits
d'armes qui ont illustré la carrière de Duguay-Trouin. Ce
marin célèbre, compris dans le cadre des officiers de vaisseau, n'a en quelque sorte navigué que sur des bâtiments
du roi armés en course. Ce serait donc établir une lacune regrettable que de tenir entièrement dans l'ombre la
plus belle figure qui ait paru au commencement du
XVIII⁰ siècle.

En 1692, commandant la frégate de 30° l'*Hercule*, Duguay-Trouin attaqua et prit deux frégates anglaises de la
même force que la sienne.

Cette même année, avec la frégate de 36° la *Diligente*,
il attaqua 4 bâtiments hollandais de 24 à 30° et en
prit 1.

A quelque temps de là, cette frégate la *Diligente* fut attaquée, sur la côte d'Angleterre, par 6 vaisseaux anglais de
50 à 70° ; elle succomba après une défense de quatre heures. Duguay-Trouin fut blessé à cette affaire.

Duguay-Trouin s'échappa des prisons d'Angleterre avant
la fin de l'année et prit le commandement du vaisseau de
48° le *Français*, avec lequel il se rendit maître, dans le
courant de l'année 1693, après 2 jours de combat, des bâ-

timents anglais Boston de 36° et Nonsuch de 40 qui escortaient un convoi.

Pendant l'année 1694, naviguant de compagnie avec le capitaine Beaubriand du *Fortuné*, il attaqua 3 bâtiments anglais de 56, 52 et 32° qui amenèrent leur pavillon après deux heures de combat.

Notre héros commandait le *Sans-Pareil* en 1695 et ne donna que 40° à ce vaisseau. Accompagné d'une frégate de 16° commandée par un de ses frères, il fit un débarquement sur la côte d'Espagne, auprès de Vigo, et brûla un gros bourg après en avoir détruit les retranchements.

En 1696, commandant une division composée du *Sans-Pareil* de 40°, du *Saint-Jacques* de 46, de la frégate la *Léonore* de 16, et de 2 autres frégates de Saint-Malo, Duguay-Trouin attaqua 3 bâtiments hollandais de 56, 52 et 36° qui escortaient un convoi. Le *Sans-Pareil* aborda successivement les 2 premiers et les enleva après un combat sanglant dans lequel il perdit la moitié de son équipage. Le troisième bâtiment de guerre et une partie du convoi furent amarinés par les autres bâtiments de sa division. Ce combat valut à Duguay-Trouin le grade de capitaine de frégate.

En 1702, il enleva à l'abordage une frégate hollandaise de 36° avec la frégate de même force la *Bellone*.

En 1703, il sortit de Saint-Malo avec les vaisseaux l'*Éclatant* de 62°, le *Furieux* de 56 et la frégate de 30 la *Bienvenue*, pour poursuivre les baleiniers dans les mers du Nord. Pendant cette croisière, il tomba dans une escadre hollandaise de 14 vaisseaux à laquelle il échappa après un échange de quelques bordées.

Duguay-Trouin prit la mer, en 1704, avec le vaisseau de 54° le *Jason*, en compagnie de l'*Auguste* de même force, capitaine Desmarques, et de la frégate de 26 la *Valeur*, capitaine de Bourgneuf Gravé, combattit le vaisseau anglais de 72° Revanche, et s'empara du vaisseau de 54°

Coventry et d'une partie du convoi que ce vaisseau escortait.

Commandant encore le *Jason* accompagné de l'*Auguste*, alors sous les ordres du capitaine chevalier de Nesmond et de la frégate la *Valeur*, capitaine Duguay-Trouin, jeune, il attaqua les vaisseaux anglais Elizabeth de 72ᵉ et Chatam de 54. Le *Jason* enleva le premier; l'autre parvint à échapper à ses conserves.

Peu de jours après, Duguay-Trouin s'empara du corsaire hollandais Amazon de 36ᵉ.

Deux prises, une frégate anglaise de 30ᵉ et le corsaire hollandais de 30ᵉ Marlborough constituèrent ses exploits pendant l'année 1705.

En 1706, Duguay-Trouin se disposait à reprendre la mer avec le *Jason* et le *Paon* de 20ᵉ, capitaine de Lajaille, lorsqu'il reçut l'ordre d'aller se mettre à la disposition du capitaine général de l'Andalousie pour coopérer à la défense de Cadix, menacé d'être attaqué par les Anglais. Le vaisseau de 50ᵉ l'*Hercule*, capitaine de Ruis, fut placé sous ses ordres. En se rendant dans ce port, la petite division française eut un engagement très-chaud avec 6 bâtiments de guerre portugais; elle put cependant continuer sa route et arriver à Cadix sans avoir fait d'autre rencontre. Les équipages français furent de suite mis à terre pour armer les batteries; mais l'attaque qu'on redoutait n'eut pas lieu, et la division retourna en France. En route, elle s'empara de la frégate de 34ᵉ Gaspard et de 12 navires, aussi anglais, qu'elle escortait.

J'ai relaté, en son lieu, le combat que Duguay-Trouin livra, dans le courant de l'année 1707, en compagnie du chef d'escadre de Forbin.

Il sortit de nouveau à la fin du mois d'octobre avec le *Lys*, l'*Achille*, la *Dauphine*, le *Jason* et l'*Amazone* pour intercepter un convoi anglais qui était attendu des Antilles. Ce convoi fut dispersé par un violent coup de vent à une centaine de lieues des côtes et ce qui en restait arriva à

l'entrée de la Manche avec les 2 vaisseaux HAMPSHIRE et
GLOCESTER. La division française les aperçut le 6 novembre.
Grâce à la défense opiniâtre des 2 vaisseaux, le convoi
put échapper ; mais le GLOCESTER fut forcé d'amener son
pavillon.

Au mois de mars 1709, commandant le vaisseau l'*Achille*
de 66 canons, et ayant sous ses ordres la frégate de 40 canons la *Gloire*, capitaine Lajaille, l'*Astrée* de 22, capitaine
Kerguelen et l'*Amazone* de 36, capitaine chevalier de Cour-
serac, il combattit les vaisseaux anglais ASSURANCE, de
70 canons, capitaine Tollard (1), HAMPSHIRE et ASSISTANCE
de 50, et enleva 22 navires au convoi qu'ils escortaient.
Un coup de vent lui fit perdre le fruit de sa victoire. Le capitaine Tollard et le capitaine Tuder de l'ASSISTANCE avaient
été blessés.

Ayant repris la mer avec les mêmes bâtiments dans le
courant de l'année 1710, il enleva le vaisseau de 58 canons
BRISTOL à l'abordage, en vue de l'escadre du contre-amiral
Dursley. Ce vaisseau coulant bas d'eau, il fut obligé de
l'abandonner, ainsi que les hommes qui l'avaient amariné,
afin de n'être pas pris lui-même (2).

Ce fut à cette époque que le roi accorda à Duguay-Trouin,
capitaine de vaisseau depuis la fin de 1706, et à son frère
aîné, les lettres de noblesse qu'il sollicitait.

Au commencement de l'année 1711, le capitaine de
vaisseau Leclerc tenta une expédition contre la capitale du
Brésil. La mauvaise conception de ses plans et le peu de
vigueur qu'il mit à pousser les opérations lui firent perdre
les avantages qu'il avait d'abord obtenus. Obligé de se
rendre, il fut lâchement assassiné, malgré la promesse
d'échange qui lui avait été faite.

Le capitaine Duguay-Trouin demanda au roi la permis-

---

(1) Campbell, *Lives of the British admirals*, dit Tollet.
(2) Le même auteur prétend que la *Gloire* fut capturée. Les mémoires de Duguay-Trouin n'en font pas mention.

sion d'aller venger l'offense faite à la France. Voici, au
sujet de l'expédition *particulière* qu'il proposa de diriger,
un document très-curieux qui indique les arrangements
que le gouvernement prenait avec les armateurs dans les
entreprises de ce genre.

  « S. M. accorde au capitaine de vaisseau Duguay-Trouin
« les vaisseaux le *Lys*, le *Magnanime*, le *Glorieux*, le
« *Brillant*, le *Fidèle*, le *Mars*, le *Blackoal*, les frégates
« l'*Amazone*, l'*Argonaute*, l'*Aigle*, l'*Astrée*, une corvette,
« 2 galiotes et une flûte.

  « Elle lui fera remettre tous ces bâtiments carénés et en
« bon état, avec leurs garnitures, rechanges, agrès et ap-
« paraux, canons, armes et munitions nécessaires pour
« une campagne de 9 mois; mais si S. M. n'était pas en
« état de faire la dépense de la main-d'œuvre, des façons
« d'ouvrage et journées d'ouvriers, comme aussi des mar-
« chandises et munitions nécessaires pour cet armement,
« qui ne se trouveraient pas dans les magasins, ledit sieur
« Duguay sera tenu d'en faire toute la dépense, dont il fera
« arrêter les états par les intendants et contrôleurs de la
« marine.

  « Elle fera lever les officiers mariniers, matelots et sol-
« dats nécessaires pour les équipages de ces vaisseaux,
« par les commissaires de la marine et aux classes, comme
« il se pratique pour l'armement des vaisseaux de S. M.,
« et aux mêmes soldes et gages que ledit sieur Duguay
« payera, aussi bien que les frais de levée, la conduite et
« demi-solde, et l'armement et désarmement.

  « Les officiers mariniers, matelots et soldats qui seront
« embarqués sur ces vaisseaux et qui déserteront, seront
« mis en conseil de guerre et jugés suivant la rigueur des
« ordonnances, comme s'ils servaient pour le service et
« le compte de S. M., et ce, conformément à l'ordon-
« nance qui a été ci-devant rendue en faveur des armateurs
« dudit sieur Duguay.

  « Elle accordera les officiers qui seront proposés par ledit

« sieur Duguay, qui conviendront pour commander et ser-
« vir sur ces vaisseaux ; ces officiers seront payés de
« leurs appointements pendant qu'ils serviront, comme
« s'ils étaient dans le port, et ledit sieur Duguay payera
« leur table et le surplus de leurs appointements.

« S. M. voudra cependant bien agréer, pour comman-
« der 3 de ses vaisseaux, trois sujets dont la valeur,
« l'expérience et la capacité sont connues, qui seront pro-
« posés par ledit sieur Duguay, et S. M. leur accor-
« dera un rang dans la marine pendant la campagne seu-
« lement.

« Elle donnera aussi audit sieur Duguay le nombre de
« gardes de la marine dont il aura besoin, et ils seront
« payés de leur solde pendant la campagne, comme s'ils
« étaient présents au port, outre le supplément qu'ils re-
« cevront dudit sieur Duguay.

« Elle lui donnera 2,000 soldats pour les équipages de
« ces vaisseaux dont la solde sera payée par S. M. comme
« s'ils étaient présents au port ; mais ledit sieur Duguay
« payera leur nourriture et celle des officiers mariniers
« et matelots et de tous les gens qui composent les équi-
« pages des vaisseaux.

« Ledit Duguay et ses armateurs payeront, sur les pro-
« fits d'armement, 30 livres pour chaque soldat qui mour-
« ra, sera tué ou désertera pendant la campagne ; et, en
« cas qu'il n'y ait pas de profits, ils seront déchargés de
« faire ce payement.

« Il fera embarquer la quantité de vivres, de rafraîchis-
« sements et médicaments nécessaires pour la campagne ;
« la visite en sera faite par les officiers des vivres et des
« hôpitaux, pour connaître s'ils sont des qualités et quan-
« tités requises, et la distribution en sera faite sur ces
« vaisseaux, conformément à l'ordonnance de S. M.

« Il sera établi sur chacun de ces vaisseaux, frégates ou
« bâtiments, un écrivain pour veiller à la consommation
« des agrès et apparaux : à la distribution des vivres, po-

« ser les sceaux sur les prises et tenir des rôles exacts
« des équipages, ainsi qu'il se pratique sur les vaisseaux
« armés pour le compte de S. M. Ces écrivains auront
« même part, dans les prises qui seront faites, que les
« enseignes ; leurs appointements leur seront payés comme
« dans le port et ils seront nourris seulement par les ar-
« mateurs.

« Le cinquième du produit net des prises que ces vais-
« seaux feront, déduction faite du dixième de M. l'Amiral,
« des dépenses faites pour l'armement et désarmement,
« des frais de justice, de magasinage et autres, de quelque
« nature qu'ils soient, y compris même la somme de
« 120,000 livres que ledit sieur Duguay et ses armateurs
« se sont engagés à avancer pour la dépense des munitions
« et marchandises qui ne se trouveront pas dans les ma-
« gasins et celles de la main-d'œuvre et journées d'ou-
« vriers, appartiendra à S. M. qui veut bien ne le recevoir
« que sur les profits clairs, en considération des avances
« que le sieur Duguay et ses armateurs seront obligés de
« faire pour mettre les vaisseaux en état d'aller à la mer ;
« sur lequel cinquième S. M. voudra bien tenir compte à
« ses armateurs du surplus de ce qu'ils auront avancé au
« delà de 120,000 livres, pour ces munitions, main-d'œu-
« vre et journées d'ouvriers, suivant les états qui en auront
« été arrêtés ; mais les avances qui seront faites par ces
« armateurs pour cette destination seront en pure perte
« pour eux, supposé que ces vaisseaux ne fissent aucune
« prise.

« Les officiers et équipages de ces vaisseaux auront la
« dixième partie de ce produit net, après que le cinquième
« de S. M. aura été déduit, si ce produit monte à un mil-
« lion et au-dessous ; et s'il excède ledit million ils auront,
« outre le dixième de ce premier million, le trentième de
« l'excédant, à quelque somme qu'il puisse monter. Bien
« entendu qu'ils ne feront aucun pillage, voulant S. M.
« que ceux qui s'en trouveront saisis, ou qui en seront

I.                                                18

« convaincus, soient déchus de cette grâce et punis suivant
« la rigueur des ordonnances, et que ceux qui les décou-
« vriront auront la moitié de ce qui leur serait revenu.

« S. M. ne lèvera aucun cinquième sur les vaisseaux de
« guerre qui seront pris par ledit sieur Duguay, conformé-
« ment à l'ordonnance rendue en faveur des armateurs
« dudit sieur Duguay, le 25 mai 1705.

« S'il arrivait par malheur que lesdits vaisseaux vinssent
« à être pris par l'ennemi, ou perdus par aventure de mer,
« ledit sieur Duguay ne pourra en être recherché, pas plus
« que ses armateurs, et ils seront entièrement déchargés
« envers S. M., laquelle supportera la consommation de
« tous les agrès, apparaux et munitions de guerre pendant
« la campagne, sans que S. M. puisse en prétendre le rem-
« boursement; mais il ne sera pas permis au sieur Duguay
« de laisser lesdits vaisseaux dégradés dans les pays étran-
« gers, à moins qu'il n'y soit forcé par des accidents im-
« prévus, auquel cas il sera obligé de rapporter des pro-
« cès-verbaux en bonne forme pour sa décharge.

« S. M. laissera audit sieur Duguay et à ses armateurs
« l'entière disposition des vaisseaux de cet armement, pour
« être employés à cette destination. Elle a annulé tous les
« traités particuliers qui pourront être faits par les inten-
« dants des ports pour l'armement des vaisseaux dénom-
« més ci-dessus. »

Fait à Versailles, le 19 mars 1710.

Signé : LOUIS.

Et plus bas : PHÉLIPEAUX.

Revenons à notre expédition. Le 9 juin 1711, le capitaine
Duguay-Trouin partit de la Rochelle avec les bâtiments
dont les noms suivent :

VAISSEAUX.

| Canons. | | |
|---|---|---|
| 74 | *Lys.* . . . . . . . . . . . . . . capitaine | Duguay-Trouin. |
| 74 | *Magnanime.* . . . . . . . . . .  — | chevalier de Courserac. |
| 66 | *Achille.* . . . . . . . . . . . .  — | chevalier de Beauve. |

| 66 | *Glorieux.* . . . . . . . . . . . | — | de Lajaille. |
| 60 | *Fidèle.* . . . . . . . . . . . . | — | Lamoinerie Miniac. |
| 56 | *Mars.* . . . . . . . . . . . . | — | de Lacité Danycan. |

FRÉGATES.

| 46 | *Argonaute.* . . . . . . . . . . | — | chevalier Dubois de Lamotte. |
| 40 | *Aigle.* . . . . . . . . . . . | — | de Lamare Decan. |
| 36 | *Amazone* . . . . . . . . . . . | — | Duchesnay Lefez. |
| 36 | *Bellone.* . . . . . . . . . . . | — | Kerguelen. |
| 22 | *Astrée.* . . . . . . . . . . . | — | de Rogon. |
| 20 | *Concorde.* . . . . . . . . . . | — | de Pradel Daniel. |

CORSAIRES.

| 40 | *Chancelier.* . . . . . . . . . . | — | Durocher Danycan. |
| 30 | *Glorieuse.* . . . . . . . . . . | — | de Laperche. |

Deux traversins portant chacun deux mortiers.
La *Bellone* avait aussi deux mortiers.
**2,100** hommes de troupes avaient été embarqués sur cette escadre.

Prévenus de bonne heure de la destination de cet arme-ment, les Portugais mirent la ville et les fortifications de Rio Janeïro en parfait état de défense; des batteries nou-velles furent établies sur plusieurs points, et 4 vaisseaux et 3 frégates furent embossés à l'entrée de la rade. L'es-cadre française arriva en vue de Rio Janeïro le 12 sep-tembre. Estimant qu'il devait obtenir un résultat d'autant meilleur qu'il laisserait moins aux Brésiliens le temps de se reconnaître, le commandant Duguay-Trouin rangea son escadre en ordre de convoi, et, profitant de la direction de la brise qui soufflait du large, il donna de suite dans la passe, qui fut forcée malgré le feu des forts et des vais-seaux qui la défendaient. Ceux-ci ne voulurent pas engager une lutte plus sérieuse. Incapables d'arrêter désormais les bâtiments français, ils coupèrent leurs câbles et se retirè-rent au delà de la ville.

Il n'existe pas dans le monde entier une rade qui puisse être comparée à celle de Rio Janeïro. Cette baie magnifique n'a pas moins de 16 milles de profondeur du Nord au Sud, sur 15 dans sa plus grande largeur de l'Est à l'Ouest. L'en-trée de ce vaste bassin est située à l'extrémité méridionale du grand diamètre : elle n'a pas 1 mille de large. Le fort de *Santa Cruz*, qui, d'après le rapport de Duguay-Trouin, était alors armé de 44 canons, et, un peu plus en dehors, une batterie de 6 pièces, défendent le passage du côté de l'Est. Le fort *San Joao* et 2 batteries présentaient à l'Ouest un front de 48 canons. Dès qu'on a dépassé ces fortifications, les terres s'évasent pour former à droite la baie de *Boa viagem*, au fond de laquelle il y avait une batterie de 10 canons, et à gauche la baie de *Bota fogo*, située au pied de la montagne appelée le *Corcovado*. La ville de Rio Janeïro est bâtie sur la côte occidentale, à 2 milles 1/2 de *Santa Cruz*. L'île *das Cobras*, située à l'extrémité septentrionale de la ville et à petite distance de la terre, en forme le port; plusieurs batteries le défendent. Avant d'arriver devant la ville, on rencontre l'île de *Villegagnon*, sur laquelle il y avait une batterie de 20 canons. Rio Janeïro était alors, comme aujourd'hui, une ville ouverte dont les principales défenses consistaient dans les ouvrages que je viens de décrire.

Le 13, l'île *das Cobras* fut enlevée. En se retirant, les Portugais firent sauter 2 de leurs vaisseaux; quelques jours plus tard, ils en détruisirent un autre et 2 frégates. Des sommations furent faites de suite au gouverneur. Sur son refus de livrer la place, l'investissement commença et le feu fut ouvert le 21. La ville fut abandonnée sans résistance, et les Français y entrèrent le lendemain. Le 23, les forts de la rade se rendirent. Le même jour, le gouverneur proposa de racheter Rio Janeïro moyennant 610,000 cruzades (1) et 500 caisses de sucre : cette offre fut acceptée. Tous les navires portugais dont on ne trouva pas à se défaire furent livrés aux flammes, et, le 13 octobre, l'escadre fit route pour France. Dispersés par un violent coup de vent aux Açores, les bâtiments prirent des directions diffé-

---

(1) Le rapport omet de dire s'il s'agit de cruzades d'or ou de cruzades d'argent. La cruzade d'or vaut 3 fr. 30; l'autre 2 fr. 94. Les bénéfices élevés indiqués plus bas doivent faire supposer qu'il est question de cruzades d'or. Les 610,000 accordées formeraient alors une somme de 2,013,000 fr.

rentes. La frégate l'*Aigle* relâcha à Cayenne où elle coula. Le *Magnanime* et le *Fidèle* sombrèrent probablement en mer, car on n'en entendit plus parler. Les autres bâtiments arrivèrent à Brest dans les premiers jours du mois de février 1712.

Cette expédition rapporta 92 pour 100 à la Compagnie qui en avait fait l'armement.

———

L'historien anglais Campbell (1) donne comme authentique le chiffre suivant des pertes éprouvées pendant cette dernière guerre (1702 à 1712) :

| Anglais. | | | | Français. | | | |
|---|---|---|---|---|---|---|---|
| 2 | vaisseaux | de | 80 canons. | 4 | vaisseaux de | 100 | canons. |
| | — | de | 70 — | 8 | — de | 90 | — |
| | — | de | 60 — | 8 | — de | 86 | — |
| 8 | — | de | 50 — | 1 | — de | 74 | — |
| 1 | — | de | 48 — | 3 | — de | 70 | — |
| 2 | bâtiments | de | 40 — | 1 | — de | 64 | — |
| 1 | — | de | 36 — | 1 | — de | 56 | — |
| 4 | — | de | 32 — | 4 | — de | 54 | — |
| 1 | — | de | 30 — | 2 | — de | 50 | — |
| 1 | — | de | 28 — | 1 | — de | 48 | — |
| 11 | — | de | 24 — | 1 | bâtiment de | 40 | — |
| 1 | — | de | 22 — | 2 | — de | 36 | — |
| | | | | 1 | — de | 34 | — |
| | | | | 1 | — de | 32 | — |
| | | | | 2 | — de | 30 | — |
| | | | | 1 | — de | 28 | — |
| | | | | 8 | — de | 24 | — |
| | | | | 3 | — de | 20 | — |

J'ignore où l'historien Campbell a puisé ses renseignements. Voici le relevé que j'ai fait sur les notes qu'on vient de lire :

FRANÇAIS.

1702.

Canons.

| | | |
|---|---|---|
| 76 | { *Fort.* . . . . . . . . . . . . | Brûlé à Vigo. |
| | { *Prompt.* . . . . . . . . | |
| 72 | *Ferme.* . . . . . . . . . . . | |
| 70 | { *Espérance.* . . . . . . . . | Pris à Vigo. |
| | { *Superbe.* . . . . . . . . | |
| 68 | *Bourbon.* . . . . . . . . . | |
| 66 | *Assuré.* . . . . . . . . . | |

———

(1) *Lives of the British admirals.*

| | | |
|---|---|---|
| 64 | *Oriflamme.* . . . . . . . . } | Brûlés à Vigo. |
| 62 | *Prudent.* . . . . . . . . . } | |
| 60 | *Sirène.* . . . . . . . . . . | Pris à Vigo. |
| 56 | { *Solide.* . . . . . . . . . . | Brûlé à Vigo. |
| | { *Modéré.* . . . . . . . . . | Pris à Vigo. |
| 46 | { *Dauphin.* . . . . . . . . | Brûlé à Vigo. |
| | { *Volontaire.* . . . . . . . } | Pris à Vigo. |
| 42 | *Triton.* . . . . . . . . . . } | |
| 22 | *Entreprenant.* . . . . . } | Brûlés à Vigo. |
| 18 | *Choquante.* . . . . . . . } | |

**1703.**

| | | |
|---|---|---|
| 50 | *Hazardeux.'.* . . . . . . . | Pris par une division. |
| 50 | *Adroit.* . . . . . . . . . . | Coulé pendant un combat. |

**1705**

| | | |
|---|---|---|
| 88 | *Lys.* . . . . . . . . . . . . } | Détruits à la côte. |
| 80 | *Magnanime.* . . . . . . . } | |
| 64 | *Ardent.* . . . . . . . . . } | |
| 58 | { *Arrogant.* . . . . . . . . . } | Pris par une division. |
| | { *Marquis.* . . . . . . . . } | |

**1708.**

Frégate. *Thétis.* . . . . . Prise par deux vaisseaux.

**1709.**

Vaisseau. *Superbe.* . . . . Pris par un vaisseau.

**1710.**

| | | |
|---|---|---|
| 50 | *Toulouse.* . . . . . . . . | Pris par une division. |

ANGLAIS.

**1703.**

| | | |
|---|---|---|
| 50 | SALISBURY. . . . . . . . } | Pris par une division. |
| | 1 bâtiment de guerre. . } | |
| | 1 — — . . | Coulé à la suite d'un combat. |
| | 2 — — . . | Pris par une division. |
| | 2 — — . . | Enlevés à l'abordage. |
| | 1 — — . . | Sauté pendant le combat. |

**1704.**

| | | |
|---|---|---|
| 70 | ELIZABETH. . . . . . . . | Enlevé à l'abordage. |
| 54 | COVENTRY. . . . . . . . . | Pris par une division de corsaires. |
| | 3 bâtiments de guerre. . . | Enlevés à l'abordage. |

**1705.**

1 frégate de 30ᶜ . . . . . Prise par un corsaire.

**1706.**

| | | |
|---|---|---|
| 54 | GASPARDE. . . . . . . . . | Prise à l'abordage. |

**1707.**

| | | |
|---|---|---|
| 70 | { GRAFTON . . . . . . . . . } | |
| | { HAMPTON COURT. . . . . } | |
| 80 | CUMBERLAND. . . . . . . . } | Enlevés à l'abordage. |
| 50 | { CHESTER. . . . . . . . . } | |
| | { RUBY. . . . . . . . . . } | |

80   DEVONSHIRE. . . . . . . .    Sauté pendant le combat.

**1710.**
66   GLOCESTER. . . . . . . . .  }
58   BRISTOL. . . . . . . . .    } Pris par une division.

HOLLANDAIS.

**1702.**
56   LICORNE. . . . . . . . .    Pris par des galères.
1 frégate de 36ᶜ. . . . . .    Prise par une frégate armée en course.

**1703.**
2 bâtiments de guerre. . .     Pris par une division.

**1704.**
2 vaisseaux. . . . . . . . .   Coulés au combat de Malaga.
1 bâtiment de guerre. . . .    Pris par une division.

**1706.**
4 bâtiments de guerre. . .     Enlevés à l'abordage.

RÉCAPITULATION GÉNÉRALE DES BATIMENTS PRIS, DÉTRUITS
OU NAUFRAGÉS DE 1702 A 1712.

|  |  | Pris | Détruits ou naufragés | Incendiés | TOTAL |
|---|---|---|---|---|---|
| FRANÇAIS. | Vaisseaux. . | 13 | 7 | » | 20 |
|  | Bâtiments inf. | 1 | 3 | » | 4 |
| ANGLAIS. . | Vaisseaux. . . | 10 | 1 | » | 11 |
|  | Bâtiments inf. | 9 | 2 | » | 11 |
| HOLLANDAIS | Vaisseaux. . | 1 | 2 | » | 3 |
|  | Bâtiments inf. | 7 | » | » | 7 |

Il n'est pas hors d'intérêt de jeter un coup d'œil rétrospectif sur le long règne dont je viens d'esquisser quelques pages, et de rechercher à qui l'on doit attribuer l'honneur d'avoir placé la marine de la France au rang élevé qu'elle occupait déjà à cette époque parmi les puissances maritimes.

Louis XIII fut le premier monarque qui rêva pour la France une suprématie à laquelle ses prédécesseurs n'avaient pas sérieusement songé; et si l'idée appartient à son ministre, le cardinal de Richelieu, ce n'en est pas moins sous son règne qu'eut lieu la création d'une marine militaire. Ce fut en effet cet homme d'État qui comprit le premier qu'une nation dont le pays est baigné par trois mers, doit être puissance maritime autant que puissance continentale. Les débuts étaient difficiles; mais l'idée était émise; elle fut comprise, et le succès ne tarda pas à couronner l'entreprise. En tête des personnes qui contribuèrent le plus à apporter des améliorations dans la partie pratique de cette grande œuvre, on doit placer Henri d'Escoubleau de Sourdis, archevêque de Bordeaux. Ce prélat, que le cardinal-ministre considéra comme le plus capable entre tous, sinon de bien conduire les armées navales au feu, du moins de les organiser et de les diriger, ne resta certainement pas au-dessous de la mission qui lui avait été confiée.

Les bases de la grande organisation maritime pressentie par Richelieu étaient donc jetées lorsque parut Colbert, l'organisateur par excellence, le ministre qui comprit la marine à ce point, qu'après près de deux siècles, quelques-unes de ses institutions sont encore en vigueur, et sans modifications sensibles. De grandes difficultés surgirent cependant tout d'abord, car il fallut combattre avant même qu'on eût organisé. Colbert trouva fort heureusement, chez quelques-uns des officiers généraux de son époque, une grande intelligence pratique; ou plutôt, il sut reconnaître les intelligences d'élite, et il leur donna le moyen de se faire jour. Quel fut, parmi les nombreux officiers généraux de la marine de Louis XIV, celui qui fut le plus heureusement doué, celui auquel revient la plus grande part des lauriers recueillis dans la longue guerre maritime de ce règne?

Le vice-amiral Armand de Maillé, duc de Brézé, apparut d'abord sur la scène. A lui le premier appartient l'honneur de combattre et de vaincre les Espagnols avec une armée exclusivement composée de bâtiments de guerre appartenant à l'État. Mais, quelque grand que fût le mérite, on ne saurait voir dans les succès du vice-amiral de Brézé qu'un emploi heureux de la force contre la force, et l'on y chercherait en vain le résultat de calculs ou d'une combinaison savante ou intelligente.

Le chef d'escadre commandeur Paul, cité comme un des officiers les plus distingués de son temps, finissait sa carrière précisément au moment où la France commençait à s'occuper de la marine.

On ne peut rien dire de l'amiral duc de Beaufort, sinon qu'il devait sa position à son nom : aussi c'est à peine si sa mort, à l'attaque de Candie, produisit quelque sensation dans l'armée navale dont il avait le commandement.

Le vice-amiral Jean, comte d'Estrées, montra une grande intelligence du métier ; et, quoi qu'on en ait dit, il fit preuve, dans les commandements importants qui lui furent confiés, de connaissances que la plupart de ses détracteurs ne possédaient certainement pas. S'il ne montra pas toujours autant de jugement qu'il en déploya dans plusieurs circonstances, on ne peut lui refuser d'avoir joué un très-grand rôle, précisément au moment où les Anglais venaient d'inaugurer une ère nouvelle pour la marine, en appliquant les signaux et les évolutions à la navigation.

Son fils, le vice-amiral Victor-César, comte, puis duc d'Estrées, se montra constamment à la hauteur des diverses missions dans lesquelles il fut chargé du commandement en chef.

Le duc de Vivonne ne peut guère être cité que pour mémoire, car si, bien que général des galères, il se trouva à la tête d'une armée navale importante, et s'il commanda une autre fois une escadre de bâtiments à voiles, ce fut exceptionnellement, et, en bonne conscience, on ne saurait pas plus faire peser sur lui le blâme de l'échec que les armes de la France éprouvèrent devant Candie, que lui attribuer les avantages remportés par l'escadre française devant la Sicile.

Le lieutenant général marquis de Martel avait certainement tout ce qu'il fallait pour réussir; ce furent peut-être les occasions qui lui manquèrent.

L'amiral comte de Toulouse devait sa position à sa naissance. On ne saurait lui attribuer le résultat de la bataille dans laquelle il commanda; et, si cette bataille fut sans résultats, le tort en appartient réellement à celui qui avait désigné le commandant en chef de la dernière armée navale qui sortit des ports de France pendant ce règne. Il fallait, ainsi que cela s'était fait jusque-là, laisser à monsieur l'Amiral les bénéfices de la position, et se bien garder de lui en faire supporter les charges.

Le chef d'escadre de Pointis se signala plutôt comme chef de corsaires que comme officier général.

Le chef d'escadre comte de Forbin se montra l'émule, l'égal des plus hardis corsaires dans les entreprises où le courage et l'audace marchaient au premier rang. Sa réputation eût égalé sans doute celle des plus illustres de ses contemporains si, au lieu de servir dans les escadres, il se fût tout d'abord livré à la guerre de course.

Le chef d'escadre vicomte de Coëtlogon ne se distingua que dans cette guerre de course à laquelle les officiers de la marine royale ne dédaignaient pas de prendre part.

Le lieutenant général Rousselet, marquis de Châteaurenault joua un grand rôle dans la marine de cette époque; mais la dernière affaire dans laquelle il commanda en chef vint singulièrement amoindrir sa réputation d'officier général et donna quelque valeur aux griefs que, dans une autre circonstance, ses sous-ordres avaient élevés contre lui.

Les vice-amiraux d'Infreville, de Villette-Mursay, marquis de Coëtlogon; les lieutenants généraux marquis d'Almeïras, marquis d'Amfreville, Gabaret, marquis de Langeron, marquis de Laporte; les chefs d'escadre comte de Sepville, de La Harteloire, chevalier de Léry, marquis de Nesmond, de Relingue, chevalier de Valbelle, de Belile Érard et Bailli de Lorraine, tous vaillants et intelligents capitaines, ne purent montrer ce qu'ils eussent fait comme commandants en chef.

Viennent ensuite Duguay-Trouin et Jean Bart, noms trop populaires en France pour que j'omette d'en parler, quoique ces deux chefs d'escadre n'aient pour ainsi dire pas servi dans la marine de l'État. Dans un pays comme le nôtre, où le courage a toujours été considéré comme la première des vertus militaires, le courage heureux ne pouvait manquer d'attirer les regards. Duguay-Trouin et Jean Bart furent le type de l'intrépidité et de l'audace ; mais ces qualités, quelque développées qu'elles fussent d'ailleurs chez ces deux marins, n'auraient probablement pas été autant remarquées et célébrées, s'il leur avait fallu les déployer dans toute autre espèce de guerre que celle qu'ils faisaient avec tant d'intelligence ; en un mot, si le mal et le dommage au commerce eussent été l'accessoire au lieu d'être le principal. Tous deux le comprirent, et le gouvernement se garda bien de les détourner de cette voie. Cela ne diminue certainement en rien leur mérite ; ils étaient plus redoutés en Angleterre et en Hollande qu'aucun des officiers de leur époque. Il ne faut cependant pas les mettre sur la même ligne que ceux de ces officiers généraux qui ont eu à combattre avec des armées navales contre des forces régulièrement organisées ; conservons à Duguay-Trouin et à Jean Bart la place honorable qui leur revient parmi les illustrations maritimes du siècle de Louis XIV ; mais n'oublions pas qu'ils ne connurent ni les difficultés de l'organisation, ni les soucis des grands commandements ; que leurs voyages ou leurs expéditions — à part la dernière expédition de Duguay-Trouin — ne duraient que quelques jours ; qu'en un mot, leur carrière doit être considérée comme une série d'audacieux et d'heureux coups de main. Leur part est encore assez belle comme cela pour que leurs partisans quand même soient satisfaits.

Y a-t-il, en effet, une comparaison possible entre la carière de Duguay-Trouin et de Jean Bart, et celle de leurs

collègues Tourville et Duquesne? A ceux-là le commandement en quelque sorte dégagé de la responsabilité ; à ceux-ci,
au contraire, la lourde préoccupation qui accompagne toujours les grands commandements. Les premiers sortaient
pour courir sus à un convoi annoncé, souvent escorté il est
vrai par des forces imposantes ; le rencontraient presque
toujours dans les passages resserrés qu'il était obligé de
traverser ; surprenaient l'escorte par la brusquerie et l'audace de cette attaque ; le dispersaient ou s'en emparaient
par l'emploi d'une tactique dont l'usage n'eût pas été possible en escadre : c'en était dès lors fait du convoi. Chan-
gez le théâtre, les rôles changent aussi. Ici le chef a des
instructions dont il ne peut s'écarter qu'à ses risques et
périls ; car en s'écartant des ordres qu'il a reçus, il faut
qu'il réussisse. C'est là que se dévoile le génie de ce chef ;
mais, quoi qu'il fasse, il ne peut marcher sans cette responsabilité si lourde aux chefs vulgaires, responsabilité que
savent si bien exploiter les sous-ordres insoumis et ceux qui
sont mus par de petites passions. Mettez le commandant d'une
division de lettres de marque, de corsaires, dans la position où se trouve placé le chef d'une division de bâtiments
de l'État ; en d'autres termes, retirez au premier la faculté
de choisir les capitaines qui doivent servir sous ses ordres,
l'entente cessera, et vous verrez se produire ce que l'on a
vu plus tard : le chef n'aura qu'un titre sans autorité, et
ses mouvements seront paralysés par l'inertie de ses compagnons. Dans de semblables conditions, la guerre de corsaires en division n'est pas possible. Telle est cependant
la position dans laquelle se trouvent souvent les officiers
généraux placés à la tête des escadres. En outre du courage personnel, toujours nécessaire à la guerre, il leur faut
les connaissances qu'exigent les longues navigations avec
un grand nombre de bâtiments ; une énergie dans le commandement qui n'est pas la moindre des qualités nécessaires au chef d'une armée navale ; enfin, et par-dessus tout,
il leur faut ce génie des batailles qui a fait si souvent dé-

faut à des marins qui s'étaient constamment distingués comme capitaines.

Il me reste à parler des deux premiers hommes de mer de l'époque, de deux marins dont le caractère ne s'est pas un instant démenti pendant une longue et pénible carrière, de Tourville et de Duquesne. Ici, j'en conviens, j'éprouve un certain embarras : j'hésite à placer le maréchal comte de Tourville avant Duquesne, et cependant je n'ose pas mettre Duquesne avant Tourville, car je reconnais à ces deux officiers généraux toutes les qualités qui distinguent le chef éminent. Si les diverses missions confiées à Tourville furent plus difficiles à remplir, dans ce sens que cet officier général navigua et combattit dans la Méditerranée, dans l'Océan et dans la Manche avec des armées que, de nos jours, on hésiterait à envoyer dans ces derniers parages ; si Duquesne ne fut jamais placé qu'à la tête de forces moins considérables et se tint dans des mers où la navigation est relativement plus facile que dans l'Océan, et surtout dans la Manche, on n'en peut pas conclure que celui-ci ait rendu au pays moins de services que son collègue. Duquesne avait une vigueur de commandement et un esprit d'organisation que le maréchal de Tourville ne possédait certainement pas au même degré. Autre chose — cela est incontestable — est de diriger et de conduire au feu une escadre ou une grande armée. Mais ce que Duquesne a fait prouve suffisamment ce qu'il pouvait faire. Deux choses lui manquèrent pour être l'objet des distinctions et des honneurs dont Tourville fut entouré : un titre nobiliaire, car à cette époque la noblesse était le premier degré de l'échelle qui conduisait à la fortune ; et un autre titre, plus indispensable encore que le premier, celui de catholique romain. Si Duquesne eût été noble et catholique, Tourville n'eût pas eu comme le monopole du commandement de toutes les grandes expéditions de la fin de ce siècle, et le premier eût montré, dans les commandements les plus importants, qu'il était toujours le chef qui le premier osa signaler au Roi l'insouciance et le peu de discipline des capitaines; qui demanda et obtint de les casser s'ils ne voulaient pas plier; qu'il était toujours le chef comprenant la dignité au point de refuser de céder aux fantaisies d'un ministre qui, se croyant marin parce qu'il avait la direction des affaires de la marine, voulut un jour commander une escadre et diriger une attaque contre une ville maritime, en plaçant auprès de lui un officier général de renom auquel il eût enlevé la gloire tout en lui laissant la responsabilité. Tels qu'ils furent, Tourville et Duquesne ont été l'honneur de la marine et de la France, et tous deux ont rendu au pays des services qui les placent à la tête des marins du règne de Louis XIV.

## ANNÉE 1725.

Le gouvernement voulut profiter de la paix pour étendre les possessions de la France dans l'Inde. A cet effet, il prescrivit au conseil supérieur de Pondichéry de diriger une expédition contre Mahé, ville située sur la côte occidentale de la presqu'île de l'Inde. Le capitaine chevalier de Pardaillan, qui reçut cette mission, arriva devant Mahé le 29 novembre 1725, avec la *Danaé*, la *Badine*, la *Vierge de Grâce*, le *Diligent* et le *Triton*. Après une étude attentive de la position, la division ouvrit son feu, le 2 décembre, sur les retranchements élevés par les Indiens sur le rivage. 400 soldats et 100 matelots, qui furent ensuite mis à terre, enlevèrent ces fortifications et se rendirent maîtres de la ville après un combat opiniâtre. La division retourna à Pondichéry, après avoir mis la place en état de défense.

## ANNÉE 1728.

———

Le bey de Tripoli de Barbarie ne cessait de commettre des infractions aux traités qu'il avait conclus avec la France et restait sourd aux remontrances qu'on lui adressait. Cet état de choses durait depuis trop longtemps pour qu'on n'essayât pas d'y mettre un terme. Le chef d'escadre de Grandpré reçut l'ordre d'aller demander satisfaction : le bey refusa de faire droit aux justes réclamations de la France. 11 vaisseaux, frégates ou galères, qui avaient été placés sous le commandement de cet officier général, ouvrirent leur feu sur la ville, à laquelle on se contenta de faire quelques dommages, et la division retourna en France.

———

## ANNÉE 1741.

———

Marie-Thérèse était montée sur le trône d'Autriche (novembre 1740) malgré les prétentions de l'électeur de Bavière qui en appela à l'Europe. L'Espagne, la Sardaigne et la Prusse répondirent à son appel; la France elle-même ne sut pas résister à l'entraînement général. La politique habile de l'Angleterre ne tarda pas à détruire cette ligue formidable, et la France resta seule l'alliée de la Bavière. L'Angleterre ne fit cependant pas encore de déclaration de guerre; elle se borna à agir comme auxiliaire de Marie-Thérèse. Cette neutralité n'était toutefois qu'apparente. Des hostilités furent commises, et la mer devint le principal théâtre de la déloyauté de cette puissance. Cette conduite nécessita l'envoi à la Martinique, d'abord d'une escadre placée sous le commandement du lieutenant général marquis d'Antin, ensuite de trois divisions que conduisirent les chefs d'escadre de Roquefeuil, de Radouay et de Rochalar. Peu de temps après l'arrivée de ces bâtiments, la fièvre jaune se déclara parmi leurs équipages et le lieutenant général d'Antin prit le parti de retourner en France avec le gros de son escadre et de laisser M. de Roquefeuil aux Antilles avec 6 vaisseaux.

Le 18 janvier 1741, le capitaine chevalier d'Épinay, revenant de Saint-Domingue où il avait été envoyé par le lieutenant général d'Antin avec les vaisseaux l'*Ardent*, le *Mercure*, le *Diamant*, et la frégate la *Parfaite*, aperçut, à 15 milles du cap Tiburon, un fort convoi escorté par les vaisseaux anglais PRINCE FREDERICK, OXFORD, WEYMOUTH, LION, AUGUSTA, et un sixième dont je ne connais pas le nom, de la division du contre-amiral Sir Chaloner Ogle. Ces vaisseaux se dirigèrent sur la division française, et lorsqu'ils furent à portée de voix, on cria du PRINCE FREDERICK à l'*Ardent* d'envoyer un canot à bord. Il était 10ʰ du soir; tous les vaisseaux français avaient leur pavillon déployé. Sur le refus du capitaine d'Épinay, le vaisseau anglais tira deux coups de canon auxquels l'*Ardent* répondit par une bordée entière. Le combat devint alors général; après une heure et demie, les Anglais se retirèrent. Trois heures plus tard ils revinrent à la charge et s'éloignèrent encore : cette seconde agression n'avait été qu'une escarmouche. Lorsque le jour parut, un canot portant pavillon parlementaire se dirigea sur l'*Ardent*; l'officier anglais qui le montait était chargé d'expliquer la méprise, vraie ou simulée, qui avait fait tirer sur les vaisseaux français; il dit que le capitaine lord Aubrey Beauclerck, qui commandait le PRINCE FREDERICK, les avait crus espagnols (1).

(1) Beatson, *Naval and military memoirs of Great Britain,* place cette rencontre à la fin du mois d'octobre 1740.

Deux mois plus tard, la division fit route pour France, emmenant avec elle le *Bourbon*, vieux vaisseau qu'on n'avait pas jugé prudent de laisser naviguer seul. Le *Bourbon* fatigua beaucoup pendant la traversée ; de fortes voies d'eau se déclarèrent et, pour comble de contrariétés, il se sépara de la division pendant un gros temps. Après mille angoisses, la terre fut aperçue ; mais les pompes ne fonctionnaient plus, le vaisseau s'immergeait incessamment et le capitaine de Boulainvilliers perdit l'espoir de pouvoir l'atteindre. Onze officiers, dans le nombre desquels se trouvait son fils, et onze matelots furent embarqués dans deux canots pour aller chercher des secours. Une demi-heure après leur départ, le *Bourbon* disparaissait dans les flots et avec lui le reste de son équipage. L'île d'Ouessant était en vue. Cet événement eut lieu le 11 avril.

---

L'attaque, en pleine paix, de la division du capitaine d'Épinay, n'est pas la seule infraction commise par les Anglais aux règles internationales que j'aie à signaler. Le 25 juillet, vers 10ʰ du matin, le capitaine chevalier de Caylus (1), du vaisseau de 62 canons le *Borée*, revenant en France avec le vaisseau de 46 l'*Aquilon*, capitaine comte de Pardaillan, et la *Flore* de 26 canons, eut connaissance de 3 bâtiments dans le N.-O. du détroit de Gibraltar. C'étaient les vaisseaux le Dragon de 60 canons, capitaine Curtis Barnett, Folkestone de 40, capitaine G. Balchen, et Feversham, aussi de 40 canons, tous les trois anglais et faisant partie de l'escadre du vice-amiral Haddock. Un seul de ces vaisseaux hissa cependant le pavillon anglais ; les couleurs de la Hollande se déployèrent à la corne des autres. Les Français hissèrent leur pavillon dès qu'ils les virent se diriger de leur côté. A 11ʰ 30ᵐ du soir, le Dragon

---

(1) M. de Lapeyrouse, *Histoire de la marine française*, dit Cheylus.

était assez près de l'*Aquilon* pour que le capitaine de ce dernier vaissseau pût demander au nouvel arrivé ce qu'il désirait. Il lui fut répondu par une invitation de mettre en panne pour attendre un canot qu'on allait envoyer à son bord. Le capitaine de Pardaillan pria de s'adresser au *Borée;* il ajouta que ses deux compagnons et lui étaient bâtiments de guerre français. Le capitaine anglais ne tint aucun compte de cette observation et, après quelques pourparlers, il tira successivement quatre coups de canon dont les boulets passèrent dans la mâture de l'*Aquilon.* Celui-ci riposta par une volée, et le feu continua des deux côtés : le capitaine de Pardaillan fut tué aux premiers coups ; le lieutenant Tillet le remplaça. Le capitaine du FOLKESTONE qui, de son côté, interpellait la *Flore,* imita l'exemple du capitaine Barnett ; puis enfin le FEVERSHAM et le *Borée* se mêlèrent à l'engagement qui dura jusqu'à 3ʰ du matin. Au jour, un canot avec pavillon parlementaire porta au commandant de la division française les excuses du capitaine Barnett (1).

---

## ANNÉE 1744.

On sait ce que produisit en Allemagne la querelle de l'Autriche et de la Bavière ; l'Italie fut aussi bientôt désolée pour cette succession autrichienne. Dès le mois de novembre 1741, l'Espagne, qui réclamait le Milanais pour l'infant

(1) J'ai emprunté ce récit au *Recueil historique et chronologique des faits mémorables* et à l'historien anglais Beatson, *Naval and military memoirs of Great Britain.* — C'est à tort que l'auteur de la *Vie privée de Louis XIV,* en rapportant cette rencontre, dit que le comte de Pardaillan commandait l'*Eguillon.*

don Philippe, avait envoyé plusieurs corps de troupes en
Italie. L'infant y était entré lui-même plus tard par la Savoie,
car les Anglais, en guerre avec l'Espagne depuis la fin de
l'année 1739, et opposés à la nomination de don Philippe
comme contraire à l'équilibre européen, les Anglais avaient
empêché son débarquement dans le golfe de Gênes, et forcé
l'escadre qui le portait à chercher un refuge à Toulon. Mais
si don Philippe avait réussi à se frayer un passage par
terre, il n'en était pas moins nécessaire de lui faire parvenir les vivres et les munitions qui n'avaient pu le suivre
et qui étaient restés sur les vaisseaux. Or, la sortie de Toulon n'était pas chose facile; l'escadre anglaise qui surveillait
la côte d'Italie s'était rapprochée de ce port, et sa supériorité incontestable, tant par le nombre de ses vaisseaux que
par l'expérience de ses marins, imposait au commandant
en chef de l'escadre espagnole une prudence qui ne laissait pas que d'entraver la marche des opérations de l'armée
de terre. Quatre mois s'étaient déjà écoulés depuis que don
Jose Navarro avait jeté l'ancre sur la rade de Toulon. En
cette occurrence, la cour de Madrid s'adressa à la France.
Le roi consentit à faire protéger la sortie de l'escadre
espagnole par les vaisseaux qui se trouvaient alors sur
la rade de Toulon. Je répète, d'après quelques historiens, que le lieutenant général Labruyère de Court, qui
commandait ces vaisseaux, reçut l'ordre de ne tirer sur les
Anglais que s'il était attaqué. Cette assertion ne manque
pas, du reste, de vraisemblance, puisque la France n'était
point encore en guerre avec l'Angleterre. Afin de remplir
d'une manière plus efficace le but qu'on avait en vue en
faisant sortir l'escadre française, le lieutenant général de
Court proposa d'entremêler les vaisseaux des deux nations;
le commandant en chef don Jose Navarro repoussa cette
combinaison et tint à ce que les escadres fussent distinctes
et séparées (1). Le lieutenant général français se réserva

(1) Les équipages espagnols ressemblaient à leurs vaisseaux ; ils étaient nus,

alors le corps de bataille et plaça le chef d'escadre Gabaret à l'avant-garde; les Espagnols formèrent l'arrière-garde.

Les deux escadres réunies sortirent de la rade de Toulon dans cet ordre, le 19 février 1744, avec des vents d'Est. Le 22, l'armée anglaise fut aperçue au vent; les alliés étaient en ordre de bataille, les amures à bâbord; mais ils étaient mal formés : un intervalle assez grand séparait chacune de leurs escadres. Voici la composition des forces qui allaient se trouver en présence :

Canons.

| | | | |
|---|---|---|---|
| | *Terrible.* . . . . . . . | capitaine | de la Jonquière (1). |
| | | Labruyère de Court, lieutenant général. |
| 74 | *Espérance.* . . . . . . | capitaine Gabaret, chef d'escadre. |
| | *Duc d'Orléans.* . . . . | — | d'Orves. |
| | *Ferme.* . . . . . . . . | — | de Sorgues. |
| | *Saint-Esprit.* . . . . . | — | de Piosin. |
| | *Toulouse.* . . . . . . . | — | d'Astour. |
| | *Trident.* . . . . . . . . | — | de Caylus. |
| | *Eole.* . . . . . . . . . | — | d'Albert. |
| 64 | *Sérieux.* . . . . . . . | — | de Cheylus. |
| | *Solide.* . . . . . . . . | — | de Chateauneuf. |
| | *Borée.* . . . . . . . . | — | de Marquizan. |
| | *Alcyon.* . . . . . . . . | — | de Lances Mandelot. |
| 50 | *Aquilon.* . . . . . . . | — | Duquesne. |
| | *Tigre.* . . . . . . . . . | — | de Saurin. |
| | *Diamant.* . . . . . . . | — | de Massiac. |

Frégates de 20ᶜ : *Zéphyr, Flore, Volage.*
Trois brûlots.

| | | | |
|---|---|---|---|
| 110 | *Real Felipe.* . . . . . | capitaine don Nicolas Giraldine. |
| | | don José Navarro, chef d'escadre. |
| 80 | *Isabella* . . . . . . . . | capitaine don Ignacio Dubatil. |
| 70 | *Constante.* . . . . . . | — | don Augusto Ituriaque. |
| 64 | *Hercules.* . . . . . . . | — | don Cosme Alvarez. |
| 62 | *San Fernando.* . . . . | — | don Lavega Florida. |
| | *Sobiero.* . . . . . . . . | — | don Juan de Castro. |
| | *Poder.* . . . . . . . . . | — | don Rodrigues Urutia. |
| 60 | *Brillante.* . . . . . . . | — | don J. Barrero. |
| | *Oriente.* . . . . . . . . | — | don Jacome de Vilena. |
| | *Americ.* . . . . . . . . | — | don Annibal Petrucho. |

misérables et, pour emprunter l'expression vulgaire employée dans la correspondance, la plupart n'avaient qu'une chemise pourrie sur le corps. — Brun, *Histoire de la marine française; port de Toulon.*

(1) D'Orves, d'après M. Rivière, *Histoire de la marine française sous Louis XV.*

| 54 | *Neptuno.* . . . . . .  | — | don H. Olivarez. |
| 46 | *Alcion.* . . . . . . . . | — | don José Rentiria. |

ARMÉE ANGLAISE.

Canons.

| 70 | STIRLING CASTLE. . . . | capitaine Cowper. |
| 60 | WARWICK. . . . . . . . | — | West. |
| 70 | NASSAU. . . . . . . . . | — | Lloyd. |
| 80 | CAMBRIDGE. . . . . . | — | Drummond. |
| 90 | BARFLEUR . . . . . . | — | de Langle. |

Rowley, contre-amiral.

| 80 | PRINCESS CAROLINE. | . capitaine Osborne. |
| 70 | BERWICK. . . . . . . . | — | Hawke. |
| 80 | CHICHESTER. . . . . . . | — | Dilkes |
| 60 | KINGSTOWN. . . . . . | — | Lovet. |

Trois frégates.

| 70 | BURFORD. . . . . . . | — | Watkins. |
| 60 | DRAGON. . . . . . . . | — | Watson. |
| 70 | BEDFORD. . . . . . . . | — | Towsend. |
| 74 | PRINCESSA. . . . . . . | — | Pitt. |
| 80 | NORFOLK. . . . . . . | — | Forbes. |
| 90 | NAMUR. . . . . . . . . | — | Russel. |

Mathews, vice-amiral.

| 90 | MARLBOROUGH. . . . . . | capitaine Cornwall. |
| 80 | DORSETSHIRE. . . . . | — | Burrish. |
| 70 | ESSEX. . . . . . . . . | — | Norris. |
| 60 | RUPERT. . . . . . . . | — | Ambrose. |
| 70 | ROYAL OAK. . . . . . | — | Williams. |

Quatre frégates.
Un brûlot.

| 60 | DUNKIRK. . . . . . . | — | Pervis. |
| 80 | SOMMERSET. . . . . . . | — | Slaughter. |
| 70 | TORBAY. . . . . . . . | — | Gascoigne. |
| 90 | NEPTUNE. . . . . . . | — | Stepney. |

Richard Lestock, vice-amiral.

| 80 | RUSSEL. . . . . . . . . | capitaine Long. |
| 70 | BUCKINGHAM. . . . . . | — | Towrey. |
| 80 | BOYNES. . . . . . . . | — | Frogmore. |
| 70 | ELIZABETH. . . . . . | — | Lingen. |
| 70 | REVENGE. . . . . . . | — | Berkeley (1). |

Trois frégates.
Un brûlot.

Les Anglais laissèrent arriver sur les alliés et, à 1ʰ 30ᵐ, serrant le vent, bâbord amures, ils engagèrent le combat lorsque leur avant-garde fut rendue par le travers du corps

---

(1) Beatson, *Naval and military memoirs of Great Britain.* L'historien anglais Clerck, *A methodical essay on the naval tacticks,* dit que l'armée anglaise comptait 35 vaisseaux et 9 frégates. Les relations françaises élèvent le chiffre des vaisseaux à 35.

de bataille français. L'avant-garde française et l'arrière-
garde anglaise se trouvèrent ainsi sans adversaires, le vice-
amiral Mathews ayant probablement tenu à combattre lui-
même les Espagnols. L'affaire fut chaude à cette partie de
la ligne. Le *Constante*, matelot d'avant du *Real Felipe*, plia
et sortit de la ligne ainsi que l'*Hercules*, matelot d'arrière
du vaisseau amiral espagnol. Au centre, le combat eut peu
de durée ; l'avant-garde anglaise se replia et dirigea son
feu sur les Espagnols à 4ʰ. Depuis une demi-heure, le capitaine du *Real Felipe* avait quitté le pont grièvement
blessé. Une blessure légère avait décidé le chef d'escadre
Navarro à le suivre. Le capitaine de vaisseau Delage de
Cueilly (1), qui avait été mis à la disposition du chef d'escadre espagnol, prit alors le commandement du *Real Felipe*
et s'occupa de rétablir l'ordre dans l'escadre espagnole. Il
fit rallier le *Brillante*, l'*Hercules*, l'*Élisabeth* et le *San Fernando* qui étaient loin de l'arrière et qui n'avaient pour
ainsi dire pas encore combattu ; ces vaisseaux soutinrent
alors convenablement le *Real Felipe*, sur lequel était dirigée la principale attaque des Anglais : un brûlot avait fait
explosion à portée de pistolet de ce vaisseau et l'avait couvert de débris enflammés. Dès que le lieutenant général
de Court avait vu l'isolement dans lequel la retraite du
*Constante* et de l'*Hercules* laissait le vaisseau amiral espagnol, il avait signalé à son avant-garde de se porter à son
secours ; ce signal n'avait pas été exécuté. Mais la concen-
tration des vaisseaux espagnols détermina l'amiral anglais
à faire virer son arrière-garde d'abord et, peu de temps
après, l'armée anglaise tout entière. Une canonnade assez
nourrie à contre-bord termina le combat à 7ʰ. Le vaisseau
espagnol le *Poder* avait été capturé. Incapable de suivre
l'armée anglaise, ce vaisseau fut repris avec l'officier et les
23 matelots anglais qui avaient été placés à son bord.

(1) M. Brun, *Histoire de la marine française* ; *port de Toulon*, écrit Lelage.

Les vaisseaux espagnols avaient de nombreuses avaries ; plusieurs étaient entièrement démâtés. Le capitaine Giraldine était mort de sa blessure, et le capitaine Olivarez, du *Neptune*, avait perdu la vie. Les vaisseaux français avaient peu souffert. Dans l'armée ennemie, le Marlborough était démâté de son grand mât et de son mât d'artimon ; son capitaine avait eu les deux jambes emportées par un boulet. Les avaries du Namur avaient forcé le vice-amiral Mathews à passer sur le Russel ; les capitaines de ces deux vaisseaux avaient été tués.

Le lendemain, au jour, les Anglais étaient à une douzaine de milles au vent. L'armée combinée, renonçant momentanément à entrer dans le golfe de Gênes, faisait route à l'Ouest ; les Anglais la suivirent, mais ne l'attaquèrent pas. L'*Hercules* seul, qui s'était laissé arriérer, eut un engagement d'une demi-heure avec le Sommerset : 2 à 3 vaisseaux français le dégagèrent.

Le vice-amiral Lestock fut renvoyé en Angleterre pour rendre compte de sa conduite devant un conseil de guerre. Il était accusé de n'avoir pris qu'une part très-restreinte au combat. Le conseil déclara que, l'ordre de bataille ayant été signalé, cet officier général avait eu raison de ne pas quitter son poste et d'attendre l'ordre de se porter au feu. Il fut acquitté. Le vice-amiral Mathews comparut, à son tour, devant un conseil de guerre : il fut cassé et déclaré incapable de servir. Plusieurs capitaines furent également cassés.

La conduite de la plupart des capitaines espagnols méritait le blâme ; plusieurs s'étaient éloignés du champ de bataille sans y être obligés par aucune avarie de leur bâtiment. Ceux du *Real Felipe*, du *Poder*, de l'*Oriente* et de l'*Americ* avaient seuls, en réalité, soutenu l'honneur de leur pavillon. Le gouvernement espagnol parut cependant satisfait du résultat obtenu par sa marine ; il éleva don Jose Navarro au grade de lieutenant général et le créa marquis de la Victoire. Par contre, la manœuvre et la conduite des

Français furent grandement décriées. On accusa le lieutenant général de Court d'avoir laissé ses vaisseaux trop longtemps inactifs ; et, bien qu'il eût prouvé qu'il avait fait à
l'avant-garde le signal de virer, une heure après le commencement du combat, et qu'on dût dès lors admettre que
ce signal n'avait pas été aperçu, il fut démonté de son
commandement.

La France avait supporté avec une résignation des plus
grandes les affronts et les exactions dont sa marine était
l'objet de la part de l'Angleterre depuis plusieurs années.
Les bâtiments de guerre étaient attaqués, ses navires de
commerce étaient capturés sans qu'aucune déclaration de
guerre eût justifié une semblable conduite. La dignité nationale l'emporta enfin sur l'apathie avec laquelle le roi
Louis XV acceptait les actes inqualifiables de ses voisins
d'outre-Manche. Le combat qui venait d'être livré devant
Toulon détermina ce changement ; le 15 mars, la France
déclara la guerre à l'Angleterre.

Une armée navale de 26 vaisseaux, escortant des transports chargés de troupes, sortit de suite de Brest et de
Rochefort, sous la conduite du chef d'escadre de Roquefeuil,
et se dirigea sur l'Irlande pour rétablir le prince Édouard
sur le trône : le maréchal de Saxe commandait en chef.
Mais un coup de vent dispersa les vaisseaux, et cette nouvelle tentative d'expédition en Irlande n'eut pas de suite.

De son côté, l'Angleterre confiait au vice-amiral Sir
Charles Hardy la conduite d'un convoi qui se rendait dans
la Méditerranée sous l'escorte de 11 vaisseaux. Obligé de
relâcher à Lisbonne, le vice-amiral anglais fut bloqué par
14 vaisseaux aux ordres du chef d'escadre Rochambeau.
Ce blocus fut de courte durée ; le chef d'escadre français le
leva et se rendit à Cadix, en apprenant qu'une armée de
20 vaisseaux hollandais, commandés par l'amiral Bache-
rest, et 14 vaisseaux anglais, sous les ordres de l'amiral Sir

John Balchen, était sortie de Spithead pour se mettre à sa recherche. Cette armée combinée parut devant le Tage, le 9 septembre et, après avoir escorté le convoi à Gibraltar, elle retourna en Angleterre. Dispersés par un violent coup de vent, le 3 octobre, presque tous les vaisseaux firent de graves avaries. Le VICTORY, sur lequel l'amiral Balchen avait son pavillon, fut séparé de l'armée et on n'en entendit plus parler.

L'annonce de l'arrivée prochaine d'un riche convoi de la Havane détermina le gouvernement français à envoyer à sa rencontre 16 vaisseaux et 4 frégates qui étaient réunis à Toulon, sous le commandement du chef d'escadre Gabaret. Cet officier général reçut l'ordre de rallier l'escadre espagnole à Carthagène, ou le chef d'escadre Rochambeau à Cadix. Le vice-amiral Rowley, qui avait pris le commandement de l'armée anglaise de la Méditerranée, se mit à la poursuite des vaisseaux de Toulon ; mais, informé de la sortie de l'escadre de Cadix, il se borna à les faire observer. Le coup de vent qui avait été si funeste au VICTORY dispersa l'escadre de Toulon et celle de Cadix ; la première s'était emparée des corvettes anglaises de 20 canons SOLEBAY, capitaine Bury, SEAFORD, capitaine Prye et GRAMPUS de 16, capitaine Collins.

---

## BATIMENTS PRIS, DÉTRUITS OU INCENDIÉS
### pendant l'année 1744.

ANGLAIS.

| Canons. | | |
|---|---|---|
| 100 | VICTORY. . . . . . . . . . | Naufragé dans la Manche. |
| 70 | NORTHUMBERLAND. . . . . . | Pris par trois vaisseaux. |
| | OXFORD. . . . . . . . . . . | Naufragé au Mexique. |
| 60 | WEYMOUTH. . . . . . . . . | — aux Antilles. |
| 50 | COLCHESTER . . . . . . . . | — sur les côtes d'Angleterre. |
| | GREENWICH. . . . . . . . . | — à la Jamaïque. |
| | SAINT ALBANS. . . . . . . . | — à la Jamaïque. |
| 20 | SOLEBAY. . . . . . . . . . | Prises par une division. |
| | SEAFORD. . . . . . . . . . | |
| 16 | SWALLOW. . . . . . . . . . | Naufragée. |
| | GRAMPUS. . . . . . . . . . | Prise par une escadre. |
| 14 | BONETTA. . . . . . . . . . | Naufragée à la Jamaïque. |

RÉCAPIUTLATION.

|  | Pris | Détruits ou naufragés | Incendiés | TOTAL |
|---|---|---|---|---|
| ANGLAIS. . . Vaisseaux. . . | 1 | 6 | » | 7 |
| Frégates. . . | » | » | » | » |
| Bâtim. de moindre force. | 5 | 2 | » | 5 |

## ANNÉE 1745.

—

Quoique la situation des affaires maritimes de la France fût déplorable, les Anglais n'obtinrent cependant pas, cette année, des succès proportionnés à leur puissance.

La corvette de 20 canons l'*Éléphant*, capitaine Sellet, fut prise, le 20 février, par les vaisseaux anglais CHESTER et SUNDERLAND, dans sa traversée de la Louisiane en France.

———

A la fin du mois de mars, la corvette de 20 canons la *Panthère*, capitaine Kéruzoret, fut prise à l'entrée de la Manche par la division du vice-amiral anglais Martin.

———

De leur côté, les Anglais perdirent la frégate de 40 canons ANGLESEA, capitaine Jacob Elton, qui fut capturée, le 22 avril, par le corsaire de 50 canons l'*Apollon*. Et plus tard, les corvettes de 20 canons FALCON et BLANDFORD furent prises, ainsi que les corvettes WOLF et MERCURY de 14, les deux premières aux Antilles, les autres dans les mers d'Europe.

———

Le vaisseau de 64 canons le *Vigilant*, capitaine de Maisonfort, qui portait des munitions et des approvisionnements à Louisbourg, fut pris, le 19 mai, au moment où il allait atteindre le port, par une division anglaise aux ordres du commodore Warren.

Le 24 mai, le capitaine chevalier de Caylus, qui commandait une division aux Antilles, dirigea une expédition contre l'île anglaise de l'Anguille. Cette attaque fut sans résultats.

Le capitaine Macnémara du vaisseau de 80 canons le *Magnanime*, escortant avec le vaisseau le *Rubis* un convoi de plus de 200 navires qui se rendait aux Antilles, fut chassé sous la Martinique, le 31 octobre au matin, par 14 vaisseaux anglais et cinq autres bâtiments de moindre force, aux ordres du vice-amiral Towsend : 30 navires du commerce furent pris ou brûlés (1), Le *Rubis*, qui s'était échoué à la côte, auprès d'une batterie, fut vigoureusement canonné, mais sans succès, par plusieurs vaisseaux ennemis.

Le vaisseau anglais de 70 canons Northumberland fut

---

(1) M. de Lapeyrouse place cette affaire en 1746 et la raconte différemment dans son *Histoire de la marine française*. Il a soin d'avertir ses lecteurs qu'il ne l'a pas trouvée dans le dossier du capitaine Macnémara et qu'il n'a pu se procurer ni le nom des bâtiments ni celui des capitaines, mais il omet de dire à quelle source il a puisé les détails qu'il donne. D'après lui, plusieurs des vaisseaux dispersés de l'escadre du lieutenant général d'Enville seraient allés mouiller à Saint-Domingue où le capitaine Macnémara attendait une occasion favorable pour sortir avec un fort convoi. Profitant de l'arrivée de ce renfort, cet officier, jusque-là partagé entre la crainte de l'ennemi et celle de la fièvre jaune, se décida à faire sortir ses navires en deux divisions. La première, dont il prit le commandement en personne, se dirigea au Nord ; l'autre gouverna au Sud. Le vice-amiral anglais Towsend, qui bloquait le port, se mit à la poursuite du convoi du Nord avec 11 vaisseaux, et 4 de ses meilleurs voiliers l'atteignirent à quarante lieues de Saint-Domingue. Après un combat de plusieurs heures, l'ennemi, ne pouvant faire plier aucun vaisseau français, serra le vent et laissa le convoi continuer sa route. Dès que le vice-amiral anglais avait été

pris, dans le courant de cette année, par 3 vaisseaux français (1).

---

### BATIMENTS PRIS, DÉTRUITS OU INCENDIÉS
pendant l'année 1745.

FRANÇAIS.

| Canons. | | |
|---|---|---|
| 64 | *Vigilant.* . . . . . . . . . | Pris par une division. |
| 20 | *Éléphant.* . . . . . . . . | Prise par un vaisseau. |
| | *Panthère.*. . . . . . . . . | Prise par une division. |

ANGLAIS.

| | | |
|---|---|---|
| 70 | NORTHUMBERLAND. . . . . . | Pris par trois vaisseaux. |
| 40 | ANGLESEA. . . . . . . . | Prise par un corsaire. |
| 20 | FOX. . . . . . . . . . . | Naufragée sur les côtes d'Angleterre. |
| | FALCON. . . . . . . . . . | Prise par une division. |
| | BLANDFORD. . . . . . . . | Prise par une division. |
| | LYME. . . . . . . . . . . | Sombrée à la mer. |
| 14 | WOLF. . . . . . . . . . } MERCURA. . . . . . . . . } | Prises par une division. |
| | FAME. . . . . . . . . . . | Sombrée. |
| | SAPHIR'S PRISE. . . . . . . | Naufragée. |
| 12 | HAZARD . . . . . . . . . . | Prise. |
| 10 | MEDIATOR. . . . . . . . . | Sombrée. |

---

prévenu que ses chasseurs avaient joint les Français, il avait renoncé à les poursuivre et il faisait route pour aller reprendre sa croisière, lorsque le hasard lui fit rencontrer le convoi qu'il ne chassait plus et il attaqua à son tour les vaisseaux français. *Le combat fut long et opiniâtre. Quatre contre sept : c'était une lutte inégale et glorieuse*, dit M. de Lapeyrouse. *Deux vaisseaux furent pris ; les autres résistèrent toujours ; une partie des marchands fut capturée.*

Les invraisemblances de ce récit doivent inspirer des doutes sur l'authenticité des documents auxquels il a été emprunté.

Si je suis, parfois, en contradiction avec M. de Lapeyrouse, ce n'est pas par un esprit préconçu de critique. La partie technique de l'*Histoire de la marine* empruntant au caractère d'officier de vaisseau de son auteur une valeur spéciale qu'on ne saurait accorder au même degré aux écrits des historiens qui sont étrangers à la marine, j'ai cru devoir indiquer les motifs des divergences d'opinion qui pourraient jeter des doutes sur l'exactitude de ma relation.

(1) Beatson, *Naval and military memoirs*, etc.

RÉCAPITULATION.

| | Pris | Détruits ou naufragés | Incendiés | TOTAL |
|---|---|---|---|---|
| FRANÇAIS. • Vaisseaux. . . | 1 | » | » | 1 |
| Bâtim. de moindre force. | 2 | » | » | 2 |
| ANGLAIS. . • Vaisseaux. . . | 1 | » | » | 1 |
| Frégates. . . . | 1 | » | » | 1 |
| Bâtim. de moindre force. | 5 | 5 | » | 10 |

## ANNÉE 1746.

Un convoi de 90 voiles, parti de la Martinique pour le Cap Français de Saint-Domingue, avec 3 vaisseaux et 1 frégate aux ordres du capitaine de Conflans, fut chassé, à la hauteur du Môle Saint-Nicolas, le 13 août au matin, par 5 vaisseaux anglais et une corvette détachés, avec le commodore Mitchell, de l'escadre de la Jamaïque, où commandait le vice-amiral Davers. La poursuite ne fut pas de longue durée; après un échange de boulets à toute volée, le commodore anglais laissa les vaisseaux français et leur convoi continuer leur route sans être inquiétés. Voici les causes de cette détermination. Dès que les Français avaient été aperçus, le commodore Mitchell avait appelé les capitaines à son bord, et il avait été résolu en conseil que l'attaque serait remise au lendemain. Quelles raisons furent données? Je l'ignore; toujours est-il que le 14, le convoi et son escorte étaient à l'abri de toute agression. Une cour martiale, chargée d'examiner la conduite du commodore anglais, déclara cet officier supérieur incapable de servir.

Il existait à cette époque, entre la Compagnie française des Indes et la Compagnie anglaise, une rivalité qui pouvait avoir des conséquences fâcheuses pour l'une comme pour l'autre. Le Conseil général des colonies françaises avait vainement tenté, pendant la paix, de conclure un traité de neutralité avec la Compagnie anglaise. Le capitaine de frégate Mahé de La Bourdonnais, gouverneur des îles de France et de Bourbon, convaincu que celle des deux nations qui prendrait l'initiative s'assurerait un avantage décisif à la déclaration de guerre, demanda des bâtiments de guerre au ministre, car la France n'entretenait pas de forces navales dans la mer des Indes. On tint malheureusement peu de compte de ses observations : aussi, dès que les hostilités furent dénoncées, les croiseurs anglais s'emparèrent-ils de la majeure partie des navires français qui se trouvaient dans l'Inde. Pressé par les instances du gouverneur, le ministère se décida à engager la Compagnie à lui envoyer quelques vaisseaux, qui arrivèrent à l'île de France à la fin de l'année 1745. Le gouverneur de La Bourdonnais fut invité en même temps à armer en guerre tous les navires qu'il jugerait capables de porter de l'artillerie ; à prendre le commandement de cette petite division et à combattre les Anglais toutes les fois qu'il en trouverait l'occasion. Déjà, à cette époque, la situation de l'île de France était fort précaire ; cette île était sans approvisionnements et elle commençait à manquer de vivres. Aussi la division du gouverneur de La Bourdonnais ne put-elle mettre à la voile que le 29 mars 1746, et encore avait-il fallu compléter les équipages avec des noirs et donner aux bâtiments des canons destinés à la défense de l'île. Le 5 avril, un violent coup de vent occasionna à cette division des avaries généralement considérables et la força de relâcher dans la baie d'Antongil de Madagascar. Le 22 mai, les bâtiments ci-après purent faire route pour la côte de Coromandel :

Canons.

| 72 | *Achille.* . . . . | capitaine Lohry. . . . . . . . . . . . . . . | | | | 750[b] |
|---|---|---|---|---|---|---|
| | | Mahé de La Bourdonnais. | | | | |
| 58 | *Phœnix.* . . . . | capitaine Lachaise. . . . | percé pour 54[c]. . . | | | 350 |
| 36 | *Bourbon.* . . . | — | de Selle. . . . | — | 56 . . . | 400 |
| | *Neptune.* . . . | — | Porte Barré. . | — | 54 . . . | 350 |
| | *Saint-Louis.* . . | — | Pelan. . . . . | — | 54 . . . | 350 |
| 30 | *Insulaire.* . . . . | — | Labaume. . . . | — | 30 . . . | 300 |
| | *Lys.* . . . . . . | — | Du Désert. . . . | — | 40 . . . | 360 |
| | *Duc-d'Orléans.* | — | Champlais. . . | — | 56 . . . | 275 |
| | *Renommée.* . . | — | Gâtinais. . . . | — | 24 . . . | 250 (1) |

Je ferai observer que les vaisseaux de la Compagnie
ne portaient pas toujours le même nombre de canons.
L'expérience seule pouvait, en effet, indiquer l'artillerie
qu'il convenait de donner à ces navires qui n'étaient pas
des bâtiments de guerre et qui, d'habitude, ne portaient
que 20 canons. Mais comme ils avaient un plus grand
nombre de sabords, on crut tout d'abord, lorsqu'on les des-
tina à un service de guerre, pouvoir leur donner autant
de canons qu'ils avaient de sabords. On reconnut bientôt
l'erreur que l'on commettait. Construits pour prendre de
grands chargements et peu d'artillerie, ces bâtiments ne
portaient plus la voile, et ils étaient obligés de tenir leur
batterie basse presque constamment fermée. Ce ne fut que
par tâtonnements qu'on arriva à leur donner un nombre
de canons convenable. Ces vaisseaux n'avaient, d'ailleurs,
que des canons de 12, de 8 et de 6; l'*Achille* seul avait
du 18 en batterie.

La division française était à l'ancre devant Negapatam (2)
lorsque, le 7 juillet (3), 6 bâtiments anglais furent signalés
au vent, gouvernant sur elle, toutes voiles dehors; la brise
soufflait fraîche du Nord. La division ennemie était composée comme il suit :

---

(1) L'armement des vaisseaux de la compagnie variant suivant le cas, j'ai
cru devoir indiquer la force des équipages qui leur furent donnés dans cette
circonstance.

(2) Negapatam, capitale des établissements hollandais sur la côte de Coromandel ; 28 lieues au Sud de Pondichéry.

(3) Berkley, *The naval history of Britain,* et Beatson, *Naval and military
memoirs of Great Britain,* lisent le 25 juin.

Canons.
 60  MEDWAY. . . . . . . . . · · commodore Peyton.
     PRESTON. . . . . . . . . . capitaine lord Northesk.
 60 { HARWICH. . . . . . . . . .      —    Philip Carteret.
     WINCHESTER. . . . . . . .        —    lord Thomas Bertie.
 44  . . . . . (prise francaise). . .   —    Griffith.
 20  LIVELY. . . . . . . . . .         —    Nath. Stevens.

Les Français appareillèrent de suite et se formèrent en
bataille, les amures à bâbord, dans l'ordre suivant : le *Lys*,
l'*Insulaire*, le *Bourbon*, le *Neptune*, l'*Achille*, le *Saint-Louis*,
le *Duc d'Orléans*, le *Phénix* et la *Renommée*. A 4ʰ de l'après-
midi, la division anglaise serra le vent et se rangea en bataille, à grande distance au vent et aux mêmes amures que
les Français ; la canonnade commença immédiatement.
A 7ʰ, les Anglais virèrent de bord et firent route pour l'île
de Ceylan ; ils ne furent pas poursuivis, quoique cette canonnade lointaine de trois heures n'eût occasionné aucune
avarie. Mais les bâtiments français n'avaient que peu de
vivres, et le but principal de leur sortie était le transport
de fonds arrivés de France pour Pondichéry (1). Le commandant en chef se dirigea sur ce port et y arriva le 9 juillet.
Cette première partie de la campagne de la division de l'Inde
avait permis au gouverneur de La Bourdonnais d'apprécier
les mauvaises qualités des vaisseaux de la Compagnie comme
bâtiments de guerre. Il fit de suite les modifications commandées par l'expérience, en augmentant le nombre des
canons de quelques-uns et diminuant celui que portaient
les autres.

La division quitta Pondichéry, le 4 août, pour se mettre
à la recherche des Anglais, et, après quelques jours de
mer, elle retourna à Nagapatam.

Le 17, le 18 et le 19 (2), la division ennemie parut au
large ; le dernier jour, les Français appareillèrent et lui

_____

(1) Pondichéry, capitale des établissements français dans l'Inde. Cette ville
située sur la côte de Coromandel, avait été achetée au roi de Visiapour
en 1672.
(2) Beatson, *Naval and military memoirs*, etc., dit le 6, le 7 et le 8.

donnèrent la chasse pendant soixante-douze heures, et ils retournèrent à Pondichéry. L'éloignement du commodore Peyton permettait de diriger une attaque sur quelque place du littoral sans avoir rien à craindre du côté de la mer. 1,500 hommes de troupes furent embarqués, et le commandant en chef se dirigea sur Madras (1) où il arriva le 14 septembre. Les troupes furent mises à terre et le siége fut entrepris immédiatement. Madras capitula le 21 (2). Trop faible pour conserver cette place, La Bourdonnais se conforma aux ordres du ministère de ne garder aucune des conquêtes qu'il pourrait faire dans l'Inde (3); il la rendit au gouverneur anglais moyennant une rançon de 15 millions de francs. On sait que le gouverneur général Dupleix cassa cette capitulation, entra dans la ville et la saccagea. La protestation énergique à laquelle cet acte donna lieu de la part de La Bourdonnais eut pour conséquence l'arrestation et l'envoi à la Bastille du gouverneur des îles de France et de Bourbon.

Le 14 octobre, la division française fut compromise par un ouragan; tous les bâtiments firent des avaries considérables. Le *Duc d'Orléans* fut jeté à la côte et s'y perdit. Les autres bâtiments étaient de retour à l'île de France le 10 décembre.

---

La renonciation du prince Maximilien Joseph à la succession d'Autriche, au mois de mai 1745, semblait devoir mettre fin à la guerre; mais l'Angleterre avait des vues plus étendues : elle voulait ruiner la marine de la France et s'emparer de ses colonies.

La frégate la *Volage*, capitaine Falkengreen, officier suédois au service de la France, se sépara pendant une chasse d'une division commandée par le capitaine Delage de Cueilly dont elle faisait partie et qui se trouvait alors à la hauteur

---

(1) Madras, comptoir anglais à quelques lieues dans le Nord de Pondichéry.
(2) Le 10, selon Beatson.
(5) Voltaire, *Siècle de Louis XV*.

du cap Martin, sur la côte méridionale d'Espagne. Le 15 avril, vers le milieu du jour, un gros navire fut aperçu au vent. Pensant que ce pouvait être un des bâtiments de sa division, la capitaine Falkengreen fit gouverner pour le rallier ; et comme cet inconnu se dirigeait lui-même sur la frégate française, l'officier suédois put promptement reconnaître son erreur : ce bâtiment était le vaisseau anglais de 70 canons STIRLING CASTLE, capitaine Fawler. La *Volage* fit alors vent arrière ; mais la marche du vaisseau était supérieure à la sienne, et ce redoutable adversaire se trouva bientôt en position de lui envoyer une bordée par bâbord : la frégate y répondit immédiatement et le combat continua sous cette allure. Cependant le vaisseau envoyait en gros à la frégate ce que celle-ci lui donnait en détail, et son élévation au-dessus de l'eau rendait l'effet de sa mousqueterie certain et très-meurtrier : aussi, lorsque la nuit se fit, la *Volage* ne gouvernait plus que sous sa misaine et plus de la moitié de son équipage était hors de combat. Malgré cela, l'espoir que les détonations de l'artillerie attireraient la division française soutenait le courage des marins qui étaient encore valides. Fatigué de cette résistance héroïque, le capitaine anglais se mit en travers sur l'avant de la frégate et déclara qu'il était décidé à la couler si elle n'amenait pas son pavillon : le feu cessa. Un canot se rendit à bord de la *Volage* et l'amarina ; le vaisseau la prit à la remorque. Au jour, plusieurs voiles furent aperçues : les espérances de l'équipage français se réalisaient ; ces voiles étaient la division du capitaine Delage et se dirigeaient du côté où cet officier avait entendu la canonnade. La vérité apparut de suite ; le vaisseau anglais fut chassé. Entravé dans sa marche, le capitaine Fawler largua la remorque, abandonnant sa prise et les hommes qu'il avait envoyés à bord. Les couleurs nationales furent rehissées à bord de la *Volage*, mais le STIRLING CASTLE ne put être atteint.

Le combat de la frégate la *Volage* n'est pas le premier qui fut livré cette année. Rasé comme un ponton, après une lutte de deux heures, le vaisseau de 50 canons l'*Auguste* avait été pris, le 9 février, par le vaisseau anglais de 50 PORTLAND.

---

Le 4 août, le vaisseau de 54 canons la *Ferme*, armé en transport et chargé de matériel et de munitions pour Québec, fut pris, sur le banc de Terre-Neuve, par le vaisseau anglais PEMBROKE, capitaine Fincher.

---

Le 11 octobre, le vaisseau de 64 canons le *Mars*, capitaine de Colombe, un des vaisseaux de l'escadre du duc d'Enville, fut pris près du cap Clear d'Écosse, après deux heures de combat, par le vaisseau anglais de 60 NOTTINGHAM, capitaine Philip Saumarez.

---

Le capitaine de Conflans retournait de Saint-Domingue en France avec ses 3 vaisseaux et sa frégate lorsque, le 29 octobre, il eut connaissance d'un convoi anglais escorté par les vaisseaux de 50 canons WOOLWICH, capitaine Lingen, et SEVERN, capitaine Liffle (1). Ce dernier fut pris après un combat de trois heures avec le *Neptune*, vaisseau du capitaine de Conflans, et conduit à Brest. Le WOOLWICH ne put être atteint et arriva en Angleterre avec le convoi entier.

---

A la fin de cette année, les Anglais dirigèrent une expédition contre Lorient, qui était le dépôt des richesses de l'Inde, et dont les fortifications avaient néanmoins peu d'importance. Des transports, portant 7,000ʰ de troupes, mouillèrent, le 28 octobre, devant la rivière de Quimperlé, avec 16 vaisseaux, 8 frégates et 2 bombardes, sous

---

(1) M. de Lapeyrouse, *Histoire de la marine française*, écrit de Lisle.

les ordres du vice-amiral Lestock. Le 30, les troupes furent mises à terre. Le lieutenant général Sinclair, qui commandait l'expédition, fit lancer des bombes et tirer à boulets rouges sur la ville et sur le port. Le 7 novembre, les habitants étaient réduits à la dernière extrémité ; la capitulation fut décidée et le commandant de la place ordonna de battre la retraite. Cet ordre fut mal compris ; on battit la générale. Cette sonnerie étonna les Anglais ; ils crurent à un retour agressif des Français et, pris de panique, ils se rembarquèrent, abandonnant leur artillerie et leurs munitions. L'armée anglaise alla mouiller dans la baie de Quiberon. Le vaisseau l'*Ardent*, qui se trouvait à ce mouillage, se mit de suite au plain. Les Anglais s'emparèrent du fort de Quiberon, mirent le feu au vaisseau et retournèrent en Angleterre, après s'être facilement rendus maîtres des îles Houat et Hœdic, qui n'étaient pas fortifiées.

La frégate de 25 canons la *Subtile* fut capturée, le 19 novembre, par le vaisseau de 50 PORTLAND'S PRISE. La *Subtile* prit le nom d'AMAZON dans la marine anglaise.

Dans le courant de cette année, la frégate le *Castor* s'empara de la corvette anglaise de 14 canons ALBANY, capitaine Colby, qui se rendait de Louisbourg à Boston.

La frégate de 40 canons l'*Embuscade* fut prise, après deux heures de combat, par le vaisseau anglais DEFIANCE, capitaine Pawlet.

L'année fut close par la prise de la corvette anglaise de 14 canons HORNET.

Une expédition, conçue et montée par quelques habitants de la Nouvelle-Angleterre, avait été dirigée, vers le milieu de l'année 1745, sur l'île Royale; le corps expéditionnaire avait été porté et appuyé par la division du commodore Warren. La ville de Louisbourg, dont la rade offre un excellent abri aux vaisseaux, avait été attaquée la première et avait succombé, à la fin du mois de juin, après un siége de cinquante jours.

Le nom d'*île Royale*, ou *de Cap Breton*, a été donné par les Français à la partie de l'Acadie, ou Nouvelle-Écosse, la plus rapprochée de l'île de Terre-Neuve. Le petit détroit de Fronsac la sépare de la terre ferme. Cette île forme par conséquent la partie Sud du golfe de Saint-Laurent. Louisbourg, qui est la ville principale, a une enceinte fortifiée. Une batterie construite au pied de la ville, une deuxième de l'autre côté de la baie et une troisième établie sur l'île dite de l'*Entrée*, défendent la rade.

La France devait naturellement désirer rentrer en possession de ce point important. Les Anglais, de leur côté, enhardis par la réussite presque inespérée de leur expédition contre Louisbourg, jetaient un œil de convoitise sur Québec. La France prit l'initiative. Une escadre de 10 vaisseaux, 3 frégates, 3 bombardes, 3 brûlots et 78 transports, portant 3,500 h de troupes, sortit de Brest, sous le commandement du lieutenant général des galères, duc d'Enville, le 22 juin. Voici sa composition :

| Canons. | | | |
|---|---|---|---|
| 70 | *Northumberland.* . . . . | capitaine | — |
| | | | duc d'Enville, lieutenant général. |
| | *Trident.* . . . . . . . . . | capitaine | d'Estourmelle. |
| | *Ardent.* . . . . . . . . . . | — | Duperrier. |
| 65 | *Mars.* . . . . . . . . . . . | — | de Colombe. |
| | *Léopard.* . . . . . . . . . | — | de Sorgues. |
| | *Alcide.* . . . . . . . . . . | — | de Crenay. |
| 60 | *Castdon.* . . . . . . . . . | — | de Noailles. |
| 56 | *Tigre.* . . . . . . . . . . | — | Duquesne. |
| 50 | *Diamant.* . . . . . . . . . | — | de Massiac. |
| | *Borée.* . . . . . . . . . . | — | chevalier de Blénac. |
| 50 | *Mégare.* . . . . . . . . . | — | de Kérysan. |
| 28 | *Argonaute.* . . . . . . . . | — | de Questain. |
| | *Prince d'Orange.* . . . . | — | de Fougères. |
| 56 | *Mercure*, en flûte, hôpital. | — | Dubois de Lamotte. |

Le 17 juillet, l'escadre fut dispersée, en vue de la côte

d'Acadie, par un violent coup de vent. Le 27, il n'y avait encore au rendez-vous de Chibouctou, que 7 vaisseaux, 2 frégates, 1 brûlot, 1 bombarde et 30 transports. L'*Ardent* était retourné en France ; le *Mars* (1) et l'*Alcide* avaient fait route pour la Martinique ; le *Mercure* avait été capturé par le vaisseau anglais NAMUR, capitaine Boscawen ; un grand nombre de transports avaient péri. Une épidémie qui se déclara presque immédiatement à bord des vaisseaux exerça d'affreux ravages parmi les équipages. Le commandant en chef, 800 matelots et 1,500 soldats furent enlevés en peu de temps (2). Le capitaine d'Estourmelle succéda au duc d'Enville. Deux jours après avoir pris le commandement, cet officier se passait son épée à travers du corps dans un accès de fièvre chaude. On parvint à lui conserver la vie, mais il dut remettre le commandement au capitaine de Lajonquière. Dans de pareilles conditions la prise de Louisbourg était impossible. On décida l'attaque d'Annapolis, ville située sur la côte occidentale de l'île Royale. Les troupes furent débarquées, à l'exception d'un millier d'hommes et, le 24 octobre, la division mit à la voile. Des vents contraires retardèrent sa navigation. L'état des équipages et la petite quantité de vivres qui restaient à bord déterminèrent le capitaine de Lajonquière à renoncer à l'expédition d'Annapolis et à faire route pour Brest où il arriva le mois suivant.

---

### BATIMENTS PRIS, DÉTRUITS OU NAUFRAGÉS
pendant l'année 1746.

FRANÇAIS.

| Canons. | | |
|---|---|---|
| 64 | Mars. . . . . . . . . . . . | Pris par un vaisseau. |
| | Ardent. . . . . . . . . . | Détruit à la côte. |

---

(1) L'auteur de la *Vie privée de Louis XV* dit que le *Mars* fut pris. Cette assertion est exacte ; seulement ce vaisseau fut capturé au mois d'octobre et non en se rendant à la Martinique.
(2) M. de Lapeyrouse, *Histoire de la marine*, dit que le duc d'Enville succomba à une attaque d'apoplexie.

| | | |
|---|---|---|
| 50 | *Auguste.* . . . . . . . . . | Pris par un vaisseau. |
| 56 | *Mercure,* en transport. . . | — — |
| 54 | *Ferme,*      —      . . . | — — |
| 40 | *Embuscade.* . . . . . . . | Prise par un vaisseau. |
| 26 | *Subtile.* . . . . . . . . . | — — |
| 24 | *Duc d'Orléans.* . . . . . . | Naufragé dans l'Inde (1). |

ANGLAIS.

| | | |
|---|---|---|
| 50 | SEVERN. . . . . . . . . . | Pris par un vaisseau. |
| | ALBANY. . . . . . . . . . | Prise par une frégate. |
| 14 | HORNET. . . . . . . . . . | — — |
| | SALTASH. . . . . . . . . | Naufragée. |

RÉCAPITULATION.

| | | Pris. | Détruits ou naufragés. | Incendiés. | TOTAL. |
|---|---|---|---|---|---|
| FRANÇAIS. . | Vaisseaux. . . . . . . . | 4 | 1 | » | 5 |
| | Frégates. . . . . . . | 2 | 2 | » | 4 |
| | Bâtiments de moindre force. . . . . . . . | 1 | » | » | 1 |
| ANGLAIS. . . | Vaisseaux. . . . . . . | 1 | » | » | 1 |
| | Bâtiments de moindre force. . . . . . . . | 2 | 1 | » | 3 |

# ANNÉE 1747.

Surpris par le mauvais temps à la sortie de Lorient, dans les derniers jours du mois de mars, le capitaine de vaisseau Grout, chevalier de Saint-Georges, qui se rendait dans l'Inde avec 2 vaisseaux, 1 frégate et plusieurs bâtiments de la Compagnie, relâcha sur la rade de l'île d'Aix, où se trouvait déjà le chef d'escadre de Lajonquière avec 2 vaisseaux, 2 frégates et un convoi de 40 navires qu'il devait conduire au Canada. Retenues par des vents contraires, les

---

(1) Le *Duc d'Orléans* était un vaisseau de la Compagnie des Indes. Je ne le cite que parce qu'il faisait momentanément partie de la flotte.

deux divisions ne purent mettre à la voile que le 10 mai. Le capitaine de Saint-Georges acquiesça à la demande qui lui fut faite par le chef d'escadre de Lajonquière de naviguer de conserve jusqu'au cap Finistère. Le 14, à 7ʰ du matin (1), plusieurs voiles furent signalées à l'Est se dirigeant sur le convoi : le vent soufflait du Nord, bon frais. Les bâtiments francais se rangèrent de suite en bataille, tribord amures, dans l'ordre ci-après :

| Canons. | | | |
|---|---|---|---|
| 64 | *Sérieux*. . . . . . . . . | capitaine Daubigny. |
| | | | de Lajonquière, chef d'escadre. |
| 52 | *Diamant*. . . . . . . . . | capitaine Hocquart. |
| 40 | *Gloire*. . . . . . . . . . | — | chevalier de Saliesse. |
| » | *Emeraude*. . . . . . . . | — | de Lajonquière Taffanel. |
| 26 | *Rubis*, flûte. . . . . . . | — | Macarty. |
| 74 | *Invincible*. . . . . . . . | — | Grout, chevalier de Saint-Georges. |
| 50 | *Jason*. . . . . . . . . . | — | Beccard. |
| 56 | *Chimène*. . . . . . . . . | — | . . . . . . |
| | VAISSEAUX DE COMPAGNIE. | | |
| 50 | *Philibert*. . . . . . . . . | — | Cellié. |
| 50 | *Apollon*. . . . . . . . . | — | Desantous. |
| 22 | *Thétis*. . . . . . . . . . | — | Masson |
| 20 | *Vigilant*. . . . . . . . . | — | Vaunellon. |
| 18 | *Modeste*. . . . . . . . . | — | Tiercelen. |

Pendant que l'on prenait ces dispositions, le capitaine de Lajonquière Taffanel reçut l'ordre d'aller reconnaître l'ennemi : à 9ʰ, cet officier compta 14 vaisseaux. Signal fut fait immédiatement au convoi de prendre chasse et à l'*Emeraude* de l'accompagner. La *Chimère* reçut aussi l'ordre de se joindre à cette frégate. 2 des 5 vaisseaux de la Compagnie qui devaient se mettre en ligne, le *Vigilant* et le *Modeste*, quittèrent le poste qui leur avait été assigné et suivirent le convoi. Le retard que les circonstances atmosphériques avaient apporté au départ des divisions de Lorient et de Rochefort avait permis au gouvernement anglais d'être renseigné sur l'armement et la mission de ces deux divisions et il avait envoyé le vice-amiral Anson croiser dans le golfe de Gas-

_____

(1) Beatson, *Naval and military memoirs* etc., dit le 5.

cogne pour les intercepter au passage, avec une escadre composée comme il suit :

| Canons. | | | |
|---|---|---|---|
| 90 | PRINCE GEORGE. . . . . . | capitaine | John Bentley. |
|  |  | Anson, | vice-amiral. |
| 72 | NAMUR. . . . . . . . . . | capitaine | honorable Edouard Boscawen. |
| 66 | DEVONSHIRE. '. . . . . . . | — | Temple West. |
|  |  | Sir Peter | Warren, contre-amiral. |
| | MONMOUTH. . . . . . . . | capitaine | Henry Harrisson. |
| 64 | PRINCE FREDERIC. . . . . | — | Harry Norris. |
| | YARMOUTH. . . . . . . . | — | Piercy Brett. |
| | PRINCESS LOUISA. . . . . | — | Charles Watson. |
| | DEFIANCE. . . . . . . . . | — | Thomas Grenville. |
| 60 | NOTTINGHAM. . . . . . '. | — | Philip Saumarez. |
| | PEMBROKE. . . . . . . . | — | Thomas Fincher. |
| | WINDSOR. . . . . . . . . | — | Thomas Hanway. |
| | CENTURION. . . . . . . . | — | Peter Dennis. |
| 50 | FALKLAND. . . . . . . . | — | Blom Barradel. |
| | BRISTOL. . . . . . . . . . | — | honorable W. Montagu. |
| 40 | AMBUSCADE. . . . . . . . | — | John Montagu. |
| 10 | FALCON. . . . . . . . . . | — | Richard Gwynne. |
| | Un brûot. | | |

Dès que la force de l'escadre anglaise pût être appréciée, les vaisseaux de la Compagnie l'*Apollon* et la *Thétis* imitèrent l'exemple qui leur avait été donné par deux de leurs compagnons; ils laissèrent arriver. Ce nouvel affaiblissement des forces françaises fit prendre aux commandants des deux divisions la détermination de faire aussi cette manœuvre pour ne pas se priver de la coopération entière des vaisseaux de la Compagnie, et de s'établir en ligne de convoi, les amures à bâbord. Les Anglais chassèrent sans ordre et avec une indécision qui sauva les navires du commerce; ils approchaient cependant, et l'engagement devenait inévitable. Les deux divisions françaises furent établies de nouveau en bataille, tribord amures; le *Diamant* prit la tête; l'*Invincible* suivait; le *Sérieux* venait ensuite; le *Jason* fut placé en serre-file. La frégate la *Gloire*, les vaisseaux de la Compagnie l'*Apollon*, le *Philibert*, la *Thétis* et la flûte le *Rubis* complétaient la ligne. Vers 4ʰ de l'après-midi, les vaisseaux anglais CENTURION, NAMUR, DEFIANCE et WINDSOR canonnèrent la queue de la ligne française sans s'arrêter. Cette attaque fut répétée successivement par tous les vaisseaux ennemis; mais les uns passèrent à tribord tandis que les autres prenaient poste à bâbord, de telle sorte que les Français se trouvèrent entre deux feux. Cette position était trop désavantageuse pour que l'ordre signalé fût maintenu. A 5ʰ, les bâtiments français n'en observaient plus aucun; ils purent dès lors combattre avec moins de désavantage et se secourir mutuellement. La résistance de l'*Apollon* et de la *Thétis* fut courte : ces deux vaisseaux de la Compagnie se bornèrent à tirer quelques bordées. Le *Jason* ne se défendit pas davantage. Le *Rubis* combattit plus longtemps; son mât de misaine menaçait de s'abattre et son entrepont était plein d'eau lorsqu'il amena. La *Gloire* opposa une résistance plus grande encore. Le capitaine de Saliesse ayant eu la tête emportée par un boulet, le lieutenant de Marinière le remplaça et prolongea sa défense jusqu'à 7ʰ. L'équipage de la *Gloire* était alors en presque totalité hors de combat; les mâts, les vergues de la frégate étaient hachés et sa cale était remplie d'eau. Pendant ce temps, le *Sérieux* luttait contre le Devonshire, le Namur et un autre vaisseau qui le combattaient par les deux hanches et par l'arrière. A 6ʰ 30ᵐ, la vaisseau français lança sur bâbord et envoya une bordée d'enfilade au Devonshire. Cette embardée fit incliner fortement le *Sérieux*, et avant qu'on eût pu laisser tomber les mantelets des sabords, l'eau entra en telle abondance dans la batterie basse, qu'il devint impossible de rentrer les canons pour fermer les sabords. On essaya vainement de revenir en route pour redresser le vaisseau; les bras étaient coupés, et l'on ne put réussir à mettre les voiles en ralingue. La riposte du vaisseau anglais fut désastreuse; tous les mâts du *Sérieux* furent gravement endommagés, sa grande vergue fut abattue, et le chef d'escadre de Lajonquière reçut une forte blessure; il y avait près de 3 mètres d'eau dans la cale : le pavillon du *Sérieux* fut amené. Le *Diamant*, qui combattait 2 vaisseaux, tenait encore; il était rasé comme un ponton lorsqu'il se rendit. Restait l'*Invincible*. La chute du grand mât de ce vaisseau avait entraîné le mât de perroquet de fougue, et l'eau envahissait la cale au point de donner de sérieuses inquiétudes. Assailli dans cet état par 3 vaisseaux, l'*Invincible* ne pouvait plus riposter : ses munitions étaient ou épuisées ou immergées. La résistance n'était plus possible ; le pavillon de l'*Invincible* fut amené.

Le chef d'escadre de Lajonquière et le capitaine de Saint-Georges se dévouèrent pour sauver leur convoi et ils y réussirent ; car, quoique les vaisseaux anglais Monmouth, Yarmouth, Nottingham et la corvette Falcon eussent été détachés pour le poursuivre, la majeure partie arriva à Québec. En dehors des vaisseaux de Compagnie, 2 navires seulement furent capturés.

Les pertes étaient considérables et à peu près égales des deux côtés. Le capitaine Grenville, du Defiance, avait perdu la vie, et le capitaine Boscawen, du Namur, était blessé. Les avaries des vaisseaux anglais nécessitèrent le renvoi de sept d'entre eux en Angleterre. Le gouvernement anglais décerna une récompense aux deux officiers généraux de l'escadre ; « et cependant, dit un écrivain anglais de l'é-« poque, la grande supériorité des forces de l'amiral Anson « devait faire regarder sa victoire plutôt comme une faveur « de la fortune que comme un véritable triomphe. »

Le *Sérieux* prit le nom d'Intrepid et le *Diamant* fut nommé Isis dans la marine anglaise (1).

---

(1) J'ai étudié avec un soin particulier cet épisode de nos guerres maritimes, tant sur les rapports officiels que dans les ouvrages anglais. J'ai donc lieu d'espérer que la version qu'on vient de lire est exacte. On a pu voir si les capitaines des bâtiments de l'Etat manquèrent à leurs devoirs et si les chefs abandonnèrent les navires du commerce qu'ils avaient mission de protéger, s'il y eut enfin dans la conduite des uns et des autres quelque chose qui ressemblât au *sauf qui peut général* auquel maints détracteurs ont laissé croire. En exposant les faits dans toute leur vérité, j'espère réussir à prouver que plusieurs historiens qui ont parlé de la marine de cette époque ne la connaissaient pas lorsqu'ils ont généralisé quelques fautes ; et que, si le gouvernement se trompa, les officiers de marine payèrent généralement de leur personne pour réparer ses erreurs.

Le 6 octobre, un convoi de 250 navires, pour Saint-Domingue, appareilla de la rade de l'île d'Aix avec les vaisseaux ci-après, placés sous les ordres du chef d'escadre Desherbiers de l'Étanduère :

Canons.

| | | | |
|---|---|---|---|
| 74 | *Intrépide.* | capitaine | comte de Vaudreuil. |
| 64 | *Trident.* | — | d'Amblimont. |
| 74 | *Terrible.* | — | comte Duguay. |
| 80 | *Tonnant.* | — | Duchaffault. |
| | | | Desherbiers de l'Étanduère, chef d'escadre. |
| 74 | *Monarque.* | capitaine | de Labédoyère. |
| 50 | *Severn.* | — | Durouret. |
| 64 | *Fougueux.* | — | Duvignault. |
| 70 | *Neptune.* | — | de Fromentière. |
| 64 | *Content,* vaisseau de la compagnie des Indes. | | |
| 28 | *Castor.* | capitaine | ..... |

Le 14, le convoi fut chassé par une escadre anglaise aperçue dans le Sud et dont voici la composition :

Canons

| | | | |
|---|---|---|---|
| 70 | EDINBURGH. | capitaine | Thomas Cotes. |
| 66 | DEVONSHIRE. | — | John Moore. |
| | | | Edouard Hawke, contre-amiral. |
| 64 | YARMOUTH. | capitaine | Charles Saunders. |
| 64 | KENT | — | Thomas Fox. |
| 64 | MONTMOUTH. | — | Henry Harrisson. |
| 60 | LION. | — | Arthur Scott. |
| 60 | PRINCESS LOUISA. | — | Charles Watson. |
| 60 | EAGLE. | — | Georges Bridge Rodney. |
| 60 | TILBURY. | — | Robert Harland. |
| 60 | NOTTINGHAM. | — | Philip Saumarez. |
| 60 | DEFIANCE. | — | John Bentley. |
| 60 | WINDSOR. | — | Thomas Hanway. |
| 50 | GLOUCESTER. | — | Philip Durell. |
| 50 | PORTLAND. | — | Charles Stevens. |

La division française naviguait grand largue sur deux colonnes, avec des vents d'Est ; le convoi était placé au milieu. Dès que l'ennemi fut signalé, le chef d'escadre de l'Étanduère rangea ses vaisseaux en bataille, bâbord amures, dans l'ordre indiqué plus haut et enjoignit au capitaine du *Content* de faire route au N.-N.-O. avec le convoi. La division française se trouva ainsi entre le convoi et l'escadre anglaise qu'elle attendit sous les huniers ; celle-ci chassait sans ordre. A 11ʰ 30ᵐ du matin, ses vaisseaux avancés attaquèrent la queue de la ligne française, mais sans s'arrêter pour la combattre. Après avoir envoyé leur bordée aux vaisseaux qui s'y trouvaient, ils les abandonnèrent aux nouveaux arrivants et remontèrent, les uns à droite, les autres à gauche, jusqu'à la tête de la colonne. Cette manœuvre ayant été imitée par tous les vaisseaux ennemis, les Français se trouvèrent ainsi engagés des deux bords, après avoir eu à recevoir la bordée des vaisseaux anglais qui combattaient devant eux. L'EAGLE eut de suite la roue de son gouvernail brisée et tomba sur le DEVONSHIRE qui combattait le *Severn*, et l'entraîna sous le vent. Le *Neptune*, rasé de tous ses mâts, amena son pavillon le premier; il était 4ʰ. Ce vaisseau obéissait alors au lieutenant Kerlérec : le capitaine de Fromentière avait eu une cuisse emportée par un boulet, et son second, le lieutenant Longueval d'Harancourt, avait été tué presque au moment où il recevait cette blessure. Une heure après, le *Fougueux*, le *Severn*, le *Monarque* et le *Trident* succombaient sous le nombre; le premier et le dernier n'avaient plus un seul mât. A 7ʰ, c'était le *Terrible* qui se rendait, entièrement démâté. Après huit heures de lutte acharnée, le feu cessa de part et d'autre, sans qu'aucun des deux chefs connût le résultat positif du combat. Le *Tonnant* et l'*Intrépide* étaient alors les deux seuls vaisseaux qui portassent leur enseigne déployée; le premier avait perdu son mât de misaine. Le capitaine de Vaudreuil, qui n'avait cessé de soutenir le vaisseau amiral, ne voulut pas l'abandonner dans cette situation critique; il le prit à la remorque, et tous deux firent route à l'Ouest; ils parvinrent à atteindre Brest sans autre rencontre. Grâce à l'opiniâtreté de la défense de l'escorte, le convoi fut sauvé ; 250 navires furent conservés à leurs armateurs par le dévouement du chef d'escadre de l'Étanduère et des capitaines placés sous ses ordres : ce dévouement ne peut être mis en doute, car 8 vaisseaux avaient bien peu de chances de ne pas succomber en en combattant 14; et non-seulement le commandant en chef de ces 8 vaisseaux accepta un combat auquel il eût probablement pu se soustraire, mais il sut inspirer une grande confiance à ses lieutenants, car tous soutinrent cette lutte avec honneur, et ils succombèrent portant les traces les moins récusables de leur belle et énergique défense : 4 vaisseaux étaient entièrement démâtés; 2 n'avaient plus que leur mât de misaine. Les pertes des Français étaient considérables. Le capitaine de Fromentière était mort; le chef d'escadre de l'Étanduère avait reçu deux blessures, le capitaine Duchaffault en avait une. Les Anglais avaient, du reste, acheté cher leur victoire : ils furent obligés de rentrer en Angleterre. Le capitaine Saumarez avait perdu la vie.

La frégate le *Castor*, qui avait suivi le convoi, fut prise par le vaisseau anglais HAMPSHIRE.

Chassé près du cap Finistère d'Espagne par l'escadre de l'amiral anglais sir Peter Warren, le vaisseau de 46ᵉ l'*Étoile* chercha un refuge derrière la petite île Sisarga, avec 5 navires du commerce qu'il escortait. Le vaisseau fut évacué et livré aux flammes, ainsi qu'un des navires marchands; les quatre autres furent capturés.

Le capitaine Dubois de Lamotte, revenant des Antilles avec un fort convoi de voiles qu'il escortait avec 4 bâtiments de guerre, fut chassé, le 1ᵉʳ juillet (1), dans le N.-O. du cap Ortegal d'Espagne, par la division du capitaine anglais Fox. Le capitaine Dubois de Lamotte signala au convoi de faire toute la voile possible et il se plaça sur les derrières pour protéger sa retraite. Malheureusement, il ne maintint pas ces bonnes dispositions, et lorsqu'il put reconnaître qu'il serait impuissant à arrêter l'ennemi, il laissa chaque capitaine libre de suivre la route

(1) Beatson, *Naval and military memoirs,* etc., dit le 20 juin.

qui lui conviendrait. 47 navires du commerce furent capturés; les autres parvinrent à atteindre différents ports.

---

La frégate de 32ᶜ la *Renommée*, qui se rendait à Saint-
Domingue avec le gouverneur de cette colonie, fut prise
le 13 septembre, après un rude combat, par la frégate anglaise DOVER.

---

Le capitaine Dubois de Lamotte fut encore chargé
cette année de l'escorte d'un convoi destiné à la Martinique et à Saint-Domingue; le vaisseau de 64ᵉ le *Magnanime* qu'il commandait et la frégate de 42ᶜ l'*Étoile*, composaient l'escorte. Après avoir conduit la première partie
du convoi à sa destination, il continua sa route sur Saint-
Domingue. Le 29 novembre, lendemain du jour où il avait
quitté la Martinique, 4 bâtiments furent signalés au vent;
à 1ʰ de l'après-midi, on reconnut en eux des vaisseaux
anglais. Le capitaine Dubois de Lamotte signala au convoi
de forcer de voiles et à l'*Étoile* de protéger sa retraite.
Quant à lui, il se mit en panne avec le *Magnanime*, et il
y resta jusqu'à ce qu'il eût vu tous les navires du commerce
défiler devant lui. La fermeté de cette contenance ne rassura
cependant pas tous les capitaines marchands; plusieurs
prirent des directions autres que celle qui avait été indiquée. A 4ʰ, le vaisseau le plus avancé, fort de 50ᵉ, put engager la canonnade avec le *Magnanime*. A 7ʰ, un vaisseau de 60ᵉ joignit son feu au sien. Ils se retirèrent vers
1ʰ du matin; les deux autres vaisseaux ne purent approcher assez pour prendre part à la lutte. Le capitaine
Dubois de Lamotte fit de suite réparer les avaries qui pouvaient ralentir la marche du *Magnanime* et il continua sa
route. Les quatre vaisseaux ennemis le chassèrent tout le
jour suivant, mais sans pouvoir l'atteindre, et le soir ils se
mirent à la recherche du convoi. C'était un peu tard;
celui-ci avait pris une avance qu'il conserva et il arriva,

ainsi que le *Magnanime*, le 8 décembre, sur la rade du Cap Français. Les navires, au nombre de 6, qui n'avaient pas suivi la route qui leur avait été signalée, furent seuls capturés.

La Grande-Bretagne avait, par un grand déploiement de forces, ressaisi la domination des mers. Ce n'était pas en quelques mois que de longues années d'incurie pouvaient se réparer, et les escadres françaises, malgré l'alliance de l'Espagne, étaient incapables de lutter contre les forces de l'Angleterre, grossies encore par la marine hollandaise. Les combats de l'année 1747 avaient anéanti la marine de l'État ; mais de simples particuliers, des armateurs, s'étaient immortalisés par des efforts plus puissants que ceux du gouvernement, et les prises nombreuses qu'ils avaient amenées dans les ports étaient une compensation aux pertes éprouvées par la marine royale. Le traité d'Aix-la-Chapelle mit fin à cette guerre de corsaires qui avait été si dommageable au commerce anglais.

### BATIMENTS PRIS, DÉTRUITS OU INCENDIÉS
pendant l'année 1747.

FRANÇAIS.

| Canons. | | |
|---|---|---|
| 74 | *Invincible.* . . . . . . . . | Pris par une escadre. |
| | *Monarque.* . . . . . . . . | — — |
| | *Terrible.* . . . . . . . . . | — — |
| 70 | *Neptune.* . . . . . . . . . | — — |
| 66 | *Sérieux.* . . . . . . . . . | — — |
| | *Fougueux.* . . . . . . . . | — — |
| | *Trident.* . . . . . . . . . | — — |
| 52 | *Diamant.* . . . . . . . . . | — — |
| 50 | *Jason.* . . . . . . . . . . | — — |
| | *Severn.* . . . . . . . . . | — — |
| 46 | *Etoile.* . . . . . . . . . . | Détruite à la côte. |
| 40 | *Gloire.* . . . . . . . . . . | — — |
| 52 | *Renommée.* . . . . . . . . | Prise par une frégate. |
| 28 | *Castor.* . . . . . . . . . . | Prise par un vaisseau. |
| 26 | *Rubis,* flûte. . . . . . . . | Prise par une escadre. |

ANGLAIS.

| | | |
|---|---|---|
| 40 | MAIDSTONE. . . . . . . . | Naufragée en France. |
| 20 | FOWEY. . . . . . . . . . | Naufragée à la Martinique. |

RÉCAPITULATION.

|  |  | Pris. | Détruits ou naufragés. | Incendiés. | TOTAL. |
|---|---|---|---|---|---|
| FRANÇAIS. . | Vaisseaux. . . . . . . . | 10 | 1 | » | 11 |
|  | Frégates. . . . . . . . | 3 | » | » | 3 |
|  | Bâtiments de moindre force. . . . . . . . | 1 | » | » | 1 |
| ANGLAIS. . . | Frégates. . . . . . . . | » | 1 | » | 1 |
|  | Bâtiments de moindre force. . . . . . . . | » | 1 | » | 1 |

## ANNÉE 1748.

---

Le traité d'Aix-la-Chapelle, qui fut signé le 18 octobre 1747, ne mit pas immédiatement fin aux hostilités. Dans la nuit du 30 au 31 décembre, par un grand vent de S.-O. et une brume très-épaisse, le vaisseau de 64° le *Magnanime*, monté par le chef d'escadre marquis d'Albert, fut séparé de la division avec laquelle il était parti de Brest pour l'Inde depuis quelques jours. Le chef d'escadre d'Albert mit son vaisseau à la cape dès qu'il fut certain de son isolement; mais malgré cette sage précaution, le *Magnanime* démâta successivement de ses trois mâts de hune; dans leur chute, ces mâts brisèrent les trois hunes. Une voilure de fortune fut installée, et le chef d'escadre d'Albert prit le parti de rentrer à Brest, quoiqu'il eût la presque certitude de rencontrer quelque croiseur anglais. Ses craintes étaient fondées. Le 11 janvier 1748, au jour (1), il se trouva au milieu de 9 vaisseaux ennemis à la cape : 300 milles le séparaient encore de Ouessant. Le contre-

---

(1) Beatson, *Naval and military memoirs*, dit le 31 décembre 1747.

amiral Hawke, qui commandait cette escadre, fit chasser le *Magnanime* par le NOTTINGHAM de 60ᵉ, capitaine Harland, et le PORTLAND de 50, capitaine Stevens. Ces vaisseaux l'atteignirent à 8ʰ du soir, mais se bornèrent à l'observer pendant la nuit. Le lendemain, à 9ʰ du matin, profitant de la difficulté qu'il avait à manœuvrer, ils l'attaquèrent par les hanches et par l'arrière. La mer était très-grosse et le *Magnanime*, qui n'avait pas de voiles hautes, roulait au point de rendre impossible l'usage de sa batterie basse; il ne répondit donc qu'avec ceux des canons de la deuxième batterie et des gaillards qui pouvaient apercevoir les vaisseaux anglais. A 5ʰ du soir, presque toute son artillerie était hors de service; une plus longue résistance ne pouvait changer la destinée du *Magnanime*. Le chef d'escadre d'Albert fit amener un morceau de flamme attaché aux haubans d'artimon, seul signe de nationalité qui restât au vaisseau dont le commandement lui avait été confié.

La frégate le *Duc de Cumberland*, capitaine de Mézedern, qui servait de découverte à la division du chef d'escadre d'Albert, fut aussi séparée pendant le coup de vent de la nuit du 30 au 31 décembre 1747. Cette frégate fut même compromise un moment, et le capitaine de Mézedern se vit dans la nécessité de couper son mât d'artimon; il relâcha à la Corogne. Le 27 mars 1748, trois jours après son départ de ce port, il eut un engagement de nuit avec un vaisseau anglais. Le *Duc de Cumberland* arriva à Bourbon le 3 juillet.

### BATIMENTS PRIS, DÉTRUITS OU INCENDIÉS
pendant l'année 1748.

FRANÇAIS

Canons.
64   *Magnanime*. . . . . . . .   Pris par deux vaisseaux.

RÉCAPITULATION GÉNÉRALE DES BÂTIMENTS PRIS, DÉTRUITS OU INCENDIÉS
DE 1744 A 1748.

| | | Pris. | Détruits ou naufragés. | Incendiés. | TOTAL. |
|---|---|---|---|---|---|
| FRANÇAIS. . | Vaisseaux. . . . . . . | 16 | 2 | » | 18 |
| | Frégates. . . . . . . | 5 | 2 | » | 7 |
| | Bâtiments de moindre force. . . . . . . . | 5 | » | » | 5 |
| ANGLAIS. . . | Vaisseaux. . . . . . . | 2 | 6 | » | 8 |
| | Frégates. . . . . . . | 1 | 1 | » | 2 |
| | Bâtiments de moindre force. . . . . . . | 10 | 9 | » | 19 |

Nous venons de parcourir l'époque la plus triste comme
la plus désastreuse de notre histoire maritime. A part quelques rares exceptions, la marine de la France n'éprouva que
des échecs de 1744 à l'année 1748. Je répéterai ici ce
que j'ai déjà dit : ces désastres ne doivent pas être attri-
bués aux officiers auxquels on confia le commandement
de nos forces navales ; une grande part du blâme incombe au
gouvernement. La marine était abandonnée ; et lorsqu'une
circonstance quelconque obligeait de mettre plusieurs vaisseaux à la mer, leur nombre était si restreint, qu'ils étaient
écrasés à leur sortie du port. Cela eut constamment lieu
pendant la guerre à laquelle la paix d'Aix-la-Chapelle mit
un terme. On peut dire que, dans de pareilles conditions,
il était impossible de réussir mieux que ne le firent les
officiers généraux de cette époque. Mais si ces officiers
firent ce que le devoir et l'honneur leur commandaient,
s'ils déployèrent les talents qu'on était en droit d'exiger
d'eux dans la position qu'ils occupaient, aucun d'eux ne
peut être cité comme ayant dominé les autres par sa valeur
ou par son génie. Il faut des occasions au génie militaire
pour qu'il se fasse jour. Le dix-neuvième siècle n'eût pas
vu toutes ces illustrations qui ont porté si haut le nom
français, si les circonstances n'eussent servi ceux-là aux-

quels la France doit une si grande partie de sa gloire.
Ces occasions firent défaut à la marine de Louis XV, ou
plutôt, ce monarque ne donna pas à sa marine le moyen
de montrer si elle avait ou non dégénéré.

Le lieutenant général Labruyère de Courts eut le premier
à se mesurer avec un ennemi qui ne s'était pas arrêté dans
la voie du progrès et il le fit dans les conditions les plus
déplorables. Donner secours et assistance à une escadre
alliée et l'aider à repousser l'attaque d'un ennemi avec lequel on n'est pas soi-même en guerre, avec l'injonction
formelle de se défendre, mais de se bien garder d'attaquer,
n'est pas chose facile sur mer. Telle fut, on le sait, la mission qui fut donnée au lieutenant général de Courts ; et
quoiqu'il l'eût remplie dans la limite du possible, il fut
sacrifié à celui pour lequel il avait combattu, celui-ci
n'ayant pas trouvé d'autre moyen de couvrir sa propre
faiblesse.

Le chef d'escadre Desherbiers de l'Étanduère défendit
un convoi ainsi que, sur terre, on défend une position lorsque l'on veut sauver un corps d'armée ou assurer une manœuvre : il se fit écraser. L'occasion ne se présenta pas
pour cet officier général de montrer si, à forces égales, il
était capable de lutter contre l'ennemi expérimenté avec
lequel la France était en guerre.

Le chef d'escadre de Lajonquière se trouva dans des conditions plus défavorables encore. A la tête d'une division
en presque totalité composée de bâtiments de petite espèce
et de vaisseaux de la Compagnie des Indes, il eut à combattre une escadre qui comptait plus de vaisseaux qu'il
n'avait de bâtiments de toute espèce. Il n'eût été donné
à personne de réussir dans de semblables conditions. Tout
ce qu'il était possible de faire fut fait. Le combat qui aurait peut-être pu être évité fut accepté ; les bâtiments de
guerre luttèrent dans la limite de leurs forces et, grâce
à cette résistance inattendue, 38 navires du convoi sur 40
furent sauvés. Ce fut la seule affaire dans laquelle le chef

d'escadre de Lajonquière commanda. A l'occasion, il eût
peut-être réussi à prouver aux détracteurs de la marine
qu'il était, autant que qui que ce soit, capable de vaincre
lorsqu'on lui donnait le moyen de combattre à armes égales.

Aucun autre officier général n'eut à combattre comme
commandant en chef.

## ANNÉE 1755

Après quelques années de paix, l'Europe fut de nouveau
troublée par l'ambition de l'Angleterre et par les projets
de Marie-Thérèse d'Autriche. Le traité d'Aix-la-Chapelle
n'avait terminé ni les luttes lointaines de l'Inde, ni les
hostilités entre les colons français et les colons anglais de
l'Amérique septentrionale. Dans l'Inde, le gouverneur Dupleix luttait contre la Compagnie anglaise pour conquérir
à la France la domination de l'Indoustan. Les deux partis
en venaient sans cesse aux mains, couvrant leurs actes du
nom des radjahs et des nababs qui leur servaient d'instruments. En Amérique, l'Angleterre ne voyait pas sans
alarmes les Français maîtres du Canada, et elle pensait
avec raison qu'il ne pouvait y avoir de repos pour ses colonies, dans cette partie du monde, tant qu'un tel état de
choses durerait. Déjà elle en avait fait l'expérience. L'île
du Cap Breton, à l'entrée du golfe Saint-Laurent, avait été
occupée en 1713 par les Français qui lui avaient donné
le nom d'*île Royale*. Trente-deux ans plus tard, en 1745,
les Anglais s'en étaient emparés et l'avaient gardée jusqu'à
la paix de 1748. La restitution qu'ils en avaient faite à
cette époque avait consterné les Anglo-Américains, et ils
n'attendaient qu'une circonstance favorable pour expulser

des voisins qu'ils n'avaient pas cessé de considérer comme des ennemis, d'un poste dont ils avaient pu apprécier l'importance. Les limites des possessions des deux puissances avaient été si mal définies dans le traité de paix, qu'il était difficile de décider entre les récriminations des deux parties ; aussi l'animosité était-elle extrême, et l'on s'accusait sans cesse d'empiétement. Les choses étaient dans cet état lorsque l'assassinat de l'officier français parlementaire Jumonville, par un détachement d'Anglo-Américains, devint le signal d'une guerre violente. Les deux gouvernements ne rompirent cependant pas encore leurs relations et la cour de France fit preuve d'une modération qui eût dû amener un accommodement.

Le gouvernement anglais engagea la lutte par une de ces grandes violations du droit des gens qui furent plus tard établies en système par le ministre Pitt. Sans déclaration de guerre préalable, ordre fut donné aux bâtiments anglais de courir sus aux navires de la France : 300 navires du commerce furent ainsi capturés ; plusieurs bâtiments de de la marine royale furent même enlevés par trahison. La chambre des communes d'Angleterre recula devant l'infamie de cette vaste piraterie ; elle déclara les prises irrégulières : le gouvernement refusa de les restituer sans négociations.

La France se lassa enfin. Des armements furent ordonnés dans tous les ports et des renforts furent disposés pour être envoyés dans les colonies. On songea d'abord au Canada. Le 3 mai 1755, le lieutenant général de Macnémara partit de Brest avec les vaisseaux et les frégates ci-après :

| Canons. | | |
|---|---|---|
| 80 | *Fomidable*............ | capitaine de Kersaint. |
| | | comte de Macnémara, lieutenant général. |
| 74 | *Héros.* ............ | capitaine de Monlouet, chef d'escadre. |
| | *Palmier.* ............ | — chevalier de Beaufremont. |
| 64 | *Éveillé.* ............ | — de Fontais. |
| | *Inflexible.* ............ | — de Guébriant. |
| 54 | *Aigle.* ............ | — de Consages. |
| 74 | *Entreprenant.* ........ | — Dubois de Lamotte, chef d'esc. |

| 64 | | | Bizarre.............. | — | Perrier de Salvert, chef d'esc. |
|----|--|--|------------------------|---|--------------------------------|
|    | | | Alcide.............. | — | Hocquart. |
| 74 | | 24ᶜ | Dauphin Royal. | — | de Montalais. |
|    | | 24 | Algonquin.... | — | de Lavilléon. |
| 70 | | 24 | Défenseur.... | — | Beaussier de Lisle, Louis-Joseph. |
|    | | 24 | Espérance.... | — | vicomte de Bouville. |
|    | | 22 | Opiniâtre.... | — | de Mollien. |
| 64 | | 22 | Illustre..... | — | de Choiseul. |
|    | | 22 | Actif....... | — | chevalier de Caumont. |
|    | | 22 | Lys....... | — | de Lorgeril. |
|    | | 22 | Léopard.... | — | Saint-Lazare. |
| 60 | | 22 | Apollon, hôpital | — | de Gomain. |
|    | | 22 | Aquilon — | — | de Larigaudière. |

*(colonne verticale : armés en flûte avec)*

Frégates de 30ᶜ : *Améthyste, Fleur-de-Lys, Héroïne, Sirène, Comète, Diane, Fidèle* (1).

Les préparatifs de la France furent bientôt connus en Angleterre et plusieurs escadres sortirent pour les surveiller. Cependant le lieutenant général de Macnémara trouva la route libre; mais il fut suivi par une escadre anglaise qui était sortie de Plymouth avec le vice-amiral Boscawen. Rendu en dehors du golfe de Gascogne, il laissa le commandement au chef d'escadre Dubois de Lamotte et rentra à Brest avec les six premiers vaisseaux et les trois premières frégates de la liste ci-dessus; le reste de l'escadre continua sa route pour Québec. Séparés par la brume et le mauvais temps sur le banc de Terre-Neuve, les Français arrivèrent isolément à leur destination; les uns entrèrent par le passage habituel, les autres par le détroit de Belle-Ile, dans lequel aucun vaisseau ne s'était encore engagé. Le 22 juin, ils étaient tous réunis, à l'exception de l'*Alcide* et du *Lys*. Le 10, à l'atterrage, ces deux vaisseaux avaient été chassés par une escadre anglaise. Sur leur refus de saluer le pavillon de la Grande-Bretagne, ils avaient été attaqués, l'*Alcide* par le vaisseau le DUNKIRK de 60ᶜ, capitaine honorable Richard Howe, et TORBAY de 74ᶜ, capi-

(1) J'ai indiqué jusqu'à présent les différences qui existent entre les faits consignés dans l'*Hist. de la marine* de M. de Lapeyrouse et ceux dont je donne la relation. Ces différences deviennent si nombreuses, que je m'abstiendrai de le faire désormais; je ne les signalerai que lorsqu'elles toucheront à des points capitaux.

taine Charles Colby, qui portait le pavillon de l'amiral
Boscawen ; le *Lys*, par le Defiance de 60°, capitaine Thomas Andrews, et le Fougueux de 64°, capitaine Richard
Spry. Les deux vaisseaux français avaient amené leur pavillon après cinq heures de combat (1). L'envoi de l'escadre
française à Québec n'avait d'autre but que l'approvisionnement du Canada ; aussi, dès que le chargement des vaisseaux eut été mis à terre, le chef d'escadre Dubois de
Lamotte reprit-il la mer. Il mit sous voiles le 15 août, et
l'escadre mouilla à Brest le 21 septembre. Plusieurs vaisseaux entrèrent à Rochefort. Le vice-amiral Boscawen quitta
la côte d'Amérique à peu près en même temps que le chef
d'escadre Dubois de Lamotte et rentra en Angleterre, laissant dans ces parages une faible division sous les ordres
du contre-amiral Holburne.

Quoique la déclaration n'ait eu lieu que le 17 mai 1756,
le commencement de la guerre date, à proprement parler,
des combats du *Lys* et de l'*Alcide*. Dès que le roi de France
eut connaissance de la prise de ces vaisseaux, il enjoignit
à son ambassadeur de quitter Londres. Le cabinet de Saint-
James répondit à cette mesure par l'arrestation des navires français qui se trouvaient dans les ports d'Angleterre,
et par l'ordre de se saisir de tous ceux qui seraient rencontrés à la mer. Du reste, dès le mois de juillet, il avait
chargé le contre-amiral West d'inquiéter une division avec
laquelle le capitaine Duguay portait des approvisionnements
aux colonies françaises de l'Ouest. Cet officier supérieur
parvint à tromper la vigilance du contre-amiral anglais;
il remplit sa mission et rentra à Brest, après avoir pris à
l'atterrage la corvette anglaise de 20° Bladford, capitaine
Watkins.

---

(1) C'était la troisième fois que le capitaine Hocquart devenait le prisonnier
du vice-amiral Boscawen. Il était sur la *Médée* lorsque cette frégate fut prise par
le Dreadnought en 1744. Il se trouvait en 1747 sur le *Diamant* qui fut capturé
par le Namur. Ces deux vaisseaux portaient le pavillon du vice-amiral Boscawen.

Le vaisseau de 70°, armé en flûte avec 24°, l'*Espérance*, capitaine vicomte de Bouville, n'avait pu quitter Québec en même temps que l'escadre du chef d'escadre Dubois de Lamotte dont il faisait partie. Peu de jours après son départ, il fut assailli par un violent coup de vent et cassa sa grande vergue. Le 11 novembre, 4 vaisseaux, aperçus dans le Nord, le chassèrent; la mer était grosse et le vent soufflait du Nord. Le capitaine de Bouville fit gouverner au S. ¼ S.-E. ; il ne tarda pas à être joint par l'Oxford de 74°, capitaine Stephens. Après avoir bien reconnu la force du vaisseau fraçais, l'Oxford arbora le pavillon de la Grande-Bretagne, se plaça à portée de pistolet et l'attaqua par la hanche de bâbord. L'*Espérance* répondit par une bordée à double projectile et continua un feu si bien nourri que le vaisseau anglais se laissa culer. Le capitaine de Bouville prit alors le plus près tribord amures. Le capitaine anglais imita cette manœuvre dès que cela lui fut possible et il recommença le combat. Bientôt la brise devint tellement molle, que les deux vaisseaux, ballottés par une grosse houle, furent en quelque sorte abandonnés au gré des flots et ne se canonnèrent plus que lorsque leur position leur permit de se découvrir; le vaisseau français était alors entièrement dégréé et sa soute à poudre était noyée. Malheureusement la brise fraîchit avant la nuit, et elle amena le Revenge, capitaine Cornwall, et le Buckingham, qui portait le pavillon du contre-amiral West; ces vaisseaux prirent position dans les hanches et sur l'arrière de l'*Espérance* qui ne gouvernait plus. Une plus longue défense était impossible; le capitaine de Bouville fit amener le pavillon. L'*Espérance* était dans un état tel, que les Anglais y mirent le feu. Les nombreuses avaries de l'Oxford témoignaient de la résistance héroïque des Français. Les vaisseaux ennemis rallièrent l'escadre du vice-amiral Byng et rentrèrent en Angleterre avec elle.

Un autre acte d'hostilité eut lieu pendant que l'escadre du chef d'escadre Dubois de Lamotte effectuait son retour en France. Séparé des autres vaisseaux, l'*Opiniâtre* de 64°, armé en flûte avec 22°, capitaine de Mollien, eut un engagement de deux heures avec une frégate anglaise, en vue de 8 vaisseaux de la même nation.

---

### BATIMENTS PRIS, DÉTRUITS OU NAUFRAGÉS
pendant l'année 1755.

FRANÇAIS.

| Canons. | | | | |
|---|---|---|---|---|
| 70 | *Espérance.* | armés en flûte | 24° | Pris par une division. |
| 64 | *Lys.....* | avec.... | 22 | Pris par deux vaisseaux. |
| | *Alcide............* | | | Pris par deux vaisseaux. |

ANGLAIS.

| | | |
|---|---|---|
| 64 | MARS............ | Naufragé en Amérique. |
| 20 | BLANDFORD.......... | Prise par une division. |

RÉCAPITULATION.

| | | Pris. | Détruits ou naufragés. | Incendiés. | TOTAL. |
|---|---|---|---|---|---|
| FRANÇAIS. . | Vaisseaux. ....... | 1 | » | » | 3 |
| ANGLAIS. . . | Vaisseaux. ....... | » | 1 | » | 1 |
| | Bâtiments de moindre force. ........ | 5 | » | » | 1 |

## ANNÉE 1756.

---

On commençait enfin à comprendre en France qu'il fallait à tout prix sortir de la position humiliante dans laquelle la marine était tombée. De grands efforts furent faits, et grâce à l'activité que le ministre de la marine sut imprimer au service, une escadre et plusieurs divisions surgirent,

comme par enchantement, dans les ports. Le 10 avril, le
lieutenant général Barin, marquis de La Galissonnière, sortit de Toulon et alla mouiller aux îles d'Hyères avec 12 vaisseaux, 6 frégates et 150 navires du commerce, sur lesquels 15,000 hommes avaient été embarqués ; le maréchal
de Richelieu les commandait. L'expédition à laquelle ces
troupes étaient destinées était tenue secrète. Après deux
jours employés aux installations particulières des vaisseaux,
la flotte remit à la voile ; le soir même elle reçut un coup
de vent qui dispersa plusieurs navires. Le 18, elle mouilla
devant Ciutadella de Minorque. Cette ville, située sur la
côte méridionale de l'île, fut abandonnée par sa garnison et
occupée sans coup férir par les Français.

En 1713, le traité d'Utrecht avait donné l'île de Minorque
aux Anglais, déjà maîtres, depuis 1708, du fort Saint-Philippe qu'ils avaient enlevé à Philippe V d'Espagne, dans le
but, avaient-ils prétendu, de le rendre à l'archiduc Charles
d'Autriche. Depuis cette époque, ils entretenaient dans le
magnifique port de Mahon une force navale stationnant
comme avant-garde près des côtes de Provence. La France
avait pris la résolution de s'emparer de cette île, et c'était
pour mettre ce projet à exécution que le lieutenant général
de La Galissonnière s'était dirigé sur Minorque. Le 24 au
matin, les troupes, l'artillerie et tout le matériel étaient à
terre ; l'escadre appareilla alors pour établir le blocus du
port de Mahon et, par suite, celui du fort Saint-Philippe,
situé à l'entrée même de la passe qui y conduit. Les vaisseaux anglais DEPFORD et PRINCESS LUISA et les frégates
CHESTERFIELD, PHOENIX et DOLPHIN, qui étaient dans le port,
avaient pris le large dès que le débarquement des Français
avait été connu.

Absorbée en quelque sorte par les craintes que lui cau-
sait la présence de l'armée récemment formée sur les côtes
de Normandie, l'Angleterre avait fait peu de cas de l'armement de Toulon. Cependant l'incertitude était bien grande
à Londres dans ce moment. Où se porterait le premier effort

de la France? Telle était la grande préoccupation du gouvernement, la grande question que personne n'osait résoudre dans un pays qui avait des possessions dans toutes les parties du monde. Convaincu enfin de la réalité des bruits d'une expédition sur Mahon, bruits auxquels on avait jusqu'alors ajouté d'autant moins de foi que le duc de Richelieu avait mis plus d'empressement à les répandre, le gouvernement anglais prescrivit à l'amiral Byng de se diriger sur l'île de Minorque et de tenir l'escadre française bloquée dans le port de Mahon, dans le cas où elle y serait entrée ; 4,000 hommes de troupes furent embarqués sur les vaisseaux anglais. L'amiral Byng partit de Spithead le 6 avril, et arriva à Gibraltar le 2 mai ; il y apprit, par le capitaine de la Princess Luisa, la destination de l'escadre française. L'amiral anglais quitta Gibraltar le 8. Le 16, il fut rallié par le Phœnix, qui lui confirma la nouvelle du débarquement des Français à Minorque ; contrarié par le vent, il ne put arriver que le 19 en vue de cette île. Ce jour-là, les découvertes françaises signalèrent l'escadre anglaise. Le vent, qui soufflait du Nord, passa du côté du Sud, mais très-variable. Les deux escadres manœuvrèrent toute la journée pour s'élever le plus possible. Dès que les Anglais avaient été aperçus, le commandant en chef avait adressé au duc de Richelieu une demande de soldats pour compléter les équipages ; on lui envoya 450 hommes : une des embarcations qui les portaient fut prise par l'ennemi. Le lendemain, le vent se fixa à l'Est, joli frais. Les Français se trouvèrent sous le vent et se formèrent en bataille, les amures à tribord, dans l'ordre suivant :

Canons,
| 64 | *Lion.* . . . . . . . . . . . | capitaine marquis de Saint Aignan. |
|----|--------------------------|------------------------------------|
| 64 | *Triton.* . . . . . . . . . | — de Mercier. |
| 74 | *Redoutable.* . . . . . . . | — de Vilarzel. |
|    |                          | commandeur de Glandevès, chef d'escadre. |
| 64 | *Orphée.* . . . . . . . . . . | capitaine chevalier de Raymondis. |
| 50 | *Fier.* . . . . . . . . . . | — d'Herville. |
| 74 | *Guerrier.* . . . . . . . . . | — Villars de Labrosse. |
| 80 | *Foudroyant.* . . . . . . . | — Froger de l'Eguille. |
|    |                          | Barin, marq. de La Galissonnière, lieut. gén. |

| | | |
|---|---|---|
| 74 | *Téméraire* . . . . . . . . | capitaine de Beaumont Lemaître. |
| 50 | *Hippopotame* . . . . . . | — de Rochemore. |
| 64 | *Content* . . . . . . . . . | — de Sabran Grammont. |
| 74 | *Couronne* . . . . . . . . | — Gabanous. |
| | | de Laclue, chef d'escadre. |
| 64 | *Sage* . . . . . . . . . . . | capitaine Durevest. |

Frégates : 40ᶜ *Junon*, 30 *Rose*, 26 *Pléiade*, 24 *Gracieuse*, *Topaze*, *Nymphe*.

Les Anglais laissèrent arriver pour se rapprocher, et se formèrent en bataille, les amures à tribord, par le travers des Français, dans l'ordre ci-après :

Canons,

| | | |
|---|---|---|
| 60 | DEFIANCE . . . . . . . . . | capitaine Thomas Andrews. |
| 50 | PORTLAND . . . . . . . . . . | — Pat. Baird. |
| 66 | LANCASTER . . . . . . . . | — honorable George Edgecumbe. |
| 70 | BUCKINGHAM . . . . . . . | — Michael Everitt. |
| | | Temple West, contre-amiral. |
| 70 | CAPTAIN . . . . . . . . . | capitaine Charles Catford. |
| 70 | INTREPID . . . . . . . . . | — James Young. |
| 70 | REVENGE . . . . . . . . . | — Frederick Cornwall. |
| 60 | PRINCESS LUISA . . . . . | — honorable Th. Noel. |
| 70 | TRIDENT . . . . . . . . . | — Philip Durell. |
| 90 | RAMILIES . . . . . . . . . | — Arthur Gardner. |
| | | John Byng, amiral. |
| 74 | CULLODEN . . . . . . . . | capitaine Henry Ward. |
| 50 | DEPTFORD . . . . . . . . . | — John Amhest. |
| 60 | KINGSTOWN . . . . . . . . | — W. Parry. |

Frégates : 60ᶜ CHESTERFIELD, 20 PHOENIX, DOLPHIN, EXPERIMENT.
Corvette : 14ᶜ FORTUNE.

A 1ʰ 15ᵐ, les vaisseaux anglais mirent un hunier sur le mât. Croyant que l'intention de l'amiral Byng était de laisser défiler les deux premières divisions de l'escadre française pour tomber ensuite sur l'arrière-garde, le lieutenant général de La Galissonnière mit aussi en panne ; mais les Anglais ayant de suite fait servir, les Français les imitèrent. A 2ʰ, les deux escadres étaient à portée de fusil ; toutefois, elles n'étaient pas placées sur deux lignes parallèles ; elles formaient un angle assez prononcé qui avait son sommet à la tête des colonnes : aussi le feu commença-t-il par cette partie, puis il s'étendit successivement sur toute la ligne. Une demi-heure après le commencement du combat, l'INTREPID, dernier vaisseau de l'avant-garde ennemie, perdit son petit mât de hune qui s'abattit sur la misaine ; ce vaisseau, ne gouvernant plus, tomba sur celui qui était derrière lui et l'obligea, ainsi que ceux qui le suivaient, à mettre toutes leurs voiles sur le mât pour ne pas être

abordés. Cette manœuvre établit un grand vide au centre
de l'escadre anglaise, et le corps de bataille des Français
n'eut bientôt plus d'ennemis par son travers. Le commandant en chef lui commanda alors de serrer le vent et de
passer dans ce vide pour mettre les Anglais entre deux
feux : cette intention fut déjouée par la manœuvre de l'arrière-garde anglaise qui força de voiles et barra le passage.
Le mouvement qui avait été ordonné au corps de bataille
français, et qui avait reçu un commencement d'exécution,
avait éloigné le commandant en chef du gros de son escadre ;
à 4ʰ 45ᵐ, il en était à une assez grande distance. Il signala
alors à l'avant-garde de virer de bord tout à la fois ; mais
les vaisseaux, plus ou moins désemparés, eurent de la peine
à exécuter ce mouvement : les uns virèrent vent devant,
les autres vent arrière, et lorsque l'évolution fut achevée,
les Anglais étaient trop éloignés pour qu'il fût possible de
songer à en obtenir quelque résultat : l'amiral anglais avait,
en effet, fait virer ses vaisseaux pour couvrir l'INTREPID. Il
était 6ʰ du soir ; les vaisseaux français mirent en panne et
travaillèrent à réparer leurs avaries qui avaient généralement peu d'importance ; un seul vaisseau, le *Sage*, avait
perdu une vergue de hune. Les mâtures des vaisseaux anglais étaient toutes fort endommagées. Il fut décidé, dans
un conseil de guerre qui se réunit à bord du RAMILIES et
auquel assistèrent les officiers généraux de l'armée de terre
embarqués sur l'escadre, qu'il n'était plus possible de secourir Mahon et qu'il fallait retourner à Gibraltar. L'escadre
anglaise mouilla sur cette rade le 19 juin et y trouva 5 vaisseaux arrivés d'Angleterre pour la renforcer. L'amiral Byng
reçut dans ce port l'ordre de remettre son commandement
à l'amiral Sir Edward Hawke et de se rendre en Angleterre pour donner des explications sur sa conduite. Le
nouveau commandant en chef appareilla immédiatement et
arriva devant Minorque pour voir le pavillon français flotter
sur cette île. Le maréchal de Richelieu avait en effet quitté
Ciutadella le 21 avril ; deux jours après, il était entré dans
Mahon sans avoir tiré un coup de fusil. Le lieutenant gou-

verneur de l'île s'était contenté de lui écrire pour lui exprimer son étonnement de ce débarquement et de cette agression en pleine paix. L'attaque du fort Saint-Philippe par terre et par mer avait été immédiatement résolue. L'occupation de Mahon sans cette forteresse était chose inutile, puisque, ainsi que je l'ai dit, elle est bâtie sur le côté gauche de la passe qui y conduit. Le fort Saint-Charles, situé sur le côté Nord de l'entrée, fut d'abord attaqué par les chaloupes des vaisseaux et par de grandes embarcations qui avaient été emmenées de Toulon et qui croisaient à l'entrée du port sous le commandement du lieutenant de vaisseau Guilton. Le fort Saint-Philippe capitula le 30 juin. Le but de l'expédition était rempli ; les troupes furent rembarquées et, le 8 juillet, la flotte fit route pour Toulon où elle arriva le 16.

Disons pour terminer que l'amiral anglais Byng fut condamné à être arquebusé, et que, bien que les juges l'eussent recommandé à la faveur royale, la sentence reçut son exécution. L'amiral fut condamné, *non pour poltronnerie, mauvaise intention ou ignorance, mais pour n'avoir pas fait tout ce qu'il aurait pu faire pour prendre ou détruire les vaisseaux français ; pour n'avoir pas fait les derniers efforts pour secourir le fort Saint-Philippe, et pour n'avoir pas assisté comme il l'aurait dû les vaisseaux du roi engagés avec les Français.*

La guerre fut déclarée le 17 mai à l'Angleterre.

Il n'est pas sans intérêt de voir comment les dispositions de combat étaient prises à bord des vaisseaux à cette époque. Voici le rôle de combat du vaisseau le *Foudroyant*, qui portait le pavillon du commandant en chef à l'affaire de Mahon :

| | | |
|---|---|---|
| 1ʳᵉ BATTERIE. | Gardes du pavillon. . . . . . . . . . . . . . . . . . . . . . . . | 3 |
| | Maître canonnier. . . . . . . . . . . . . . . . . . . . . . . . . | 1 |
| | Seconds maîtres canonniers. . . . . . . . . . . . . . . . | 2 |
| | 15 canons de 36 à 15 hommes. . . . . . . . . . . . . . | 225 |
| | Sentinelles aux écoutilles. . . . . . . . . . . . . . . . . . | 6 |
| | Passage des poudres. . . . . . . . . . . . . . . . . . . . . | 6 |

243ʰ

| | | | | | | |
|---|---|---|---|---|---|---|
| **2e BATTERIE** | Gardes du pavillon | | | 3 | | |
| | Maître canonnier | | | 1 | | |
| | Seconds maîtres canonniers | | | 2 | | 184 |
| | 16 canons de 18 à 11 hommes | | | 176 | | |
| | Passage des poudres | | | 2 | | |
| **GAILLARDS** | Avant | Garde du pavillon | | 1 | 32 | |
| | | Aide canonnier | | 1 | | |
| | | 5 canons de 8 à 6 hommes | | 30 | | 58 |
| | Arrière | Garde du pavillon | | 1 | 26 | |
| | | Aide canonnier | | 1 | | |
| | | 4 canons de 4 à 6 hommes | | 24 | | |
| **MOUSQUETERIE** | Dunette | Gardes du pavillon | | 2 | 52 | |
| | | Soldats | | 50 | | |
| | Gaillard d'arrière | Gardes du pavillon | | 2 | 25 | |
| | | Soldats | | 22 | | |
| | | Armurier | | 1 | | 135 |
| | Coursive. Soldats | | | 50 | | |
| | Gaillard d'avant | Gardes du pavillon | | 3 | 28 | |
| | | Soldats | | 24 | | |
| | | Armurier | | 1 | | |
| | Hunes | Grande hune | | 8 | 20 | |
| | | Hune de misaine | | 8 | | |
| | | Hune d'artimon | | 4 | | |
| **MANŒUVRE** | Grande hune | | | 4 | | |
| | Hune de misaine | | | 4 | | |
| | Hune d'artimon | | | 2 | | |
| | Dunette | | | 10 | | 107 |
| | Gaillard d'arrière | | | 55 | | |
| | A la barre | | | 2 | | |
| | Coursive | | | 20 | | |
| | Gaillard d'avant | | | 50 | | |
| **DISTRIBUTION DES POUDRES** | Avant | Aux coffres | Canonniers | 2 | 6 | 11 |
| | | | Valets | 4 | | |
| | | Fosse aux lions | Gardiens | 1 | 5 | |
| | | | Valets | 4 | | |
| | Arrière | Aux coffres | Canonniers | 2 | 9 | 38 |
| | | | Au fanal | 1 | | |
| | | | Valets | 6 | | |
| | | Couloir des valets | | 8 | 27 | |
| | | La soute à pain. | | | | |
| | | sur le théâtre du maître valet | Gens du munitionnaire | 8 | 10 | |
| | | | Valets | 2 | | |
| **CALE** | Galeries et pompes | Charpentiers | | 2 | 5 | |
| | | Calfats | | 3 | | |
| | Théâtre du chirurgien | Chirurgiens | | 6 | 15 | 22 |
| | | Valets | | 8 | | |
| | | Egalier | | 1 | | |
| | Fosse aux câbles | Gardien | | 1 | 2 | |
| | | Matelot | | 1 | | |
| | Canot armé | | | | | 18 |

Total . . . . . . . . . . . . . . . . 805ʰ

Vers le milieu de l'année, le capitaine de vaisseau Beaussier de Lisle (Louis-Joseph) reçut l'ordre d'aller porter des troupes à Québec et des fonds à l'île Royale, avec le vaisseau de 74° armé en flûte avec 46° le *Héros*, qu'il commandait, deux autres vaisseaux également armés en flûte, l'*Illustre*, capitaine Montalais, le *Léopard*, capitaine Germain, et les frégates de 32° la *Sirène*, capitaine de Breugnon, la *Licorne*, capitaine de Larigaudière, et la *Sauvage*, capitaine de Tourville. Le capitaine de Beaussier avait rempli sa mission et sa division faisait route pour effectuer son retour en France lorsque, le jour même de sa sortie de Louisbourg, le 26 juillet, il eut connaissance de deux vaisseaux anglais et de deux corvettes qu'il fit chasser : c'étaient le GRAFTON de 70°, capitaine Holmes, le NOTTINGHAM de 60°, capitaine Marshall, le HORNES de 14°, capitaine Sall, et la JAMAICA de même force, capitaine Samuel Hood. Le vent était au Nord. Un peu après midi, la *Licorne* parvint à approcher assez la JAMAICA pour lui envoyer des boulets; cette attaque ne fut suivie d'aucune riposte et la corvette rallia les autres bâtiments de sa division. De son côté, le *Héros* canonnait les vaisseaux anglais, mais seul, et sans que l'*Illustre*, le *Léopard*, la *Sirène* et la *Sauvage* songeassent à lui venir en aide, ou pussent y réussir : les capitaines de ces bâtiments prétendirent que la faiblesse de la brise les empêcha de le faire. La *Licorne* elle-même ne l'approcha pas. Les Anglais ne jugèrent pas à propos d'engager un combat sérieux, et ils s'éloignèrent lorsque la brise le leur permit. Le capitaine de Beaussier, blessé dans cette escarmouche, entra à Brest sans autre rencontre.

Un historien français (1), faisant probablement allusion à cette affaire, dit, à propos de la rivalité qui existait entre les officiers nobles de la marine et les officiers de port, ou

_____

(1) Henri Martin, *Histoire de France*, t. 18, p. 96. M. Cunat tient le même langage dans son *Histoire du bailli de Suffren*.

officiers bleus : « *Dans un combat livré sur la côte de l'île*
« *du Cap Breton, en juillet* 1756, *un capitaine de vaisseau*
« *et un capitaine de frégate avaient abandonné leur chef*
« *d'escadre qui, attaqué par deux vaisseaux anglais plus*
« *forts que le sien, eût succombé sans le secours d'une autre*
« *frégate. Cette lâche trahison n'avait pas eu d'autre motif*
« *que la roture du chef d'escadre. Le capitaine de frégate se*
« *fit justice à lui-même; il ne put résister aux remords et*
« *au mépris des honnêtes gens : il se pendit. L'autre officier*
« *fut acquitté par le conseil de guerre.* »

La version que j'ai donnée est empruntée au rapport
du capitaine de Breugnon. On n'y trouve aucune trace
des sentiments signalés par l'historien français ; le commandant de la division française n'appartenait d'ailleurs pas à la
roture, et aucune frégate ne vint au secours du vaisseau
qu'il montait. Beatson (1) attribue également au calme la
non-coopération des compagnons du *Héros.* Je pense donc
qu'il ne faut accepter qu'avec une extrême réserve la
pensée de haine attribuée, dans cette circonstance, aux
officiers de la marine française. Le seul officier qui, avec
le capitaine Beaussier de Lisle, attaqua les bâtiments anglais, appartenait d'ailleurs à la noblesse, et ce fut cet officier qui, plus tard, mit fin à ses jours. Ce fut probablement
par un sentiment d'honneur exagéré, puisqu'il avait été
au feu.

———

Le capitaine Daubigny, parti de la rade de l'île d'Aix
avec 1 vaisseau et 2 frégates, rencontra, le 11 mars, à son
atterrage sur la Martinique, le vaisseau anglais de 64°
WARWICK, capitaine Shudham, qu'il fit chasser par sa division. La frégate de 34° l'*Atalante* réussit à l'atteindre la
première et, sans attendre l'arrivée de ses deux compagnons, elle engagea le combat. Le capitaine Duchaffault

———

(1) *Naval and military memoirs of Great Britain.*

sut neutraliser une partie des forces de son formidable adversaire par une suite de manœuvres habiles, et le vaisseau ennemi fut canonné avec un succès tel, qu'il fut bientôt désemparé. Incapable de soutenir longtemps désormais une lutte dans laquelle les chances avaient d'abord paru devoir être de son côté, le capitaine Shudham se rapprocha du vaisseau français, et il amena son pavillon dès qu'il en fut à petite distance. Cette tactique, probablement destinée à sauvegarder la réputation de l'officier anglais, n'eut pas l'effet sur lequel il comptait. Le capitaine Daubigny, appréciant bien vite la position des deux combattants, ne voulut pas enlever au capitaine Duchaffault l'honneur qui lui revenait à si juste titre; son vaisseau ne tira pas un seul coup de canon, et il resta paisible spectateur de cette lutte inégale qui se termina par le triomphe de l'*Atalante*.

---

Vers le milieu du mois de mars, le vaisseau de 50° l'*Arc-en-ciel* et la frégate de 36° le *Chariot royal*, chargés l'un et l'autre d'approvisionnements pour Louisbourg, furent pris, le premier par les vaisseaux anglais LITCHFIELD et NORTHWICH, l'autre par le TORBAY.

---

Un convoi qui se rendait à Rochefort sous l'escorte du vaisseau de 50° l'*Aquilon*, capitaine de Maurville, et de la frégate de 30° la *Cybèle*, capitaine de Lizardais, fut chassé, le 17 août, par le vaisseau anglais de 50° COLCHESTER, capitaine O'Brien, et la frégate de 30° LYME, capitaine Vernon. A la hauteur de Maumusson, laissant les navires du commerce continuer leur route, les deux convoyeurs mirent en panne et attendirent l'ennemi. A 6ʰ du soir, le combat s'engagea entre le vaisseau anglais et l'*Aquilon* : tous deux s'arrêtèrent, comme d'un commun accord, à 4ʰ du matin. Le capitaine de Maurville avait eu un bras emporté par un boulet dès le commencement de l'affaire. Pendant que les deux vaisseaux étaient aux prises, la *Cybèle* avait combattu la frégate ennemie ; mais celle-ci s'était retirée à 11ʰ 30ᵐ.

---

L'historien Beatson (1) comprend le vaisseau anglais de 50ᵉ Greenwich dans la nomenclature des bâtiments capturés en 1757. Je crois qu'il fait erreur ; la prise de ce vaisseau doit appartenir à la présente année, car le Greenwich faisait partie de la division qui partit de France sous le commandement du capitaine de Kersaint à la fin de cette année 1756.

---

### BATIMENTS PRIS, DÉTRUITS OU NAUFRAGÉS
#### pendant l'année 1756.

FRANÇAIS.

| Canons. | | |
|---|---|---|
| 50 | *Arc-en-ciel*. . . . . . . . . | Pris par deux vaisseaux. |
| 36 | *Chariot royal*. . . . . . . | Prise par un vaisseau. |

ANGLAIS.

| 64 | Warwick. . . . . . . . . | Pris par une frégate. |
| 50 | Greenwich. . . . . . . . | Pris par une division. |

RÉCAPITULATION.

| | | Pris | Détruits ou naufragés | Incendiés | TOTAL |
|---|---|---|---|---|---|
| FRANÇAIS. | Vaisseaux. . . | 1 | » | » | 1 |
| | Frégates. . . | 1 | » | » | 1 |
| ANGLAIS. . . | Vaisseaux. . . | 2 | » | » | 2 |

## ANNÉE 1757.

Justement effrayé des préparatifs que faisait l'Angleterre et instruit que cette puissance expédiait des troupes au Ca-

---

(1) *Naval and military memoirs*, etc.

nada, le gouvernement français jugea qu'il était urgent
d'envoyer du secours à Louisbourg, capitale et port principal de l'île Royale. Le lieutenant général Dubois de Lamotte partit de Brest, à cet effet, le 3 mai, avec les vaisseaux ci-après :

Canons.

| | | |
|---|---|---|
| 80 | Formidable. . . . . . . . . | capitaine de Guichen. |
| | | comte Dubois de Lamotte, lieutenant gén. |
| | Duc de Bourgogne. . . . . | capitaine Daubigny, chef d'escadre. |
| 74 | Héros. . . . . . . . . . . . | — Chateloger. |
| | Glorieux. . . . . . . . . . | — Chavagnac. |
| | Dauphin-Royal. . . . . . | — d'Urtubie. |
| | Superbe. . . . . . . . . . . | — marquis de Choiseul. |
| 64 | Belliqueux. . . . . . . . . | — d'Orvilliers. |
| | Bizarre. . . . . . . . . . . | — de Montalais. |
| | Célèbre. . . . . . . . . . | — de Lajonquière. |
| | et deux frégates. | |

Cette escadre arriva à Louisbourg le 19 juin ; les vaisseaux le *Célèbre* et le *Bizarre* furent de suite détachés à
Québec, d'où ils retournèrent directement en France.

Le chef d'escadre de Beaufremont, qui avait été chargé
de porter des troupes à Saint-Domingue dans le courant
du mois de février, avait fait route ensuite pour l'Amérique
du Nord et se trouvait sur la rade de Louisbourg, depuis
le 23 mai, avec une division composée des vaisseaux de :

Canons.

| | | |
|---|---|---|
| 80 | Tonnant. . . . . . . . . . . | chevalier de Beaufremont, chef d'escadre. |
| 74 | Défenseur. . . . . . . . . . | capitaine de Blénac. |
| | Diadème. . . . . . . . . . | — de Rosily. |
| 64 | Eveillé. . . . . . . . . . . | — Merville. |
| | Inflexible. . . . . . . . . | — de Tilly (1). |
| | et de la frégate de 32ᶜ la *Brune*. | |

Le lieutenant général Dubois de Lamotte trouva encore
sur la rade de Louisbourg les deux frégates la *Benakise* de
36ᶜ, la *Comète* de 32 et les vaisseaux ci-après, arrivés de
Toulon le 15 juin :

Canons.

| | | |
|---|---|---|
| 74 | Hector. . . . . . . . . . . | capitaine Durevest. |
| 64 | Achille. . . . . . . . . . . | — Pannat. |
| | Vaillant. . . . . . . . . . | — Sauvins Murat. |
| | Sage. . . . . . . . . . . . | — d'Abon. |

(1) La mort de cet officier fit passer ce vaisseau sous le commandement du
capitaine Saint-Laurent.

Le 5 avril pendant la nuit, à leur sortie du détroit de
Gibraltar, ces quatre vaisseaux avaient eu un engagement de
deux heures avec les vaisseaux anglais CULLODEN, BERWICK,
PRINCESS LUISA, PORTLAND et GUERNESEY, placés sous le
commandement de l'amiral Saunders. Le lieutenant général
Dubois de Lamotte avait donc 16 vaisseaux et 5 frégates
sous ses ordres. Son premier soin fut de s'occuper de la
défense de Louisbourg. Il établit des batteries sur divers
points de la rade et embossa 10 vaisseaux en demi-cercle
devant la passe. Ces dispositions étaient commandées par
celles que faisaient alors ouvertement les Anglais. Ils ne
dissimulaient plus, en effet, le projet de faire tous leurs
efforts pour rentrer en possession de l'île Royale, dont ils
avaient pu apprécier l'importance et qui, en leur livrant
l'embouchure du fleuve Saint-Laurent, devait faciliter leurs
opérations contre Québec, objet incessant de leur convoitise.
5,300 hommes étaient arrivés à Halifax, au mois de juin,
sur un convoi que le contre-amiral Hardy avait escorté avec
2 vaisseaux et 4 corvettes. Le mois suivant, le vice-amiral
Holburne avait mouillé sur cette rade avec 14 vaisseaux et
11 autres bâtiments de guerre ; un 15e vaisseau lui avait été
envoyé au mois d'août. Le vice-amiral anglais parut devant
Louisbourg le 19 de ce dernier mois; mais, surpris d'apercevoir au mouillage autre chose que les vaisseaux partis de
Brest avec le lieutenant général Dubois de Lamotte, il renonça à ses projets d'attaque et retourna à Halifax. Son
absence fut, toutefois, de courte durée, et ses instructions
lui enjoignant d'attaquer Louisbourg, il reparut bientôt devant ce port avec un renfort de 4 vaisseaux. Cette fois, ce
fut une circonstance atmosphérique qui entrava ses projets.
Le 24 septembre, un violent coup de vent d'E.-S.-E. dispersa
entièrement son escadre. Le vaisseau de 60e TILBURY fut
jeté à la côte : le capitaine Bainsley et plus de 200 hommes
se noyèrent. Le FERRET de 10e se perdit corps et biens.
Le BEDFORD, le DEVONSHIRE, le NASSAU et le CAPTAIN de 64,
le PRINCE FREDERICK, le SUNDERLAND, l'EAGLE de 60 et le

Centurion de 50, furent rasés comme des pontons. Le Grafton de 74 démâta de son petit mât de hune et de son grand mât. L'Invincible, aussi de 74, perdit son grand mât et son mât d'artimon. Le Nottingham et le Nightingale perdirent leur mât d'artimon. Le vice-amiral anglais renvoya les vaisseaux les plus avariés en Angleterre avec le contre-amiral Hardy, et rentra lui-même à Halifax d'où il fit bientôt route pour l'Angleterre, laissant au capitaine Melvill le commandement de la division d'Amérique.

L'escadre française ressentit aussi ce coup de vent au mouillage, mais elle fut beaucoup moins maltraitée que l'escadre anglaise : elle courut cependant de grands dangers, car les vents S.-S.-E. donnent en plein dans la rade de Louisbourg. Plusieurs vaisseaux cassèrent leurs câbles et s'échouèrent; d'autres s'abordèrent. Le vent changea fort heureusement le lendemain, et l'on en fut quitte pour abattre en carène le vaisseau le *Tonnant* et la frégate la *Benakise* qui avaient touché sur des roches. Persuadé que les Anglais ne feraient aucune tentative sur Louisbourg cette année, le lieutenant général Dubois de Lamotte fit ses dispositions pour rentrer en France. Ce départ lui était impérieusement commandé par le manque de vivres et aussi par l'état sanitaire des équipages, parmi lesquels une maladie épidémique faisait de grands ravages. L'escadre appareilla le 30 octobre. Le soir même, elle reçut un coup de vent de S.-E. qui lui fit courir les plus grands dangers. Elle était, en effet, dans la position où celle du vice-amiral Holburne s'était trouvée un mois auparavant; elle s'en tira avec plus de bonheur. Presque tous les vaisseaux firent cependant des avaries, mais aucun ne se perdit. Le *Diadème*, l'*Inflexible* et le *Défenseur* durent rentrer à Louisbourg; les frégates se séparèrent aussi. Les vaisseaux rallièrent le 9 novembre. Le 20, l'escadre chassa un bâtiment qui fut joint par le vaisseau le *Diadème* : c'était le vaisseau anglais de 74° Vanguard. Quoique l'équipage du *Diadème* fût réduit à 200 hommes, le capitaine Rosily combattit

seul le vaisseau ennemi pendant six heures consécutives
et il ne l'abandonna, à la nuit, que sur l'ordre du commandant en chef. Enfin le 23 novembre, après une série
presque continuelle de mauvais temps, l'escadre mouilla
sur la rade de Brest. Elle était dans l'état le plus déplorable. La mortalité n'avait fait qu'augmenter pendant la
traversée. Le *Tonnant*, le *Duc de Bourgogne* et l'*Éveillé*
durent entrer directement dans le port sans mouiller sur
rade, faute de monde pour manœuvrer. 6 à 7,000 malades
furent mis à terre; et les hôpitaux ne pouvant les contenir
tous, on en plaça dans les églises et dans les maisons particulières (1). On perdait de 60 à 80 hommes par jour.
Trois frégates entrèrent à Brest le même jour que l'escadre; la *Benakise* et l'*Hermione* avaient été capturées.

Le capitaine de vaisseau comte de Kersaint, parti de
Brest pour les Antilles à la fin de l'année 1756, avait reçu
l'ordre de tenter, en passant, un coup de main sur les établissements anglais de la côte occidentale d'Afrique. Après
avoir, dans le courant du mois de février de la présente
année 1757, détruit plusieurs comptoirs et capturé les navires du commerce qui s'y trouvaient, il avait fait route
pour sa destination avec la division dont le commandement lui avait été confié. Au moment où, après avoir rempli sa mission, il allait quitter Saint-Domingue avec un
convoi composé de tous les navires prêts à retourner en
France, il apprit que le capitaine anglais Forrest avait été
détaché avec plusieurs vaisseaux de l'escadre de la Jamaïque
et l'attendait à l'entrée des débouquements. Cette nouvelle
décida le commandant de Kersaint à modifier les dispositions qu'il avait prises; il sortit pendant la nuit du 20 octobre, mais il n'emmena avec lui que le vaisseau de

(1) Voir pour plus de détails l'*Histoire de la ville et du port de Brest*,
par P. Lovot (t. 2, p. 114).

74ᵉ armé en flûte le *Sceptre*, capitaine Clavel, et la gabare
l'*Outarde*. Sa division se trouva dès lors composée de ces
deux bâtiments et des vaisseaux :

Canons.
74    *Intrépide,* qu'il commandait.
64    *Opiniâtre.* . . . . . . . . . capitaine Mollien.
50    *Greenwich.* . . . . . . . . .     —     Foucault.
        et des frégates de 32ᵉ *Sauvage* et *Licorne.*

Les renseignements qui étaient parvenus au commandant en chef de la division française étaient exacts. Dès que
le jour parut, il fut chassé par quatre vaisseaux anglais; le
Dreadnought et la Princess Augusta de 60ᵉ, capitaines
Suckling et Ar. Forrest, et l'Edinburg, capitaine W. Lang-
don, l'atteignirent à 4ʰ du soir. Le commandant de Kersaint
rangea ses vaisseaux en bataille et prit la tête de la ligne ;
le *Greenwich* le suivait ; le *Sceptre* qu'il mit en ligne et
l'*Opiniâtre* venaient ensuite ; les deux frégates et la gabare
furent placées du côté opposé à l'ennemi. Les vaisseaux
anglais engagèrent le combat au vent et dans le même
ordre que les Français. Dès la troisième bordée, les trois
huniers de l'*Intrépide* furent mis hors de service. Quoique
le feu eût été très-vif sur toute la ligne, à la nuit, aucun
avantage bien marqué ne pouvait faire présumer de quel
côté resterait la victoire. Peu désireux probablement de
s'engager dans les débouquements, le commandant anglais
serra le vent et le feu cessa à 5ʰ 30ᵐ. Tous les vaisseaux,
mais particulièrement le Dreadnought, avaient de graves
avaries. Neuf blessures reçues pendant ces deux heures et
demie de combat n'avaient pu déterminer le commandant
de Kersaint à quitter le pont ; la mauvaise apparence du
temps et l'état de ses bâtiments lui firent prendre le parti
de rentrer au Cap Français. L'*Intrépide* démâta pendant le
trajet.

————————

Les combats particuliers furent peu nombreux pendant
l'année 1757. Le premier que j'aie à relater eut lieu
entre deux frégates. L'*Émeraude* de 24ᵉ, capitaine Péri-

gny, rentrant à Brest après avoir escorté à une soixantaine de milles au large un navire qui portait des vivres à l'île Royale, fut attaquée, dans l'après-midi du 21 septembre, par la frégate anglaise de 36 SOUTHAMPTON, capitaine Gilchrist. Après une heure et demie du feu le mieux nourri, la frégate française avait de nombreuses avaries dans sa mâture ; sa voilure et son gréement étaient hachés. Le capitaine Périgny, dont les canons de 8 ne produisaient pas grand effet, songea à établir le combat sur un terrain qui lui offrirait des chances plus favorables ; il aborda la SOUTHAMPTON et se mit en devoir de sauter à bord à la tête de son équipage. Il ne put malheureusement pas conduire cette entreprise ; une décharge de mousqueterie l'étendit mort, ainsi que deux autres officiers ; le commandement passa dans les mains du lieutenant chevalier de Ravenel. La lutte fut vigoureusement continuée par le nouveau chef ; mais, deux autres officiers ayant été mis hors de combat, et les rangs s'éclaircissant de plus en plus, les Français furent repoussés. Tout espoir de réussite ayant désormais disparu, le pavillon de l'*Émeraude* fut amené.

---

Depuis la reprise des hostilités, au mois de mai de l'année précédente, les armes de l'Angleterre n'avaient eu de succès ni dans les mers d'Europe, ni dans celles d'Amérique. Le gouvernement anglais espéra être plus heureux en agissant contre les côtes de France. L'amiral sir Edward Hawkes partit de l'île de Wight au commencement du mois de septembre, avec une flotte de 17 vaisseaux, 9 bâtiments de moindre force et 55 transports portant douze régiments de ligne, quelque cavalerie et de l'artillerie. Les instructions du commandant en chef lui enjoignaient de détruire d'abord les fortifications de la rade de Rochefort. L'armée navale anglaise entra le 22 dans la rade des Basques : l'île d'Aix, prise sans difficulté, fut livrée au pillage. Cet exploit satisfit l'amiral Hawk ; il prit le large et retourna en Angleterre.

---

J'ai dit que les frégates de 36°, la *Benakise* et l'*Hermione*, parties de Louisbourg avec le lieutenant général Dubois de Lamotte et séparées de l'escadre pendant le coup de vent du 30 octobre, avaient été capturées. La première fut prise par la frégate anglaise UNICORN, capitaine Mathew Moore ; elle fut nommée UNICORN'S PRISE dans la marine anglaise. L'autre amena son pavillon à la seconde bordée du vaisseau anglais CHICHESTER, capitaine Willet, et prit le nom de MINERVA (1).

---

L'année fut terminée par la perte du vaisseau de 50° l'*Aquilon* qui, poursuivi par une division ennemie en croisière sur les côtes de France, se jeta au plain dans la baie d'Audierne où il fut démoli.

---

### BATIMENTS PRIS, DÉTRUITS OU NAUFRAGÉS
pendant l'année 1757.

FRANÇAIS.

| Canons. | | |
|---|---|---|
| 50 | *Aquilon*. . . . . . . . . . . | Détruit à la côte. |
| 36 | *Benakise*. . . . . . . . . | Prise par une frégate. |
| | *Hermione*. . . . . . . . . | Prise par un vaisseau. |
| 24 | *Emeraude*. . . . . . . . . | Prise par une frégate. |

ANGLAIS.

| | | |
|---|---|---|
| 60 | TILBURY. . . . . . . . . . . | |
| 10 | MERLIN. . . . . . . . . . . | Naufragés sur la côte d'Amérique. |
| | FERRET. . . . . . . . . . . | |

---

(1) Beatson. *Naval and military memoirs*, etc.

RÉCAPITULATION.

| | Pris. | Détruits ou naufragés. | Incendiés. | TOTAL. |
|---|---|---|---|---|
| FRANÇAIS. Vaisseaux........ | » | 1 | » | 1 |
| Frégates........ | 5 | » | » | 5 |
| ANGLAIS... Vaisseaux........ | » | 1 | » | 1 |
| Bâtiments de moindre force........ | » | 2 | » | 2 |

## ANNÉE 1758.

Le chef d'escadre de Laclue partit de Toulon au commencement du mois de décembre 1757 avec les vaisseaux ci-dessous pour aller prendre le commandement de la division des Antilles :

| | | | |
|---|---|---|---|
| 80 | *Océan*. . . . . . . . . . . | de Laclue, chef d'escadre. | |
| 74 | { *Redoutable*. . . . . . . . | capitaine de Saint Aignan. | |
| | { *Guerrier*.. . . . . . . . | — | de Rochemore. |
| | { *Centaure*. . . . . . . . | — | de Castillon. |
| 64 | *Content*. . . . . . . . . . | — | de Cabanous. |
| 50 | *Hippopotame*. . . . . . . | — | de Laborde. |

Le vice-amiral Osborne, qui commandait l'escadre anglaise de la Méditerranée, eut bientôt connaissance de la sortie et de la destination de la division française, et il alla s'établir en croisière sur son passage devant le détroit de Gibraltar. Cette nouvelle fit prendre au chef d'escadre de Laclue la détermination d'entrer à Carthagène où les vaisseaux le *Souverain* de 74° et le *Lion* de 64, capitaines Lemotheux et Colbert Targis, et la frégate de 24° l'*Oiseau* lui furent envoyés en renfort. La division française, ainsi composée, remit à la voile le 6 février ; mais, sur l'avis des capitaines réunis en conseil, il fut décidé qu'elle se tiendrait sous le cap Palos jusqu'à l'arrivée d'un autre renfort qui était annoncé. Le commandant en chef attendit ce renfort pendant douze jours; ne le voyant pas arriver, il rentra à Carthagène. Enfin, le 25, les bâtiments annoncés furent signalés au large; c'étaient les vaisseaux de :

Canons.
| 80 | *Foudroyant*. . . . . . . . . | capitaine Duquesne. |
|----|----------------------------|---------------------|
| 64 | *Orphée*. . . . . . . . . . | — d'Herville. |
| 50 | *Oriflamme*. . . . . . . . . | — Duguay. |
| | et la frégate de 26e *Pléiade*. | |

Le chef d'escadre de Laclue ayant l'intention de partir le lendemain, fit signal au capitaine Duquesne qui commandait la petite division de renfort de ne pas entrer à Carthagène et de jeter l'ancre dans la baie ouverte d'Escombrera, à l'Est de la rade. Cet officier supérieur fit des représentations sur la mauvaise position de ce mouillage et resta sous voiles. Le commandant en chef n'insista pas sur l'exécution de son ordre auquel il n'attachait qu'une importance assez secondaire. Il laissa au capitaine Duquesne la liberté de prendre le parti qui lui paraîtrait le plus convenable et se borna à lui faire observer, qu'en l'engageant à mouiller dans la baie d'Escombrera, il avait en vue de prévenir les difficultés qu'on pourrait éprouver à la sortie de Carthagène; que d'ailleurs, là comme ici, il leur serait possible de prendre les dispositions que leur réunion nécessitait, dispositions dont il serait peut-être difficile de s'occuper à la mer. Le capitaine Duquesne ne tint aucun compte de ces observations et resta sous voiles. Le temps devint mauvais pendant la nuit; un gros vent de N. O. éloigna de la côte les nouveaux arrivés. Le 28, à 3ʰ du matin, l'*Oriflamme* aperçut plusieurs bâtiments qui furent jugés ennemis; mais afin de ne pas dévoiler la présence de la division dont il faisait partie, le capitaine Duguay ne fit aucun signal et prit la bordée de terre. Poursuivi par les deux vaisseaux anglais MONARCH de 74e et MONTAGU de 64, il alla chercher un refuge dans le petit port de Las Aguilas d'où il ne put sortir avant le 15 mars; il entra alors à Carthagène. Ces deux vaisseaux anglais fai-

saient partie de l'armée anglaise de la Méditerranée dont
voici la composition :

Canons.

|  |  |  |  |
|---|---|---|---|
| 90 | PRINCE. | capitaine | Édouard Clark. |
|  |  | Henri Osborne, vice-amiral. |  |
|  | SAINT GEORGE. | capitaine | Alexandre Hood. |
|  |  | Charles Saunders, contre-amiral. |  |
| 74 | CULLODEN. | capitaine | Smith Callis. |
|  | MONARCH. | — | John Montagu. |
|  | SWIFTSURE. | — | Thomas Stanhope. |
|  | HAMPTON COURT. | — | honorable John Hervey. |
| 64 | REVENGE. | — | John Storr. |
|  | BERWICK. | — | Robert Hugues. |
|  | MONMOUTH. | — | Arthur Gardiner. |
| 60 | MONTAGU. | — | Josuah Rowley. |
|  | SAINT ALBANS. | — | James Baker. |
|  | PRINCESS LUISA. | — | John Lloyd. |
|  | JERSEY. | — | John Barker. |
| 50 | PORTLAND. | — | — |
|  | GUERNESEY. | — | Mark Milbank. |
|  | PRESTON. | — | John Evans. |
| 40 | AMBUSCADE. | — | Richard Gwynne. |
|  | RAIMBOW. | — | Christopher Basset. |

Frégates : 28ᶜ LYME, 20 SIRÈNE, DEAL'S CASTLE, GIBRALTAR,
GLASCOW, SHEERNESS.
Corvettes : 16ᶜ FAVOURITE, 14 FORTUNE.

La prudence et la manœuvre du capitaine de l'*Oriflamme* n'empêchèrent pas la petite division française
d'être aperçue et chassée. Dès que le jour parut, le capitaine Duquesne signala liberté de manœuvre à l'*Orphée ;*
le capitaine d'Herville prit de suite le plus près bâbord
amures. Atteint par le REVENGE et, un peu plus tard, par
le BERWICK, l'*Orphée* amena son pavillon à 7ʰ du soir. Le
*Foudroyant* courut grand largue ainsi que la *Pléiade.* Le
capitaine Taulanes ayant reçu l'ordre de forcer de voiles,
cette frégate fut bientôt hors de vue. Il était 4ʰ du soir
lorsque le *Foudroyant* reçut les premiers boulets du MON-
MOUTH ; le SWIFTSURE et le HAMPTON COURT ne tardèrent
pas à le canonner aussi. Trouvant que cette canonnade en
chasse ne produisait pas assez d'effets, le capitaine du
MONMOUTH vint en travers et envoya au vaisseau français
une bordée entière qui fut sans résultat. La nuit approchait ; le *Foudroyant,* qui courait presque vent en arrière,

gouverna de quelques quarts plus sur tribord. A 7ʰ, le
MONMOUTH était par sa hanche de bâbord. Lançant subitement de ce côté, le vaisseau français lui envoya une bordée d'enfilade de l'avant à l'arrière et reprit sa route :
cette manœuvre n'eut aucun effet. A quelque temps de là,
le capitaine Duquesne la répéta sans plus de réussite. Se
voyant alors dans la nécessité d'accepter un combat qui
allait permettre aux autres vaisseaux ennemis de le joindre,
il prit le parti de combattre bord à bord. Le feu fut d'abord
très-vif de part et d'autre, mais celui du *Foudroyant* ne
tarda pas à se ralentir d'une manière sensible. La cause en
fut bientôt connue : les hommes de la deuxième batterie
abandonnaient leurs pièces ; à 11ʰ, la première batterie
seule tirait. A minuit, les deux vaisseaux démâtèrent de
leur mât d'artimon (1) ; le MONMOUTH se retira ; son capitaine avait reçu, vers 9ʰ, deux blessures qui l'avaient
obligé de remettre le commandement à son premier lieutenant. A 1ʰ après minuit, le grand mât du *Foudroyant*
s'abattit sur l'avant et, en tombant, il fracassa la hune de
misaine. Le SWIFTSURE était alors par son travers, et le
HAMPTON COURT à portée d'engager le combat. Le capitaine Duquesne ne voulut pas continuer une lutte désormais inutile et qui pouvait coûter la vie aux quelques
braves qui l'avaient secondé jusqu'à ce moment ; il fit
crier qu'il se rendait : il était 2ʰ. Les pertes étaient peu
considérables en égard à la durée de l'engagement. Cela
s'explique par la défection des hommes de la deuxième
batterie qui avaient quitté leurs postes pour se réfugier
dans les parties basses du vaisseau. Le *Foudroyant* fut
pris à la remorque par le MONMOUTH et conduit à Gibraltar.
Le jour, en se faisant, le 28, avait permis au chef d'escadre de Laclue de voir les vaisseaux français poursuivis
par l'armée anglaise ; il avait fait de suite le signal d'ap-

(1) Beatson. *Naval and military memoirs*, place le MONMOUTH dans la position indiquée, à 8 heures, et dit que ce démâtage eut lieu à 9.

pareiller; mais le vent, en passant à l'Ouest, avait mis obstacle à la sortie de sa division. Le désastre dont il avait en quelque sorte été le témoin et la présence de l'ennemi sur la côte d'Espagne, le décidèrent à rentrer à Toulon le 26 avril (1).

La prise de Louisbourg que je relaterai à son lieu, et de l'île Royale du Canada, dont cette ville était la capitale, rendait désormais inutile la présence du capitaine Duchaffault à Québec (2). Le 18 septembre, sa division mit à la voile pour France, composée des vaisseaux :

| Canons. | | | |
|---|---|---|---|
| 64 | *Dragon*. . . . . . . . . . . . . . . | capitaine | Duchaffault de Besné. |
| | *Belliqueux*. . . . . . . . . . . . . | — | Martel. |
| 64 | *Sphinx*, en flûte. . . . . . . . . . | — | de Vendes Turgot. |
| | *Hardi* — . . . . . . . . . . . | — | Levassor de Latouche. |
| 56 | *Brillant* — vaisseau de comp^(r). | — | de Saint Médard. |

et des frégates *Zéphyr* et *Rhinocéros*.

Le *Bizarre*, capitaine de Breugnon, sortit avec cette division. Peu de jours après le départ, ce vaisseau et les frégates se séparèrent. Le *Rhinocéros* fut pris par un vaisseau anglais : quelques heures après il coulait. Le 27 octobre, la division française, réduite à un état fort triste par le grand nombre de ses malades, faisait route à l'Est avec une grande brise de S. O. et sans ordre; l'île de Ouessant restait à 70 milles dans le S. E. Vers 2^h 30^m de l'après-midi, le *Hardi*, le *Sphinx* et le *Brillant*, qui étaient beau-

---

(1) Les chefs d'escadre de La Clue et Duquesne sortirent ensemble de Toulon. La nuit les sépara et M. de La Clue entra à Cartbagène. Le lendemain, 28 février, Duquesne se montra avec quatre vaisseaux, mais il n'osa pas entrer dans la rade dangereuse d'Escombrera et il préféra essayer d'échapper à l'escadre anglaise qui était en vue. .. L'*Oriflamme* se perdit en courant sur la terre. Rivière, *Hist. de la marine française sous Louis XV*. Cette version est loin d'être d'accord avec le rapport officiel auquel j'ai emprunté le récit qu'on vient de lire. M. Brun, *Hist. de la marine, port de Toulon*, prétend que le chef d'escadre de La Clue reçut l'ordre de revenir à Toulon.

(2) On verra à l'article *Prise de Louisbourg*, comment, envoyé pour renforcer la division de ce port, le capitaine Duchaffault avait été obligé d'aller à Québec.

coup souventés, signalèrent plusieurs bâtiments de l'avant : c'était le vice-amiral Boscawen qui retournait en Angleterre avec 6 vaisseaux et 1 frégate. Pendant que les bâtiments anglais s'élevaient au vent pour se rapprocher des Français, ceux-ci, conservant leurs seules basses voiles, se formèrent en bataille, bâbord amures, sur les vaisseaux souventés et dans l'ordre suivant : le *Dragon*, le *Belliqueux*, le *Brillant*, le *Sphinx* et le *Hardi*. A 4ʰ 30ᵐ, le vaisseau amiral anglais échangea une bordée à demi-portée et à contre bord, avec le *Dragon*; puis arrivèrent successivement un autre vaisseau qui passa de l'avant et à la même distance que le premier, et la frégate qui traversa la ligne entre le *Dragon* et le *Belliqueux*. Un troisième vaisseau passa au vent, à toucher le chef de file, en même temps qu'un quatrième élongeait la colonne sous le vent. Les deux autres vaisseaux restèrent à grande distance. De part et d'autre on fit feu dès qu'on s'estima à portée ; du côté des Français, les vaisseaux de tête purent seuls tirer quelques bordées. Lorsque tous les bâtiments ennemis eurent dépassé la division française, celle-ci vira lof pour lof et établit ses huniers. Mais le *Dragon* ayant déchiré son grand hunier et la nuit étant d'ailleurs close, le commandant Duchaffault renonça à tenir le vent et il continua sa route. L'amiral anglais ne jugea pas à propos de le suivre. Aucun bâtiment n'avait reçu d'avaries dans cette escarmouche. Le vent fraîchit encore pendant la nuit. Le *Dragon* cassa sa barre de gouvernail et fut séparé de la division ; le 31, il mouilla sur la rade des Basques. Le 28, la division française fut chassée par 6 vaisseaux anglais. Le capitaine Martel du vaisseau le *Belliqueux* qui, par suite de la séparation du *Dragon*, se trouvait investi du commandement en chef, fit prendre chasse au S. E. Mais le *Belliqueux* ayant démâté de son petit mât de hune, il signala bientôt liberté de manœuvre et gouverna à l'E. 1/4 S. E. Le *Hardi* et le *Sphinx* mouillèrent sur la rade de Brest. Le *Belliqueux* perdit les chasseurs de vue à l'entrée de la nuit ; il

I.

avait déjà aperçu une terre qu'on savait être celle d'Angleterre, et quoique le capitaine Martel ne sût trop sur quelle partie il se trouvait, il laissa tomber l'ancre dès que le fond le lui permit. Deux vaisseaux qui parurent au large le firent appareiller le lendemain ; mais la violence du vent qui soufflait toujours du S.-O. l'obligea à mouiller de nouveau auprès de l'île Lundy, à l'entrée du canal de Bristol. Le 30, le *Belliqueux* cassa ses câbles et entra plus avant dans le canal ; son capitaine fit mouiller la dernière ancre qui lui restât. La position était fort délicate ; le mauvais temps le retenait en pays ennemi et son vaisseau n'avait plus que pour cinq jours de vivres. Sachant que pendant la guerre précédente une frégate anglaise, dans une situation analogue à celle dans laquelle il se trouvait, était allée demander des secours à Brest, le capitaine Martel se décida à entrer à Bristol. Le 2 novembre au matin, et alors qu'il était en route pour ce port, il aperçut le vaisseau anglais de 50ᵉ ANTELOPE, capitaine Thomas Saumarez, vers lequel il se dirigea avec le pavillon de parlementaire. L'ANTELOPE lui tira trois coups de canon auxquels il ne répondit pas, et un officier anglais se rendit à son bord. Le capitaine Martel lui exposa sa situation et lui fit connaître son intention d'entrer dans le port de Bristol. Il ne laissa pas ignorer à l'officier anglais qu'il ne comptait pas amener son pavillon ; que, si forcé par les circonstances, il entrait dans un port ennemi, il s'en rapportait à la loyauté britannique pour obtenir l'entière liberté de ses mouvements. Le capitaine Saumarez fit répondre qu'il ne mettait pas en doute que son gouvernement ne prît en considération la position particulière dans laquelle se trouvait le *Belliqueux ;* mais en attendant, il demanda quelques otages ; on lui en donna quatre ; un lieutenant anglais passa aussi sur le vaisseau français. Le capitaine Martel ayant, plus tard, été lui-même invité à se rendre à bord de l'ANTELOPE, y fut retenu prisonnier, et le pavillon et la flamme de la *Grande-Bretagne* furent alors arborés à bord du *Bel-*

*liqueux* au-dessus des couleurs de la France (1) ; l'équipage entier du vaisseau fut déclaré prisonnier.

Le précédent sur lequel le capitaine du *Belliqueux* s'appuyait en allant chercher des vivres dans un port d'Angleterre était probablement la relâche qu'une frégate anglaise avait faite sur la rade de Brest, le 17 février 1744. Cette frégate n'ayant plus d'eau en avait fait demander au lieutenant général de Roquefeuil qui commandait sur rade. Une citerne lui avait été envoyée et la frégate avait pu continuer librement sa route.

L'exemple invoqué par le capitaine Martel n'est pas le seul qu'on puisse opposer à la conduite déloyale de l'Angleterre. En 1746, le vaisseau anglais ELISABETH se trouvant en perdition sur la côte de l'île de Cuba, entra à la Havane et son capitaine, après avoir terminé ses réparations, put non-seulement sortir du port, mais il obtint encore un sauf-conduit jusqu'au delà des Bermudes. L'Angleterre était alors en guerre avec l'Espagne.

———

La division de l'Inde, réduite au strict nécessaire pendant la paix, avait été augmentée, à la fin de l'année 1757, de 5 bâtiments que le chef d'escadre d'Aché, nouveau commandant en chef des forces navales que la France entretenait dans ces mers, avait conduits lui-même à l'île de France. Le lieutenant général, comte de Lally, nommé au gouvernement des possessions de l'Inde, était arrivé sur un de ces bâtiments. Le 27 janvier 1758, le commandant en chef mit à la voile avec toute sa division pour aller conduire à Pondichéry le gouverneur et les troupes qu'il avait

(1) On sait que le capteur place le pavillon de sa nation au-dessus de celui du bâtiment capturé.

Pour l'édification des lecteurs, et afin de les mettre à même de juger de l'impartialité des auteurs anglais, je renvoie aux mémoires nautiques et militaires de Beatson. — *Naval and military memoirs of Great Britain*, vol. 2, p. 282.

amenées de France, et il arriva à Karical (1) le 26 avril, après une courte relâche à Bourbon, où il était allé prendre des rafraîchissements. Cette première partie de la campagne avait été très-pénible; une série de mauvais temps avait occasionné de nombreuses et graves avaries à la division. Malgré cela, le chef d'escadre d'Aché tomba d'accord avec le gouverneur de Lally sur la nécessité de profiter de l'arrivée inattendue de la division sur la côte de Coromandel (2), pour attaquer de suite Goudelour (3), et il remit sous voiles le 28. Dès que les Français furent signalés, 2 frégates anglaises, qui étaient au mouillage de Goudelour, appareillèrent. Chassées par les meilleurs voiliers de la division, et estimant probablement ne pouvoir leur échapper, elles gouvernèrent sur la terre et s'échouèrent sous le fort Saint-David, principal ouvrage de la place; elles y furent incendiées par leurs propres équipages; c'étaient le TRITON de 22ᶜ et le BRIGWATER de 20. La division française mouilla devant Goudelour, mais le lieutenant général de Lally ne voulut pas attaquer de suite; il continua sa route sur Pondichéry avec le vaisseau le *Comte de Provence* et la frégate la *Diligente*, sur lesquels les troupes passagères avaient été placées. Son intention était de marcher sur Goudelour avec toutes les troupes dont il pourrait disposer et de laisser à la marine le rôle secondaire de l'investissement par mer. Cependant le vice-amiral Pocock, qui commandait les forces navales de l'Angleterre dans les mers de l'Inde, fut promptement informé de l'arrivée de la division française dans ces parages; et, supposant avec raison que sa présence sur la côte dénotait quelque projet d'attaque contre les possessions anglaises, il se dirigea de suite vers le Sud; le 29, il paraissait devant

---

(1) Karical, petit port à 60 milles au Sud de Pondichéry. Ce comptoir avait été cédé à la compagnie française des Indes par le roi de Tanjaour en 1738.
(2) Coromandel, partie de la côte orientale de la presqu'île de l'Inde.
(3) Goudelour, comptoir anglais à 56 milles au Sud de Pondichéry.

Goudelour ; le vent soufflait du S.-E. La division française appareilla et se forma en bataille, tribord amures, dans l'ordre ci-après. Signal de rallier fut fait au vaisseau et à la frégate détachés qui étaient alors en vue : s'étayant d'un ordre émanant du gouverneur de Lally, le capitaine Lachaise n'exécuta pas ce signal immédiatement. Il en résulta que le *Comte de Provence* et la *Diligente* ne purent pas prendre part au combat que je vais relater.

|  | Canons. |  |  |
|---|---|---|---|
| Vaisseaux de la compagnie. | 58 | *Bien-Aimé.* . . . . | capitaine Bouvet, *Junior.* |
|  | 54 | *Vengeur.* . . . . . . | — Pallière Christy. |
|  | 44 | *Condé.* . . . . . . . | — Kerlero de Rosbo. |
|  | 54 | *Duc d'Orléans.* . . . | — de Surville, cadet. |
|  | 74 | *Zodiaque.* . . . . . . | — Gotho. |
|  |  |  | comte d'Aché, chef d'escadre. |
|  |  |  | chevalier de Monteil, adjudant gén. |
| Vaisseaux de la compagnie. | 54 | *Saint-Louis.* . . . . | capitaine de Joannis. |
|  | 44 | *Moras.* . . . . . . . | — Becdelièvre. |
|  | 50 | *Duc de Bourgogne.* | — d'Après de Mannevillette. |

Frégate de 30ᶜ *Sylphide* (1).

Les craintes du vice-amiral anglais se confirmèrent lorsqu'il vit les vaisseaux français à l'ancre devant Goudelour ; aussi n'hésita-t-il pas à laisser arriver grand largue pour aller les attaquer ; à 2ʰ de l'après-midi, il forma sa division en bataille au vent des Français et aux mêmes amures qu'eux, dans l'ordre suivant :

| Canons. |  |  |
|---|---|---|
| 60 | TIGER. . . . . . . . . . . | capitaine Roger Lathan. |
| 50 | SALISBURY. . . . . . . . | — John Stukely Somerset. |
| 64 | ELIZABETH. . . . . . . . | — Richard Kempenfelt. |
|  |  | Charles Stevens, commodore. |
| 64 | YARMOUTH. . . . . . . . | capitaine John Harrisson. |
|  |  | George Pocock, vice-amiral. |
| 56 | CUMBERLAND. . . . . . . | capitaine William Brereton. |
| 50 | NEWCASTLE. . . . . . . . | — George Legge. |
| 60 | WEYMOUTH. . . . . . . . | — Nicholas Vincent. |

Frégate de 24ᶜ : QUEENBOROUGH.

Le feu commença à l'avant-garde et devint bientôt

---

(1) Je crois devoir renouveler ici l'observation que j'ai faite ailleurs au sujet de l'armement des vaisseaux de la compagnie. Le nombre des canons indiqué est celui qu'on les avait crus susceptibles de porter à leur départ de France ; mais je n'oserais avancer qu'ils les avaient réellement le jour du combat.

général. Le *Bien-Aimé* eut pour adversaire le chef de file
de la colonne anglaise. Le *Vengeur* combattit le SALISBURY,
et, après avoir presque entièrement désemparé ce vaisseau,
il dirigea son feu sur le TIGER. Placés dans un vide entre le
deuxième et le troisième vaisseau ennemi, le *Condé* et le
*Duc d'Orléans* ne purent envoyer que quelques boulets à
ces deux vaisseaux. Le YARMOUTH, qui était combattu par
le *Zodiaque*, se laissa culer après une demi-heure et se
trouva par le travers du *Saint Louis*. Bien que combattant
déjà le CUMBERLAND, ce vaisseau l'obligea à chercher un
autre poste. Attaqué par le NEWCASTLE, le *Moras* eut, de
bonne heure, sa batterie haute presque entièrement dé-
montée ; plusieurs trous de boulets à la flottaison lui firent
chercher un abri sous le vent. Le *Duc de Bourgogne* ne
prit, pour ainsi dire, aucune part au combat ; il fit, dès le
commencement, une arrivée considérable et se maintint en
dehors de la portée des boulets. La *Sylphide* était trop
faible pour se placer en ligne. A 5ʰ 15ᵐ, le chef d'escadre
d'Aché apercevant un vide à la gauche de la colonne anglaise, forma le projet de couper quelques vaisseaux ; à
cet effet, il fit signal de virer lof pour lof tout à la fois.
Mais, impatient de tenter cette manœuvre, il n'attendit pas
que tous les vaisseaux eussent répondu à son signal et,
commençant de suite une évolution qui devait être simultanée, il força les vaisseaux qui étaient derrière le *Zodiaque*
à imiter sa manœuvre pour n'être pas abordés, tandis que
ceux qui étaient en avant continuèrent à courir tribord
amures pendant quelque temps encore. La division française fut bientôt en grand désordre ; le vice-amiral Pocock
ne sut ou ne voulut heureusement pas en profiter : il serra
le vent, et les deux divisions s'écartèrent incessamment ;
à 6ʰ du soir, elles n'étaient plus à portée de canon. Les
Français allèrent mouiller à Alemparvé (1). Le séjour de
la division française sur cette rade, bien que réduit au

---

(1) Alemparvé, comptoir à 40 milles au Sud de Pondichéry.

temps strictement nécessaire pour faire les réparations indispensables, fût marqué par le naufrage du *Bien-Aimé*. Ce vaisseau fut jeté à la côte pendant un coup de vent, et il ne fut pas possible de le relever (1). Le 7 mai, la division laissa tomber l'ancre sur la rade de Pondichéry et débarqua ce qui lui restait de troupes passagères, ses blessés et ses malades dont le nombre atteignait un chiffre fort élevé (2). Le chef d'escadre d'Aché ne voulant pas agir avec toute la rigueur que méritait la conduite du capitaine du *Duc de Bourgogne*, se borna à engager cet officier à se démettre de son commandement qu'il donna au capitaine Bouvet. Le vice-amiral Pocock fut moins indulgent; il fit traduire plusieurs officiers devant une cour martiale. Convaincus de n'avoir pas obéi strictement aux ordres du commandant en chef, mais cela seulement par défaut de jugement et non par mauvaise intention ou manque de courage, ils furent condamnés à l'unanimité, le capitaine du Cumberland à perdre une année de son rang d'ancienneté; le capitaine du Weymouth à perdre son commandement; le capitaine du Newcastle à être cassé.

L'apparition de la division anglaise devant Pondichéry, le 1er juin, fit appareiller les vaisseaux français. Mais l'intention du vice-amiral Pocock n'était pas de tenter un nouvel engagement; il se retira à Madras (3), laissant au chef d'escadre d'Aché le passage libre pour aller à Goudelour sur lequel le gouverneur de Lally marchait avec ses troupes. Bien fixée désormais sur l'appui que la marine pouvait lui donner, la garnison du fort Saint-David capitula le 2 juin. La marine revendiqua à juste titre une part d'hon-

---

(1) M. Rivière, *Histoire de la marine française sous Louis XV*, classe le *Bien-Aimé* parmi les vaisseaux du roi et dit que, eu égard à son état, il fut échoué par ordre du commandant en chef. Ces deux assertions sont en désaccord avec le rapport officiel.

(2) Il y en avait 1400; et si l'on ajoute à ce nombre 208 hommes qui, d'après le rapport du commissaire de la division, avaient été tués dans le combat, on arrive à une diminution de 1,608 hommes sur l'effectif total des équipages.

(3) Madras, port anglais à 60 milles au Nord de Pondichéry.

neur dans la reddition de Goudelour, car le combat du
29 avril avait mis la division anglaise dans l'impossibilité
d'introduire des secours dans cette place.

Après la prise du fort Saint-David, le chef d'escadre
d'Aché retourna à Pondichéry pour y continuer des réparations que son départ pour Goudelour l'avait forcé d'interrompre. Troublé dans cette opération, le 27 juillet, par
l'apparition de la division anglaise, il mit sous voiles malgré l'affaiblissement numérique des équipages ; le *Zodiaque*
était réduit à 500 hommes ; les vaisseaux de 60° n'en avaient
que 350 à 400 ; les autres 250. Et encore, pour atteindre
ce chiffre, avait-il fallu désarmer la frégate la *Sylphide* et
répartir son équipage sur les vaisseaux. Les deux divisions
manœuvrèrent pendant plusieurs jours en vue l'une de
l'autre en remontant la côte. Enfin, le 3 août, à la hauteur
de Negapatam (1), les Anglais laissèrent arriver sur les
Français qui étaient en bataille, bâbord amures, dans
l'ordre ci-après. Le vent soufflait de l'Est :

Canons.

| | | | | |
|---|---|---|---|---|
| vaisseaux | 54 | *Comte de Provence.* | capitaine | de Lachaise. |
| de la | 44 | *Moras.* . . . . . . | — | Becdelièvre. |
| compagnie | 54 | *Duc d'Orléans.* . . | — | de Surville, cadet. |
| | 74 | *Zodiaque.* . . . . . | — | Gotho. |
| | | | comte d'Aché, chef d'escadre. |
| vaisseaux | 54 | *Saint-Louis.* . . . . | capitaine | Forgeret de Langery (2). |
| de la | 54 | *Duc de Bourgogne.* | — | Bouvet, jeune. |
| compagnie | 44 | *Condé.* . . . . . . . | — | Kerlero de Rosbo. |
| | 54 | *Vengeur.* . . . . . . | — | Pallière Christy. |

Frégate : *Diligente.*

La division anglaise était composée comme il suit ;

Canons.

| | | | |
|---|---|---|---|
| 64 | YARMOUTH. . . . . . . . | capitaine John Harrison. |
| | | George Pocock, vice-amiral. |
| | ELIZABETH. . . . . . . . | capitaine Richard Kempenfeld. |
| | | Charles Stevens, commodore. |

(1) Negapatam, dans la province de Tanjaour, capitale des établissements
hollandais sur la côte de Coromandel.
(2) Le capitaine Joannis qui commandait ce vaisseau était malade à terre.

| | | | |
|---|---|---|---|
| 60 | TIGER. . . . . . . . . . | capitaine | Thomas Lathan. |
| | WEYMOUTH. . . . . . . . . | — | John Stukely Somerset. |
| 56 | CUMBERLAND. . . . . . . . | — | William Martin. |
| 50 | NEWCASTLE. . . . . . . . | — | honorable John Colvill. |
| | SALISBURY. . . . . . . . | — | William Brereton. |

Le combat commença entre midi et 1ʰ et ne dura pas plus de deux heures et demie ; il fut très-vif et très-sanglant. Le feu prit au mât d'artimon du *Comte de Provence*, et ce vaisseau eut probablement succombé si le *Duc de Bourgogne* ne fût venu à son aide : celui-ci, en combattant l'ELIZABETH et le SALISBURY, les empêcha de s'occuper du vaisseau français, et lui donna la possibilité d'éteindre l'incendie qui s'était déclaré à son bord. Trop faible pour se maintenir en ligne, le *Moras* se tint constamment hors de portée. Le *Zodiaque*, combattu par le YARMOUTH et le TIGER, eut sa barre de gouvernail coupée par un boulet et, cessant de gouverner, il aborda le *Duc d'Orléans*. Cet événement aurait pu avoir des suites fâcheuses si le *Vengeur* ne fût venu s'interposer entre les deux vaisseaux français et l'ennemi ; les premiers purent ainsi se dégager. Le feu se déclara plus tard dans la soute aux poudres du *Zodiaque*. Le *Condé* imita la manœuvre du *Moras*. Le *Saint-Louis* canonna les vaisseaux anglais qui se trouvaient par son travers. Le concours de circonstances malheureuses qui contrariaient le *Zodiaque*, détermina le commandant en chef de la division française à faire cesser le feu et à laisser arriver. La prudence lui commandait, en effet, de ne pas prolonger une lutte de laquelle ses vaisseaux ne pouvaient sortir désormais sans avoir des avaries fort difficiles à réparer dans ces parages où il n'était pas possible de suppléer au manque presque complet de rechanges. Très-maltraités eux-mêmes, les Anglais ne les inquiétèrent pas dans leur retraite et ils retournèrent à Pondichéry. Le chef d'escadre d'Aché et son capitaine de pavillon, le vice-amiral Pocock, les capitaines Martin et Stevens étaient blessés.

Le commandant en chef de la division française trouva

à Pondichéry assez de ressources pour réparer les gréments
et les mâtures; mais tous ses vaisseaux avaient besoin
d'être calfatés dans les fonds et cette opération n'était pas
praticable à la côte. Aussi, et malgré les ordres du gouvernement qui lui enjoignaient de ne pas partir avant le
15 octobre, prit-il la résolution de ne prolonger son séjour
à Pondichéry qu'autant que sa présence y serait indispensable. Mais lorsqu'à l'impossibilité de calfater les vaisseaux vint se joindre celle de se procurer des vivres, il
provoqua la réunion d'un conseil de guerre mixte pour
faire statuer sur la question de départ et sur celle de la
prolongation du séjour de la division sur la côte. Le conseil
émit l'avis que la division navale devait rester à Pondichéry jusqu'au 15 septembre. Cette décision contraria le
chef d'escadre d'Aché qui avait eu l'espoir de voir son
opinion partagée par la majorité des membres du conseil.
Il réunit alors tous les capitaines de sa division pour avoir
leur opinion comme marins. *Après avoir examiné les conséquences du départ de la division et les inconvénients qui ré-
sulteraient pour les affaires de l'Inde en général, et pour
celles de la marine en particulier si elle était forcée de livrer
un troisième combat, puisqu'il n'y avait plus ni agrès ni
fournitures à Pondichéry,* ces officiers déclarèrent que les
vaisseaux ne pouvaient pas rester plus longtemps dans ces
parages. La division mit à la voile dans la nuit du 2 septembre et arriva le 13 novembre à l'île de France. Ce grand
désir que le chef d'escadre d'Aché éprouvait de quitter la
côte avait, on le sait, autant et plus peut-être pour cause,
sa mésintelligence avec le gouverneur de l'Inde que les
besoins de sa division. Son départ mécontenta tout le
monde : le gouverneur de l'Inde protesta, et le conseil de
l'île de France vit avec peine les vaisseaux revenir dans
une colonie où les vivres commençaient à devenir fort
rares.

Les combats particuliers, plus nombreux en 1758 que l'année précédente, se balancent en avantages à peu près égaux pour les parties belligérantes. Mais, si les expéditions des Anglais sur le littoral de la France se terminèrent généralement par des défaites, ils détruisirent cependant un de nos ports de guerre, et leurs attaques contre nos colonies réussirent et comblèrent le plus cher de leurs vœux.

Sortie de Bordeaux, au mois d'avril, avec 12 navires qu'elle escortait à l'île Royale, la frégate de 24° la *Galathée*, capitaine Dubois, fut chassée et attaquée par les vaisseaux anglais de 64° Essex et Pluto de l'escadre qui, sous les ordres de l'amiral Hawke, bloquait les ports de l'Océan. La frégate amena son pavillon après un combat de trois heures. Cette longue résistance donna au convoi le temps d'échapper : 3 navires seulement furent capturés.

———

Le vaisseau de 64° le *Raisonnable*, capitaine chevalier de Rohan, de la division qui se rendait à Louisbourg avec le commandant Desgouttes, fut chassé sur les côtes de France, le 29 mai, par une division anglaise commandée par le capitaine Pratten. Joint à 7ʰ du soir, il fut combattu pendant deux heures par le vaisseau Dorsetshire, capitaine Peter Denis. L'arrivée d'un second vaisseau ennemi, l'Achilles, capitaine Barrington, dont il reçut quelques bordées, lui fit amener son pavillon.

———

Bien que l'activité déployée par le ministre de la marine Machault eût été extrême, il n'en fallut pas moins renoncer à l'espoir de voir renaître la vieille gloire navale de la France et la marine fut sacrifiée à l'armée de terre. La France n'ayant plus d'escadres, les Anglais purent occuper leurs vaisseaux inactifs à commettre des dépréda-

tions sur les côtes et contre les ports. Dans la nuit du 4 au
5 juin, 5 vaisseaux anglais, 10 frégates, 5 corvettes,
2 brûlots et 2 bombardes, sous les ordres du commodore
Howe, mouillèrent dans la baie de Cancale et mirent à
terre 14,000 hommes de troupes, quelque cavalerie et du
canon. Pendant que ces troupes travaillaient à l'établissement d'un camp retranché dans une position parfaitement
choisie entre Cancale et la Houle, des détachements employèrent la journée du 6 à brûler les maisons qui les
gênaient et à faire de grands abatis d'arbres. Le manifeste
du commandant en chef de l'expédition indique clairement le plan que le gouvernement anglais se proposait de
suivre. « Nous, le haut et puissant prince Charles, duc de
« Marlborough, margrave de Blandfort, comte de Sunder-
« land, baron de Churchill, chevalier de l'ordre illustre de
« la Jarretière, conseiller intime de S. M. Britannique,
« grand maître d'artillerie et commandant en chef de ses
« armées, etc., etc.

« Faisons savoir à tous les habitants de la Bretagne,
« que la descente que nous avons faite sur cette côte avec
« la puissante armée sous nos ordres et le formidable ar-
« mement que nous avons sur mer, n'est point avec inten-
« tion de faire la guerre aux habitants du pays, sinon à
« ceux que nous trouverons armés, ou autrement en oppo-
« sition à la juste guerre que nous faisons à Sa Majesté le
« roi Très-Chrétien.

« Qu'il soit donc connu à tous ceux qui veulent rester
« en paisible possession de leurs biens et de leurs habi-
« tations, qu'ils peuvent demeurer tranquillement dans
« leurs domiciles respectifs et vaquer à leur métier ou pro-
« fession ordinaire, et que, hormis les taxes et les droits
« coutumiers qu'ils payaient à leur roi, on n'exigera rien
« d'eux, soit en argent, soit en marchandises, que ce qui
« sera absolument nécessaire pour la subsistance de l'ar-
« mée et qu'on payera en argent comptant toutes les pro-
« visions qu'on apportera.

« Au contraire, si malgré cette déclaration que nous
« avons bien voulu donner, les habitants des villes et vil-
« lages emportent leurs meubles, effets ou provisions et
« abandonnent leurs maisons, nous traiterons tels délin-
« quants comme ennemis, et détruirons par feu et flammes,
« ou tout autrement qu'il sera en notre pouvoir, leurs
« villes, villages ou maisons.

« Au quartier du roi, ce 7 juin 1758.

« Signé : MARLBOROUGH. »

Le 7, l'ennemi se porta sur Paramé et sur Saint-Servan
où il brûla 80 navires. Tous les bâtiments qui étaient à
Solidor eurent le même sort le lendemain. Le genre de
guerre auquel se livrait le général Marlborough donna aux
marins et aux bourgeois des environs le temps de s'organiser en compagnies de volontaires ; d'autre part, toutes
les troupes disponibles accouraient de tous côtés vers Saint-
Malo. Les éclaireurs du général anglais lui ayant signalé
ces détachements comme des têtes de colonne, il donna
l'ordre de plier les tentes et de se retirer vers la mer ; et
le 12, le haut et puissant duc de Marlborough se rembarqua, mais non sans avoir été harcelé rudement par les
Français. Les dommages occasionnés par une expédition si
formidable furent en résumé bien au-dessous de ce que le
gouvernement anglais avait le droit d'en attendre. Aussi
les journaux de Londres publièrent-ils que le duc de
Marlborough avait pris les villes de Cancale, de Saint-
Coulomb, de Saint-Ideux, de Paramé, et qu'il était maître
d'une partie de la Bretagne (1).

En retournant en Angleterre, l'escadre anglaise captura
la frégate de 22ᶜ la Guirlande.

———————

Au mois d'août, les Anglais dirigèrent leurs attaques

---

(1) Archives de la guerre, Journal circonstancié du séjour de la flotte anglaise devant Saint-Malo.

contre Cherbourg. Leur escadre, augmentée d'un vaisseau, mouilla le 6 sur la rade et débarqua le lendemain un
corps d'armée dans la baie du Marais. Le lieutenant général Bligh, qui le commandait, marcha de suite sur la ville,
et comme elle était à peu près sans défenses, il s'en empara facilement. Dans cette circonstance, les Anglais se
dédommagèrent largement du peu de succès de leurs expéditions précédentes sur le littoral ; ils détruisirent le port
de Cherbourg dont la création récente n'était pas sans leur
donner de grandes inquiétudes pour l'avenir. Les fortifications, les jetées et les magasins furent abattus ; tous les
bâtiments furent livrés aux flammes et les canons enlevés.
Cette vengeance satisfaite, l'escadre rembarqua ses troupes
et, le 17, elle s'éloigna de ces parages.

---

Le succès de l'expédition de Cherbourg, qu'il n'avait
pas dirigée, exalta le duc de Marlborough. Il voulut aller
demander raison aux habitants du littoral de la haute Bretagne de l'échec qu'ils avaient fait éprouver, il y avait
trois mois à peine, aux armes du Royaume-Uni. Le 3 septembre, une flotte anglaise mouilla dans la baie de Saint-
Lunaire et débarqua 3,000 hommes qui marchèrent sur
Saint-Jacut après avoir détruit quelques barques de
pêcheurs et brûlé la petite ville de Saint-Briac, les granges,
les moulins et jusqu'aux meules de fourrage des environs.
La marche de l'ennemi fut bientôt arrêtée par quelques
troupes et par des volontaires que le duc d'Aiguillon était
parvenu à réunir ; alors, les rôles changèrent : les Français
harcelèrent les Anglais sur tous les points ; ceux-ci perdirent du terrain et ils se replièrent sur l'anse de Saint-
Cast. Le 11, le duc d'Aiguillon les fit attaquer avec vigueur
sur le bord de la mer ; une charge à la baïonnette acheva
la défaite des Anglais : ceux qui ne purent atteindre les
embarcations envoyées pour les recueillir furent précipités
dans les flots. Dans de semblables conditions, le rembar-

quement des troupes n'était pas chose facile; presque tout
le corps expéditionnaire fut pris ou détruit; ce qui échappa
à la légitime fureur des Français périt dans les eaux. On
compta 732 prisonniers anglais et on enterra 1160 morts.
La flotte resta encore deux jours au mouillage pour attendre
des absents qui ne revinrent pas, et elle appareilla le 14.

---

Le 1er septembre, au moment d'entrer au Port-au-Prince
de Saint-Domingue, le vaisseau de 74e le *Palmier*, capitaine Kéruzoret, fut chassé par les vaisseaux anglais Assistance de 50e, capitaine David Edwards, et Dreadnought
de 60, capitaine Maurice Suckling. Joint par le dernier à
4h du matin, le *Palmier* réussit à mettre le vaisseau anglais dans l'impossibilité de continuer la lutte avant que
son compagnon eût pu lui venir en aide, et il entra au
Port-au-Prince sans être autrement inquiété.

---

A quelques jours de là, le même capitaine Kéruzoret, du
vaisseau de 74e le *Palmier*, s'empara de la corvette anglaise
de 10e Stork, dans les environs de Saint-Domingue.

---

Le 7 septembre, le capitaine de Maurville, du vaisseau
de 74e le *Florissant*, escortant avec les frégates de 32e la
*Bellone* et l'*Aigrette*, capitaines de Beauharnais et de Mézedern, un convoi chargé de vivres pour la Martinique, fut
chassé, à son atterrage, par un vaisseau anglais de 74e et
une frégate de 20. Le capitaine de Maurville ne crut pas
devoir repousser l'espèce de défi qui lui était porté; il
laissa le convoi continuer sa route avec les deux frégates et
attendit en panne son audacieux ennemi. A 3h 30m de
l'après-midi, les premiers boulets de chasse et de retraite
furent échangés entre les deux vaisseaux; mais l'anglais
sembla ne pas vouloir s'engager davantage, et il se maintint à grande portée dans les eaux du *Florissant*. Cette

tactique ne pouvait convenir au capitaine de Maurville ; aussi fit-il arriver pour se rapprocher et mettre son adversaire par son travers. Celui-ci accepta le combat dans cette position et, pendant une heure, il le soutint avec énergie. Se rapprochant alors à son tour, il aborda le *Florissant* de long en long et son équipage sauta à l'abordage. Mais une pluie de mitraille et de grenades et un feu de mousqueterie bien nourri qui partirent du vaisseau français éclaircirent tellement les rangs des assaillants, que le capitaine anglais renonça à son entreprise, et les deux vaisseaux se séparèrent ; l'anglais serra le vent. Il était alors 7ʰ du soir. La frégate anglaise s'était tenue à distance et n'avait pas pris part au combat. Lorsque le *Florissant* eut réparé ses principales avaries, le capitaine de Maurville fit route pour le Fort-Royal où il mouilla avec son convoi et les deux frégates.

J'ai dit que peu de jours après la sortie de Québec, le vaisseau de 64ᵉ le *Bizarre*, capitaine de Breugnon, s'était séparé de la division du commandant Duchaffault avec laquelle il rentrait en France. Le 9 octobre, à la nuit, ce vaisseau chassa la frégate anglaise Winchelsea, capitaine John Hale, et l'atteignit facilement, car elle avait un grand mât de fortune. Cette frégate tira une bordée et amena son pavillon. Le *Bizarre* était dans la même situation que les vaisseaux avec lesquels il était parti du Canada : il avait un grand nombre de malades et peu de vivres. Dans de semblables conditions, le capitaine de Breugnon ne pouvait songer à conserver sa prise ; il prit le parti de la livrer aux flammes dès qu'elle serait évacuée. Mais pendant qu'on travaillait au transbordement de l'équipage, la brise fraîchit, la mer devint grosse, et la Winchelsea disparut pendant la nuit suivante, enlevant 2 officiers et 44 matelots français. Le *Bizarre* entra à Lorient. J'ignore ce que devint la frégate anglaise : les relations anglaises la comprennent dans la liste des bâtiments capturés pendant l'année 1758.

---

Au mois de mars, une division de 2 vaisseaux, 1 frégate, 1 corvette et plusieurs bâtiments de moindre force partit d'Angleterre sous le commandement du capitaine Henry Marsh, pour attaquer les établissements français de la côte occidentale d'Afrique. La ville de Saint-Louis du Sénégal fut prise le 1er mai. L'île de Gorée fut ensuite attaquée, mais sans succès, et la division ennemie retourna en Angleterre.

Le gouvernement anglais tint à réparer cet échec. A la fin de l'année, 6 vaisseaux, 2 frégates, 1 corvette et 2 bombardes attaquèrent l'île de Gorée et la firent capituler le 29 décembre.

---

La non-réussite de l'expédition dirigée contre Louisbourg en 1757 n'avait pas fait renoncer au projet de conquête que le gouvernement anglais nourrissait depuis la reprise des hostilités. Une nouvelle expédition, dont la direction fut confiée au vice-amiral Boscawen, partit d'Halifax à la fin du mois de mai et mouilla le 2 juin dans la baie de Gabarus, à un mille et demi de Louisbourg ; 150 navires ayant à bord 14,000 hommes de troupes marchaient avec l'escadre anglaise. 6 vaisseaux dont 3 armés en flûte et 2 frégates étaient alors au mouillage de Louisbourg ; le capitaine de vaisseau Desgouttes les commandait, c'étaient :

Canons.

| | | | |
|---|---|---|---|
| 74 | *Prudent.* . . . . . . . . . . capitaine | marquis Desgouttes. |
| | *Entreprenant.* . . . . . . | — | de Beaussier de Lisle, Louis-Joseph. |
| 64 | *Bizarre.* . . . . . . . . . . | — | de Breugnon. |
| 64 | *Célèbre,* armé en flûte. . | — | Marolles. |
| | *Bienfaisant* — . . | — | Dubot. |
| | *Capricieux* — . . | — | chevalier de Tourville. |

Frégates : *Apollon, Chèvre.*

Trois autres frégates qui faisaient partie de cette division, la *Biche,* l'*Écho* et la *Fidèle* avaient été coulées dans

I.                                                        24

la passe. Cette division avait dû être renforcée par plusieurs vaisseaux expédiés de Rochefort sous le commandement du capitaine Duchaffault; mais en arrivant devant Louisbourg, cet officier avait trouvé le port barré et, le 29 mai, il avait jeté l'ancre dans la baie de Sainte-Anne du Fort-Dauphin, d'où les troupes que ses vaisseaux portaient s'étaient rendues par terre à leur destination. Après avoir de nouveau constaté que la mesure prise de couler des frégates dans la passe rendait désormais l'entrée de la rade de Louisbourg impossible, le capitaine Duchaffault fit route pour Québec avec sa division composée des vaisseaux de :

Canons.

| | | | |
|---|---|---|---|
| 64 | *Dragon*. . . . . . . . . | capitaine | Duchaffault de Besné. |
| | *Belliqueux*. . . . . . . . | — | Martel. |
| | *Sphinx*, armé en flûte. . . | — | de Vendes Turgot. |
| | *Hardi* — . . . | — | Levassor de Latouche. |
| 56 | *Brillant*, vaisseau de compagnie armé en flûte. . | — | de Saint-Médard. |

et les frégates *Zéphyr*, *Rhinocéros*.

Les Anglais hésitèrent encore à débarquer leurs troupes; enfin, après six jours, ils les mirent à terre dans l'anse du Cormoran et marchèrent sur la ville de Louisbourg qu'ils bombardèrent. Leurs bombes incendièrent les vaisseaux l'*Entreprenant*, le *Capricieux* et le *Célèbre;* le *Prudent*, le *Bienfaisant* et les deux frégates restaient alors seuls sur rade, car le *Bizarre* s'était rendu à Québec avant que la passe eût été obstruée. Le vice-amiral Boscawen, quelque satisfait qu'il fût d'ailleurs du résultat du bombardement, comprit la force que deux vaisseaux et deux frégates donnaient encore à la ville, et il résolut de tenter un coup de main pour s'en emparer. Le 25, pendant la nuit, favorisées par une obscurité des plus grandes et par le bruit de l'artillerie, les embarcations de l'escadre anglaise entrèrent dans la rade et arrivèrent inaperçues auprès des deux vaisseaux qu'elles enlevèrent presque sans résistance, car leurs équipages étaient à terre, tant pour prendre part aux opérations du siége, que pour se mettre à l'abri des bombes de l'ennemi. La brise qui soufflait de terre permit de les appareiller ; mais le *Prudent* échoua et les Anglais le livrèrent aux flammes. Le capitaine de vaisseau Drucourt, qui commandait à Louisbourg, ne recevant pas les secours qui lui avaient été annoncés, capitula le 17 juillet. Les frégates l'*Apollon* et la *Chèvre* devinrent la propriété des vainqueurs.

## BATIMENTS PRIS, DÉTRUITS OU NAUFRAGÉS
### pendant l'année 1758.

FRANÇAIS.

| Canons. | | |
|---|---|---|
| 80 | *Foudroyant.* . . . . . . . | Pris par une division. |
| 74 | { *Entreprenant.* . . . . . . | |
| | *Prudent.* . . . . . . . . . | Détruits à Louisbourg. |
| | *Capricieux*, armé en flûte. | |
| | *Célèbre* — . | |
| 64 | *Bienfaisant* — . | Pris à Louisbourg. |
| | *Raisonnable.* . . . . . . . | Pris par deux vaisseaux. |
| | *Belliqueux.* . . . . . . . . | Pris dans un port anglais. |
| | *Orphée.* . . . . . . . . . . | Pris par deux vaisseaux. |
| | *Opiniâtre.* . . . . . . . . | Naufragé sur la rade de Brest. |
| 58 | *Bien-Aimé*, vaiss. de compagnie. . . . . . . . . . . | Naufragé dans l'Inde (1). |
| 50 | *Greenwich.* . . . . . . . . | Naufragé sur la rade de Brest. |
| 24 | *Galathée.* . . . . . . . . . | Prise par deux vaisseaux. |
| 22 | *Guirlande.* . . . . . . . . | Prise par une escadre. |
| Frégates. | *Apollon.* . . . . . . . . . } | Prises |
| | *Chèvre.* . . . . . . . . . } | à Louisbourg. |
| | *Biche.* . . . . . . . . . . | |
| | *Echo.* . . . . . . . . . . } coulées | |
| | *Fidèle.* . . . . . . . . . } | |
| | *Rhinocéros.* . . . . . . . | Prise par un vaisseau. |

ANGLAIS.

| Canons. | | |
|---|---|---|
| 24 | WINCHELSEA. . . . . . . . | Prise par un vaisseau. |
| 22 | TRITON. . . . . . . . . . } | Détruites à Goudelour. |
| 20 | BRIGWATER. . . . . . . . } | |
| 10 | STORK. . . . . . . . . . | Prise par un vaisseau. |

(1) Je cite ce vaisseau parce qu'il faisait momentanément le service de bâtiment de guerre.

RÉCAPITULATION.

|  |  | Pris. | Détruits ou naufragés. | Incendiés. | TOTAL. |
|---|---|---|---|---|---|
| FRANÇAIS. | Vaisseaux......... | 5 | 7 | » | 12 |
|  | Frégates. ........ | 5 | 5 | » | 8 |
| ANGLAIS... | Frégates. ........ | 1 | 2 | » | 5 |
|  | Bâtiments de moindre force. ........ | 1 | » | » | 1 |

## ANNÉE 1759.

—

Les agressions des Anglais sur les côtes de France donnèrent à la cour de Versailles l'idée d'une expédition en Angleterre. Cette pensée fut accueillie avec une faveur d'autant plus grande, que l'état actuel d'infériorité de la marine française rendait impossible tout autre genre d'entreprise contre la puissance anglaise. Des troupes furent réunies sur le littoral des provinces maritimes de l'Océan ; et comme il n'y avait pas à Brest un nombre de vaisseaux suffisant pour protéger leur passage de l'autre côté de la Manche, ceux qui se trouvaient à Toulon reçurent l'ordre de se joindre à eux. En conséquence de ces instructions, 12 vaisseaux et 3 frégates appareillèrent de Toulon, le 5 août, sous le commandement du chef d'escadre de Laclue et se dirigèrent vers le détroit de Gibraltar. Voici la composition de cette escadre :

Canons.

| 80 | *Océan.* ........... | capitaine comte de Carney. |
|---|---|---|
|  |  | de Laclue, chef d'escadre. |
| | *Redoutable.* ....... | — Saint-Aignan. |
| | *Guerrier.* ......... | — de Rochemore. |
| 74 | *Centaure.* ........ | — de Sabran-Grammont. |
| | *Souverain.* ........ | — de Pannat. |
| | *Téméraire.* ........ | d'Herville. |

|     |                                          |     |                            |
| --- | ---------------------------------------- | --- | -------------------------- |
|     | *Modeste.* . . . . . . . . .             | —   | chevalier de Montvert.     |
| 64  | *Triton.* . . . . . . . . . .            | —   | de Vénel.                  |
|     | *Lion.* . . . . . . . . . . .            | —   | de Colbert-Turgis.         |
|     | *Fantasque.* . . . . . . . .             | —   | chevalier de Castillon.    |
| 50  | *Fier.* . . . . . . . . . .              | —   | Marquizan.                 |
|     | *Oriflamme.* . . . . . . . .             | —   | d'Abon.                    |

Frégates de 26ᵉ : *Minerve, Chimère, Gracieuse.*

L'amiral Boscawen, qui commandait l'escadre anglaise de la Méditerranée, venait de se retirer à Gibraltar après une attaque infructueuse contre 2 frégates en dehors de la rade de Toulon; mais il avait échelonné un grand nombre de croiseurs entre ces deux ports. Averti par eux de la sortie de l'escadre française, il appareilla, le 16, avec une armée navale composée comme il suit :

Canons.

|     |                      |                            |
| --- | -------------------- | -------------------------- |
| 96  | PRINCE. . . . . . . . . . . | capitaine Joseph Peyton. |
|     |                      | Thomas Broderick, vice-amiral. |
| 90  | NAMUR. . . . . . . . . . . | capitaine Mathew Buckle. |
|     |                      | Boscawen, amiral. |
| 80  | NEWARK. . . . . . . . . | capitaine W. Holburne. |
| 74  | CULLODEN. . . . . . . . | — S. Callis. |
|     | WARSPITE. . . . . . . . | — J. Bentley. |
| 70  | CONQUEROR. . . . . . . . | — W. Lloyd. |
|     | SWIFTSURE. . . . . . . . | — T. Stanhope. |
| 64  | SAINT ALBANS. . . . . . | — E. Vernon. |
|     | INTREPID. . . . . . . . . | — E. Pratten. |
| 60  | JERSEY. . . . . . . . . . | — J. Barker. |
|     | AMERICA. . . . . . . . . | — J. Kirk. |
|     | PRINCESS LUISA. . . . . | — R. Harland. |
| 50  | GUERNESEY. . . . . . . . | — Kearny. |
|     | PORTLAND. . . . . . . . | — Jervis Mapplesden. |
| 40  | AMBUSCADE. . . . . . . | — . . . . . . |
|     | RAINBOW. . . . . . . . | — . . . . . . |

Frégates de 36ᵉ SHANNON, ACTIVE.

— 32 THETIS.

— 24 LYME, GIBRALTAR, GLASCOW, SHEERNESS, TARTAR'S PRISE.

— 16 FAVORITE, GRAMMONT.

Deux bombardes : EDGAR et . . . . .

L'escadre française donna dans le détroit de Gibraltar, le 17, avec un vent d'Est très-frais et par une nuit très-obscure qui ne put cependant la soustraire à la vue des Anglais; l'amiral Boscawen se mit de suite à sa poursuite. A minuit, par le travers du cap Spartel, l'*Océan* diminua de voiles et alluma ses feux de poupe pour indiquer sa position; mais ne voulant pas que ces feux servissent de

direction à l'ennemi, le commandant en chef les fit bientôt
éteindre et, dès que son vaisseau fut en dehors du détroit,
il fit gouverner à l'O.-N.-O. Les vaisseaux les plus rapprochés de l'*Océan* imitèrent sa manœuvre ; mais tous ne le
voyaient pas, et ces derniers prirent une autre route. Cette
séparation était inévitable : le vaisseau amiral n'avait, en
effet, pas assez diminué de voiles pour que les mauvais
marcheurs pussent le rejoindre. Or, comme le commandant en chef avait fait connaître son intention d'entrer à
Cadix, les capitaines des vaisseaux arriérés qui ne voyaient
plus l'*Océan*, et qui depuis 2ʰ du matin recevaient les boulets des chasseurs anglais, gouvernèrent au Nord dès qu'ils
eurent dépassé le cap Spartel. Lorsque le jour parut, ils
cherchèrent vainement l'*Océan; le Fantasque*, le *Lion*, le
*Triton*, l'*Oriflamme*, le *Fier* et les frégates étaient seuls en
vue. Ces vaisseaux et frégates louvoyèrent toute la journée
entre Cadix et le détroit dans l'espoir de voir rallier le
reste de l'escadre ; le soir, la *Chimère* ayant démâté de son
petit mât de hune, le capitaine de Castillon, auquel son ancienneté donnait le commandement de cette division, la fit
mouiller devant Rota : elle entra le lendemain à Cadix. La
consternation du commandant en chef fut grande lorsque,
au jour, il put apprécier sa situation ; il n'avait plus que
7 vaisseaux. Vers 8ʰ du matin, il eut un moment l'espoir
de voir rallier les bâtiments séparés ; 8 voiles venaient
d'être signalées dans l'Est ; il fit gouverner pour s'en rapprocher. Son espoir fut de courte durée : les voiles aperçues étaient les éclaireurs de l'armée anglaise. Dès qu'il en
eut la certitude, il signala la route vent arrière et rangea
ses vaisseaux en ordre de marche sur la ligne du plus près
tribord, dans l'ordre suivant : le *Téméraire*, le *Modeste*, le
*Redoutable*, le *Souverain*, l'*Océan*, le *Guerrier* et le *Centaure*. A 2ʰ 30ᵐ de l'après-midi, le CULLODEN était assez
près du *Centaure* pour échanger des boulets avec lui ;
l'AMERICA, le PORTLAND, le WARSPITE et le GUERNESEY le
canonnèrent bientôt aussi. La défense du vaisseau fran-

çais fut opiniâtre ; mais, accablé par le nombre, il perdit
ses trois mâts de hune ; et réduit, par suite des pertes qu'il
avait éprouvées, à ne pouvoir plus armer que sa batterie
basse, le capitaine de Sabran fit amener le pavillon à 7ʰ
30ᵐ ; cet officier avait reçu onze coups de feu. Le *Centaure*
fut amariné par l'EDGAR. Cette opération était à peine terminée, que le mât d'artimon du vaisseau français s'abattit.
Sa coque était tellement criblée que, pendant vingt-quatre
heures, on se demanda s'il resterait à flot ; il fallut jeter
les canons et les ancres à la mer, et ce ne fut qu'avec la
plus grande peine que l'EDGAR parvint à le conduire à Gibraltar. L'*Océan*, le *Guerrier* et le *Souverain* eurent aussi
à soutenir le feu des vaisseaux ennemis ; mais leur marche
leur permit d'éviter un combat corps à corps dans lequel
ils eussent infailliblement fini par succomber. La nuit fit
cesser le feu. Le chef d'escadre de Laclue avait eu la jambe
gauche cassée et avait reçu une blessure à la droite. Le
NAMUR ayant été démâté de son mât de perroquet de fougue
et ayant perdu ses vergues de hune, l'amiral anglais avait
arboré son pavillon sur le NEWARK à 5ʰ. La division française continua sa route à l'Ouest. Le 19 au jour, elle était
réduite à quatre vaisseaux ; le *Guerrier* et le *Souverain*
avaient fait fausse route : le premier atteignit Rochefort ;
l'autre se dirigea sur les Canaries d'où il se rendit aussi à
Rochefort : il eut un engagement avec un vaisseau anglais
avant d'arriver à ce mouillage. La brise avait beaucoup
molli. Perdant l'espoir d'échapper à l'armée ennemie qui
le poursuivait toujours, le chef d'escadre de Laclue donna
l'ordre de gouverner sur la terre et, à 9ʰ du matin, il jeta
son vaisseau au plain sur la côte du Portugal, entre Lagos
et le cap Saint-Vincent, dans une petite crique défendue
par une batterie nommée Alma Doua ; la mâture de l'*Océan*
s'abattit dès que le vaisseau toucha. Le *Redoutable* s'échoua
à côté de l'*Océan*, auprès de la batterie Ezaria. Ces deux
vaisseaux furent abandonnés par leurs équipages qui se
sauvèrent à terre. La détermination prise par le chef d'es-

cadre de Laclue n'arrêta pas les Anglais, et plusieurs
coups de canon tirés par la première des deux batteries
portugaises n'eurent aucune signification pour leur amiral.
L'AMERICA et l'INTREPID envoyèrent à l'*Océan* quelques
boulets qui lui firent amener son pavillon. Le capitaine,
une partie des officiers et un petit nombre de marins
étaient restés à bord. Les couleurs du *Redoutable* s'amenèrent à une agression semblable du JERSEY. Confiants
dans la neutralité du Portugal, les capitaines du *Téméraire*
et du *Modeste* mouillèrent au large de leur amiral, le
*Téméraire*, devant le fort Figuerao, l'autre par le travers
de la batterie Sagrena. Leurs illusions ne durèrent pas
longtemps ; le PRINCE et l'ALBANS les attaquèrent. Les capitaines d'Herville et de Montvert ne crurent pas devoir répondre à cette violation du droit des gens ; ils firent évacuer leurs vaisseaux et se rendirent à terre avec leurs
équipages. L'*Océan*, le *Redoutable* et le *Modeste* furent
livrés aux flammes par les Anglais : le *Téméraire* fut conduit à Gibraltar. Cette opération terminée, l'amiral Boscawen fit route pour l'Angleterre et chargea le vice-amiral
Broderick de bloquer les vaisseaux qui étaient entrés à
Cadix. Le chef d'escadre de Laclue mourut de ses blessures.

Cette affaire donna lieu, de la part du Portugal, à une
demande de réparation et à une amende honorable de la
part de l'Angleterre. Lord Knowles fut envoyé à Lisbonne
en ambassade extraordinaire, et en présence du corps di-
plomatique étranger, il fit, au nom du roi d'Angleterre,
des excuses au roi de Portugal sur la violation de son
territoire, et ajouta que les officiers de la marine anglaise
avaient reçu l'ordre de se conduire désormais avec plus de
circonspection.

De son côté, le gouvernement portugais fit examiner la
conduite des officiers qui commandaient les batteries auxquelles les vaisseaux français avaient demandé protection.
Il ne paraît pas que cette enquête ait eu pour résultat la

punition d'aucun de ces officiers; et la seule satisfaction qu'obtint la France fut l'amende honorable faite à la cour de Portugal par le représentant de l'Angleterre.

Un fort coup de vent de S.-O., qui la fit beaucoup souffrir, força l'armée anglaise à mouiller devant Rota, le 9 novembre. Le NEWARK et le CULLODEN se trouvèrent dans la nécessité de couper leur mâture; le PRINCE eut son gouvernail démonté; le CONQUEROR cassa sa vergue de grand hunier. Tous les vaisseaux furent en perdition; fort heureusement pour eux, le vent mollit le lendemain et le vice-amiral Broderik fit entrer 8 vaisseaux dans la rade de Cadix. Le capitaine de Castillon songea à profiter du désarroi de l'armée anglaise pour sortir, et il mit le capitaine général de Cadix en demeure de faire observer les lois de la neutralité. Il fut convenu que Français ou Anglais ne pourraient appareiller qu'à vingt-quatre heures de distance les uns des autres; et comme plus anciens sur la rade, les premiers eurent la faculté de mettre sous voiles le 20 décembre. La division française appareilla; mais le temps avait mauvaise apparence et elle reprit son mouillage. Le 22, elle fit une nouvelle tentative, sans plus de succès. Pendant ce temps, les Anglais avaient poussé leurs réparations avec une grande activité; le 23, ils purent appareiller à leur tour, mais ils cherchèrent vainement à sortir. Le 25, ils furent plus heureux; toutefois un coup de vent les ayant forcés d'aller chercher un abri à Gibraltar, le capitaine de Castillon sortit le 2 janvier, passa le détroit et entra à Toulon le 17.

Voici comment M. de Lapeyrouse (1) raconte la séparation des vaisseaux de l'escadre de Toulon. « Vers 10ʰ du « soir, il (M. de Laclue) doublait les derniers courants et « entrait dans l'Océan. Prévoyant que les vents d'Est et « d'E.-N.-E., qui augmentaient d'heure en heure, ne lui

(1) *Histoire de la marine française.*

« permettraient pas de mouiller sur la rade de Cadix, et
« pensant que l'ennemi tiendrait la terre d'Espagne pour
« le joindre dès que le jour paraîtrait, il signala à son
« armée la route à l'Ouest. Cet amiral s'étant assuré que le
« *Redoutable* et le *Centaure*, les deux vaisseaux les plus
« éloignés, avaient répété le signal, gouverna à la route
« indiquée. A minuit, l'escadre française se trouva Nord et
« Sud du cap Spartel. M. de Laclue compta 13 voiles autour
« de lui. Satisfait de ce qu'il voyait, il attendit le lendemain
« avec sécurité. Mais la nuit, en cachant les mouvements
« des vaisseaux français, avait servi de prétexte à l'igno-
« rance et à la trahison : quand le jour parut, au lieu de
« toute son armée qu'il comptait trouver, M. de Laclue
« n'avait plus que 6 vaisseaux; les autres avaient dis-
« paru. . . . . . . . . . . . . . . . . . . .

    « Ceux-ci l'avaient décidément abandonné, emportant
« leur propre déshonneur et celui de notre marine. Ce
« n'était point par une fatalité dont on ne peut se rendre
« raison, mais bien par indiscipline et découragement que
« 6 vaisseaux et 3 frégates se séparèrent de leur amiral.

. . . . . . . . . . . . . . . . . . . .

    « C'est ainsi que se termina ce combat désastreux où
« l'indiscipline, le manque de patriotisme et l'oubli du
« devoir éclatèrent de toutes parts.

    « M. de Laclue méritait, par ses malheurs et son cou-
« rage, l'indulgence du ministère; mais comment qualifier
« la conduite de ceux qui se séparèrent du vaisseau ami-
« ral? Il n'y eut cependant pas d'enquête. »

    Cette appréciation de la conduite des capitaines de l'es-
cadre du chef d'escadre de Laclue est sévère; elle l'est
d'autant plus qu'elle contraste singulièrement avec les
quelques mots qui concernent le commandant en chef.
A-t-elle été suggérée à M. de Lapeyrouse par la lecture
des documents officiels qui existent sur cette affaire? Je
ne le pense pas, et je suis porté à croire qu'il a accepté,
avec trop de confiance peut-être, les impressions des nar-

rateurs aux récits desquels son caractère chevaleresque
donnait un facile crédit. Sa version prête à cette supposi-
tion. Il avance, en effet, une chose à laquelle il ne croyait
certainement pas lorsqu'il naviguait lui-même : la possibilité de signaler un air de vent pendant la nuit. Ne vaut-il
pas mieux admettre, dans l'intérêt de cette marine dont
M. de Lapeyrouse tient tant et si justement à sauvegarder
l'honneur, que la séparation des vaisseaux au détroit de
Gibraltar eut lieu autant par la faute du chef d'escadre
de Laclue que par celle de ses capitaines? Après avoir fait
connaître son intention d'entrer à Cadix, cet officier général devait, du moment qu'il modifiait ses projets et qu'il
se décidait à continuer sa route, se tenir en position d'être
aperçu de tous les vaisseaux; car si, de nos jours, les
signaux de nuit sont d'une exécution difficile, que devait-ce
être alors? C'est à cette manière d'envisager les choses,
et non à l'état de désuétude dans lequel nos institutions
étaient tombées, qu'il faut attribuer le voile dont on sembla vouloir couvrir cette affaire après la mort du chef qui
l'avait conduite (1).

---

Pendant que l'escadre de Toulon perdait une partie de
ses vaisseaux sur la côte de Portugal, l'armée navale de
l'Océan qu'elle était destinée à renforcer, retenue sur la
rade de Brest par l'indécision du vice-amiral et maréchal
de Conflans, son commandant en chef, était bloquée par
25 vaisseaux anglais aux ordres de l'amiral Hawke; 4 autres
vaisseaux, 3 frégates et 4 bombardes croisaient en outre,
avec le commandant Duff, sur la côte du Morbihan. J'ai

---

(1) Je suis amené, en quelque sorte malgré moi, à sortir de mon rôle de
narrateur et à émettre une opinion sur quelques affaires. Je ne le fais, toutefois,
que lorsque je trouve dans les auteurs qui ont écrit l'histoire de la marine des
appréciations qui peuvent être facilement controversées. Je ne crois pas devoir
laisser passer, comme choses sur lesquelles on ne peut émettre de doutes, des
assertions que les documents officiels contredisent souvent en tout ou en partie.

dit que l'armée navale de Brest avait mission de convoyer les navires qui portaient les troupes destinées à l'expédition projetée en Écosse. Ces navires devaient partir de Nantes, de Lorient, du Morbihan et de tous les ports ds la côte comprise entre Brest et la Loire. Les vaisseaux avaient déjà reçu tous les soldats qu'ils pouvaient prendre sans trop s'encombrer. Le lieutenant général comte d'Aiguillon était désigné pour commander 19,900 hommes dont se composait l'expédition. Voici la composition de l'armée navale :

Canons.

| | | | |
|---|---|---|---|
| | *Soleil Royal* | capitaine | de Chezac. |
| | | maréchal | de Conflans, vice-amiral. |
| | | chevalier | Desroches, major. |
| 80 | *Tonnant* | capitaine | chᵉʳ de Beaufremont, ch. d'esc. |
| | *Formidable* | — | Saint-André Duverger, ch. d'esc. |
| | *Orient* | — | de Guébriant de Budes, ch. d'esc. |
| | *Intrépide* | — | Chateloger. |
| | *Magnifique* | — | Bigot de Morogues. |
| | *Glorieux* | — | Villars de Labrosse. |
| 74 | *Thésée* | — | de Kersaint. |
| | *Héros* | — | vicomte de Sausay. |
| | *Robuste* | — | marquis de Vienne. |
| | *Northumberland* | — | chevalier de Bellingant. |
| | *Juste* | — | Saint-Allouarn. |
| | *Dauphin Royal* | — | vicomte d'Urtubie. |
| | *Inflexible* | — | chevalier de Caumont. |
| | *Dragon* | — | Levassor de Latouche. |
| 70 | *Éveillé* | — | chevalier de Laprévalaye. |
| | *Sphinx* | — | chevalier de Coutance-Laselle. |
| | *Solitaire* | — | vicomte de Langle. |
| | *Brillant* | — | Boischateau. |
| | *Bizarre* | — | chevalier de Rohan. |

Frégates : *Vestale, Aigrette.*
Corvettes : *Calypso, Prince Noir.*

L'expédition d'Écosse rencontrait beaucoup d'adversaires. Contrariée d'abord par le mauvais vouloir des capitaines et par les tergiversations du commandant en chef de l'armée navale, elle devait échouer par l'issue malheureuse de la bataille qu'il fallut livrer à la sortie de Brest. Le capitaine de vaisseau de Morogues avait primitivement été chargé, avec 5 vaisseaux et plusieurs frégates, d'éclairer la marche du convoi et de l'accompagner à la distance qu'il jugerait convenable; il était autorisé à le conduire dans le golfe de Clyde et à appuyer le débarquement des troupes à Irvine (1). Les hésitations du maréchal de Conflans firent modifier ce projet. « La timidité de notre marine m'afflige « et m'humilie, écrivait le maréchal de Belle-Isle au duc « d'Aiguillon, surtout après l'état où je l'ai vue au com- « mencement du siècle. Il faudra bien que le roi donne des « ordres absolus à M. de Conflans. Celui-ci ne demande pas « mieux, à ce que j'entends dire; mais cela ne suffit pas. « Il y a sur cela de bien tristes réflexions à faire; mais ce- « pendant il faut aussi espérer que quand les choses seront « une fois décidées et ordonnées, on se piquera d'hon- « neur (2). » Le maréchal de Conflans demanda effective- ment à escorter le convoi avec son armée entière. « Le « maréchal, écrivit alors le ministre de la marine Berryer « au duc d'Aiguillon, le maréchal n'est pas assez manœu- « vrier pour pouvoir espérer de son habileté une campagne « savante qui puisse contenir les ennemis, et je regarde un « combat comme inévitable; alors il vaut mieux qu'il se « donne avant que notre convoi soit au large. S'il nous est « avantageux, nous passerons facilement; s'il est douteux, « il peut encore faciliter le passage; si l'escadre est écra- « sée, les troupes de terre ne seront pas perdues (3). » Le ministre de la marine accéda donc au désir du commandant en chef de l'armée navale de l'Océan. Le maréchal de Con- flans appareilla le 14 novembre, à 11ʰ du matin, avec une jolie brise de N.-N.-E., et se dirigea sur la côte du Mor- bihan. La croisière anglaise ne fut pas aperçue. Le 16 à midi, l'armée était à la cape avec des vents de S.-O.

Avant son départ, le commandant en chef avait fait connaître ses intentions dans l'ordre du jour ci-après : « Peu après notre sortie, nous devons nous flatter de ren-

---

(1) Irvine. Petit port à l'embouchure de la rivière Irvine qui se jette dans le golfe de Clyde, vis-à-vis de l'île d'Arran, sur la côte occidentale d'Ecosse.
(2) *Archives du dépôt des cartes au ministère de la marine.*
(3)          *Id.*               *Id.*

« contrer les Anglais réunis ou dispersés. Si nous les trou-
« vons dans ce dernier cas, chaque affaire que nous aurons
« successivement avec chaque peloton doit être bientôt et
« heureusement terminée.

« S'ils se présentent à nous tous rassemblés, leur nombre,
« égal à celui de nos vaisseaux, ne leur donne aucun avan-
« tage sur l'armée du roi; le zèle que je connais à messieurs
« les capitaines pour la gloire, ma confiance en eux, mon
« amitié et les sentiments réciproques qu'ils ont pour moi,
« me donnent au contraire l'assurance du succès le plus glo-
« rieux. Il faut peu d'instructions aux officiers que de pareils
« motifs animent : aussi je me borne à ce qui paraît indis-
« pensablement nécessaire et à indiquer les points sur les-
« quels il convient d'établir l'unité de vues et de manœuvres
« sans lesquels la victoire reste toujours imparfaite, avec
« quelque valeur que l'on ait combattu.

« Mon intention est de prendre l'avantage du vent sur
« l'ennemi pour le combattre du plus près qu'il sera pos-
« sible.

« Si le hasard, néanmoins, lui procure cette position et
« qu'il s'en serve pour se tenir trop éloigné de nous, je ferai
« porter un peu plein jusqu'à ce que le combat soit établi
« dans l'éloignement qu'il aura été maître de régler entre
« lui et nous; alors je ferai venir au vent le premier vais-
« seau de la ligne au plus près, et tous les vaisseaux faisant
« successivement de même dans ses eaux, si cette manœuvre
« est brusquement exécutée, nous raccourcirons par ce
« moyen la distance trop grande qui serait entre notre ligne
« et la sienne.

« Il faut parvenir, autant qu'il dépendra de nous, à op-
« poser le feu de nos plus grands vaisseaux à celui des plus
« gros vaisseaux ennemis. Il serait fâcheux que les plus
« faibles des nôtres se trouvassent exposés à la supériorité
« des plus forts d'entre eux; il ne faut pas, d'un autre côté,
« s'attendre à ce que cela arrive, vu que les Anglais ont le
« même intérêt à l'empêcher.

« Si cependant cela arrivait, on fera son possible pour
« se secourir mutuellement, et les plus gros vaisseaux sou-
« lageront les plus faibles autant que cela dépendra d'eux.

« D'un autre côté, un vaisseau qui combat avec avantage
« et même avec égalité l'ennemi qui est par son travers,
« ne doit faire aucune difficulté à recevoir le secours que
« son camarade lui présente ; au contraire, tous deux doivent
« concourir mutuellement à réduire bien vite le vaisseau
« ennemi qui pourrait tenir encore longtemps contre un
« seul des nôtres.

« Notre but doit être de réduire successivement, en pareil
« cas, les forces ennemies, et de tirer des nôtres tout le
« parti possible, en les ménageant dans les occasions où il
« est inutile de les prodiguer ; dans celles où il serait né-
« cessaire de se sacrifier, je n'ai pas d'observations à faire
« à messieurs les capitaines.

« Si nous avons le vent sur l'ennemi, je suis résolu à le
« combattre à portée de mousquet. Il faut apporter une
« grande attention, en nous approchant d'eux, à ne pas
« arriver en pointe : par cette position désavantageuse,
« nous nous exposerions à être désemparés avant d'avoir
« combattu. Afin d'éviter un inconvénient aussi fâcheux,
« dès que notre ligne sera un peu en arrière de celle de
« l'ennemi, à une grande portée de canon, je la ferai mettre
« en bataille. Alors, en arrivant en dépendant, et en lui
« présentant toujours le côté, nous viendrons nous établir
« par son travers, à la petite distance qui a déjà été déter-
« minée.

« Tandis que nous serons éloignés de l'ennemi, il est
« à propos de ménager notre feu ; il suffira de tirer assez
« pour engager l'ennemi à perdre beaucoup de poudre et
« à échauffer ses canons inutilement ; nous échaufferons
« les nôtres, à notre tour, lorsque nous serons à portée de
« ne pas perdre nos coups.

« Si la ligne de l'ennemi arrive, nous arriverons aussi
« sur elle, nous tenant toujours à portée de mousquet et

« même plus près, dans cette circonstance, s'il est pos-
« sible. Si elle essaye de se retirer en ordre, nous la pour-
« suivrons de même; si enfin elle plie, on la poursuivra
« vivement, mais cependant sans se séparer. En ce cas, on
« réduira le plus promptement que l'on pourra les vais-
« seaux que l'on joindra successivement; mais nos vais-
« seaux ne s'amuseront pas à les amariner, tandis que nous
« aurons des frégates pour faire cette besogne, et jusqu'à ce
« que la victoire soit décidée; on se contentera d'en retirer
« tous les principaux officiers et les principaux officiers
« mariniers, et on laissera le soin du reste aux frégates.

« Si un vaisseau ennemi sort de la ligne pendant le
« combat, on ne s'amusera pas à le poursuivre, mais on se
« servira de cet avantage pour réunir plus de feux contre
« ceux qui restent.

« Si quelqu'un des nôtres est obligé de se retirer pour
« se raccommoder, la place sera aussitôt remplie par celui
« qui le suivra, et la ligne se serrera successivement de
« manière à ne laisser aucun jour.

« Il ne me paraît guère possible d'aborder dans un com-
« bat en ligne. Si, cependant, cela me paraissait avanta-
« geux, j'en ferais le signal, et alors, tous en même temps,
« nous aborderions chacun le nôtre.

« Il se peut aussi que, par un changement de vent ou
« par quelque autre événement, un vaisseau particulier se
« trouve en position d'aborder un ennemi : il ne faut pas
« suivre son ardeur si le succès du combat général se trou-
« vait compromis; mais dans le cas où il n'y aurait aucun
« inconvénient à prendre ce parti, messieurs les capitaines
« peuvent le suivre.

« Messieurs les commandants de l'avant-garde et de l'ar-
« rière-garde, si l'un ou l'autre n'avait pas un nombre
« d'ennemis pareil par le travers, pourront détacher quel-
« ques vaisseaux de leur division et leur donner les ordres
« qu'ils jugeront convenables pour les employer utilement
« ailleurs. »

Une coïncidence fatale voulut que l'amiral Hawke, qui
était allé chercher un abri contre le mauvais temps dans
un port d'Angleterre, reprît la mer le jour même où les
vaisseaux français franchissaient le goulet de Brest. Les
deux armées ne se virent pas ; mais la sortie de celle des
Français n'échappa pas à la vigilance des éclaireurs ennemis ; et comme le but de sa sortie était parfaitement connu,
l'amiral Hawke n'eut pas d'indécision sur la route qu'il devait suivre pour la trouver. Voici comment son armée était
composée :

Canons.
| 74 | WARSPITE. . . . . . . . . capitaine | sir John Bentley. |
|----|----|----|
| 60 | KINGSTON. . . . . . . . . . — | Th. Shirley. |
| 70 | SWIFTSURE. . . . . . . . . — | sir Thomas Stanhope. |
| 74 | DUKE. . . . . . . . . . . . — | Graves. |
| 90 | UNION. . . . . . . . . . . — | Evans. |
|  |  | sir Charles Hardy, vice-amiral. |
| 74 | HERCULES. . . . . . . . . capitaine | W. Fortescue. |
| 60 | INTREPID. . . . . . . . . . — | J. Mapplesden. |
| 60 | MONTAGU. . . . . . . . . . — | Josias Rowley. |
| 64 | REVENGE. . . . . . . . . . — | J. Storr. |
| 70 | DORSETSHIRE. . . . . . . — | Peters Dennis. |
| 74 | TORBAY. . . . . . . . . . . — | honorable Augustus Keppel. |
| 100 | ROYAL GEORGES. . . . . . — | Campbell. |
|  |  | sir Edouard Hawke, amiral. |
| 74 | MAGNANIME. . . . . . . . . capitaine | lord Howe. |
| 70 | BURFORD. . . . . . . . . . — | J. Gambier. |
| 70 | CHICHESTER. . . . . . . . — | W. S. Willet. |
| 60 | DUNKIRK. . . . . . . . . . — | R. Digby. |
| 70 | TEMPLE. . . . . . . . . . . — | honorable W. Shirley. |
| 90 | NAMUR. . . . . . . . . . . — | Buckle. |
| 74 | MARS. . . . . . . . . . . . — | James Young, commodore. |
| 74 | RESOLUTION. . . . . . . . — | R. Spike. |
| 64 | ESSEX. . . . . . . . . . . . — | L. O'Brien. |
| 60 | DEFIANCE. . . . . . . . . . — | P. Baird. |
| 74 | HERO. . . . . . . . . . . . — | honorable J. Edgecumbe. |
| 50 | ROCHESTER, PORTLAND, FARKLAND, CHATAM. | |
| 56 | VENUS. | |
| 52 | MINERVA, SAPHIR. | |
| 28 | VENGEANCE, COVENTRY, MAIDSTONE. | |

Je vais laisser le maréchal de Conflans raconter lui-
même sa navigation et son combat. Voici la relation qu'il
envoya au ministre de la marine :

« Je ne vous ferai pas, monsieur, le détail de ma navi-
« gation depuis le 14 de ce mois, jusqu'à la nuit du 19

I                                                 25

« au 20; des contrariétés continuelles ont retardé mon
« arrivée à Quiberon où, sur les nouvelles que j'avais
« reçues, je n'avais pas lieu de m'attendre à la supériorité
« dans laquelle j'ai trouvé les ennemis, et à la malheureuse
« journée qui a si tristement terminé la campagne.

« A la suite d'un calme assez long, le vent s'éleva de la
« partie de l'Ouest, le 19, à environ 11ʰ du soir. Je me
« faisais alors à 23 lieues dans le S.-O. 1/4 O. de Belle-Isle.
« Je fis signal à l'armée de servir, et je dirigeai la route
« sur Belle-Isle, afin d'entrer le lendemain dans le Mor-
« bihan pour suivre les ordres du roi et me conformer à ce
« que vous m'aviez particulièrement marqué dans votre
« lettre du 5 de ce mois.

« Le vent augmenta considérablement pendant la nuit
« et vint à l'O.-N.-O. ; je fus même obligé de faire très-peu
« de voiles, dans la crainte de me trouver trop tôt sur la
« terre. Au point du jour, on découvrit plusieurs vaisseaux
« devant nous, et je fis faire successivement le signal de
« ralliement, celui de faire le branle-bas, de faire attention
« aux signaux de combat et celui de s'y préparer.

« Quand le jour fut plus clair, on compta jusqu'à 17
« ou 18 bâtiments; mais comme on ne reconnut dans ce
« nombre que 7 ou 8 vaisseaux de ligne, sur les nouvelles
« positions que j'avais reçues régulièrement du Morbihan
« tandis que j'étais sur la rade de Brest, je ne doutai pas
« que c'était l'escadre de 8 vaisseaux qui était depuis long-
« temps en station dans la baie de Quiberon, celle du com-
« modore Duff, lesquels, avertis de ma sortie de Brest ;
« sortaient pour éviter d'être rencontrés par l'armée du
« Roi. Je ne songeai à établir aucun ordre de bataille, et
« je fis le signal général de la chasse ; je fis même crier au
« *Tonnant*, qui se trouvait à portée de voix, que j'étais
« résolu à poursuivre vivement l'ennemi, à le faire attaquer
« sans ordre, puisqu'ils étaient en aussi petit nombre, et je
« m'abandonnai moi-même sur celui qui me paraissait le
« plus gros. Il n'y en avait que 4 qui avaient pris chasse

« sous le vent, et c'étaient ceux que je suivais avec plu-
« sieurs vaisseaux ; les 3 ou 4 autres avaient pris les amures
« à tribord, et là-dessus le chevalier de Beaufremont avait
« pris le parti de les suivre. On fit en même temps signal
« de plusieurs de nos vaisseaux que l'on découvrait des
« voiles au vent ; nous en eûmes nous-mêmes connaissance
« du haut des mâts. Dans la confiance que j'avais dans les
« détails réitérés qui m'avaient été envoyés du Morbihan,
« je regardai comme impossible que l'ennemi eût dans ces
« parages des forces supérieures ni même égales à celles
« que je commandais. Je fis signal à la troisième division
« de tenir le vent, afin de ne pas laisser le *Tonnant* exposé
« à se voir enveloppé par les vaisseaux ennemis.

« Presque aussitôt on découvrit clairement que les voiles
« que, peu de temps auparavant, on avait signalées de toutes
« parts, étaient une armée supérieure à la nôtre et qui, à
« force de voiles, arrivait vent arrière sur nous en très-bon
« ordre. On distinguait au moins 23 vaisseaux de ligne,
« dont plusieurs paraissaient à trois ponts. Je fis tout de
« suite le signal de lever la chasse, celui du ralliement,
« celui de se mettre en ordre de marche sur une ligne ;
« j'avertis que j'allais recommencer à faire les signaux
« de combat, et je fis immédiatement celui de s'y pré-
« parer.

« Le vent était alors à l'O.-N.-O. très-violent, la mer
« fort grosse, avec toutes les apparences d'un très-gros
« temps. Ces circonstances, jointes à l'objet que toutes vos
« lettres m'indiquaient, et la supériorité de l'ennemi auquel
« je voyais alors 30 vaisseaux de ligne, tout alors me déter-
« mina à prendre la route du Morbihan (1), d'autant que le
« vent, dans la position où nous nous trouvions, ne me per-
« mettait pas de relâcher en aucun autre lieu, et je n'avais
« pas lieu de croire que si j'y entrais le premier avec

(1) On donne le nom de Morbihan à un assemblage de nombreux bras de
mer, profondément avancés dans les terres, en dedans de la baie de Quiberon.

« 24 vaisseaux, l'ennemi osât m'y suivre, malgré sa supé-
« riorité, qui devait elle-même embarrasser ses mouve-
« ments dans un endroit aussi resserré. Voici le plan que
« je me faisais, et vous en jugerez vous-même, monsieur,
« en l'appliquant sur une carte.

« Je ne pouvais pas disputer le vent à l'ennemi tandis
« que j'étais au large, parce qu'il venait vent arrière sur
« moi. Je comptais que j'avais lieu de me flatter que mes
« 24 vaisseaux seraient rentrés dans le Morbihan avant
« aucun des ennemis. Dès le moment que j'y serais, je de-
« vais tenir le plus près les amures à bâbord et m'élever
« en bataille, à l'aide du jusant, jusque dans le fond de la
« baie de Quiberon (1). Je comptais y tenir de même à la
« voile, en louvoyant jusqu'à ce que l'ennemi eût pris un
« parti. S'il restait en dehors, il lui fallait gagner le large,
« vu le gros temps qu'il faisait et, en ce cas, j'aurais
« mouillé en bon ordre au vent de la baie, et j'aurais pris
« là toutes les mesures convenables pour me préparer à
« tous les événements auxquels la proximité de l'armée
« anglaise m'exposerait.

« Si, au contraire, l'ennemi prenait le parti de me suivre
« avec toutes ses forces dans la baie, je devais me trouver
« au vent à lui, je l'aurais combattu avec avantage ; et
« quoique j'eusse bien envisagé combien les manœuvres
« d'un semblable combat seraient délicates et critiques
« dans un lieu aussi étroit, il était cependant naturel de
« penser qu'elles le seraient encore bien plus pour l'ennemi
« qui serait sous le vent, entre l'armée du Roi et les dangers
« de la côte ; qu'étant en plus grand nombre, il serait en-
« core plus gêné que nous, et qu'étant enfin à une côte
« ennemie, il ne devait s'attendre à aucune des ressources
« qui étaient toutes pour nous. D'ailleurs, le parti était
« forcé, et le lieu où j'étais contraint d'aller était celui où
« les ordres du Roi m'appelaient depuis longtemps.

---

(1) La baie de Quiberon fait partie du littoral du département du Morbihan.

« Afin de marquer la route, j'avais choisi l'ordre de
« marche sur une ligne. Dans cet ordre je marchais en
« tête, et pour former l'ordre naturel de bataille, je n'a-
« vais qu'à me mettre au centre de la ligne, ce que je
« comptais faire sur le second bord aussitôt qu'elle serait
« toute entrée dans la baie.

« Je fis donc route de même, avec autant de voiles que
« j'en pus mettre pour ne pas courir risque de me séparer
« de la tête de la ligne; je fis signal à toute l'armée de
« serrer la ligne et, particulièrement à l'arrière-garde, de
« forcer de voiles : la tête de l'ennemi l'approchait, et je
« craignais à tout moment de la voir engager contre mes
« vues. Effectivement, lorsque je doublais les *Cardinaux* (1),
« la tête de l'ennemi commença à tirer sur la queue de
« notre armée, qui répondit avec une vivacité qui me donna
« quelques moments l'espérance que cet engagement n'au-
« rait pas les suites que j'avais tant de raisons de craindre.
« Mais bientôt le vent devint au N.-N.-O. : ce funeste
« changement donna à l'ennemi le moyen d'employer sa
« supériorité contre deux de nos vaisseaux, et leur donna
« en même temps la facilité de nous joindre plus tôt.

« J'étais alors assez avancé dans la baie de Quiberon;
« l'avant-garde et le corps de bataille me suivaient d'assez
« près, mais il n'y avait plus d'ordre de bataille établi; le
« changement de vent l'avait totalement dérangé, sans qu'il
« eût été possible de l'empêcher. L'ennemi entrait lui-même
« dans la baie, pêle-mêle avec les derniers de nos vais-
« seaux, dont plusieurs étaient enveloppés, ce qui ne les
« empêchait pas de combattre avec une intrépidité digne
« des plus grands éloges.

« La nécessité de marquer la route et les mouvements
« que je voulais faire exécuter m'avait obligé de rester
« jusque-là à la tête, et je n'avais pas encore combattu.

(1) *Cardinaux*. Rochers qui terminent du côté du Sud le groupe d'îles et d'îlots
qui enceignent la baie de Quiberon.

« Je revirai de bord pour me mettre au milieu de la ligne
« et, en même temps, à portée de combattre l'ennemi qui
« se multipliait considérablement. Je dis à l'*Intrépide*, qui
« me suivait immédiatement, de faire de même, et comme
« la sûreté de la navigation exigeait que tous les vaisseaux
« missent également à l'autre bord, je fis en même temps
« le signal de revirer par la contre-marche, dans l'espé-
« rance que nous pourrions de même rétablir l'ordre de
« bataille sur une ligne.

« Peu après j'arrivai lof pour lof dans les eaux de plu-
« sieurs de nos vaisseaux que la saute de vent avait amon-
« celés sans ordre, comme je l'ai dit plus haut. En faisant
« ce mouvement, je couvrais aussi le *Juste* qui était écrasé
« par le feu de plusieurs vaisseaux ennemis; j'en forçai
« quelques uns à se retirer, et aucun ne tint par mon tra-
« vers. J'envoyai aussi alors une bordée à l'amiral anglais.

« Ayant repris les amures à bâbord, j'eus des ennemis
« à combattre au vent et sous le vent et, malgré cela, leur
« feu réuni sur nous ne nous fit aucun mal. Cette bordée
« ne put être longue, à cause de la terre que nous appro-
« chions de trop près, et cela, joint aux approches de la
« nuit, me détermina à revirer encore de bord, dans l'in-
« tention de doubler le *Four* (1), de sortir de la baie et de
« me faire suivre au large par l'armée, dont je ne voyais
« aucun vaisseau rendu malgré la durée et la violence du
« combat qu'ils avaient soutenu.

« Au moment où je faisais arriver le *Soleil Royal* vent
« arrière, l'amiral anglais se mit en devoir de m'envoyer
« une bordée dans la poupe; mais l'*Intrépide*, en présen-
« tant le côté à l'ennemi avec une audace et une contenance
« que je ne saurais trop exalter, attira tout le feu sur lui
« et y répondit avec une vivacité incroyable, et me tira de
« l'embarras où cette position désavantageuse me mettait.

---

(1) Le *Four* est un plateau de roches situé à 15 milles dans le S.-E. de la
baie de Quiberon.

« Je repris sur-le-champ les amures à tribord, et je comp-
« tais combattre cet amiral banc à banc ; mais M. de Chas-
« teloger continua de le serrer vivement, et tout l'avant de
« son vaisseau, jusqu'au grand mât, resta toujours entre
« l'ennemi et moi, en sorte que je ne pus employer que la
« moitié de mes canons contre lui, tandis que l'*Intrépide*
« en couvrait l'autre partie et se servait sans relâche de
« tous les siens.

« Il ne m'est pas possible de pousser plus loin le détail
« de cette affaire. Depuis longtemps tout était mêlé, et la
« nuit qui survint me déroba la connaissance du parti que
« chacun prit. Quant à moi, j'étais toujours résolu à sortir
« par les *Cardinaux* et à me mettre en dehors de Belle-Isle ;
« mais je fus abordé successivement à bâbord par un de
« nos vaisseaux, et à tribord par un autre : ce dernier ne
« me fit pas de mal, mais le premier me désempara entiè-
« rement de l'avant ; et comme d'un côté j'avais beaucoup
« à craindre des suites du choc que j'avais reçu, comme
« de l'autre tous ces accidents m'avaient fait tomber sous
« le vent du *Four*, et qu'il ne m'était plus possible de sortir
« de la baie, je pris le parti de venir chercher un mouillage
« dans la baie du Croisic (1). J'y ai passé la nuit du 20
« au 21 dans l'incertitude du parti que je pourrais prendre
« le lendemain ; mais j'employai toute cette nuit à me dis-
« poser aux événements, quels qu'ils pussent être.

« Le 21, au point du jour, je vis 32 vaisseaux ennemis
« mouillés au vent à moi, un vaisseau que je ne pus recon-
« naître échoué sur le *Four*, et un seul vaisseau français
« mouillé sous le vent, que je reconnus peu après être le
« *Héros*. Je ne pouvais songer, dans une pareille position,
« qu'à empêcher que le vaisseau du Roi que je montais
« tombât entre les mains des ennemis. Je vis d'ailleurs des
« mouvements dans l'armée anglaise qui m'annonçaient

(1) La rade du Croisic, à l'entrée du chenal Nord de la Loire, est distante de
15 milles de la baie de Quiberon.

« qu'elle allait appareiller. Je ne pouvais pas douter de ses
« desseins par la facilité qu'elle avait de les exécuter. Je
« coupai mon câble et je fis route pour me rendre le plus
« près possible du petit port du Croisic, devant lequel je
« m'échouai. Le *Héros* avait pris le même parti peu de
« temps avant moi.

« Il ne m'est pas possible, monsieur, de vous détailler ce
« qui concerne chaque vaisseau; il y en a plusieurs dont
« j'ignore le sort. Voici ce que j'ai appris des autres :

« Le *Glorieux*, le *Robuste*, l'*Inflexible*, le *Dragon*, le
« *Sphinx*, l'*Éveillé* et le *Brillant* sont entrés dans la Vi-
« laine (1), et MM. de Labrosse et de Laprévalaye ont
« eu beaucoup de peine et ont couru beaucoup de risques
« avant d'y parvenir. Les frégates l'*Aigrette*, la *Calypso*,
« la *Vestale* et le *Prince Noir* y sont aussi.

« Le *Tonnant*, l'*Orient*, l'*Intrépide*, le *Magnifique*, le
« *Northumberland*, le *Dauphin royal*, le *Superbe* et le *Bi-*
« *zarre* ont vraisemblablement pris le large, et je suis per-
« suadé qu'ils sont tous à Rochefort.

« Il paraît presque certain que le *Thésée* s'est rempli
« d'eau par les sabords de dessous le vent de la première
« batterie. On m'avait rapporté que le même malheur était
« arrivé au *Northumberland*, mais il y a aujourd'hui des
« doutes sur cela; on pense que c'est un vaisseau ennemi
« que l'on a pris pour lui. C'est ce qui me détermine à le
« mettre dans le nombre de ceux qui ont pris le large.

« Quel affreux spectacle, monsieur, que celui du *Thésée*
« abîmé dans un clin d'œil! Quelle perte que M. de Ker-
« saint qui commandait ce vaisseau et qui, pendant toute sa
« vie, s'est distingué par des services continuels, par les
« actions les plus brillantes et par un grand nombre de
« blessures honorables! Il ne paraît pas possible qu'il se

---

(1) On compte 14 milles de la baie de Quiberon à l'embouchure de la Vilaine.

« soit sauvé un seul officier ni un seul homme de l'équipage
« de ce vaisseau.

« J'ai appris depuis que je suis ici que le *Juste* s'est
« perdu à l'entrée de la rivière de Nantes, et qu'il ne s'est
« sauvé qu'environ cent cinquante hommes. MM. de Saint-
« Allouarn, frères, ont été tués dans le combat. Tous deux
« capitaines de vaisseau, ils étaient sur le *Juste;* l'un
« commandait ce vaisseau, l'autre en était second. C'é-
« taient d'excellents officiers qui, dans plusieurs occasions,
« ont donné des preuves des talents les plus distingués, du
« zèle le plus ardent et de la plus grande valeur.

« J'ai appris également que le *Formidable*, commandé
« par le chef d'escadre Duverger, a été pris par l'ennemi,
« qui a donné à cet officier général le témoignage le plus
« glorieux de l'estime qui est due à la vigoureuse résistance
« qu'il a faite. J'ai moi-même été témoin d'une partie de
« son combat; il était environné d'ennemis sans que son
« feu ait été ralenti un seul instant. Il a lui-même, une fois,
« dégagé le *Héros* et, à la fin, a été obligé de céder à des
« forces aussi supérieures. Il vous rendra compte de son
« combat et vous intéressera à un sort qu'il a su rendre
« aussi brillant qu'il est malheureux.

« Le *Héros*, qui s'est échoué ici en même temps que moi,
« a soutenu le combat le plus glorieux contre 3 vaisseaux
« ennemis. Une fois il a été dégagé par le *Formidable*. Cela
« n'a point empêché qu'il ait été abordé par un vaisseau
« anglais de 60°. M. le comte de Sausay, quoique déjà plus
« de 200 hommes de son équipage fussent tués ou hors de
« combat, quoique le corps de son vaisseau, sa mâture,
« ses voiles et ses manœuvres fussent criblés de coups de
« canon, força l'ennemi à l'abandonner. Il aurait à la fin
« succombé, et il était obligé de se rendre si quelques uns
« de nos vaisseaux n'étaient survenus, ce qui obligea les
« Anglais de se retirer. Il profita ensuite de la nuit pour
« venir ici; elle l'empêcha de reconnaître ceux auxquels il
« devait cette obligation, et il n'a pu me les nommer. M. de

« Sausay est au-dessus de tout ce que je pourrais vous dire
« de lui ; il est à la tête des capitaines, et personne ne
« remplirait mieux que lui les premiers emplois.

« Je ne saurais vous exprimer, monsieur, tout ce que je
« dois à la valeur, au zèle et à l'intelligence des officiers
« qui servaient sur le *Soleil Royal* que je montais. Le choix
« que j'en ai fait vous prouvait déjà toute mon estime pour
« eux. Je n'ai de regrets que de n'avoir pu les employer
« plus longtemps et plus utilement. M. de Chézac, qui les
« commandait, vous est déjà connu et a mérité votre con-
« fiance par la manière dont il remplit l'emploi important
« dont il est chargé à Brest. Les places les plus honorables
« ne sauraient être confiées à quelqu'un qui soit plus ca-
« pable que lui de les occuper, et personne aussi n'est en
« état de commander les plus gros vaisseaux du roi et de
« les faire servir plus utilement et plus glorieusement, lors-
« qu'une égalité de forces rendra la chose possible.

« Je ne dois pas oublier de faire valoir près de vous la
« sagesse et l'habileté avec lesquelles M. le chevalier de
« Montazet a exécuté l'ordre de brûler le *Soleil Royal*, lors-
« qu'il a été reconnu qu'il n'était pas possible d'empêcher
« l'ennemi d'y réussir lui-même dans peu de moments. Il
« l'a prévenu d'un quart d'heure, et a rempli cet objet avec
« la promptitude et la prudence inséparables de tout ce
« qu'il fait. Après que le feu fut mis au *Soleil Royal*, une
« frégate anglaise s'approcha pour protéger deux chaloupes
« et deux canots destinés à couler le *Héros* qui était plus
« en dedans ; ils y parvinrent à la faveur de la fumée
« qu'occasionnait l'incendie du *Soleil Royal*. M. le comte
« de Sausay se disposait alors à l'envoyer brûler, et n'avait
« retardé que dans l'appréhension où l'on était que les
« poudres des deux vaisseaux agissant à la fois, ne fissent
« quelques explosions dommageables à la ville. Heureuse-
« ment il était plein d'eau et il n'y avait personne ; cela est
« audacieux et n'a fait d'autre effet que celui qu'on se pro-
« posait de faire avec plus de prudence.

« Je finis, monsieur, avec toute la vérité que rien ne
« m'oblige à vous dissimuler, que tous les officiers géné-
« raux, tous les officiers, tous les subalternes, je dis plus,
« tous les équipages employés dans cette armée, auraient
« servi aussi utilement que glorieusement, s'ils avaient pu
« mesurer leur force et leur valeur contre un ennemi qui au-
« rait eu une supériorité moins décidée et si l'espace eût été
« proportionné au nombre des vaisseaux qui ont combattu.

   « Je ne saurais trop exalter la contenance ferme de M. le
« comte de Boisgelin, des officiers et des soldats de son
« régiment, ni trop vous témoigner la satisfaction que j'ai
« ressentie en voyant leur sagesse, leur bonne volonté et
« leur contenance dans les adversités que nous avons éprou-
« vées.

   « M. Dulac, commandant les gardes-côtes embarqués
« sur le *Soleil Royal*, a également su, par son exemple et
« par sa valeur, inspirer à ses miliciens les sentiments et
« l'âme des vieilles troupes les mieux disciplinées (1). »

_____

(1) On voit dans ce rapport la première impression que ressentit le maréchal
de Conflans après cette désastreuse affaire à laquelle on ne peut même pas
donner le nom de bataille. Pour lui, les choses ont suivi leur marche naturelle
et il n'a pas assez d'éloges pour ses sous-ordres. Il parle du combat de son
armée contre l'ennemi et contre les éléments, avec la satisfaction d'un homme
qui ne soupçonne même pas combien est grande la responsabilité de celui qui
commande et qui se croit à l'abri de tout reproche, parce qu'il estime avoir fait son
devoir ou plutôt, ce que l'honneur — l'honneur comme quelques-uns l'entendaient
alors — lui commandait de faire. Mais les illusions du commandant en chef de
l'armée navale de l'Océan furent de courte durée. Lorsque la grande voix de la
nation eut parlé et que le cri de désapprobation de la France entière eut frappé
son oreille, le maréchal de Conflans ouvrit les yeux et, déclinant la responsabilité
dont il n'avait d'abord semblé faire aucun cas, il changea de langage. Il écrivit
que ses signaux n'avaient pas été exécutés; que l'arrière-garde n'avait pas
forcé de voiles pour le suivre; enfin, qu'il avait été abandonné par la plupart
des vaisseaux lorsqu'il avait viré de bord pour aller secourir cette arrière-garde
coupée par les Anglais. On peut, sans s'exposer à n'être pas dans le vrai, dire
que ce second rapport est aussi exagéré que l'était le premier. Certes, loin de
moi la pensée de mettre entièrement sur le compte du commandant en chef le
résultat de cette désastreuse journée; non, la responsabilité d'une bonne partie
des faits incombe aux capitaines. Mais, y a-t-il une excuse à alléguer en faveur
d'un commandant en chef qui conduit une bataille comme le fit et comme le raconte M. de Conflans! qui quitte le champ de bataille sans dire à ses lieutenants
ce qu'ils doivent ou ce qu'ils peuvent faire; en faveur du commandant en chef

Toute réflexion sur ce rapport me paraît inutile; il ne
peut y avoir qu'une appréciation sur la conduite et le langage du vice-amiral de Conflans. Je me bornerai à compléter la relation du commandant en chef que l'absence de
documents, ainsi qu'il le dit lui-même, ne lui permit pas
de faire aussi détaillée qu'il l'eût désiré. J'aurai recours,
pour cela, aux rapports de quelques-uns des capitaines de
l'armée navale et aux historiens anglais.

Le 20, il ventait grand frais et la mer était grosse.
47 vaisseaux et 10 frégates et corvettes allaient se trouver
engagés d'abord, dans l'espace long de 5 milles et large de
6 1/2 compris entre la presqu'île de Quiberon et la pointe
du département du Morbihan sur laquelle s'élève le couvent de Saint-Gildas, espace qui constitue la partie de la
baie de Quiberon accessible aux vaisseaux; et ensuite,
dans l'enfoncement formé par l'intersection des côtes des
départements du Morbihan et de la Loire-Inférieure, enfoncement que le vice-amiral de Conflans semble avoir considéré comme le prolongement de la baie de Quiberon.
Mais, cette baie de Quiberon, réduite aux dimensions que
je viens de donner, par le peu de profondeur des eaux à
l'approche de la terre, diminution de fond que la sonde seule
peut indiquer, cette baie de Quiberon et celle qui la touche
contiennent des bancs et des hauts-fonds qui sont autant
d'écueils pour les navires qui naviguent dans ces parages.
Les abords de ces deux baies sont d'ailleurs si difficiles,
que c'est à peine si, dans des circonstances favorables, l'une
ou l'autre des deux armées eût osé s'y engager. Les îles
Houat et Hœdic, les autres petites îles et les rochers qui
s'y rattachent et que l'on a compris sous la dénomination
de *Cardinaux* forment, en dedans de Belle-Isle, une cein-

---

qui jette son vaisseau à la côte et le livre aux flammes dans la prévision d'une
attaque qu'il n'eût peut-être pas été impossible de repousser; et qui n'a pas
attendu, pour prendre une pareille détermination, à y être forcé par les circonstances!

ture de récifs que le navigateur regarde rarement sans
effroi, et qu'il ne franchit jamais sans émotions. C'était au
milieu de ces innombrables récifs que 57 bâtiments de
grandes dimensions allaient se trouver pêle-mêle, car il
n'était pas possible d'y faire des manœuvres d'ensemble.
Chaque vaisseau allait avoir à choisir son adversaire et à
le combattre avec le désespoir de la situation. La mort
s'offrait, en effet, de tous côtés, dans les formidables batteries de l'ennemi comme sur les brisants. Et certes, le
commandant en chef de l'armée française pouvait, selon
toutes probabilités, supposer que l'amiral anglais s'arrête-
rait, à la vue de ces nombreux dangers, à la pensée de la
responsabilité immense qu'il assumerait en acceptant, on
peut presque dire, en choisissant un pareil champ de bataille. Mais non ! rien n'arrêta l'intrépide amiral ! et la tactique qu'il avait toujours suivie le servit admirablement
dans cette circonstance. Ses vaisseaux, éloignés les uns des
autres par une chasse prolongée, ne se gênèrent pas dans
l'attaque, et ils purent combattre facilement un ennemi qui
ne songeait qu'à fuir. A 2ʰ 30ᵐ, le Warspite et le Dorsetshire commencèrent à canonner les derniers vaisseaux français, et bientôt après, le Revenge, le Magnanime, le Torbay,
le Montagu, le Resolution, le Swiftsure et le Defiance
engagèrent le combat. Vers 4ʰ 30ᵐ, percé de toutes parts et
n'ayant plus qu'une soixantaine d'hommes en état de combattre, le *Formidable* amena son pavillon ; il fut amariné.
Le *Thésée* fut attaqué par le Magnanime; mais le vaisseau
anglais fut désemparé par un autre vaisseau de sa nation
qui tomba sur lui et l'obligea à se retirer : le Torbay prit
sa place. Pressé avec vigueur, le capitaine de Kersaint ordonna d'ouvrir les sabords de la batterie basse que l'état
de la mer avait forcé de tenir fermés jusque-là. L'eau
entra alors à pleins sabords dans le vaisseau, et le *Thésée*
fut englouti avec son équipage : vingt hommes seulement
furent sauvés.

Dès que le Magnanime se fut dégagé, il se dirigea sur le

*Héros* qui était sous le vent, déjà dégréé. Placé à l'arrière-
garde, le capitaine de Sausay avait tout d'abord laissé
arriver pour n'être pas pris entre deux feux, car les Anglais manœuvraient pour passer, les uns au vent, les autres
sous le vent de l'armée française. Il fut malheureusement
seul à faire cette manœuvre qui l'isola. Entouré et combattu
par plusieurs vaisseaux ennemis, il amena son pavillon et
laissa de suite tomber une ancre. La difficulté des communications empêcha les Anglais de faire amariner le *Héros*;
la mâture de ce vaisseau, presque entièrement abattue, les
laissait d'ailleurs sans inquiétudes sur les mouvements qu'il
pourrait faire. Ils se trompaient. Dès que la nuit fut bien
close, le capitaine de Sausay ordonna de couper le câble et
se dirigea sur la rade du Croisic, où il jeta son vaisseau à
la côte. L'équipage entier fut sauvé.

Après avoir beaucoup souffert dans la bataille, le *Juste*
toucha sur le plateau de *Vers*, à 6 milles de Saint-Nazaire,
et coula à l'entrée de la Loire, dans laquelle le lieutenant
Duchâtel voulait le faire entrer. Le capitaine de Saint-Al-
louarn avait été tué ainsi que son frère, qui était second du
vaisseau.

Le *Soleil Royal*, dont j'ai déjà indiqué les manœuvres,
mouilla sur la rade du Croisic pendant la nuit du 20, et
le lendemain le vice-amiral de Conflans ordonna de jeter
à la côte le vaisseau qui portait son pavillon, bien qu'il
n'eût aucunement souffert pendant la bataille et qu'il
ne fût alors menacé par aucun bâtiment ennemi. Il prescrivit ensuite l'évacuation du vaisseau et, lorsque l'équipage
fut à terre, opération qui ne put être terminée dans la
journée et qui ne fut pas contrariée par les Anglais, il fit
mettre le feu au *Soleil Royal*.

A 5ʰ 30ᵐ, le *Tonnant*, l'*Intrépide*, le *Magnifique*, le *Northumberland*, le *Dauphin Royal*, le *Solitaire* et le *Bizarre*
n'apercevant aucuns signaux firent route pour Rochefort et
mouillèrent sur la rade de l'île d'Aix sans avoir été poursuivis.

Sept autres vaisseaux, le *Glorieux*, l'*Inflexible*, le *Robuste*, le *Dragon*, l'*Éveillé*, le *Brillant*, le *Sphinx*, les frégates et les corvettes se retirèrent dans la baie des *Prières*, sans avoir, pour ainsi dire, reçu un seul coup de canon, et le lendemain ils entrèrent en deux marées dans la Vilaine. Dans un rapport portant la date du 21 novembre, le capitaine Villars de Labrosse, auquel son ancienneté donnait le commandement de cette division, explique les motifs qui le déterminèrent à entrer dans cette rivière. « Vers 2ʰ, dit
« cet officier supérieur, le combat s'engagea à l'arrière-
« garde et s'étendit jusqu'à M. de Guébriant et moi qui
« étions au centre de la ligne, mais faiblement de notre
« part, les ennemis ayant plusieurs vaisseaux sous le vent
« auxquels nous ne pouvions répondre à cause de la force
« du vent qui mettait notre batterie basse hors d'état d'a-
« gir. Lorsque M. le maréchal vira de bord, vers 3ʰ30ᵐ, je
« recommençai le combat et manœuvrai pour m'aller pla-
« cer au devant de lui dans la nouvelle route qu'il faisait ;
« celle que nous avions suivie jusqu'alors nous avait en-
« foncés dans la baie de Quiberon. Le gros des vaisseaux
« qui n'eut plus lieu de s'étendre en se formant par la
« contre-marche, se trouva en paquet. Je me vis, malgré
« moi, au milieu d'eux ; et la nécessité de manœuvrer pour
« éviter les abordages et les roches qui nous environnaient,
« nous conduisit jusqu'à l'embouchure de la rivière la Vi-
« laine. M'y trouvant par sept brasses d'eau, j'y mouillai,
« ainsi que les autres vaisseaux qui ont été obligés, comme
« moi, de faire la même route. Dès que je fus mouillé, je
« m'occupai de reconnaître ce que je pourrais faire de
« mieux pour sauver le vaisseau du roi. Notre position ne
« nous offrait aucun espoir consolant. J'envoyai sonder
« dans l'enfoncement de la côte. Après les connaissances
« que je pris et l'avis des capitaines mouillés près de moi
« et de mes principaux officiers, je me déterminai à donner
« à la pleine mer dans la Vilaine. Nous sommes parvenus
« à échouer le vaisseau à l'entrée de la rivière et, à la ma-

« rée de ce soir, je compte l'entrer tout à fait. Au jour,
« j'ai eu lieu de m'applaudir du parti que j'ai pris; j'ai
« vu les ennemis mouillés à l'entrée de Quiberon... »

Voici ce que, de son côté, le chef d'escadre de Beaufremont écrivait de la rade de l'île d'Aix : « A 2ʰ 1/2, l'action
« se trouva engagée par l'arrière-garde; les Anglais tom-
« bèrent vigoureusement sur les nôtres, que nous vîmes
« se défendre valeureusement. Bientôt après, les ennemis
« ayant gagné la tête de l'armée, le combat devint général.
« J'eus affaire à l'amiral, de 100ᵉ, que j'aurais chauffé bien
« plus vivement si le vent m'avait permis de me servir de
« ma première batterie, dont je ne pus tirer que quelques
« coups de canon. Après trois heures de combat, la nuit
« venue, les ennemis se rallièrent et l'affaire cessa. Sur la
« fin du combat, je fus abordé par l'un des nôtres, de 64ᵉ,
« désemparé, dont je me tirai sans accident. Un instant
« après, le *Soleil Royal* vint m'aborder avec toute son erre;
« sans doute il avait quelque manœuvre cassée qui ne lui
« permettait pas de tenir le vent. Je crus que nous allions
« nous fracasser tous deux sans ressources; j'avais moins
« d'erre que lui, ce qui le rendait plus prompt à m'aborder
« que moi à l'éviter. Heureusement que ce vaisseau ne fit
« que casser sa civadière dans mes grands haubans et ne
« me rompit que quelques morceaux de sculpture de ma
« poupe. La nuit venue et le combat ayant cessé, je perdis
« le *Soleil Royal* de vue. Je l'avais vu porter, à l'entrée de
« la nuit, dans un enfoncement de la terre. Ma première
« idée fut de suivre sa piste, quoique je ne le visse plus.
« J'avais déjà ordonné, en conséquence, de virer. Mon pilote
« côtier me représenta alors que je n'avais pas une demi-heure
« à courir si je m'opiniâtrais à faire route sur la terre, et
« que je perdrais certainement mon vaisseau; qu'il y avait
« des roches très dangereuses en cet endroit. Sur cet aver-
« tissement, je jugeai que M. de Conflans, auquel ses pi-
« lotes n'auraient pas manqué de dire la même chose, pren-
« drait le parti de venir au vent pour doubler la terre et

« gagner le large. C'est le parti que je pris et le seul qu'il
« y eut à prendre dans la position gênante où nous étions
« sous la terre. Les vaisseaux que j'ai trouvés ici ont pris
« le même parti, et je suis surpris de n'y avoir pas ren-
« contré le *Soleil-Royal*..... »

Presque tous les vaisseaux anglais mouillèrent à la nuit.
Deux d'entre eux, le RESOLUTION et l'ESSEX, se jetèrent sur
le plateau du *Four* et s'y perdirent.

On a prétendu que, sans la jalousie du chef d'escadre
Beaufremont, qui ne tint aucun compte des signaux du
commandant en chef, la bataille n'eût pas été perdue; que,
n'ayant pas viré assez tôt, ce chef d'escadre fit rompre la
ligne, parce que l'amiral anglais, s'étant aperçu de cette
mauvaise manœuvre, en avait profité pour passer au vent.
Le capitaine de Guébriant assura qu'il avait demandé, au
porte-voix, au chef d'escadre de Beaufremont, s'il ne voyait
pas les signaux et que, levant le bras, celui-ci avait répondu : *Non.* On en avait conclu qu'il ne voulait pas les
voir (1). Quelle que soit la valeur qu'on accorde à ces assertions, on ne peut s'empêcher de remarquer qu'elles con-
cordent assez bien avec les plaintes que le commandant en
chef formula, plus tard, sur l'inexécution de signaux qui
n'étaient peut-être pas exécutables, mais qui n'en avaient
pas moins été faits.

Voici, comme complément, la lettre que M. le maréchal
de Conflans écrivit au duc d'Aiguillon :

« Au Croisic, le 21 novembre 1759.

« J'ai eu l'honneur, monsieur le duc, de vous mander
« mon départ de Brest le 14. Le vent ne m'ayant pas per-
« mis de passer le raz le même jour, et étant ensuite
« devenu contraire, j'ai été obligé de me répandre jusqu'à

_____

(1) *Dépôt des cartes et plans du ministère de la marine.*
    I.                                              26

« 60 lieues dans l'Ouest de Belle-Isle, par d'assez grosses
« mers et de gros vents. S'étant ensuite tourné favorable,
« je me suis rapproché dans le Sud de Belle-Isle, où j'ai ren-
« contré 5 vaisseaux que j'ai chassés, et qui venaient sans
« doute du Morbihan. Mais, découvrant 25 voiles au vent,
« qui étaient l'escadre ennemie, j'ai cru n'avoir rien de
« mieux à faire que de passer par les *Cardinaux*, où l'en-
« nemi m'a suivi. J'étais alors à la tête de la ligne. Ils ont
« commencé par en attaquer la queue et sont ensuite venus
« au centre, en combattant 3 ou 4 contre chacun de nos
« vaisseaux, qui se sont défendus avec la plus grande va-
« leur. Dans ce même temps, j'ai reviré de bord et suis allé
« me mettre au milieu du grand feu et à ma place. Mais
« comme les vaisseaux ennemis et les nôtres s'entremê-
« laient et couraient même différents bords, j'ai été abordé
« trois fois par nos vaisseaux, dont une légèrement, ce qui
« me mit, le soir, dans le cas de mouiller dans l'anse du
« Croisic où j'ai trouvé, ce matin, M. le comte de Sausay
« qui y était venu échouer comme moi. Le reste de nos
« vaisseaux avait gagné le large pour s'y réfugier ou rac-
« commoder. Les ennemis étaient au nombre de 37, dont
« plusieurs à trois ponts. J'ignore s'ils en ont pris, mais
« on m'a assuré que nous en avions 2 coulés à fond :
« le *Héros* et le *Soleil-Royal* sont des vaisseaux perdus. On
« fait de son mieux pour sauver les équipages. J'ai fait ce
« matin, à mon âge, un prodige de force en me débarquant
« le long de l'étrave. Si l'on peut sauver les hommes, je
« me consolerai de la perte considérable que je fais. Les
« ennemis y ont aussi perdu quelques vaisseaux démâtés
« ou échoués à la côte. La nuit étant survenue après les
« deux abordages que j'avais essuyés, j'ai été obligé de
« mouiller. Cependant j'aurais appareillé dans la nuit si
« des pilotes pratiques ne m'avaient assuré que je ne sau-
« rais doubler le *Four*, ce qui s'est confirmé. Au jour, j'étais
« entouré par l'armée ennemie, à une lieue. J'ai cru qu'il
« valait mieux perdre le vaisseau à la côte que de leur

« laisser entre les mains. J'ignore totalement le résultat de
« ce combat, qui a été très-vif, jusqu'à ce que je sache
« des nouvelles de ce que sont devenus nos vaisseaux.
« Voilà une perte qui doit anéantir le projet de la flotte
« du Morbihan ; mais l'inégalité des forces en est la cause,
« et je crois, sur cela, avoir sauvé mon honneur et exécuté
« ce que la cour désirait. avec la prudence convenable.
« Mais il ne faut pas se mettre dans l'esprit de faire quelque
« chose d'avantageux avec une infériorité aussi marquée.
« Cela devrait bien corriger des entreprises qu'on n'a pas
« assez combinées. Je reste, monsieur, la victime de mes
« sentiments.

« J'ai l'honneur, etc. »

Le mépris populaire fut le seul châtiment du maréchal
de Conflans. Sous le régime qui pesait alors sur la France,
l'impunité était assurée à tout coupable affilié, de près ou
de loin, à l'entourage de la maîtresse régnante. Aux causes
générales d'indiscipline et de corruption qui avaient gagné
l'armée de mer se joignait, pour compléter la perte des
affaires maritimes, la rivalité des officiers nobles sortis des
gardes de la marine et des officiers de port ou *officiers bleus*,
ainsi qu'on les appelait alors, et qui n'étaient pas astreints
à faire preuve de noblesse. Les premiers affectaient la
morgue la plus insultante à l'égard des autres et les contre-
carraient en tout. Le résultat de cette désorganisation universelle fut l'anéantissement de la marine et la perte de
presque toutes les colonies de la France. Ce qui me reste
à raconter de cette triste page de notre histoire maritime
montrera jusqu'à quel point l'esprit d'antagonisme était
poussé : c'est le récit de ce qui se passa dans la Vilaine
après l'entrée des vaisseaux et des frégates qui s'étaient
réfugiés dans cette rivière.
Ne voulant pas supporter les dépenses que l'armement
des 7 vaisseaux entrés dans la Vilaine allait occasionner
sans aucun profit, le ministre de la marine donna l'ordre

au capitaine de vaisseau Villars de Labrosse de sortir immédiatement de cette rivière. Quelques observations furent faites par cet officier supérieur sur les difficultés que présentait une pareille opération. Le ministre insista en recommandant *de ne pas ajouter de folles dépenses à un très-grand mal* (1). Réunis en conseil pour délibérer sur cet ordre, les capitaines des vaisseaux de la Vilaine déclarèrent qu'ils se trouvaient attaqués par la dernière phrase de la dépêche du ministre, et ils demandèrent que leur conduite fût examinée par un conseil de guerre, *seul juge compétent pour juger des faits dénaturés par d'indécentes et fausses relations*. Ils ajoutèrent n'avoir pas lu sans douleur le passage de la lettre du ministre qui semblait les rendre responsables de leur retraite ; car ils n'en avaient pas plus eu le choix que de celui du champ de bataille, n'ayant eu à opter, à la nuit close, qu'entre la perte certaine des vaisseaux et des équipages et cette unique relâche qui paraissait leur être reprochée comme préméditée. Ils terminèrent en émettant l'opinion que la barre de la rivière empêcherait les vaisseaux de sortir, tant que les Anglais seraient dans ces parages (2). Le ministre de la marine accepta cette justification et cette déclaration, et il ordonna le désarmement des vaisseaux et des frégates.

A peu de temps de là, et avant l'exécution de l'ordre de désarmement, l'*Inflexible* fut jeté à la côte pendant un coup de vent et il ne fut pas possible de le relever. Cet événement fit modifier la détermination qui avait été prise. Le commandant Villars de Labrosse reçut l'ordre d'autoriser la sortie des vaisseaux dont les capitaines voudraient tenter la fortune. Ce fut à l'instigation du roi que cette faculté fut laissée aux officiers commandants. Sa Majesté ne cessait de dire qu'elle ne comprenait pas que des vaisseaux qui

---

(1) Tous les mots soulignés sont extraits textuellement de la dépêche du ministre et du procès-verbal du conseil.

(2) *Dépôt des cartes et plans du ministère de la marine.*

avaient pu franchir la barre de la rivière tout armés et entrer dans la rivière en présence de l'ennemi, ne pussent en sortir dans des circonstances parfaitement identiques. Dès que la nouvelle de cette autorisation se fut répandue, plusieurs officiers de la Compagnie des Indes s'offrirent pour sortir les vaisseaux. Une considération de bouton empêcha d'abord de donner suite à cette demande. On pensa qu'il était préférable de confier cette opération aux officiers de la marine royale. Le lieutenant de vaisseau de Ternay demanda à l'accomplir. Cet officier proposa de désarmer de suite tous les vaisseaux et de les remonter assez haut dans la rivière pour que les croiseurs ennemis ne pussent les apercevoir. Lorsque, tranquillisés par ce désarmement, ceux-ci s'éloigneraient de la côte, l'intention du lieutenant de Ternay était de réarmer les vaisseaux deux à deux, et de profiter d'un temps de brume ou d'un vent favorable pour les faire sortir. Ces propositions furent accueillies avec faveur. Les vaisseaux et les frégates qui étaient dans la Vilaine furent désarmés et remontés dans la rivière, mais ils ne sortirent pas cette année.

Quelques jours après la bataille que je viens d'esquisser, l'amiral Hawke détacha le capitaine Ouvry pour travailler au sauvetage des canons des vaisseaux le *Soleil-Royal* et le *Héros*. Cet officier fit savoir que, ces canons étant la propriété de l'Angleterre, il canonnerait, bombarderait et livrerait aux flammes les villes et les villages qu'il pourrait approcher, si un seul boulet était envoyé aux bâtiments de S. M. Britannique pendant qu'ils travailleraient à les enlever. Les menaces du capitaine Ouvry n'effrayèrent pas plus le marquis de Broc, qui commandait sur cette partie de la côte, que les raisonnements de l'amiral anglais ne l'avaient convaincu. Il répondit que si quelque bâtiment anglais se rapprochait du rivage, il emploierait tous les moyens en son pouvoir pour lui faire prendre le large. Le marquis de Broc tint sa parole. Les bâtiments ennemis n'ayant fait aucun cas de son avertissement, il fit tirer sur eux. Le capitaine Ouvry, il faut le dire à sa louange, ne mit pas son arrogante menace à exécution.

Cette circonstance donna lieu, toutefois, à une correspondance assez suivie entre le duc d'Aiguillon et l'amiral Hawke. L'amiral anglais trouvait extraordinaire qu'on eût tiré sur ceux de ses vaisseaux qui, d'après ses ordres, allaient travailler au sauvetage de l'artillerie du *Soleil-Royal* et du *Héros*, artillerie qui, d'après les lois anglaises, était la propriété des marins de son armée. Bien que différant d'opinion sur cette question avec l'amiral anglais, le duc d'Aiguillon consentit à faire suspendre les travaux de sauvetage qu'il avait lui-même ordonnés, jusqu'à réception des instructions du gouvernement.

D'un autre côté, la conduite du capitaine de Sausay, du *Héros*, souleva une question de droit qui montra combien les prétentions des Anglais étaient grandes. Leur amiral ne se borna pas, en effet, à réclamer les canons des vaisseaux français jetés volontairement à la côte et détruits par leurs propres équipages. Lorsqu'on fit l'échange des prisonniers, il voulut considérer comme tels les marins du *Héros*, et il les réclama « parce que, disait-il, ce vaisseau avait amené son pavillon pendant la bataille, et que, pour s'éloigner, il avait profité de la nuit et du mauvais temps, qui avaient empêché d'en envoyer prendre possession.

Les demandes de l'amiral Hawke, que le duc d'Aiguillon traita avec raison de *plaisanteries*, furent soumises à l'examen d'un conseil composé d'officiers généraux de la marine et de capitaines de vaisseau. Ce conseil déclara à l'unanimité les demandes de l'amiral anglais inadmissibles. Il émit l'opinion *que les Anglais ne pouvaient avoir aucun droit sur l'artillerie du* Soleil-Royal *qui avait été brûlé par les Français eux-mêmes, sans que ce vaisseau eût amené son pavillon.* Il repoussa également leur demande en ce qui concernait l'artillerie du *Héros*, parce que, disait-il, *toute épave appartient à la terre, et que, si cet axiome du droit maritime était vrai pour les neutres, il devrait l'être à plus*

*forte raison pour des ennemis.* Sur le second point, le cón-
seil fut d'avis que, *alors même que l'équipage du* Héros *eût
été fait prisonnier, ce qui n'était pas puisque ce vaisseau
n'avait pas été amariné, il était du droit des gens que tout
prisonnier qui n'a pas engagé sa parole a le droit de s'évader, et que le capitaine de Sausay n'avait fait qu'user de
ce droit* (1).

Les Anglais renoncèrent à leurs prétendus droits et, à la
fin de l'année, on travailla au sauvetage des canons des
deux vaisseaux.

L'arrivée de la division du chef d'escadre d'Aché à l'île
de France, au mois d'octobre de l'année 1758, avait autant
contrarié le conseil général de cette île que son départ de
la côte avait peiné le conseil général de Pondichéry. L'île
de France était, à cette époque, dans le dénûment le plus
complet : la division navale, augmentée des vaisseaux le
*Minotaure*, l'*Illustre* et l'*Actif*, qui venaient d'arriver d'Europe avec le chef d'escadre Froger de l'Éguille, l'affama
bientôt assez pour que son départ fût immédiatement demandé au commandant en chef. Les réparations furent
poussées avec activité et, au mois de novembre, le capitaine chevalier de Ruis put mettre à la voile avec plusieurs
vaisseaux pour aller chercher des vivres au Cap de Bonne-
Espérance. Ces vaisseaux rapportèrent à la colonie les secours dont elle avait un si pressant besoin ; mais ces vivres
furent promptement consommés, et les instances pour le
départ de la division recommencèrent. La situation des
vaisseaux n'était pas moins précaire que celle de la colonie ; aussi, à ces demandes, le commandant en chef objec-
tait-il le manque absolu d'approvisionnements et de vivres.
La situation était telle qu'il fallut, à peu de temps de là,
confectionner des manœuvres courantes avec des câbles et

---

(1) Les phrases soulignées sont extraites textuellement du rapport de la
commission.

tenir une partie des vaisseaux échoués, afin de pouvoir donner leur matériel aux autres. Enfin, la division put mettre à la voile le 17 juillet 1759 ; elle toucha à l'île Bourbon et à Foulpointe de Madagascar, et fit route ensuite pour la côte de Coromandel. Ayant appris en route que l'escadre anglaise était à Trinquemalé (1), le chef d'escadre d'Aché forma le projet d'aller l'y attaquer.

Avant d'entreprendre ce nouveau voyage à la côte, le commandant en chef avait rendu compte au ministre de la marine de la triste situation des vaisseaux qu'il commandait. Il ne partait, écrivait-il, que pour ne pas laisser les équipages mourir de faim. Il ajoutait qu'il ne fallait rien attendre d'important d'une escadre pareille, si des secours considérables ne lui étaient pas envoyés, car hommes et choses étaient dans un état déplorable.

Telles étaient les conditions dans lesquelles se trouvait l'escadre française lorsque, le 10 septembre, à 6ʰ du matin, l'escadre anglaise fut aperçue au vent, entre Porto Novo (2) et la Colram (3). Voici la composition des deux escadres qui allaient se trouver en présence (4) :

ESCADRE FRANÇAISE.

| | Canons. | | | |
|---|---|---|---|---|
| | 74 | { | *Zodiaque.* . . . . . | capitaine Gotho. comte d'Aché, chef d'escadre. |
| | | | *Minotaure.* . . . . . | capitaine Froger de l'Éguille, chef d'escadre. |
| | 68 | | *Centaure.* . . . . . | — de Surville, aîné. |
| | 64 | { | *Illustre.* . . . . . . | — chevalier de Ruys. |
| | | | *Actif.* . . . . . . . | — de Beauchesne. |
| Vaisseaux de la Compagnie | 58 | | *Comte-de-Provence.* | — de Lachaise. |
| | 54 | { | *Vengeur.* . . . . . . | — de Christy Pallière. |
| | | | *Saint-Louis.* . . . . | — de Joannis. |
| | | | *Duc-d'Orléans.* . . . | — de Surville, cadet. |
| | | | *Duc-de-Bourgogne.* . | — de Mahy. |
| | | | *Fortuné.* . . . . . . | — de Beaulieu. |

Frégates 30ᶜ : *Sylphide, Pénélope.*

---

(1) Trinquemalé, mouillage excellent sur la côte orientale de l'île de Ceylan.

(2) Porto Novo, comptoir hollandais sur la côte de Carnate, à 10 milles au Sud de Pondichéry.

(3) Colram, rivière qui se jette dans la mer à Devicotte.

(4) M. Rivière, *Hist. de la marine française sous Louis XV*, fait erreur en disant que la composition des deux escadres était la même que précédemment.

ESCADRE ANGLAISE.

| Canons. | | | |
|---|---|---|---|
| 64 | ELIZABETH. . . . . . . . . . | capitaine | Richard Tiddeman. |
| 50 | NEWCASTLE. . . . . . . . . | — | Colin Michie. |
| 60 | TIGER. . . . . . . . . . . | — | William Brereton. |
| 68 | GRAFTON. . . . . . . . . | — | Richard Kempenfeldt. |
| | | | Charles Stevens, contre-amiral. |
| 66 | YARMOUTH. . . . . . . . | capitaine | John Harrisson. |
| | | | sir George Pocock, vice-amiral. |
| 58 | CUMBERLAND. . . . . . . | capitaine | John Stukely Somerset. |
| 50 | SALISBURY. . . . . . . . . | — | Digby Dent. |
| 60 | SUNDERLAND. . . . . . . . | — | honorable James Colwill. |
| 60 | WEYMOUTH. . . . . . . . | — | sir William Baird. |
| 24 | QUEENBOROUGH. . . . . . . | — | ...... |

Le vent soufflait du Nord. L'amiral anglais, qui savait fort bien comment les vaisseaux français étaient armés, n'hésita pas, malgré son infériorité numérique, à laisser arriver et, à 11ʰ, il forma sa ligne de bataille, les amures à bâbord comme les Français et dans l'ordre indiqué ci-dessus. Le combat commença bientôt après et il continua avec acharnement jusqu'à 4ʰ du soir, effort inouï de la part des équipages français réduits par les combats, par les maladies, et affaiblis par des fatigues et des privations de tout genre. L'ELIZABETH combattit l'*Actif*, à bord duquel le feu se déclara au bout d'un quart d'heure. Cet événement donna un grand avantage au vaisseau anglais. Le *Minotaure* vint heureusement au secours de son compatriote et força l'ELIZABETH à s'éloigner. Le NEWCASTLE attaqua le *Saint-Louis*, et le TIGER le *Minotaure*. Les 2 vaisseaux anglais s'adressaient à de rudes adversaires; bientôt ils furent assez maltraités pour que le contre-amiral Stevens jugeât prudent de leur venir en aide avec le GRAFTON : ce dernier vaisseau avait déjà combattu le *Vengeur*. Le YARMOUTH se plaça par le travers du *Zodiaque*. L'*Illustre* canonna le CUMBERLAND. Le SUNDERLAND prêta assistance au SALISBURY qui était écrasé par le *Fortuné*. Les autres vaisseaux français combattirent l'ennemi là où ils purent le joindre. La lutte continua ainsi avec vigueur jusqu'à ce que le *Zodiaque* sortît de la ligne. Ce vaisseau, privé de son capitaine, qui venait d'être tué, se trouvait en ce moment

sous le commandement du second, par suite de l'obligation
dans laquelle s'était trouvé le chef d'escadre d'Aché de
quitter le pont pour faire panser une blessure. Les autres
vaisseaux, qui ignoraient la cause de ce mouvement, l'imitèrent : il était alors 4ʰ. Les vaisseaux français coururent
largue pendant quelque temps et firent route au S.-S.-E.
Les Anglais semblèrent vouloir les suivre, mais ils avaient
trop d'avaries pour mettre ce projet à exécution ; les quatre
premiers de leur ligne étaient entièrement désemparés.
Les deux escadres se perdirent de vue à la nuit : les Anglais allèrent mouiller à Negapatam (1). Cette affaire avait
été plus chaude qu'aucune de celles qui avaient encore eu
lieu entre les deux escadres de l'Inde ; aussi les pertes
étaient-elles considérables. Le capitaine Michie, du Newcastle, avait perdu la vie. Les capitaines Brereton, du
Tiger, et Somerset, du Cumberland, étaient blessés. Du
côté des Français, les capitaine Otho, du *Zodiaque*, Sur-
ville, du *Centaure*, avaient été tués. J'ai dit que le chef
d'escadre d'Aché avait été blessé. L'escadre française
mouilla le 15 à Pondichéry, mais elle ne fit qu'un court
séjour sur cette rade. Craignant d'y être attaqué par l'escadre ennemie, qu'il savait devoir être renforcée de 4 vaisseaux et de 2 frégates, le chef d'escadre d'Aché ne tint
aucun compte des sollicitations du conseil de Pondichéry,
et il appareilla, le 1ᵉʳ octobre, pour l'île de France. Son
retour mit encore cette colonie dans une position critique,
et le gouverneur dut l'inviter à repartir immédiatement
pour Pondichéry où il avait des munitions de guerre à
envoyer. Il demanda cependant que quelques vaisseaux
fussent envoyés chercher des vivres au Cap de Bonne-Es-
pérance. Cette mission fut donnée à ceux qui purent reprendre de suite la mer.

_____

(1) Negapatam, capitale des établissements hollandais de la côte de Coromandel, à 28 lieues au Sud de Pondichéry.

Le commodore anglais Moore ayant, ainsi que je le dirai plus loin, effectué un débarquement dans la baie du Fort-Royal de la Martinique, la position du vaisseau de 74° le *Florissant* et des frégates de 32 la *Bellone* et l'*Aigrette*, qui se trouvaient sur rade, ne tarda pas à devenir fort critique. La sortie fut résolue, et elle fut effectuée le 16 janvier, à l'entrée de la nuit. Le blocus de la baie était malheureusement trop bien établi pour que ces bâtiments pussent passer sans être aperçus. Le *Florissant*, capitaine de Maurville, fut joint, entre la Guadeloupe et Montserrat, par le vaisseau anglais de 64° le BUCKINGHAM, capitaine Tyrrel, et la corvette de 14 WEAZLE, capitaine Boles. On se battit avec acharnement de part et d'autre. Criblé et coulant bas d'eau, le *Florissant* amena son pavillon à la nuit. Les avaries du vaisseau anglais avaient porté principalement sur la mâture et le rendaient incapable de faire de la voile; le capitaine de Maurville ne tarda pas à s'en apercevoir. Mettant à profit l'avantage que les circonstances lui donnaient, il fit route et, grâce à l'obscurité, il perdit bientôt le BUCKINGHAM de vue.

---

Le capitaine de Beauharnais, qui était sorti de Fort-Royal, avec la frégate de 32° la *Bellone*, le 16 janvier, en même temps que le vaisseau le *Florissant* et la frégate l'*Aigrette*, parvint à se soustraire à la poursuite des Anglais et fit route pour l'Europe. Le 24 février, à 7ʰ du matin, en vue du cap Finistère, la *Bellone* fut chassée par les frégates anglaises VESTALE de 32°, capitaine Samuel Hood, et TRENT de 28, capitaine Lindsay, qui se rendaient en Amérique avec le contre-amiral Holmes; la VESTALE atteignit la *Bellone*. Le combat, commencé à 1ʰ de l'après-midi, continua jusqu'à 5ʰ 30ᵐ. A cette heure, la frégate française avait perdu son grand mât et son mât d'artimon, et il ne restait qu'un seul officier pour seconder le capitaine : le pavillon fut amené. Le dernier mât de la *Bellone* s'abattit avec le pavillon. La

Vestale était très-maltraitée et avait perdu ses trois mâts de hune. La *Bellone* prit le nom de Repulse dans la marine anglaise.

La *Bellone* portait 28 canons de  8
              et 4     —     de 4.
La Vestale avait 26 canons de 12
              et 6     —     de 6.

La frégate l'*Aigrette* parvint à soustraire sa marche aux recherches de l'ennemi.

———

Le 6 juin, au moment où elles allaient entrer à Toulon, les frégates de 24° la *Pléiade* et l'*Oiseau*, capitaines de Mouy et Moriès, furent chassées par l'escadre de l'amiral Boscawen et forcées de demander protection aux batteries des Sablettes, de Saint-Elme, et de Faubregas. Le chef d'escadre de Laclue, qui commandait une division sur rade, fit de suite renforcer les équipages des frégates et l'armement des batteries par des marins de sa division. La précaution était sage. La position choisie par les capitaines des frégates françaises n'effraya pas, en effet, l'amiral anglais, et il détacha le vaisseau Culloden de 74°, capitaine Smith, Conqueror de 70, capitaine Barker, et Jersey de 60, capitaine Harland, pour s'embosser sous les batteries. L'attaque de ces vaisseaux fut vive ; elle n'eut cependant pas de succès et, à 5ʰ du soir, la brise étant entièrement tombée, l'amiral anglais envoya des embarcations pour les retirer du feu ; ils avaient, d'ailleurs, de nombreuses avaries : le Culloden, entre autres, avait perdu son mât de perroquet de fougue et sa grande vergue. Dans cette circonstance, les deux frégates durent leur salut au feu énergique des batteries de terre ; l'escadre anglaise s'éloigna et elles purent entrer à Toulon.

———

Les nombreuses constructions de navires de flottille que l'on faisait au Havre n'étaient pas sans jeter quelques inquiétudes de l'autre côté du détroit. Le 29 août, les Anglais bombardèrent ce port, mais sans résultats. Ils le tinrent ensuite bloqué par une escadre aux ordres de l'amiral Rodney, qui avait déjà jeté des bombes sur la ville un mois auparavant.

---

La conquête de l'île Royale ne satisfit pas longtemps l'ambition de l'Angleterre. La France possédait dans les mers des Antilles des colonies qui lui portaient ombrage, et, entre autres, celle de la Martinique, qui était pour elle un objet de convoitise d'autant plus grande que cette île est dotée d'une des plus belles rades qui se rencontrent dans ces mers. Aussi fut-ce devant la Martinique que le commodore Moore parut le 15 janvier de cette année. Les troupes des vaisseaux et des transports qu'ils accompagnaient, débarquées dans la baie du Fort-Royal, marchèrent de suite sur la ville ; mais, battues dans plusieurs rencontres, elles durent se rembarquer le 17.

Cet échec, dû en grande partie à la spontanéité avec laquelle les habitants avaient pris les armes, ne découragea pas le commodore anglais ; il se dirigea sur la Guadeloupe dont il espérait avoir raison plus facilement. En passant, il canonna les batteries de Saint-Pierre de la Martinique. Arrivée le 22 devant la Basse-Terre de la Guadeloupe, la division anglaise lança des boulets incendiaires sur la ville pendant la nuit ; le lendemain, elle attaqua les forts. Le bombardement recommença le soir. Le 24, les troupes furent mises à terre dans le Nord de la ville, et elles y entrèrent sans rencontrer d'obstacles : la garnison s'était retirée dans l'intérieur de l'île. Le commodore anglais ne s'était pas trompé. La conquête de la Guadeloupe fut faite en quelque sorte sans qu'on lui opposât de résistance, et le gouverneur capitula le 2 mai, précisément au moment où des renforts lui étaient apportés par l'escadre de 9 vaisseaux et 3 frégates du chef d'escadre Bompard. En apprenant la reddition de l'île, cet officier général ne débarqua pas même les troupes qui étaient à bord de ses vaisseaux, et il retourna en France.

La capitulation de la Guadeloupe entraîna celle des Saintes, de Marie-Galante et de la Désirade.

---

## BATIMENTS PRIS, DÉTRUITS OU NAUFRAGÉS
### pendant l'année 1759

**FRANÇAIS.**

Canons.

| | | |
|---|---|---|
| 80 | Soleil-Royal. . . . . . . . | Détruit à la côte. |
| | Formidable. . . . . . . . | Pris par une escadre. |
| | Océan. . . . . . . . . . | |
| | Héros. . . . . . . . . . | Détruits à la côte. |
| | Redoutable. . . . . . . . | |
| 74 | Thésée. . . . . . . . . . | Sombré pendant le combat. |
| | Téméraire. . . . . . . . | Pris par une escadre. |
| | Centaure. . . . . . . . | |
| 70 | Juste. . . . . . . . . . . | Naufragé à l'entrée de la Loire. |
| 64 | Inflexible. . . . . . . . | Naufragé dans la Vilaine. |
| | Modeste. . . . . . . . . | Détruit à la côte. |
| 32 | Bellone. . . . . . . . . | Prise par une frégate. |

**ANGLAIS.**

| | | |
|---|---|---|
| 80 | PRINCE GEORGES. . . . . . | Incendié à la mer. |
| 74 | INVINCIBLE. . . . . . . . | Naufragé sur les côtes d'Angleterre. |
| | RESOLUTION. . . . . . . | Naufragés sur les côtes de France. |
| 64 | ESSEX. . . . . . . . . . | |
| 50 | LITCHFIELD. . . . . . . . | Naufragé sur la côte d'Afrique. |
| 12 | HAWKE. . . . . . . . . . | Naufragé. |
| 8 | FALCON. . . . . . . . . | Naufragé dans l'Inde. |

### RÉCAPITULATION.

| | | Pris. | Détruits ou naufragés. | Incendiés. | TOTAL. |
|---|---|---|---|---|---|
| FRANÇAIS. . | Vaisseaux. . . . . . . . | 3 | 5 | 3 | 11 |
| | Frégates. . . . . . . | 1 | » | » | 1 |
| ANGLAIS. . . | Vaisseaux. . . . . . . . | » | 4 | 1 | 5 |
| | Bâtiments de moindre force. . . . . . . . | » | 2 | » | 2 |

## ANNÉE 1760

---

Revenons aux vaisseaux et aux frégates dont les capitaines, peu soucieux du résultat de la bataille engagée dans
la baie de Quiberon, avaient cherché un refuge dans la
Vilaine, pour se soustraire à une perte qu'ils regardaient
comme inévitable. Le ministre de la marine n'ayant pu faire
que ces capitaines, qui n'avaient pas hésité à demander un
abri à une rivière dans les eaux de laquelle jamais vaisseau
n'avait flotté jusqu'alors, consentissent à sortir, avait ordonné le désarmement de ces vaisseaux dans le haut de la
rivière. Mais, espérant obtenir de l'amour-propre de ces officiers ce qu'il n'avait pas cru devoir exiger d'eux comme une
obligation, il offrit le commandement des vaisseaux aux
officiers qui voudraient les sortir de la rivière. Ce moyen
réussit. Les demandes qui lui furent adressées par plusieurs
officiers de la Compagnie des Indes allèrent au cœur des
officiers de la marine royale, et le lieutenant de vaisseau de
Ternay demanda et obtint le commandement du vaisseau
le *Dragon*; le vaisseau le *Brillant* fut donné au lieutenant
de vaisseau Hector. Quelque efficace qu'eût été le procédé
auquel il avait eu recours, le ministre crut lui donner encore plus de force en nommant au commandement du *Robuste* et du *Glorieux* deux officiers de la Compagnie des
Indes, MM. Dufresne Marion et Duhoux Desages. Ces armements furent poussés avec activité, et lorsqu'ils furent ter-
minés, les 4 vaisseaux descendirent jusqu'à Tréhiguier,
mouillage distant de 2 milles de l'embouchure de la rivière. Ce mouvement fit manquer le but que le lieutenant
de vaisseau de Ternay s'était proposé en désarmant. Les
Anglais, qui se tenaient dans la baie de Quiberon, eurent
bientôt connaissance des 4 vaisseaux français, et 9 des
leurs furent promptement en observation à l'entrée de la

Vilaine. On fit alors remonter le *Robuste* et le *Glorieux* jusqu'à Vieille-Roche ; l'escadre anglaise se divisa de suite.

Les circonstances de vent et de marée déclarées nécessaires pour la sortie du *Dragon* et du *Brillant*, qui devaient
tenter le passage les premiers, se firent attendre longtemps ;
au mois de juin, le lieutenant de Ternay déclara ne pouvoir
plus appareiller à cause du peu de durée des nuits qui
étaient, d'ailleurs, éclairées par la lune. « *Autre nouvelle*
« *fatalité*, » écrivait au duc d'Aiguillon le chevalier de Warren qui commandait sur la côte, « *ce n'est plus le vent qui*
« *nous contrarie ; c'est la lune !* »

L'intention du lieutenant de Ternay n'avait jamais été
de sortir de vive force de la Vilaine. Il considérait cette
sortie comme une question de ruse et de vitesse ; le premier
expédient manqué, il fallait user du deuxième. L'escadre
anglaise se tenait à Quiberon ou aux *Cardinaux*, et toutes
les fois que le temps le permettait, ses embarcations croisaient devant la rivière. Cette réunion de bâtiments de
guerre dans la Vilaine n'était donc pas absolument infructueuse, puisqu'elle occupait des forces anglaises qui, pendant ce temps, ne pouvaient être employées ailleurs. Aussi,
plus tard, fut-ce le ministre lui-même qui ordonna de re-
tenir les vaisseaux armés dans la Vilaine. Nous verrons
qu'ils ne sortirent que dans le courant de l'année 1761.

La mésintelligence n'avait pas tardé à s'introduire dans
cette petite division qui obéissait à deux chefs. « *On a eu*
*tort*, écrivait le lieutenant de Ternay. *de confier le comman-*
*dement du* Robuste *et du* Glorieux *à des officiers de la Com-*
*pagnie ; il pourra en résulter quelque sottise.* » Et plus tard :
« *Délivrez-moi du commandant du* Robuste. *Je ne puis faire*
*aucune opération avec cet homme. Tous mes projets sont*
*divulgués, parce que je suis obligé de les lui communiquer.* »
Cette animosité des officiers de la marine royale contre ceux
de la Compagnie des Indes était telle, que M. Marion crut
devoir refuser le brevet de lieutenant de vaisseau à demeure
qui lui fut offert. Le duc d'Aiguillon, craignant les suites

de l'aigreur toujours croissante qui régnait entre les deux chefs, écrivit au lieutenant de Ternay. La réponse de cet officier peindra, mieux que ce que je pourrais dire, la nature des relations qui existaient à cette époque entre les officiers des deux marines. « *Vous me jugez trop sévèrement, lui disait-il ; je n'ai jusqu'à présent, vis-à-vis de la marine en général, que des torts qui me font honneur et que j'avoue partout. Je sais très-bien que ce même corps que je cherche à ménager n'aurait pas pour moi la même indulgence. On n'aime, peut-être dans aucun corps, les personnes qui cherchent à se mettre en évidence. Il serait donc ridicule à moi d'en rechercher l'amitié ; l'estime me suffit. Dans ce moment, toute la marine a les yeux sur moi. Si je vivais intimement avec MM. Marion et Desages, on croirait que je peux être pour quelque chose dans leur nomination au commandement du Robuste et du Glorieux ; je ne peux trop faire pour éloigner cette idée. J'ai cependant été voir M. Marion à son bord : peut-être me saura-t-on mauvais gré de cette visite de politesse que j'ai faite avec M. Hector ; mais je veux ménager la marine sans en être l'esclave ; ses idées sont parfois trop bizarres pour que je m'y soumette aveuglément* (1). »* Pour mettre un terme à cette guerre de bouton, on prit le parti de désarmer les vaisseaux dont le commandement avait été donné aux officiers de la Compagnie des Indes, et l'on arma les frégates.

---

Le système d'armements mixtes employés dans les dernières années du règne de Louis XIV fut continué sous son successeur. Pendant qu'en Bretagne le maréchal de Belle-Isle et le maréchal de Conflans faisaient les préparatifs de l'expédition de l'Irlande, on armait à Dunkerque une petite

---

(1) Toutes les phrases soulignées sont extraites textuellement de la correspondance du lieutenant de Ternay, déposée aux archives du dépôt des cartes et plans du ministère de la marine.

division destinée à faire diversion sur un autre point du
Royaume-Uni. Le capitaine Thurot, corsaire célèbre de ce
port, et alors capitaine de flûte, en avait le commandement.
1,200 hommes de troupes, sous les ordres du brigadier
Flabert, furent embarqués sur cette division qui, grâce
à un coup de vent de Sud, put sortir et faire route le 15 octobre 1759. Elle était composée des frégates de :

Canons.

| | | | |
|---|---|---|---|
| 44 | *Maréchal de Belle-Isle.* . | capitaine | Thurot. |
| 36 | *Bégon.* . . . . . . . . . . . | — | ..... |
| 32 | *Blonde.* . . . . . . . . . . | — | Larréguy. |
| 26 | *Terpsichore.* . . . . . . . | — | Desnaudais. |
| 18 | { *Amaranthe.* . . . . . . . | — | ..... |
| | { *Faucon.* . . . . . . . . . • | — | ..... |

Le passage suivant, emprunté à l'*Histoire d'Angleterre*
de Smolett (1), montrera quelle était la réputation du chef
de cette expédition : « *Aussitôt que le ministère anglais eut
connaissance de la sortie du capitaine Thurot, il expédia des
courriers à tous les commandants des troupes de la partie
septentrionale de la Grande-Bretagne; ils eurent ordre de
tenir les fortifications des côtes dans le meilleur état de défense et d'être prêts à repousser les Français partout où ils
se présenteraient. Le plus grand éloge que l'on puisse faire
de ce fameux corsaire, est de rapporter les alarmes que son
petit armement causa en Angleterre.* »

Après beaucoup de contrariétés et une série de mauvais
temps, la division arriva, le 30 janvier 1760, en vue de
Londonderry, à l'extrémité Nord de l'Irlande, mais sans la
frégate la *Bégon* qui avait été perdue de vue pendant le
mauvais temps. La force du vent empêcha le débarquement
et, le 11 février, le capitaine de l'*Amaranthe* quitta la division sans autorisation. La longueur presque inexplicable
de la traversée et de petits sentiments de rivalité d'autant
moins excusables que chacun avait accepté le rôle qui lui

---

(1) *A complete history of England.*

avait été fait, avaient aigri le caractère des capitaines des frégates françaises. Les officiers de troupes ne cherchaient pas à dissimuler leur mauvaise humeur, et la conduite de l'officier général qui les commandait, envers le capitaine Thurot, contribua beaucoup à augmenter une animosité qui ne demandait que des occasions pour se faire jour. La division, réduite comme je viens de le dire, mouilla, le 21 mars, devant le lac Belfast, dans le canal du Nord. Le jour même, 600 hommes furent mis à terre et firent capituler la ville de Carrik Fergus et son château. Mais les contrariétés sans nombre qui avaient retardé la division et, par suite, le commencement des opérations, et surtout le désastre du maréchal de Conflans, rendaient inutiles les tentatives que pouvait faire cette poignée de Français. Les troupes furent rembarquées et les frégates appareillèrent le 27, par une grande brise de N.-O. Elles avaient dépassé l'île de Man et faisaient route au Sud, lorsqu'elles aperçurent 3 frégates anglaises. Ces frégates, sorties de Kingsale depuis quelques jours pour se mettre à leur recherche étaient :

Canons.

| | | | | |
|---|---|---|---|---|
| 56 | { PALLAS. . . . . . . . . . . | capitaine | Michael Clements. |
| | { BRILLANT. . . . . . . . . . | — | James Logie. |
| 52 | EOLUS. . . . . . . . . . | — | John Elliot. |

Les frégates françaises prirent chasse sans ordre ; bientôt chaque capitaine gouverna à sa guise, et les signaux de ralliement ne purent empêcher celui de la *Terpsichore* et celui de la *Blonde* de s'élcigner. Restée seule en arrière, la frégate le *Maréchal de Belle-Isle* fut jointe et attaquée. Incapable de soutenir la lutte contre trois adversaires, le capitaine Thurot manœuvra pour aborder l'EOLUS ; il ne put malheureusement pas choisir sa position et fut réduit à engager le beaupré de sa frégate dans les haubans d'artimon de la frégate anglaise ; celle-ci, qui avait une grande vitesse, rompit le beaupré de son adversaire et se dégagea. Cet abordage acheva de hacher le grément du *Maréchal de Belle-Isle* ; ses mâts de hune et son mât d'artimon ne tardèrent pas à s'abattre sur le pont. Le capitaine de la

*Terpsichore* se décida alors à obéir au signal de ralliement qui flottait à bord de la frégate du commandant depuis le commencement du combat, c'est-à-dire depuis une heure. Il était trop tard; le capitaine Thurot venait de perdre la vie et son second amena le pavillon. Poursuivies et jointes par les frégates anglaises, la *Terpsichore* et la *Blonde* se rendirent après une faible résistance.

Telle fut l'issue de cette expédition qui inquiéta un moment l'Angleterre; et quoique son importance fût devenue presque nulle depuis le désastre de Quiberon, on doit croire qu'elle eût causé bien des alarmes sans la mésintelligence qui ne cessa d'exister entre l'officier expérimenté qui la dirigeait et le commandant des troupes. Cette mésintelligence paralysa entièrement, chez le premier, une ardeur énergique contre laquelle ne cessa de lutter la rivalité jalouse des officiers de la marine royale qui avaient consenti à servir sous ses ordres.

J'ai dit que le chef d'escadre d'Aché avait quitté Pondichéry pour se rendre à l'île de France et que son retour avait, une fois encore, affamé cette malheureuse île. Un ouragan qui eut lieu à la fin du mois de janvier 1760, vint augmenter les embarras de la colonie : tous les navires qui étaient sur la rade de Saint-Louis furent jetés à la côte. On put relever les vaisseaux, mais ils étaient tous plus ou moins endommagés, et l'on n'avait rien pour les réparer. La position n'était plus tenable. Il fut décidé qu'on mettrait quelques vaisseaux en état de naviguer au moyen des agrès et des voiles des autres, et qu'à mesure qu'ils seraient prêts à prendre la mer, on les enverrait vivre au jour le jour à Madagascar.

A partir de cette époque, la France fut impuissante à lutter contre sa rivale dans cette partie du monde. Au mois de janvier, les Anglais s'emparèrent de Pondichéry et en détruisirent les fortifications; et lorsque, au mois de décembre, le chef d'escadre d'Aché retourna en France, laissant au chef d'escadre Froger de l'Éguille le commandement de quelques vaisseaux qui, faute de câbles, étaient échoués dans la rade de Saint-Louis, tous les comptoirs que la France possédait sur la côte de Coromandel étaient au pouvoir des Anglais.

———

Profitant de l'éloignement de l'escadre anglaise occupée à seconder les opérations de l'armée de terre sur la côte de Coromandel, le maréchal de camp comte d'Estaing partit de l'île de France pour Mascate, au mois d'octobre 1759 (1), avec le vaisseau de la Compagnie des Indes de 50° le *Condé* et la corvette de 8° l'*Expédition*. Après s'être emparé d'un vaisseau de la Compagnie anglaise qui était mouillé sous les batteries de la place, la petite division française se porta sur Bendërabassy, mouillage voisin de Mascate, et où les Anglais venaient de construire le fort de Gombroon. Une frégate anglaise s'y trouvait à l'ancre ; elle appareilla dès qu'elle aperçut les bâtiments français ; mais, chassée par le *Condé*, elle fut abandonnée de son équipage ; toute son artillerie avait été jetée à la mer. Après l'avoir amarinée, le *Condé* alla s'embosser devant le fort sur lequel il ouvrit immédiatement son feu et le fit capituler ; les canons en furent enlevés et le comte d'Estaing fit voile pour Sumatra (2) avec ses deux bâtiments. Il débuta dans ces parages par enlever, le 7 février 1760, le fort Marlborough qui était défendu par une forte garnison et força, le 13, les retranchements de Tanapooly (3). Le comte d'Estaing attaqua et saccagea avec le même succès plusieurs

---

(1) Mascate, ville de l'Oman, sur la côte S. E. de l'Arabie, à l'entrée du golfe Persique.
(2) Sumatra, une des îles de la Sonde.
(5) Tanapooly, ville sur la côte occidentale de Sumatra, à la hauteur de la petite île Nias.

autres comptoirs anglais et retourna ensuite à l'île de France.

Cette expédition fit la fortune du maréchal de camp d'Estaing. Je ne pouvais omettre de la relater, car ce fut elle qui le décida à entrer dans la marine et motiva sa nomination au grade de chef d'escadre, le 1ᵉʳ octobre 762.

---

Quelques combats particuliers, sans avantages bien marqués de part ni d'autre, furent livrés pendant l'année.

Les frégates la *Malicieuse* de 36ᶜ, capitaine de Goimpy, et l'*Opale* de 32, capitaine Dars, en croisière sur la côte du Portugal pour intercepter un convoi qui devait sortir de Lisbonne, s'emparèrent, le 28 mars, de la corvette anglaise de 20ᵉ PENGUIN, capitaine Harris, et la livrèrent aux flammes.

Le 4 avril, ces deux frégates furent chassées par les vaisseaux anglais FLAMBOROUGH et BIDDEFORD, capitaines Skinner et Kennedy. Trop faibles pour soutenir un combat en règle avec ces vaisseaux, les capitaines français profitèrent de la marche supérieure de leurs frégates pour borner l'engagement à une canonnade qui dura plusieurs heures, et pendant laquelle le capitaine du BIDDEFORD fut tué.

---

Vers le milieu du mois de mai, le capitaine de Breugnon réussit à sortir d'une manière fort heureuse d'une position assez critique dans laquelle se trouvait le vaisseau de 74ᶜ le *Diadème*, qu'il commandait. A peine en dehors de la rade de la Martinique avec quelques navires qu'il escortait en France, ce vaisseau fut observé par une frégate anglaise. Impatienté de la persistance de cet importun qui le suivait depuis plusieurs jours, et qu'il sut être la NIGER de 32ᶜ, le capitaine de Breugnon prit le parti de s'en débarrasser, le 16 mai, au moyen de quelques volées. Le but du capitaine anglais était rempli; les coups de

canon échangés furent enterrlus, et le *Diadème* et son petit
convoi furent chassés par les 3 vaisseaux anglais Argo,
Shrewsbury et Pallas. Le dernier seul réussit à joindre le
vaisseau français; mais, rudement étrillé, il abandonna la
partie sans avoir pu faire au *Diadème* une avarie capable de
ralentir sa marche.

---

L'ex-corvette anglaise de 12° *Virgin*, capturée au mois de
mai, fut prise au mois de septembre, ainsi que 7 navires du
commerce mouillés avec elle sur la rade de l'île de la Grenade, par le vaisseau anglais Temple et la corvette Griffin.

---

Les frégates de 32° la *Sirène*, capitaine Macarthy, la
*Fleur-de-Lys*, capitaine Doizy, et la corvette de 20 la *Valeur*, capitaine Talbot, furent chassées, le 17 octobre, à
leur sortie du Cap Français de Saint-Domingue, par 3 bâtiments que la faiblesse de la brise ne leur permit pas de
reconnaître avant la nuit : c'étaient le vaisseau anglais de 50°
Hampshire, capitaine C. Norbury, et les frégates de 34 Boreas, capitaine S. Uvedale et Lively de 24, capitaine honorable T. Maitland, de l'escadre de la Jamaïque, alors
commandée par le contre-amiral Holmes. Le vent soufflait
de l'Est et par grains. A 11ʰ du soir, la Boreas était assez
rapprochée de la Sirène pour que celle-ci, en faisant une arrivée, pût lui envoyer sa bordée de bâbord : ce fut le signal
du combat. Après trois quarts d'heure, la frégate ennemie se
laissa culer et la *Sirène* continua sa route à l'Ouest. Au jour,
la frégate anglaise était à environ 4 milles de l'arrière; plusieurs autres voiles etaient en vue à l'horizon. A midi 30ᵐ,
la distance entre les 2 frégates avait beaucoup diminué
et elles purent échanger une cinquantaine de boulets de
chasse et de retraite. Fatigué de l'obstination de ses adversaires, le capitaine Macarthy fit diminuer de voiles et,
à 1ʰ 30ᵐ, placé par le travers de la Boreas, il engagea une

canonnade des plus vives. Elle durait depuis deux heures, lorsqu'un événement imprévu vint donner une physionomie nouvelle au combat. Un canon de la batterie de la *Sirène* creva, tua ou blessa quatorze hommes, démonta deux pièces de cette batterie et, sur les gaillards, une troisième à laquelle les éclats arrivèrent en défonçant le pont. Cet événement jeta la consternation et l'effroi parmi l'équipage de la frégate française, dans un moment où il eût fallu un redoublement d'ardeur. Pour comble d'infortune, le feu prit à bord. Ce nouveau désastre occupa la majeure partie des hommes de la *Sirène*. Totalement dégréée et coulant bas d'eau, la frégate française n'était plus en état de lutter contre un ennemi dont l'énergie était d'autant plus grande que les embarras de son adversaire augmentaient. Le capitaine Macarthy fit amener le pavillon. Le cap Saint-Nicolas de Saint-Domingue restait alors à 24 milles dans le Sud. La *Sirène* fut remorquée à la Jamaïque.

La *Valeur* fut jointe par la Lively, à 7ʰ 30ᵐ du soir, et amena son pavillon après un combat de cinq heures. Elle fut également conduite à la Jamaïque.

La *Fleur-de-Lys*, poursuivie par le Hampshire, se jeta à la côte près du Port de Paix; elle y fut incendiée par son propre équipage. Le vaisseau anglais envoya ensuite quelques boulets à deux navires du commerce qui s'étaient placés sous la protection des frégates françaises. Un d'eux entra à Port de Paix; l'autre fut incendié à la côte.

----

### BATIMENTS PRIS, DÉTRUITS OU NAUFRAGÉS
pendant l'année 1760.

#### FRANÇAIS.

| Canons. | | |
|---|---|---|
| 52 | { *Sirène.* . . . . . . . . . . . | Prise par une frégate. |
| | { *Fleur-de-Lys.* . . . . . . | Détruite à la côte. |
| 20 | *Valeur.* . . . . . . . . . . } | Prises par une frégate. |
| 12 | *Virgin* . . . . . . . . . . } | |

#### ANGLAIS.

| | | |
|---|---|---|
| 90 | Ramilies. . . . . . . . . | Naufragé sur la côte d'Angleterre. |
| 70 | Conqueror. . . . . . . . | — dans l'Inde. |

| 56 | CUMBERLAND. . . . . . . . | — | aux Antilles. |
| 50 | HARWICK. . . . . . . . . . | — | dans la mer du Nord. |
| 24 | MERMAID . . . . . . . . . | — | aux Antilles. |
| | PINGUIN. . . . . . . . . . | Pris par deux frégates. | |
| | GRIFFON. . . . . . . . . . | Naufragé aux Antilles. | |
| 20 | LYME. . . . . . . . . . . | — | dans la mer du Nord. |
| | LOWESTOFFE. . . . . . . | — | sur la côte d'Amérique. |
| | EURUS. . . . . . . . . . | — | en Amérique. |

* L'astérisque indique un bâtiment pris à l'ennemi.

RÉCAPITULATION.

| | | Pris. | Détruits ou naufragés. | Incendiés. | TOTAL. |
|---|---|---|---|---|---|
| FRANÇAIS. . | Frégates. . . . . . . . | 1 | 1 | » | 2 |
| | Bâtiments de moindre force. . . . . . . . | 2 | » | » | 2 |
| ANGLAIS. . . | Vaisseaux. . . . . . . . | » | 4 | » | 4 |
| | Frégates. . . . . . . . | » | 1 | » | 1 |
| | Bâtiments de moindre force. . . . . . . . | 1 | 4 | » | 5 |

## ANNÉE 1761.

Ce fut le 6 janvier 1761 seulement, c'est-à-dire quinze mois après la bataille de Quiberon, que les vaisseaux le *Dragon* et le *Brillant* dont le commandement, on doit se le rapppeler, avait été donné aux lieutenants de vaisseau chevalier de Ternay et Hector, franchirent la barre de la Vilaine. Ce jour-là, la brise était fraîche du N.-E. et une brume très-épaisse favorisa la sortie de ces deux vaisseaux qui purent se soustraire à la surveillance soutenue de 10 vaisseaux anglais; ils arrivèrent à Brest le 10 du même mois. La corvette la *Calypso*, les frégates la *Vestale* et l'*Aigrette*, commandées par les lieutenants de vaisseau Duchaffault, Boisberthelot et Desforges, sortirent le 7. La première entra à Brest en même temps que les vaisseaux.

La frégate de 32° la *Vestale* fut chassée et attaquée, le 8 janvier, par le vaisseau anglais UNICORN, capitaine Hunt. Le capitaine Boisberthelot parvint à se débarrasser de son adversaire et entra à Brest. Cet officier avait eu une jambe emportée dans cet engagement et il mourut le lendemain de son arrivée. Le capitaine anglais avait aussi reçu une blessure.

La frégate de 36° l'*Aigrette* eut un engagement, le 10 janvier, avec la frégate anglaise SEAHORSE, capitaine James Smith. Ayant réussi à mettre son ennemi hors d'état de l'inquiéter, le capitaine Desforges continua sa route et il atteignit Brest sans faire d'autre rencontre.

Les lieutenants de vaisseau de Ternay et Hector retournèrent dans la Vilaine et sortirent encore l'*Éveillé* et le *Robuste*. Poursuivis par 8 vaisseaux anglais, ils relachèrent à la Corogne, où ils furent bloqués jusqu'à la fin de l'année ; ils n'arrivèrent à Brest que le 6 janvier 1762. Le 26 avril de cette même année 1762, le lieutenant de vaisseau Hector et le lieutenant de vaisseau chevalier de Préville sortirent les deux derniers vaisseaux, le *Glorieux* et le *Sphinx*. Cette fois encore, les vaisseaux furent aperçus et poursuivis, mais ils échappèrent aux 6 vaisseaux anglais qui leur donnèrent la chasse, et entrèrent à Brest le 30 avril.

L'*Hébé* sortit aussi de la Vilaine. Je ne saurais toutefois dire à quelle époque, quoique certaines relations fassent mention d'un engagement de cette corvette avec la frégate anglaise FORTUNE.

———

Les ressources de la France étaient épuisées. Cette année 1761 vit à peine quelques bâtiments isolés sortir des ports, et tous furent capturés.

La frégate de 32° la *Félicité*, capitaine Donnel, partie de Cherbourg pour la Martinique, fut attaquée le 23 janvier, avant d'être sortie de la Manche, par la frégate an-

glaise de 32° RICHMOND, capitaine Elphinstone. Le capitaine
Donnel gouverna sur la terre et alla échouer sa frégate
auprès du cap la Hague; le capitaine anglais imita sa
manœuvre. Cette détermination ne fit pas cesser le combat;
mais l'avantage resta aux Anglais dans cette lutte entre
deux bâtiments qui avaient cessé d'être des citadelles flot-
tantes. Le capitaine Donnel ayant été tué, le pavillon de
la *Félicité* fut amené. Les deux frégates purent être remises
à flot.

---

Le vaisseau de 60° le *Warwick*, armé en flûte avec 34°,
capitaine Leveyer de Belair, qui se rendait dans l'Inde
avec des troupes et des approvisionnements, fut attaqué,
le 23 janvier à 10ʰ du matin, par la frégate anglaise de 32
MINERVA, capitaine Alexander Hood. Démâté, peu de temps
après, de ses deux mâts de hune, le vaisseau tomba sur la
frégate et l'aborda par le bossoir de tribord. La mer était
grosse et les deux bâtiments se séparèrent : la frégate démâta presque immédiatement de son beaupré et de son mât
de misaine. Après quelques heures employées à dégager le
pont et les batteries, le combat recommença : trois quarts
d'heure plus tard, à 4ʰ 45ᵐ, le *Warwick* amena son pavillon.

---

La frégate de 32° la *Brune* fut prise, le 30 janvier, après
un combat de deux heures, par les frégates anglaises VENUS
de 36° et JUNO de 32.

---

Le vaisseau de 62° l'*Achille*, capitaine chevalier de Raymond Modène, sorti de Cadix le 10 février, avec la frégate
de 32 la *Bouffonne*, rencontra, à 120 milles de ce port, une
division anglaise composée des vaisseaux THUNDERER de 74°,
capitaine C. Proby, MODEST de 64, capitaine honorable
R. Boyle, et des frégates THETIS et FAVOURITE. Le capitaine

de Modène n'eut pas la témérité d'essayer de se mesurer avec de pareils adversaires; il s'arrêta au sage parti de prendre chasse sous toutes voiles et dans une direction autre que celle qu'il signala à la frégate. Cette tactique lui réussit : les bâtiments ennemis se divisèrent et leur marche inégale les distança bientôt les uns des autres. Le THUNDERER parvint seul à atteindre l'*Achille,* et le lendemain à 5ʰ du matin, les deux vaisseaux échangèrent une première bordée; à 2ʰ de l'après-midi ils se séparèrent. Les pertes étaient insignifiantes.

L'auteur anglais Beatson, auquel j'ai parfois recours comme contrôle des relations françaises, donne à ce combat la date du 6 juillet. Il prétend que le THUNDERER aborda l'*Achille* et que le vaisseau français amena son pavillon. Il ajoute que la THETIS parvint à atteindre la *Bouffonne,* et que l'arrivée du MODEST décida le capitaine français à amener son pavillon. Les documents officiels de cette époque sont malheureusement fort rares; le rapport de cette affaire n'existe pas. Il ne m'est donc pas possible de contester les faits avancés par l'historien anglais. Tout ce que je puis dire, c'est que les relations françaises n'en parlent pas.

Le 16 mars, la frégate la *Comète* fut prise par le vaisseau anglais BEDFORD, après une chasse de seize heures.

La corvette de 16ᶜ le *Faisan* fut prise également par la corvette anglaise ALBANY.

Le vaisseau de 50ᶜ l'*Oriflamme,* armé en flûte avec 40ᶜ, fut attaqué, le 1ᵉʳ avril à 6ʰ du soir, sur la côte septentrionale du Maroc, par la frégate anglaise ISIS, capitaine Wheler, qui l'aborda et le fit amener à 10ʰ. Le capitaine anglais avait été tué dès le commencement de l'affaire.

Un corps de troupes anglaises, arrivé sur une division aux ordres du commodore Keppel, attaqua Belle-Ile le 8 avril, et fit capituler cette île le 7 juin. Le commodore anglais se porta ensuite sur l'île d'Aix et en détruisit les fortifications.

---

Les entreprises du gouvernement anglais ne se bornèrent pas à l'attaque de quelques points du littoral européen. Dans le courant du mois de juin, ses troupes s'emparèrent de l'île de la Dominique, l'une des Antilles, et du port de Mahé, sur la côte de Malabar, dans l'Inde. Les Français s'étaient établis dans cette province en 1722.

---

### BATIMENTS PRIS, DÉTRUITS OU NAUFRAGÉS
#### pendant l'année 1761.

FRANÇAIS.

| Canons. | | |
|---|---|---|
| 60 | *Warwick*[1] . . . . . . . . . | Pris par une frégate. |
| 50 | *Oriflamme*, en flûte. . . . | Pris par un vaisseau. |
| 52 | { *Bouffonne*. . . . . . . . . . <br> { *Félicité*. . . . . . . . . . } | Prises par une frégate. |
| | *Comète*. . . . . . . . . | Prise par un vaisseau. |
| | *Brune*. . . . . . . . . . | Prise par une corvette. |

ANGLAIS.

| | | |
|---|---|---|
| 64 | DUC D'AQUITAINE. . . . . . <br> | |
| 60 | SUNDERLAND. . . . . . . . | |
| 50 | NEWCASTLE. . . . . . . . | Naufragés dans l'Inde. |
| 20 | QUEENBOROUGH. . . . . . | |
| 16 | PHEASANT. . . . . . . . . | Naufragé dans la Manche. |
| 10 | SPEEDWELL. . . . . . . . | Prise au mouillage. |

[1] L'astérisque indique un bâtiment pris à l'ennemi.

#### RÉCAPITULATION.

| | | Pris. | Détruits ou naufragés. | Incendiés. | TOTAL. |
|---|---|---|---|---|---|
| FRANÇAIS. | Vaisseaux. . . . . . . . | 2 | » | » | 2 |
| | Frégates. . . . . . . . | 4 | » | » | 4 |
| | Bâtiments de moindre force. . . . . . . . | 1 | » | » | 1 |
| ANGLAIS. | Vaisseaux. . . . . . . . | » | 3 | » | 3 |
| | Bâtiments de moindre force. . . . . . . . | 1 | 2 | » | 3 |

## ANNÉE 1762.

—

Le 15 août 1761, les rois de France, d'Espagne, des Deux-Siciles et le duc de Parme signèrent le traité d'alliance connu sous le nom de *Pacte de famille*. Cette grande conception arriva trop tard pour changer la face des choses. Ce fut en vain que les États de Bourgogne et du Languedoc, l'ordre du clergé, la ville de Paris, les banquiers du roi et les compagnies des gens de finances offrirent les fonds nécessaires pour construire plusieurs vaisseaux ; en vain que le duc de Choiseul, réunissant le ministère de la marine à celui de la guerre, voulut donner aux affaires une impulsion énergique ; les rares bâtiments qui prirent la mer furent capturés et l'on ne put sauver les colonies qui restaient encore à la France.

Voici, d'après d'Expilly (1), la liste des vaisseaux qui furent donnés au roi dans cette circonstance :

| Canons. | | |
|---|---|---|
| 90 | La Ville-de-Paris.. | Donné par la ville de Paris. |
| 80 | Le Languedoc. . . . | — par les États de Languedoc. |
| | Le Saint-Esprit. . . | — par l'ordre du Saint-Esprit. |
| | Le Zélé. . . . . . . | — par les receveurs généraux des finances. |
| | Le Bourgogne. . . . | — par les Etats de Bourgogne. |
| | Le Marseillais. . . . | — par la chambre de commerce de Marseille. |
| 74 | Le Diligent. . . . . | — par les régisseurs de la poste. |
| | Les Six-Corps. . . . | — par les marchands de Paris. |
| | Le Citoyen. . . . . . | — par les banquiers de la cour, les trésoriers généraux de l'extraordinaire des guerres, de l'artillerie et le munitionnaire des vivres de l'armée. |
| 64 | L'Union. . . . . . . | — par diverses offres réunies. |

(1) *Dictionnaire géographique, historique et politique des Gaules et de la France.*

| | | |
|---|---|---|
| 54 | *L'Utile.* . . . . . . . . | Donnés par les fermiers généraux. |
| | *La Ferme.* . . . . . | |
| | *Le Flamand.* . . . . | Donné par les États de Flandre. |
| | *Le Bordelais.* . . . | — par le parlement et la ville de Bordeaux. |
| 44 | *L'Artésienne.* . . . . | — par les États d'Artois. |

Attaqué, le 18 août, près de l'île d'Aurigny, par le vaisseau anglais de 56° Rochester, les frégates de 32° Maidstone et la Renommée, la frégate de 26° la *Guirlande*, capitaine Denis de Trobriant de Kérédern, se vit dans la nécessité d'amener son pavillon après une canonnade de trois heures.

La guerre maritime fut close par le combat livré le 23 octobre, dans la Méditerranée, par la frégate de 26° l'*Oiseau*, capitaine chevalier de Raymond Modène, à la frégate anglaise la Brune, capitaine Tonyn. Après une lutte énergique dans laquelle le capitaine de Modène eut un bras emporté par un boulet, le pavillon de la frégate française fut amené.

Le 7 janvier, 16 vaisseaux anglais, sans compter les frégates et les bâtiments de moindre force, sous les ordres du contre-amiral Rodney, débarquèrent 13,000 hommes de troupes à la Martinique. Le gouverneur capitula le 14 février.

Sainte-Lucie se rendit le 24 du même mois.

Le 5 mars, ce fut le tour de la Grenade et des Grenadins.

La marine de la France donna un dernier signe de vie vers le milieu de cette année 1762. Un officier d'énergie, le chevalier de Ternay, partit de Brest pour aller détruire les établissements anglais de l'île de Terre-Neuve. Le 24 juin, cet officier supérieur parut devant Saint-Jean avec 2 vaisseaux et 2 frégates et s'empara facilement de cette ville.

dont les habitants étaient loin de s'attendre à une pareille agression. Mais l'arrivée d'un secours obligea le capitaine de Ternay à évacuer la position, laissant à terre
1,500 hommes de troupes qui durent promptement capituler. Cette expédition coûta à l'Angleterre la corvette
GRAMMONT qui fut prise sur rade, et à son commerce 460 navires coulés et brûlés avec tous les établissements de pêche.

---

Les négociations entamées avec l'Angleterre à la mort
de Georges II, amenèrent les préliminaires de paix arrêtés
à Fontainebleau entre les puissances signataires du pacte
de famille et l'Angleterre. Le traité de paix fut signé à
Paris le 10 février 1763. Par ce traité, la France cédait et
garantissait à la Grande-Bretagne, en toute propriété, le
Canada, l'île du Cap Breton, toutes les autres îles et côtes
dans le golfe et dans le fleuve Saint-Laurent, les îles de la
Grenade et des Grenadins, le fleuve du Sénégal avec tous
les droits et dépendances, la rivière et le port de Mobile et
ses possessions sur la rive gauche du Mississipi, à l'exception de la ville de la Nouvelle-Orléans. La France renon-
çait encore à toute prétention aux acquisitions qu'elle avait
faites sur la côte de Coromandel et d'Orixa. En dédommage-
ment, l'Angleterre cédait à la France, en toute propriété,
les îles Saint-Pierre et Miquelon, sur la côte de Terre-
Neuve. Les mêmes puissances contractantes se partagèrent
les îles du Vent : Saint-Vincent, la Dominique et Tabago
restèrent à la Grande Bretagne ; Sainte-Lucie fut restituée
à la France.

---

### BATIMENTS PRIS, DÉTRUITS OU NAUFRAGÉS
pendant l'année 1762.

#### FRANÇAIS.

| Canons. | | |
|---|---|---|
| 26 | *Guirlande.* . . . . . . . . | Prise par une frégate. |
| | *Oiseau.* . . . . . . . . . | Prise par une division. |

ANGLAIS.

| | | |
|---|---|---|
| 70 | { MARLBOROUGH. . . . . . . . <br> { TEMPLE. . . . . . . . . . | } Naufragés dans la mer des Indes. |
| 64 | REASONABLE. . . . . . . . <br> { CHESTERFIELD. . . . . . . | } Naufragés aux Antilles. |
| 40 | { SEA CASTLE.. . . . . . . . <br> { HUMBER. . . . . . . . . . . | } Naufragés en Océanie. |
| 28 | HUSSARD. . . . . . . . . | |
| 20 | BIDLEFORT. . . . . . . . . | } Naufragés aux Antilles. |
| 16 | { SCORPION. . . . . . . . . <br> { PEREGRINE. . . . . . . . . | Naufragée dans la mer du Nord. <br> —     aux Antilles. |
| 14 | EPREUVE. . . . . . . . . . . | —     en Amérique. |
| 8 | SAVAGE. . . . . . . . . . . | —     en Angleterre. |
| | Corvette GRAMMONT . . . . | Prise à Terre-Neuve. |

RÉCAPITULATION.

| | | Pris. | Détruits ou naufragés. | Incendiés. | TOTAL. |
|---|---|---|---|---|---|
| FRANÇAIS. . | Frégates. . . . . . . . . | 2 | » | » | 2 |
| ANGLAIS. . . | Vaisseaux. . . . . . . . | » | 3 | » | 3 |
| | Frégates. . . . . . . . . | » | 4 | » | 4 |
| | Bâtiments de moindre force. . . . . . . . | 1 | 5 | » | 6 |

## RÉCAPITULATION GÉNÉRALE DES BATIMENTS PRIS, DÉTRUITS OU INCENDIÉS DE 1755 A 1763.

| | | Pris. | Détruits ou naufragés. | Incendiés. | TOTAL. |
|---|---|---|---|---|---|
| FRANÇAIS. . | Vaisseaux. . . . . . . . | 15 | 14 | 3 | 32 |
| | Frégates. . . . . . . . . | 16 | 3 | » | 19 |
| | Bâtiments de moindre force. . . . . . . . | 3 | » | » | 3 |
| ANGLAIS. . . | Vaisseaux. . . . . . . . | 2 | 16 | 1 | 19 |
| | Frégates. . . . . . . . . | 1 | 7 | » | 8 |
| | Bâtiments de moindre force. . . . . . . . | 5 | 15 | » | 20 |

La situation fut quelque peu modifiée pendant la seconde guerre maritime qui eut lieu sous le règne de Louis XV.

I

On ouvrit les yeux à l'évidence ; le nombre des vaisseaux fut augmenté et les escadres furent moins exposées à être enveloppées et écrasées à la sortie du port. Mais il faut le dire, le choix des officiers généraux qui furent placés à la tête des forces navales de la France laissa à désirer ; et bien que, dans cette période, les chances furent moins défavorables, il n'est guères possible d'assigner une place d'honneur à l'un de ces officiers généraux.

Serait-ce, en effet, au chef d'escadre Barin de la Galissonnière que cette place pourrait être donnée ? On ne peut constester à cet officier général d'avoir réussi dans la mission qu'on lui avait confiée devant Mahon ; mais on ne saurait voir dans ce succès le résultat d'une combinaison savante ou audacieuse, et les circonstances vinrent grandement en aide au commandant en chef. Le chef d'escadre de la Galissonnière ne commanda du reste plus jusqu'à la fin de la guerre.

Ce n'est pas au chef d'escadre Duchaffault de Besné, qui n'eut qu'un simple engagement avec une division ennemie dont le chef ne semblait pas plus désireux de combattre qu'il ne l'était lui-même.

Ce n'est pas davantage au chef d'escadre de Laclue, qui montra, pendant toute la durée de son commandement, une faiblesse dont les suites auraient été prévues par un gouvernement quelque peu attentif à surveiller les actes des chefs dans lesquels il plaçait sa confiance.

Encore moins au maréchal de Conflans, auquel la France doit la page la plus triste et la plus accablante de son histoire maritime.

Entre tous, le chef d'escadre, Comte d'Aché, qui lutta avec avantage contre les Anglais dans l'Inde, eut le plus d'occasions de déployer ses talents et son activité. Mais placé à un point de vue trop exclusif, il n'hésita pas à sacrifier l'intérêt général aux intérêts particuliers, et cette conduite, peu digne d'un chef haut placé, ne permet pas de lui donner une place hors ligne dans un siècle où chacun semblait avoir adopté pour devise les paroles trop célèbres du roi.

Il faut se borner à constater quelques succès, sans chercher à les attribuer à une amélioration dans la situation de la marine en général, sans chercher à attribuer ces succès à tel ou tel membre de l'état-major de la flotte en parculier.

—○◦○◦◯◦○◦—

## ANNÉE 1765.

—

Le traité de paix qui venait d'être signé à Paris, au mois de février 1763, permit à la France de disposer des quelques bâtiments qu'elle tenait armés, pour essayer de mettre un terme aux pirateries des Marocains. Ces audacieux forbans ne cessaient de molester les navires de commerce qui naviguaient dans la Méditerranée, avec de petits navires auxquels un faible tirant d'eau assurait toujours un refuge dans les rivières et même dans les enfoncements de la côte. Dans le courant du mois de mai 1765, le chef d'escadre Duchaffault reçut l'ordre d'aller les poursuivre et de châtier les villes dans les ports desquelles ils trouvaient un abri. La division placée sous ses ordres fut composée comme il suit :

| Canons. | | | | |
|---|---|---|---|---|
| 52 | | Utile. . . . . . . . . . | capitaine | de Latouche Beauregard, |
| | | | | Duchaffault de Besné, chef d'escadre. |
| 30 | { | Terpsichore. . . . . . | capitaine | de Marchainville. |
| | { | Héroïne. . . . . . . . . | — | comte de Grasse du Bar. |
| 26 | | Licorne. . . . . . . . . | — | de Breugnon. |
| 24 | | Gracieuse. . . . . . . | — | chevalier d'Apchon. |
| 18 | | Hirondelle. . . . . . | — | . . . . . |
| Chebecs | { | Singe. . . . . . . . . . | — | de Suffren. |
| | { | Caméléon. . . . . . . | — | chevalier de Framond. |
| Galiotes à bombes | { | Etna. . . . . . . . . | — | . . . . . |
| | { | Salamandre. . . . . . | — | . . . . . |

Cette division mouilla devant Salé (1) le dernier jour du mois; elle canonna et bombarda les forts et les batteries, le 2, le 8 et le 11 juin. Satisfait du résultat de ces trois attaques, le chef d'escadre Duchaffault mit sous voiles le 17, et le 26 sa division jeta l'ancre devant Larrache (2). Le vaisseau et les galiotes à bombes ouvrirent leur feu sur les fortifications le lendemain, et, à 10ʰ du soir, les embarcations furent expédiées, sous la direction du capitaine Beauregard, pour détruire un navire qui était mouillé dans la rivière Lixa. Le commandant de l'expédition se contenta de faire attacher aux flancs de ce navire trois chemises soufrées, qui malheureusement ne brûlèrent pas, et il sortit de la rivière sans même attendre le résultat de cette opération. Le 28, la division entière ouvrit son feu sur la ville qui fut bientôt abandonnée. Le soir, 14 embarcations entrèrent encore dans la rivière, mais cette fois sous un feu très-vif de mousqueterie qui partait du rivage. Cette fusillade n'arrêta pas les Français; ils atteignirent le navire et le livrèrent aux flammes. Enhardi par ce succès, le capitaine Beauregard ne tint aucun compte de l'exaspération dans laquelle les bombardements réitérés de la division avaient jeté les Marocains; leur nombre, toujours croissant, couvrait les deux rives de la rivière, et il continua à la remonter pour détruire un autre navire qu'on apercevait à quelque distance. Les balles pleuvaient littéralement sur les embarcations. Dans quelques-unes, les hommes furent tous, ou tués ou blessés assez grièvement pour ne pouvoir plus manier les avirons. Ces embarcations allèrent en dérive. Sept furent jetées à la côte où leurs équipages furent tués ou faits prisonniers; le capitaine Beauregard eut la tête tranchée dans son canot; 300 hommes manquaient à l'appel qui

---

(1) Salé, ville située à 120 milles environ du détroit de Gibraltar, sur la côte occidentale du Maroc.

(2) Larrache, ville située sur la côte occidentale du Maroc, à une soixantaine de milles au Nord de Salé.

fut fait au retour des embarcations. L'expédition n'eut pas d'autre suite.

———oo⟩⟨∘∘———

## ANNÉE 1770.

———

Une expédition dut être dirigée, en 1770, contre une autre puissance barbaresque à laquelle la France avait de nombreux griefs à reprocher. Cette fois, c'était au bey de Tunis qu'elle allait demander raison de sa conduite. Le capitaine de Broves, qui reçut cette mission, mouilla devant Biserte, le 30 juin 1770, avec 2 vaisseaux, 2 frégates et 2 galiotes à bombes ; quelques galères et galiotes de Malte se joignirent à lui. La division française canonna et bombarda alternativement Biserte et Suza et se rendit ensuite au mouillage de Tunis. La leçon avait profité : le bey offrit de signer de suite les préliminaires de paix.

FIN DU PREMIER VOLUME.

# TABLE DES MATIÈRES.

|  | Pages. |
|---|---|
| Avant-propos. | V |
| Introduction. | 1 |
| Note sur l'artillerie. | 6 |
| Classification des bâtiments de guerre français et anglais ; composition de leur artillerie. | 12 |
| Marine des Gaulois. | 39 |

## ANNÉE 520.

| | |
|---|---|
| Combat sur la Meuse. | 41 |

## ANNÉE 735.

| | |
|---|---|
| Combat dans la Frise. | 41 |

## ANNÉE 771.

| | |
|---|---|
| La marine sous Charlemagne. | 42 |

## ANNÉE 814.

| | |
|---|---|
| La marine sous Louis le Débonnaire et ses successeurs. | 42 |

## ANNÉE 987.

| | |
|---|---|
| La marine sous les premiers rois capétiens. | 42 |

## ANNÉE 1064.

| | |
|---|---|
| La marine sous Philippe Ier. | 43 |

## ANNÉE 1149.

| | |
|---|---|
| Louis VII. Engagement de la flotte française et de la flotte des Grecs. | 43 |

### ANNÉE 1190.

Pages.

Départ de Philippe Auguste pour la Terre-Sainte. Son retour en France.  43

### ANNÉE 1214.

Combat entre la flotte française et la flotte anglaise à Dam. . . . . . . .  44

### ANNÉE 1216.

Combat entre la flotte française et la flotte anglaise dans la Manche. . . .  45
Tactique suivie pour l'attaque. . . . . . . . . . . . . . . . . . . . . .  46

### ANNÉE 1248.

La marine sous Louis IX. . . . . . . . . . . . . . . . . . . . . . . . .  47
Débarquement des croisés à l'embouchure du Nil. — Engagement avec la
flotte égyptienne. . . . . . . . . . . . . . . . . . . . . . . . . . . .  48

### ANNÉE 1270.

Autre croisade. . . . . . . . . . . . . . . . . . . . . . . . . . . . . .  48
Philippe III. Expéditions contre les Maures. . . . . . . . . . . . . . .  48

### ANNÉE 1285.

Philippe le Bel. Prise du fort de Roses. . . . . . . . . . . . . . . . .  49
Combat de la flotte française et de la flotte espagnole. . . . . . . . . .  49

### ANNÉE 1293.

Engagement de navires français avec des navires anglais. . . . . . . . .  49

### ANNÉE 1295.

Attaque de l'île de Ré par les Anglais. . . . . . . . . . . . . . . . . .  50

### ANNÉE 1296.

Attaque de la ville de Douvres. . . . . . . . . . . . . . . . . . . . . .  50

### ANNÉE 1304.

Combat de la flotte française et de la flotte de Flandre à l'embouchure de
l'Escaut. . . . . . . . . . . . . . . . . . . . . . . . . . . . . . . .  51

### ANNÉE 1328.

Philippe de Valois. Projet de croisade. . . . . . . . . . . . . . . . . .  51

### ANNÉE 1340.

Combat entre la flotte française et la flotte anglaise dans la Manche. . . .  52
Sac de Portsmouth et de Guernesey. . . . . . . . . . . . . . . . . . . .  52

### ANNÉE 1350.

Combat entre la flotte française et la flotte anglaise à l'Écluse. . . . . .  52
Observations sur ce combat. . . . . . . . . . . . . . . . . . . . . . . .  55
Manières diverses de combattre. . . . . . . . . . . . . . . . . . . . . .  55

### ANNÉE 1342.

Combat entre la flotte française et la flotte anglaise devant Guernesey. . .  59

### ANNÉE 1346.

Pages.

Descente des Anglais en France. Engagement devant Calais. Prise de
cette ville. . . . . . . . . . . . . . . . . . . . . . . . . . . . . .   60

### ANNÉE 1372.

Combats entre la flotte française et la flotte anglaise devant La Rochelle.   60

### ANNEE 1377.

Blocus de la Rochelle. . . . . . . . . . . . . . . . . . . . . . . . .   61
Débarquements en Angleterre. . . . . . . . . . . . . . . . . . . . . .   61

### ANNEE 1586.

Charles VI. Armements contre l'Angleterre. . . . . . . . . . . . . . .   62

### ANNÉE 1587.

Combats entre la flotte anglaise et celle des Flamands dans la Manche. .   62
Combat entre la flotte de Normandie et la flotte anglaise. . . . . . . .   63

### ANNÉE 1403.

Combat, près de Saint-Mathieu, entre des vaisseaux français et anglais.   63

### ANNÉE 1405.

Combat entre des vaisseaux français et anglais. . . . . . . . . . . . .   63

### ANNÈE 1457.

La marine sous Charles VII et sous Louis XI. . . . . . . . . . . . . .   64

### ANNÉE 1494.

Charles VIII. Prise de Rapallo. . . . . . . . . . . . . . . . . . . . .   64
Premier emploi des canons. . . . . . . . . . . . . . . . . . . . . . .   64

### ANNÉE 1501.

Expédition contre Mételin. . . . . . . . . . . . . . . . . . . . . . .   64

### ANNÉE 1512.

Combat, à l'entrée de Brest, entre la flotte française et celle des Anglais.   65
Le vaisseau la *Cordelière*. . . . . . . . . . . . . . . . . . . . . .   66
Le capitaine Porsmoguer. . . . . . . . . . . . . . . . . . . . . . . .   67

### ANNÉE 1515.

Combat, dans la baie des Blancs-Sablons, entre des galères françaises et
des bâtiments anglais. . . . . . . . . . . . . . . . . . . . . . . . .   67

### ANNÉE 1524.

Combat devant Nice. . . . . . . . . . . . . . . . . . . . . . . . . .   68

### ANNÉE 1528

Combat contre la flotte d'Espagne auprès de Sestri. . . . . . . . . . .   69
Combat entre la flotte française et celle de Naples. . . . . . . . . . .   70

## ANNÉE 1545.

Pages.

Tentatives de François Ier pour créer une marine. . . . . . . . . . . .    70
Incendie du vaisseau le *Caraquon*. . . . . . . . . . . . . . . . . . .    71
Attaque de la flotte anglaise à l'île de Wight. . . . . . . . . . . .    72
Débarquement sur cette île. . . . . . . . . . . . . . . . . . . . . .    72
Engagement de galères françaises avec la flotte anglaise. . . . . . . .    72
Observations sur les manœuvres de ce combat. . . . . . . . . . . . .    72

## ANNÉE 1549.

Attaque de la flotte anglaise par des galères françaises devant Boulogne.    73

## ANNÉE 1555.

Combat entre des navires de Dieppe et des navires flamands. . . . . .    73
Engagement de galères avec des bâtiments espagnols. . . . . . . . . .    75

## ANNÉE 1573.

La marine depuis Henri II jusqu'à Louis XIII. . . . . . . . . . . . .    76
Charles IX. Siége de la Rochelle. . . . . . . . . . . . . . . . . .    76

## ANNÉE 1581.

Henri III. Prise de l'île Saint-Michel. . . . . . . . . . . . . . . .    76
Combat entre la flotte française et la flotte d'Espagne. . . . . . . .    76

## ANNÉE 1589.

La marine à l'avénement de Henri IV au trône. Conduite des Anglais. .    77

## ANNÉE 1620.

Louis XIII. Blocus de la Rochelle. . . . . . . . . . . . . . . . . .    77

## ANNÉE 1621.

Combat entre des bâtiments royaux et des bâtiments rochelais. . . . .    78

## ANNÉE 1622.

Combat entre la flotte royale et celle des Rochelais. . . . . . . . . .    78
Autre combat entre les mêmes flottes. . . . . . . . . . . . . . . . .    79

## ANNÉE 1625.

Attaque de six bâtiments du roi par les Rochelais dans le port du Blavet.    80
Combat entre la flotte royale et celle des Rochelais. Prise des îles de Ré
    et d'Oleron. . . . . . . . . . . . . . . . . . . . . . . . . . .    81

## ANNÉE 1627.

Attaque de l'île de Ré par les Anglais. . . . . . . . . . . . . . . .    83

## ANNÉE 1628.

Blocus et siége de la Rochelle. . . . . . . . . . . . . . . . . . . .    83
Tentative des Anglais contre la digue. . . . . . . . . . . . . . . . .    86
Engagement entre la flotte royale et la flotte anglo-rochelaise. . . . .    86
Capitulation de la Rochelle. . . . . . . . . . . . . . . . . . . . .    86

## ANNÉE 1635.

Pages.

Déclaration de guerre à l'Espagne. . . . . . . . . . . . . . . . . . .   87
Causes de cette guerre. . . . . . . . . . . . . . . . . . . . . . . . .   87

## ANNÉE 1636.

Instructions du roi. . . . . . . . . . . . . . . . . . . . . . . . . . .   89
Projet d'attaque des îles Lérins. . . . . . . . . . . . . . . . . . . .   91
Engagement de vaisseaux français avec des galères espagnoles. . . . . .   91

## ANNÉE 1637.

Prise de la ville d'Oristan en Sardaigne. . . . . . . . . . . . . . . .   92
Prise des îles Lérins. . . . . . . . . . . . . . . . . . . . . . . . . .   92

## ANNÉE 1638.

Blocus de Fontarabie. . . . . . . . . . . . . . . . . . . . . . . . . .   93
Attaque de l'armée espagnole à Gattary. . . . . . . . . . . . . . . . .   94
Combat de galères. Instruction du général. . . . . . . . . . . . . . .   95

## ANNÉE 1639.

Apparition de l'armée navale devant la Corogne. . . . . . . . . . . . .   96
Attaque de Saint-Oigne et de Larrède. . . . . . . . . . . . . . . . . .   98
Destruction de deux galions dans la Colindre. . . . . . . . . . . . . .   99

## ANNÉE 1640.

Combat entre la flotte française et la flotte espagnole devant Cadix. . . .   99

## ANNÉE 1641.

Blocus de Tarragone. . . . . . . . . . . . . . . . . . . . . . . . . . .   99
Débarquement aux Alfages. . . . . . . . . . . . . . . . . . . . . . . .  100
Engagements de galères. . . . . . . . . . . . . . . . . . . . . . . . .  100
Engagement avec la flotte espagnole. . . . . . . . . . . . . . . . . . .  100

## ANNÉE 1643.

Louis XIV. Combat entre l'armée navale de France et celle d'Espagne
     devant Gibraltar. . . . . . . . . . . . . . . . . . . . . . . . . .  101
Autre combat devant Carthagène. . . . . . . . . . . . . . . . . . . . .  101

## ANNÉE 1646.

Blocus d'Orbitello. Combat entre l'armée française et l'armée espagnole.  102

## ANNÉE 1647.

Combat entre l'armée navale de France et celle de Naples. . . . . . . .  103

## ANNÉE 1652.

Combat d'une flotte française contre une anglaise. . . . . . . . . . . .  104

## ANNÉE 1654.

Paix de Westphalie. . . . . . . . . . . . . . . . . . . . . . . . . . .  104
Combat entre l'armée navale de France et celle d'Espagne auprès de Bar-
     celone. . . . . . . . . . . . . . . . . . . . . . . . . . . . . . .  104

## ANNÉE 1663.

Pages.

Croisière de la division du commandeur Paul. . . . . . . . . . . . . . 105

## ANNÉE 1664.

Attaque de Gigeri. . . . . . . . . . . . . . . . . . . . . . . . . . . . 106

## ANNÉE 1665.

Croisière de l'escadre de l'amiral de Beaufort. . . . . . . . . . . . . 106

## ANNÉE 1666.

Déclaration de guerre à l'Angleterre. . . . . . . . . . . . . . . . . . 107
Sortie de l'armée navale de l'amiral de Beaufort. . . . . . . . . . . . 107
Combat auprès de l'île Saint-Christophe. . . . . . . . . . . . . . . . 109

## ANNÉE 1669.

Attaque de la ville de Candie. . . . . . . . . . . . . . . . . . . . . 109
Instructions du roi. . . . . . . . . . . . . . . . . . . . . . . . . . 112

## ANNÉE 1670.

Blocus de Tunis. . . . . . . . . . . . . . . . . . . . . . . . . . . . 116

## ANNÉE 1672.

Déclaration de guerre à la Hollande. . . . . . . . . . . . . . . . . . 116
Coup-d'œil sur la tactique navale. . . . . . . . . . . . . . . . . . . 117
Instructions du vice-amiral d'Estrées. . . . . . . . . . . . . . . . . 119
Bataille navale, dite de Southwood, entre l'armée française et l'armée
 anglaise. . . . . . . . . . . . . . . . . . . . . . . . . . . . . . . 123
Observations sur cette affaire. . . . . . . . . . . . . . . . . . . . . 129

## ANNÉE 1673.

Bataille navale entre l'armée anglo-française et l'armée des États. . . 131
Engagement entre ces deux armées. . . . . . . . . . . . . . . . . . . . 137
Deuxième bataille entre ces mêmes armées. . . . . . . . . . . . . . . . 137
Enquête sur cette dernière bataille. . . . . . . . . . . . . . . . . . 140

## ANNÉE 1674.

Exactions des Hollandais sur les côtes de France. . . . . . . . . . . . 145

## ANNÉE 1675.

Ravitaillement de la Sicile. . . . . . . . . . . . . . . . . . . . . . 145
Combat d'une escadre française et d'une escadre espagnole dans le Nord
 de la Sicile. . . . . . . . . . . . . . . . . . . . . . . . . . . . . 147
Envoi de renforts à Messine. . . . . . . . . . . . . . . . . . . . . . 148
Croisière de l'escadre de l'amiral de Vivonne. . . . . . . . . . . . . 148
Expédition contre Barbette. . . . . . . . . . . . . . . . . . . . . . . 149
Enlèvement de la frégate la *Gracieuse* par des galères napolitaines. . 149
Attaque de Reggio. . . . . . . . . . . . . . . . . . . . . . . . . . . 149
Prise d'Agosta. . . . . . . . . . . . . . . . . . . . . . . . . . . . . 150
Sortie d'une division avec le lieutenant général d'Almeiras . . . . . . 152

## ANNÉE 1676.

Bataille navale entre l'armée française et l'armée hollandaise dans le

Pages.

Nord de la Sicile. . . . . . . . . . . . . . . . . . . . . . 155
Observations sur la tactique de l'époque. . . . . . . . . . . . . 155
Lettres du lieutenant général Duquesne au ministre de la marine. . . . 156
Bataille navale, dite d'Agosta, entre l'armée française et l'armée hollando-
  espagnole. . . . . . . . . . . . . . . . . . . . . . . 157
Attaque de l'armée hollando-espagnole à Palerme. . . . . . . . . . . 162
Destruction du fort de Roca. . . . . . . . . . . . . . . . . . 164
Départ d'une partie de l'armée navale. . . . . . . . . . . . . . . 165
Attaque de quelques places du littoral. . . . . . . . . . . . . . 165
Prise de Cayenne et de Tabago par les Hollandais. . . . . . . . . . . 165
Déprédations commises par une escadre hollandaise. . . . . . . . . . 165
Engagement du vaisseau l'*Apollon* avec une division hollandaise. . . . . 165
Cayenne est reprise par les Français . . . . . . . . . . . . . . 166

ANNÉE 1677.

Attaque de la ville de Tabago. . . . . . . . . . . . . . . . . . 166
Combat d'une division française et d'une division hollandaise. . . . . . 169
Prise des îles d'Arguin et de Gorée. . . . . . . . . . . . . . . . 170
Deuxième attaque et prise de Tabago. . . . . . . . . . . . . . . 170

ANNÉE 1678.

Évacuation de la Sicile. . . . . . . . . . . . . . . . . . . . 172
Naufrage de l'escadre du vice-amiral d'Estrées. . . . . . . . . . . . 172
Causes de cet événement. . . . . . . . . . . . . . . . . . . . 173
Paix de Nimègue. . . . . . . . . . . . . . . . . . . . . . 173

ANNÉE 1681.

Attaque de la ville de Scio. . . . . . . . . . . . . . . . . . . 173

ANNÉE 1682.

Bombardement d'Alger. . . . . . . . . . . . . . . . . . . . . 174

ANNÉE 1683.

Bombardement d'Alger. . . . . . . . . . . . . . . . . . . . . 177

ANNÉE 1684.

Bombardement de Gênes. . . . . . . . . . . . . . . . . . . . 179
Combat du vaisseau le *Bon* contre des galères. . . . . . . . . . . . 181

ANNÉE 1685.

Bombardement de Tripoli. . . . . . . . . . . . . . . . . . . . 182

ANNÉE 1688.

Combat du vaisseau le *Content* et de deux frégates contre deux frégates
  espagnoles. . . . . . . . . . . . . . . . . . . . . . . 183
Bombardement d'Alger. . . . . . . . . . . . . . . . . . . . . 186
Déclaration de guerre à la Hollande et à l'Empire. . . . . . . . . . 188
Combat de la frégate la *Railleuse* et du *Cheval-Marin*. . . . . . . . 188

ANNÉE 1689.

Déclaration de guerre à la Hollande, à l'Espagne et à l'Angleterre. . . . . 189

Pages.

Départ de Jacques II pour l'Irlande. . . . . . . . . . . . . . . . . . . 190
Combat, dit de Bantry, entre les armées navales de France et d'Angleterre. 190
Combat entre une division française et une division hollandaise. . . . . . 194
Entrée à Brest de l'armée navale du lieutenant général de Tourville. . . 195
Croisière de cette armée. . . . . . . . . . . . . . . . . . . . . . . . . 195
Combat du vaisseau le *Marquis*. Prise d'un vaisseau anglais. . . . . . . 195
Combat des frégates la *Railleuse* et les *Jeux* contre deux vaisseaux anglais. 196
Bâtiments pris, détruits ou naufragés pendant l'année. . . . . . . . . . 197

### ANNÉE 1690.

Combats entre l'armée française et l'armée anglo-hollandaise dans la
  Manche. . . . . . . . . . . . . . . . . . . . . . . . . . . . . . . . 197
Coup de main sur Tinmouth. . . . . . . . . . . . . . . . . . . . . . . 201
Envoi de troupes en Irlande. Rapatriement. . . . . . . . . . . . . . . 202
Départ de la division du lieutenant général de Chateaurenault pour Brest. 203
Observations sur la relation anglaise. . . . . . . . . . . . . . . . . . 204
Bâtiments pris, détruits ou naufragés pendant l'année. . . . . . . . . . 205

### ANNÉE 1691.

Croisières. Prise d'un vaisseau anglais et d'une frégate. . . . . . . . . 206
Bombardement d'Oneille. . . . . . . . . . . . . . . . . . . . . . . . . 207
  —      de Barcelone. . . . . . . . . . . . . . . . . . . . . . . . . 207
  —      d'Alicante. . . . . . . . . . . . . . . . . . . . . . . . . . 207
Prise de deux vaisseaux anglais et de leur convoi par la division du ca-
  pitaine Jean Bart. . . . . . . . . . . . . . . . . . . . . . . . . . 207
Attaque d'un convoi hollandais par la division du capitaine Jean Bart.
  Prise de deux vaisseaux de l'escorte. . . . . . . . . . . . . . . . . 207
Bâtiments pris, détruits ou naufragés pendant l'année. . . . . . . . . . 208

### ANNÉE 1692.

Bataille de la Hague. . . . . . . . . . . . . . . . . . . . . . . . . . 209
Suites de cette bataille. . . . . . . . . . . . . . . . . . . . . . . . 215
Bâtiments pris, détruits ou naufragés pendant l'année. . . . . . . . . . 217

### ANNÉE 1693.

Attaque d'un convoi anglais par l'armée navale du maréchal de Tourville.
  Prise de trois vaisseaux de l'escorte. . . . . . . . . . . . . . . . 219
Attaque de Saint-Malo par les Anglais. . . . . . . . . . . . . . . . . 220
Descente sur la côte d'Angleterre. . . . . . . . . . . . . . . . . . . 223
Bâtiments pris, détruits ou naufragés pendant l'année. . . . . . . . . . 223

### ANNÉE 1694.

Combat de la division du capitaine Jean Bart avec une division hollandaise.
  Prise de 3 bâtiments de guerre et de 30 navires du commerce. . . . . 224
Croisière de l'armée du maréchal de Tourville sur la côte d'Espagne. . . 224
Débarquement des Anglais à Camaret. . . . . . . . . . . . . . . . . . 225
Bombardement de Dieppe par les Anglais. . . . . . . . . . . . . . . . 225
  —          du Havre. . . . . . . . . . . . . . . . . . . . . . . . . 225
  —          de Dunkerque. . . . . . . . . . . . . . . . . . . . . . . 226
  —          de Calais. . . . . . . . . . . . . . . . . . . . . . . . 226
Combat de la frégate la *Bouffonne* contre six bâtiments hollandais. . . 227

Pages.
Combat du vaisseau le *Téméraire* avec un vaisseau anglais et une frégate.  229
Bâtiments pris, détruits ou naufragés pendant l'année. . . . . . . . . . .  229

ANNÉE 1695.

Combat des vaisseaux le *Content* et le *Trident* contre six vaisseaux anglais. . . . . . . . . . . . . . . . . . . . . . . . . . . . . .  230
Bombardement de Saint-Malo, de Granville, de Calais et de Dunkerque par les Anglais. . . . . . . . . . . . . . . . . . . . . . . . .  231
Bâtiments pris, détruits ou naufragés pendant l'année. . . . . . . . . . .  231

ANNÉE 1696.

Bombardement de Calais. . . . . . . . . . . . . . . . . . . . . . . .  232
Attaque des îles Houat, Hœdic et de Croix par les Anglais. . . . . . . .  232
    — de Saint-Martin de Ré et d'Oonne. . . . . . . . . . . . . . . .  232
Combat de la division du capitaine Jean Bart contre une division hollandaise. Destruction d'un convoi. . . . . . . . . . . . . . . . . . . . . . .  232
Combat du vaisseau le *Bon* avec un bâtiment hollandais. . . . . . . . .  233
Bâtiments pris, détruits ou naufragés pendant l'année. . . . . . . . . . .  234

ANNÉE 1697.

Expédition de Carthagène. . . . . . . . . . . . . . . . . . . . . . .  235
Engagement de la division du chef d'escadre de Pointis avec une division anglaise. . . . . . . . . . . . . . . . . . . . . . . . . . . . . .  237
Paix de Ryswick. . . . . . . . . . . . . . . . . . . . . . . . . . .  237
Bâtiments pris, détruits ou naufragés depuis l'année 1689 jusqu'à 1697. .  238

ANNÉE 1702.

L'Angleterre, l'Allemagne et la Hollande déclarent la guerre à la France.  239
Croisière de la division du commandant de Forbin dans l'Adriatique. . .  240
Enlèvement du vaisseau zélandais la *Licorne* par des galères. . . . . . .  240
Destruction de l'armée française à Vigo. . . . . . . . . . . . . . . . .  241
Engagements de la division du capitaine Lucasse avec une division anglaise.  243
Bâtiments pris, détruits ou naufragés pendant l'année. . . . . . . . . . .  245

ANNÉE 1703.

Attaque d'un convoi anglais par la division du capitaine de Saint-Pol. Prise de deux bâtiments de l'escorte. . . . . . . . . . . . . . . . .  246
Attaque d'un convoi anglais et hollandais par la division du chef d'escadre de Coëtlogon. Prise de cinq bâtiments d'escorte. . . . . . . . . .  246
Attaque d'un convoi de pêcheurs anglais par la division du capitaine de Saint-Pol. Prise de trois bâtiments de l'escorte. . . . . . . . . . . .  247
Prise du vaisseau le *Hasardeux* par une division anglaise. . . . . . . .  248
Bâtiments pris, détruits ou naufragés pendant l'année. . . . . . . . . . .  248

ANNÉE 1704.

Attaque d'un convoi hollandais par la division du capitaine de Saint-Pol. Prise d'un des bâtiments de l'escorte. . . . . . . . . . . . . . . . .  248
Attaque d'un autre convoi par la division du capitaine de Saint-Pol. Enlèvement de l'escorte. . . . . . . . . . . . . . . . . . . . . . . . .  248
Bataille, dite de Malaga, entre l'armée navale de France et celle d'Angleterre et de Hollande. . . . . . . . . . . . . . . . . . . . . . . .  249
Bâtiments pris, détruits ou naufragés pendant l'année. . . . . . . . . . .  250

448                          TABLE DES MATIÈRES.

### ANNÉE 1705.

Pages.

Blocus de Gibraltar. Combat de la division du chef d'escadre de Pointis contre une division anglaise. . . . . . . . . . . . . . . . . . . . . . . . . . . 255
Bâtiments pris, détruits ou naufragés pendant l'année. . . . . . . . . . . 257

### ANNÉE 1706.

Attaque d'un convoi hollandais par la division du capitaine de Forbin. Prise d'une partie de l'escorte. . . . . . . . . . . . . . . . . . . . . . 257
Bâtiments pris, détruits ou naufragés pendant l'année. . . . . . . . . . . 258

### ANNÉE 1707.

Attaque d'un convoi anglais par la division du capitaine de Forbin. Prise de deux vaisseaux et de vingt-deux navires. . . . . . . . . . . . . . 258
Enlèvement d'un convoi anglais par les divisions du capitaine Duguay-Trouin et du chef d'escadre de Forbin. Prise de la majeure partie de l'escorte. . . . . . . . . . . . . . . . . . . . . . . . . . . . . . . . 260
Bâtiments pris, détruits ou naufragés pendant l'année. . . . . . . . . . . 262

### ANNÉE 1708.

Combat de la frégate la *Thétis* contre deux vaisseaux anglais. . . . . . 262

### ANNÉE 1709.

Engagement de deux vaisseaux avec une division anglaise. . . . . . . . . 263
Prise de la frégate FOWEY. . . . . . . . . . . . . . . . . . . . . . . . . . 263
Expédition du capitaine Parent sur la côte de Gambie. . . . . . . . . . . 263

### ANNÉE 1710.

Combat du vaisseau le *Superbe* et du vaisseau anglais KENT. . . . . . . 264

### ANNÉE 1711.

Combat du vaisseau le *Toulouse*. . . . . . . . . . . . . . . . . . . . . . . 264

### ANNÉE 1712.

Prise de San Yago, des îles du Cap-Vert, de l'île Montserrat, une des Antilles. Attaque de Surinam par la division du commandant Ducasse. . 265
Paix d'Utrecht. . . . . . . . . . . . . . . . . . . . . . . . . . . . . . . . . 265
Bâtiments pris, détruits ou naufragés pendant les années 1708, 1709, 1710 et 1711. . . . . . . . . . . . . . . . . . . . . . . . . . . . . . . . . . . 265
Situation de la marine en France à la fin du règne de Louis XIV. . . . . 266
Aperçu sur la tactique navale. . . . . . . . . . . . . . . . . . . . . . . . . 266
Combats de Duguay-Trouin. . . . . . . . . . . . . . . . . . . . . . . . . . 267
Expédition de Rio-Janeiro. . . . . . . . . . . . . . . . . . . . . . . . . . . 270
Liste des bâtiments pris, détruits et naufragés pendant cette guerre. . . . 277
Parallèle. . . . . . . . . . . . . . . . . . . . . . . . . . . . . . . . . . . . 279

### ANNÉE 1725.

Prise de la ville de Mahé. . . . . . . . . . . . . . . . . . . . . . . . . . . 286

### ANNÉE 1728.

Expédition de Tripoli. . . . . . . . . . . . . . . . . . . . . . . . . . . . . 287

### ANNÉE 1741.

| | Pages. |
|---|---|
| Situation de l'Europe. | 287 |
| Envoi d'une escadre aux Antilles. | 288 |
| Engagement d'une division française et d'une division anglaise. | 288 |
| Naufrage du vaisseau le *Bourbon*. | 289 |
| Engagement d'une division française et d'une division anglaise | 289 |

### ANNÉE 1744.

| | |
|---|---|
| Combat dit de Toulon, entre une escadre française et espagnole et une armée anglaise. | 290 |
| Déclaration de guerre à l'Angleterre. | 296 |
| Projet d'expédition en Irlande. | 296 |
| Sortie et croisière de deux escadres. | 296 |
| Prise des corvettes anglaises Sclebam, Seaford et Grampus. | 297 |
| Bâtiments pris, détruits ou incendiés pendant l'année. | 298 |

### ANNÉE 1745.

| | |
|---|---|
| Prise de la corvette l'*Éléphant*. | 298 |
| — de la corvette la *Panthère*. | 298 |
| — de la frégate anglaise Anglesea. | 293 |
| — des corvettes anglaises Falcon Blandford, Wolf et Mercury | 293 |
| — du vaisseau le *Vigilant*. | 298 |
| Attaque de l'île anglaise à Anguille. | 299 |
| — du convoi du vaisseau le *Magnanime*. | 299 |
| Prise du vaisseau anglais Northumberland. | 299 |
| Bâtiments pris, détruits ou naufragés pendant l'année. | 300 |

### ANNÉE 1746.

| | |
|---|---|
| Engagement d'une division française avec une division anglaise. | 301 |
| Les vaisseaux de la Compagnie des Indes. | 302 |
| Combat d'une division française et d'une division anglaise dans la mer des Indes. | 303 |
| Prise de Madras. | 305 |
| Naufrage du vaisseau de la Compagnie le *Duc d'Orléans*. | 305 |
| Combat de la frégate la *Volage* et du vaisseau anglais Stirling Castle. | 305 |
| Combat du vaisseau l'*Auguste* et du vaisseau anglais Portland | 307 |
| Prise du vaisseau-transport la *Ferme*. | 307 |
| Combat du vaisseau le *Mars* et du vaisseau anglais Nottingham. | 307 |
| — du vaisseau le *Neptune*. Prise du vaisseau anglais Severn. | 307 |
| Attaque de la ville de Lorient par les Anglais. | 307 |
| Destruction du vaisseau l'*Ardent*. | 308 |
| Prise des îles Houat et Hœdic par les Anglais. | 308 |
| — de la frégate la *Subtile*. | 308 |
| — de la corvette anglaise Albany. | 308 |
| Combat de la frégate l'*Embuscade* et du vaisseau anglais Defiance | 308 |
| Prise de la corvette anglaise Hornet. | 308 |
| Prise de l'île Royale par les Anglais. | 308 |
| Envoi d'une escadre pour reprendre cette île. | 309 |
| Prise du vaisseau-hôpital le *Mercure*. | 310 |
| Bâtiments pris, détruits ou incendiés pendant l'année | 310 |

I.                                        29

### ANNÉE 1747.

Pages.

Combat d'une division française contre une armée anglaise. . . . . . . . 311
— d'une escadre française contre une armée anglaise. . . . . . . 316
Prise de la frégate le *Castor*. . . . . . . . . . . . . . . . . . . . 318
Attaque d'un convoi français. Destruction du vaisseau l'*Étoile*. . . . . . 318
— d'un convoi français. . . . . . . . . . . . . . . . . . . . . . 318
Combat de la frégate la *Renommée* et de la frégate DOVER. . . . . . . 319
Engagement du vaisseau le *Magnanime* avec deux vaisseaux anglais. . . 319
Guerre de corsaires. . . . . . . . . . . . . . . . . . . . . . . . . 320
Bâtiments pris, détruits ou incendiés pendant l'année. . . . . . . . . . 320

### ANNÉE 1748.

Traité de paix d'Aix-la-Chapelle. . . . . . . . . . . . . . . . . . . 521
Combat du vaisseau le *Magnanime* contre deux vaisseaux anglais. . . . 521
Engagement de la frégate le *Duc de Cumberland* avec un vaisseau
anglais. . . . . . . . . . . . . . . . . . . . . . . . . . . . . . 322
Bâtiments pris, détruits ou incendiés pendant l'année. . . . . . . . . . 522
Récapitulation générale des bâtiments pris, détruits ou incendiés de 1744
à 1748. . . . . . . . . . . . . . . . . . . . . . . . . . . . . . . 525
Parallèle. . . . . . . . . . . . . . . . . . . . . . . . . . . . . . . 525

### ANNÉE 1755.

Situation respective de la France et de l'Angleterre. . . . . . . . . . . 525
Commencement des hostilités sur mer. . . . . . . . . . . . . . . . . 526
Sortie de la division du lieutenant général Macnémara. . . . . . . . . 526
Départ de l'escadre du chef d'escadre Dubois de Lamotte pour le Canada. 527
Combat du vaisseau l'*Alcide* contre deux vaisseaux anglais. . . . . . . 528
— du vaisseau le *Lys* contre deux vaisseaux anglais. . . . . . . 528
Sortie de la division du commandant Duguay . . . . . . . . . . . . . 528
Prise de la corvette anglaise BLANDFORD. . . . . . . . . . . . . . . . 528
Combat du vaisseau armé en flûte l'*Espérance* et du vaisseau anglais
OXFORD. . . . . . . . . . . . . . . . . . . . . . . . . . . . . . 529
Engagement du vaisseau armé en flûte l'*Opiniâtre* avec une frégate
anglaise. . . . . . . . . . . . . . . . . . . . . . . . . . . . . . 530
Bâtiments pris, détruits ou naufragés pendant l'année. . . . . . . . . . 530

### ANNÉE 1756.

Combat de Mahon. . . . . . . . . . . . . . . . . . . . . . . . . . . 530
Prise de Mahon et du fort Saint-Philippe. . . . . . . . . . . . . . . . 535
Déclaration de guerre à l'Angleterre. . . . . . . . . . . . . . . . . . 535
Rôle de combat d'un vaisseau. . . . . . . . . . . . . . . . . . . . . 535
Engagement du vaisseau le *Héros* avec deux vaisseaux anglais. . . . . . 537
Appréciation de cette affaire. . . . . . . . . . . . . . . . . . . . . . 537
Combat de la frégate l'*Atalante*. Prise du vaisseau anglais WARWICK. . 558
Prise du vaisseau l'*Arc-en-Ciel*. . . . . . . . . . . . . . . . . . . . 539
— de la frégate le *Chariot royal*. . . . . . . . . . . . . . . . . 559
Engagement du vaisseau l'*Aquilon* et de la frégate la *Cybèle* avec un
vaisseau anglais et une frégate. . . . . . . . . . . . . . . . . . . 559
Prise du vaisseau anglais GREENWICH. . . . . . . . . . . . . . . . . 540
Bâtiments pris, détruits ou naufragés pendant l'année. . . . . . . . . . 540

ANNÉE 1757.

Pages.

Départ de l'escadre du lieutenant général Dubois de Lamotte pour Louis-
    bourg. . . . . . . . . . . . . . . . . . . . . . . . . . . . . . . . .   340
Division du chef d'escadre de Beaufremont. . . . . . . . . . . . .   341
Engagement de la division du commandant Durevest. . . . . . . . . .   342
Retour en France de l'escadre du lieutenant général Dubois de Lamotte.   343
Engagement du vaisseau le *Diadème* et du vaisseau anglais VANGUARD.   343
Dévastation des comptoirs anglais de la côte occidentale d'Afrique. . . .   344
Combat de la division du commandant de Kersaint. . . . . . . . . . . .   344
    — de la frégate l'*Emeraude* contre une frégate anglaise. . . . . .   345
Prise de l'île d'Aix par les Anglais. . . . . . . . . . . . . . . . . .   546
Combat de la frégate la *Benakise* contre la frégate anglaise UNICORN. . .   347
Prise de la frégate l'*Hermione*. . . . . . . . . . . . . . . . . . .   347
Perte du vaisseau l'*Aquilon*. . . . . . . . . . . . . . . . . . . . .   347
Bâtiments pris, détruits ou naufragés pendant l'année. . . . . . . . . .   347

ANNÉE 1758.

Départ de la division du chef d'escadre de Laclue pour les Antilles. . .   548
Sa relâche en Espagne . . . . . . . . . . . . . . . . . . . . . . . . .   349
Division du commandant Duquesne. . . . . . . . . . . . . . . . . . .   349
Combat du vaisseau l'*Orphée* contre deux vaisseaux anglais. . . . . . .   350
Combat du vaisseau le *Foudroyant* contre le vaisseau MONMOUTH. . . .   351
Prise de la frégate le *Rhinocéros*. . . . . . . . . . . . . . . . . . .   352
Engagement de la division du commandant Duchaffault . . . . . . . . .   353
Relâche du vaisseau le *Belliqueux* en Angleterre. . . . . . . . . . . .   554
Conduite du gouvernement anglais dans cette circonstance. . . . . . .   354
Départ de la division du chef d'escadre d'Aché pour l'Inde. . . . . . .   355
Combat devant Goudelour. . . . . . . . . . . . . . . . . . . . . . .   357
Naufrage du vaisseau le *Bien-Aimé*. . . . . . . . . . . . . . . . . .   359
Prise du fort Saint-David. . . . . . . . . . . . . . . . . . . . . . .   359
Combat devant Negapatam. . . . . . . . . . . . . . . . . . . . . . .   360
Retour de la division navale à l'Île de France. . . . . . . . . . . . .   362
Combat de la frégate la *Galathée* contre deux vaisseaux anglais. . . . .   363
    — du vaisseau le *Raisonnable* contre deux vaisseaux anglais. . . .   363
Expédition des Anglais contre Cancale . . . . . . . . . . . . . . . . .   363
Prise de la frégate la *Guirlande* . . . . . . . . . . . . . . . . . . .   365
Expédition des Anglais contre Cherbourg. . . . . . . . . . . . . . . .   365
Défaite des Anglais à Saint-Cast. . . . . . . . . . . . . . . . . . . .   366
Combat du vaisseau le *Palmier* et du vaisseau anglais DREADNOUGHT. . .   367
Prise de la corvette anglaise STORK. . . . . . . . . . . . . . . . . .   367
Combat du vaisseau le *Florissant* contre un vaisseau anglais. . . . . .   367
Prise de la frégate anglaise WINCHELSEA. . . . . . . . . . . . . . . .   368
    — de Saint-Louis du Sénégal par les Anglais. . . . . . . . . . . .   369
    — de Gorée par les Anglais. . . . . . . . . . . . . . . . . . . .   369
Attaque et capitulation de Louisbourg. . . . . . . . . . . . . . . . .   369
Bâtiments pris, détruits et naufragés pendant l'année. . . . . . . . .   371

ANNÉE 1759.

Dispersion de l'escadre du chef d'escadre de Laclue. . . . . . . . . .   372
Combat du vaisseau le *Centaure* . . . . . . . . . . . . . . . . . . .   375
Engagement des vaisseaux l'*Océan*, le *Guerrier* et le *Souverain*. . . .   374
Autre engagement du vaisseau le *Souverain*. . . . . . . . . . . . . .   375
Prise du vaisseau le *Téméraire*. . . . . . . . . . . . . . . . . . . .   576

Pages.

Destruction des vaisseaux l'*Océan*, le *Redoutable* et le *Modeste*. . . . . 376
Réparation donnée par l'Angleterre . . . . . . . . . . . . . . . . . . 376
Convention pour la sortie des vaisseaux entrés à Cadix. . . . . . . . . 377
Observations. . . . . . . . . . . . . . . . . . . . . . . . . . . . . . 377
Projet d'expédition en Écosse. . . . . . . . . . . . . . . . . . . . . 379
Ordre du jour du maréchal de Conflans. . . . . . . . . . . . . . . . 381
Bataille de Quiberon. . . . . . . . . . . . . . . . . . . . . . . . . . 385
Lettre du maréchal de Conflans au ministre de la marine. . . . . . . . 385
     —        —        au duc d'Aiguillon. . . . . . . . . . . . . 401
Ordres relatifs aux vaisseaux de la Vilaine. . . . . . . . . . . . . . 403
Naufrage du vaisseau l'*Inflexible*. . . . . . . . . . . . . . . . . . 404
Désarmement des vaisseaux de la Vilaine. . . . . . . . . . . . . . . . 405
Prétentions de l'amiral anglais. . . . . . . . . . . . . . . . . . . . 405
Questions de droit soulevées par ces prétentions. . . . . . . . . . . 405
Combat devant Porto-Novo. . . . . . . . . . . . . . . . . . . . . . . 407
     — du vaisseau le *Florissant* contre le vaisseau anglais Buckingham. 411
     — de la frégate la *Bellone* contre la frégate anglaise Vestale. . . . 411
     — des frégates la *Pléiade* et l'*Oiseau* contre trois vaisseaux anglais. 412
Bombardement du Havre par les Anglais. . . . . . . . . . . . . . . . 413
Débarquement des Anglais à la Martinique. . . . . . . . . . . . . . 413
Division du chef d'escadre Bompard. . . . . . . . . . . . . . . . . . 414
Prise de la Guadeloupe, des Saintes, de Marie-Galante et de la Désirade. 414
Bâtiments pris, détruits ou naufragés pendant l'année. . . . . . . . . 414

ANNÉE 1760.

Tentatives pour sortir les vaisseaux de la Vilaine. . . . . . . . . . . 415
Antagonisme des officiers des deux marines. . . . . . . . . . . . . . 416
Expédition du capitaine Thurot en Irlande. . . . . . . . . . . . . . . 417
Combat de la frégate le *Maréchal de Belle-Isle*. . . . . . . . . . . . 420
Prise des frégates la *Blonde* et la *Terpsichore*. . . . . . . . . . . 420
État déplorable de l'escadre de l'Inde . . . . . . . . . . . . . . . . . 420
Prise de Pondichéry et des autres comptoirs de l'Inde par les Anglais. 421
Expédition du maréchal de camp d'Estaing à Mascate et à Sumatra. . . . 421
Prise de la corvette anglaise Penguin. . . . . . . . . . . . . . . . . 422
Engagement des frégates la *Malicieuse* et l'*Opale* avec deux vaisseaux
     anglais . . . . . . . . . . . . . . . . . . . . . . . . . . . . . 422
Engagement du vaisseau le *Diadème* avec un vaisseau anglais et une
     frégate. . . . . . . . . . . . . . . . . . . . . . . . . . . . . . 422
Prise de la corvette anglaise Virgin. . . . . . . . . . . . . . . . . . 423
     — de la corvette *Virgin* par un vaisseau. . . . . . . . . . . . . 423
Combat de la frégate la *Sirène* et de la frégate anglaise Boreas. . . . 423
Destruction de la frégate la *Fleur de Lys*. . . . . . . . . . . . . . 424
Combat de la corvette la *Valeur* et de la frégate anglaise Lively. . . 424
Bâtiments pris, détruits ou naufragés pendant l'année. . . . . . . . . 424

ANNÉE 1761.

Sortie des vaisseaux et des frégates de la Vilaine. . . . . . . . . . . 425
Combat de la frégate la *Vestale* et du vaisseau anglais Unicorn. . . . 426
     — de la frégate l'*Aigrette* et de la frégate anglaise Sea Horse. . . 426
Engagement de la corvette l'*Hébé* avec la frégate anglaise Fortune. . . 426
Combat de la frégate la *Félicité* et de la frégate anglaise Richmond. . . 426
     — du vaisseau armé en flûte *Warwick* et de la frégate anglaise Mi-
NERVA . . . . . . . . . . . . . . . . . . . . . . . . . . . . . . . . 427

Pages.

Combat de la frégate la *Brune* contre deux frégates anglaises. . . . . . 427
— du vaisseau l'*Achille* et du vaisseau anglais Thunderer. . . . . 427
— de la frégate la *Bouffonne* et de la frégate anglaise Thetis. . . 428
Prise de la frégate la *Comète*. . . . . . . . . . . . . . . . . . . . . . . . 428
— de la corvette le *Faisan*. . . . . . . . . . . . . . . . . . . . . . . 428
Combat du vaisseau armé en flûte l'*Oriflamme* et de la frégate anglaise
Isis. . . . . . . . . . . . . . . . . . . . . . . . . . . . . . . . . . . . 428
Prise de Belle-Isle par les Anglais. . . . . . . . . . . . . . . . . . . . 429
Attaque de l'île d'Aix . . . . . . . . . . . . . . . . . . . . . . . . . . . 429
Prise de la Dominique par les Anglais. . . . . . . . . . . . . . . . . . 429
— de Mahé par les Anglais. . . . . . . . . . . . . . . . . . . . . . . 429
Bâtiments pris, détruits ou naufragés pendant l'année. . . . . . . . . 429

ANNÉE 1762.

Traité de paix avec l'Espagne, Parme et les Deux-Siciles. . . . . . . . 430
Liste des vaisseaux donnés au roi . . . . . . . . . . . . . . . . . . . . . 430
Prise de la frégate la *Guirlande*. . . . . . . . . . . . . . . . . . . . . 431
Combat de la frégate l'*Oiseau* et de la frégate anglaise Brune. . . . . 431
Prise des îles la Martinique, Sainte-Lucie, la Grenade et les Grenadins. 431
Destruction des établissements anglais de Terre-Neuve. . . . . . . . . 431
Préliminaires de paix. . . . . . . . . . . . . . . . . . . . . . . . . . . . 432
Conséquences du traité de Paris. . . . . . . . . . . . . . . . . . . . . . 432
Bâtiments pris, détruits ou naufragés pendant l'année. . . . . . . . . . 432
Récapitulation générale des bâtiments pris, détruits ou naufragés de 1755
à l'année 1768. . . . . . . . . . . . . . . . . . . . . . . . . . . . . . . 433
Parallèle. . . . . . . . . . . . . . . . . . . . . . . . . . . . . . . . . . . 433

ANNÉE 1765.

Expédition de Salé et de Larrache. . . . . . . . . . . . . . . . . . . . . 435

ANNÉE 1770.

Bombardement de Bizerte et de Suza. . . . . . . . . . . . . . . . . . . 457

FIN DE LA TABLE DES MATIÈRES.

# ERRATA.

—

Page  66, ligne 31 de la note, *au lieu de* Portmogueur, *lisez :* Portzmoguer.
— 126,  —  4, *au lieu de* tout, *lisez :* En tout.
— 145,  —  6, *au lieu de* ils en changèrent tous deux de suite, *lisez :* tous deux en changèrent deux de suite.
— 161,  —  avant-dernière, *au lieu de* les vaisseaux, *lisez :* ses vaisseaux.
— 165,  —  9 du texte, *au lieu de* était fermé, *lisez :* était formé.
— 176,  —  3, *au lieu de* Barbazan, *lisez :* Babazan.
— 255,  —  2, *au lieu de* la Hogue, *lisez :* la Hague.
— 242,  —  12, *au lieu de* à autre, *lisez :* à l'autre.
— 254,  —  avant-dernière de la note, *au lieu de* de projectiles, *lisez :* des projectiles.
— 262,  —  14 de la note *au lieu de* don était, *lisez :* dont il était.
— 267.  —  8, *au lieu de* régime, *lisez :* règne.
— 515.  —  6. de la note, *au lieu de* qui ressemblât, *lisez :* qui ressembla.
— 422.  —  7, *au lieu de* 762, *lisez :* 1762.

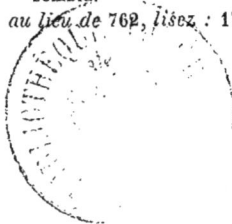

Paris. — Imprimé par E. THUNOT et C<sup>e</sup>, rue Racine, 26.

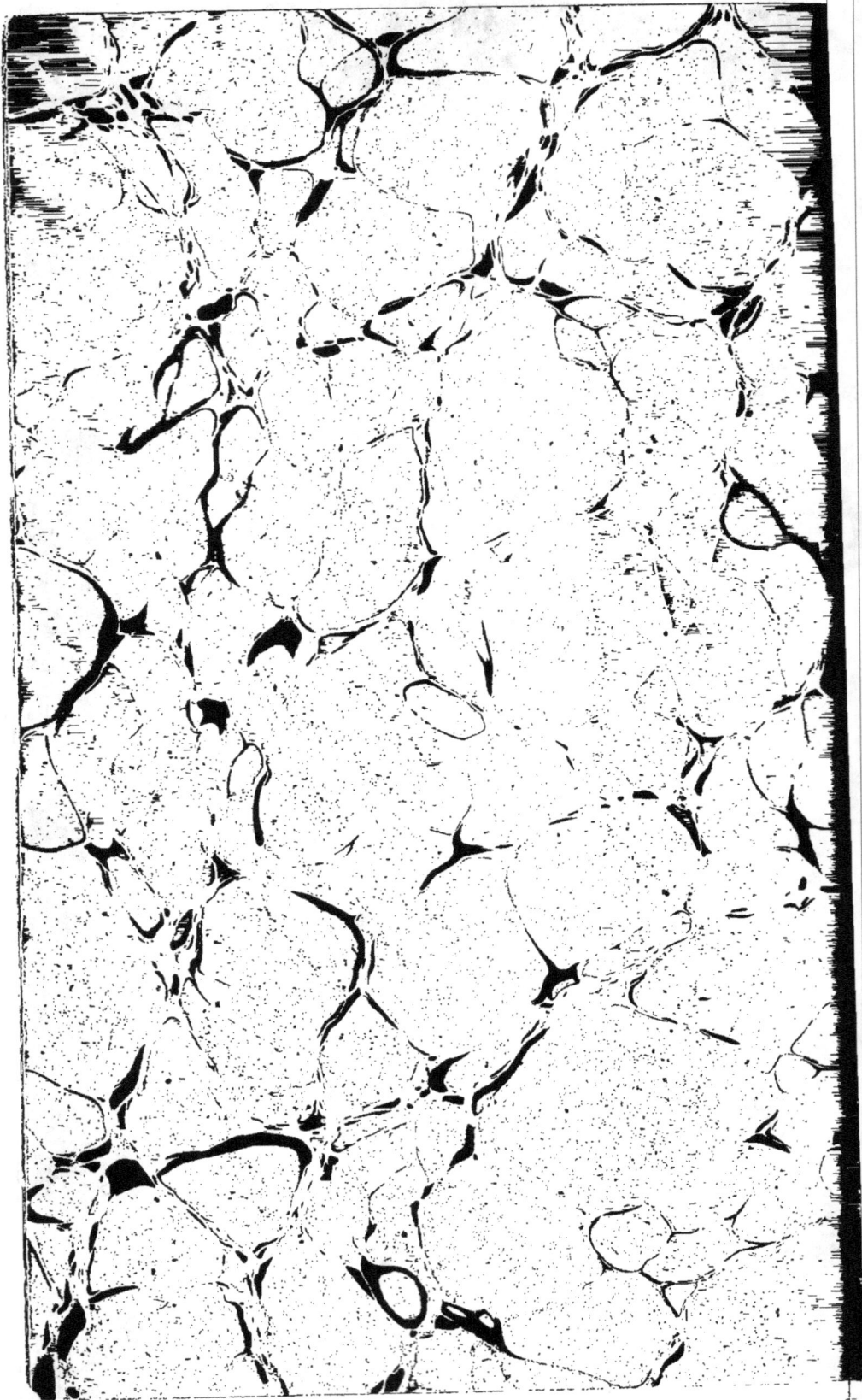

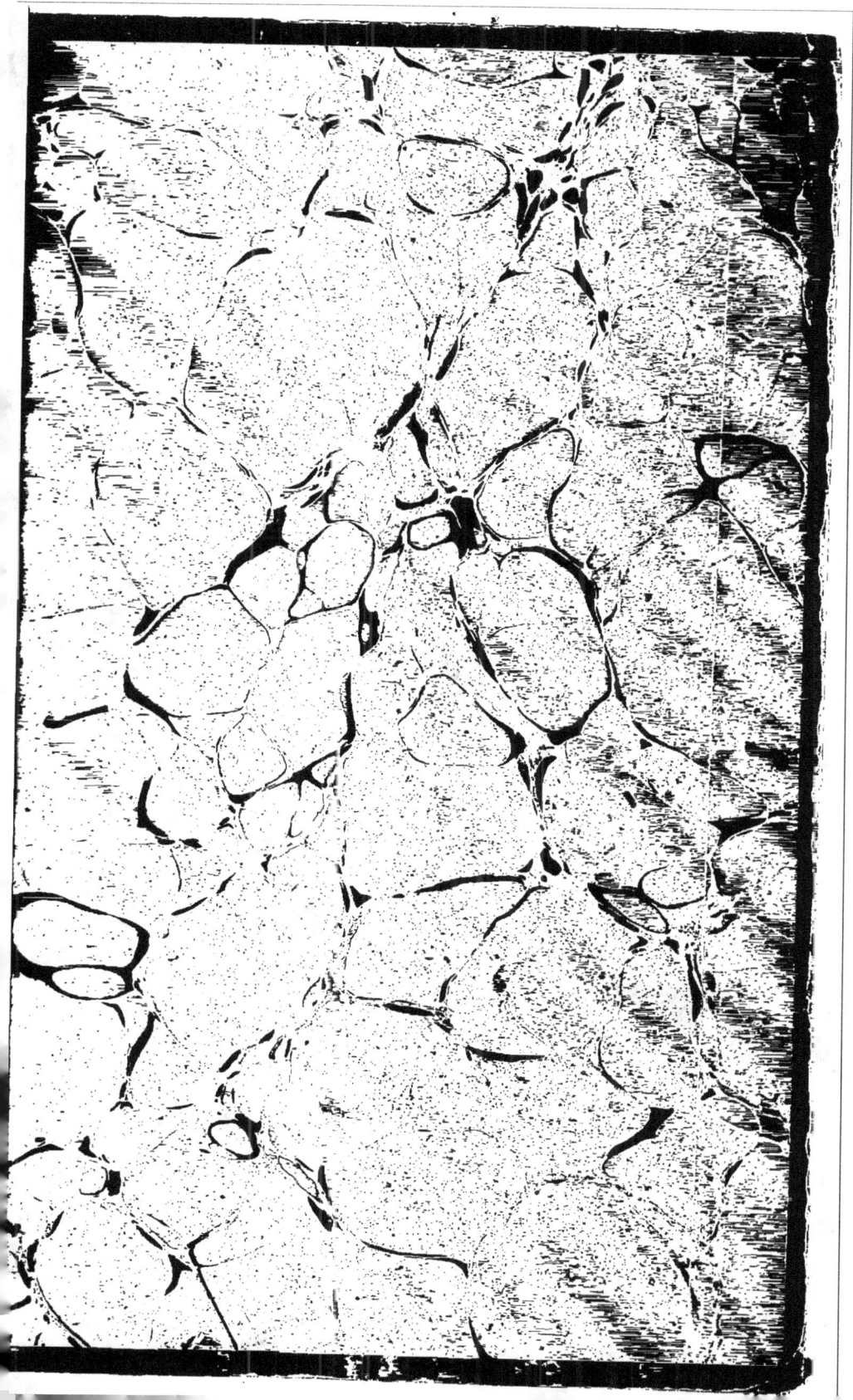

www.ingramcontent.com/pod-product-compliance
Lightning Source LLC
Chambersburg PA
CBHW050553270326
41926CB00012B/2032